귀족의 시대
탐미의 발견

이지은의 오브제 문화사 1

이지은 지음

귀족의 시대
탐미의 발견

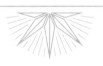

모요사

과거를 기억하는 사물들

이 글을 쓰기 일주일 전인 2019년 4월 15일 노트르담 성당에 화재가 발생했다. 해가 뉘엿뉘엿 질 무렵 뭉게뭉게 피어오르던 연기의 끝자락이 아직도 기억에 남는다. 그 연기가 어디서 비롯된 것인지는 몰랐지만 온 길을 메운 경찰차와 평화로운 저녁 하늘을 찢을 듯 울부짖는 소방차의 사이렌 소리 때문에 무언가 심상찮은 일이 일어났음을 직감했다.

노트르담 성당 광장에 발을 디디면 나는 늘 13세기 저 먼 프랑스의 남부 생장에서 지팡이를 짚고 사십여 일을 걸어 마침내 노트르담 광장에 도착한 어느 순례자의 마음을 떠올렸다. 헤진 옷에 땀에 전 머리, 오래 걸어서 살가죽이 다 벗겨진 발, 그는 골고다의 언덕을 오른 예수같이 남루한 몰골로 이 광장에 도착했을 것이다. 저녁노을에 실려가는 성당의 종소리를 들으며 그는 무슨 생각을 했을까? 오래도록 염원한 그 무엇을 이룬 자처럼 아무 생각도 떠오르지 않았을 것이다. 다만 무언가 가슴을 툭 치는 바람에 눈에 눈물이 고였을 뿐. 그의 감동과 환희가 내 마음 속에도 전해졌다.

화재로 인해 처절하게 무너져 내리는 첨탑을 현장 중계로 보면서 나는 또 그

첨탑을 때려 부숴 세상을 전복시키려 했던 프랑스 혁명을 떠올렸다. 성당 입구의 유다상들은 민중의 망치에 산산조각 났고 성당 안에는 발을 디딜 수 없을 만큼 온갖 잔해들이 굴러 다녔다. 그렇게 하지 않고서는 세상을 뒤집을 수 없었다. 수백 년을 내려온 신분제와 언제나 그 자리에 있어서 너무나 당연했던 왕……. 태어날 때와 다른 세상을 꿈꾸는 것은 말로만 되는 일이 아니었다. 그건 신념이기도 했지만 동시에 공포와 두려움이었다. 성당의 장미창은 그들의 절박한 몸짓을 아는지 모르는지 무심하게 오후의 빛을 드리웠다.

쉽게 잡혀야 마땅한 불이 좀체 잡히지 않자 마침내 성당 앞의 두 탑이 무너질지도 모른다는 소문이 돌았다. 탑에 달려 있는 몇 톤에 이르는 종이 떨어지면 성당은 재건이 불가능할 정도로 파괴될지도 모른다. 구경꾼들의 불안한 웅성거림을 들으며 나는 또 불과 몇십 년 전 붉은 깃발이 가득 내걸린 파리를 망연자실한 표정으로 쳐다보았을 어느 청년을 떠올렸다. 그렇다, 나치가 파리를 함락한 것은 지난 세기의 머나먼 일이 아니라 불과 몇십 년 전인 1940년이다. 신록이 빛나는 아름다운 6월에 독일군은 파리에 입성했다. 돌바닥을 울리는 절도 있는 군화 소리와 요란한 박수, 사방에 나부끼는 나치의 깃발이 파리를 채웠다. 그리고 청년은 탑 위에서 그 장면을 내려다보며 왜 이렇게 되었을까를 외치며 절망했다. 자기 잇속만 챙긴 부패한 정치인과 무능한 군대와 부끄러운 줄도 모르고 독일군에 문을 열어준 변절자들.

백 년이 하루 같은 이 도시에서 노트르담은 그 많은 질곡의 세월 동안 늘 그 자리에 그렇게 서 있었기 때문에 이름 그대로 우리의 여인^{Dame}이었다. 혁명기에도, 제2차 세계대전 때에도 언제나 당당했던 그녀는 어이없게도 복원 공사 중에 원인을 알 수 없는 화재로 불타버렸다. 세상 일은 다 그런 것이다. 아주 작은 실수 하나가 돌이킬 수 없는 손실을 부른다.

『귀족의 시대 탐미의 발견』과 『부르주아의 시대 근대의 발명』이 두 권의 책에는 노트르담보다 더 작고 미약해서 세상의 풍파에 상실되기 쉬운 작은 오브제들이 가득 들어 있다. 의자, 책상, 그릇, 촛대…… 한때 누군가의 곁에서 그 사람의 일상을 함께했던 친구 같은 물건들이다. 그들 중 일부는 오늘날 노트르담처럼 박물관에 고이 모셔져 문화재 대접을 받고 있다. 하지만 유리창 안에 갇힌 지나간 시대의 물건은 더 이상 울지 못하는 피리처럼 슬프다. 사진을 찍고 눈길을 주는 것만으로는 그들의 입을 열지 못한다.

지구 반대편인 우리나라에서도 노트르담이 불타는 모습을 보며 마음이 아팠다는 피드가 SNS를 장식했다. 노트르담의 역사와 구조는 몰라도 불타는 성당을 안타까워하는 마음은 세계적인 공감대를 형성했다. 결국 중요한 것은 작은 불씨 하나에도 무너질 수 있는 성당이나 성, 세월이 가면서 존재 가치를 잃는 물건 그 자체가 아니다. 글로 쓰기만 하면 후세에 전해질 그들의 이야기, 그 속에 담겨 있는 수많은 추억들, 바로 그 때문에 우리는 지나간 물건들의 이야기에 귀를 기울여야 한다. 그 속에 담긴 수많은 생의 자국들이 결국 오늘의 우리를 만들었기에.

누군가는 그 이야기들을 들어주기를 바라는 마음에서 처음 이 책들을 쓴 지 무려 십 년이 넘었다. 그때나 지금이나 과거의 사물에 대한 안타까움과 애정은 다르지 않지만, 그사이 많은 연구와 전시가 눈처럼 조용히 쌓였다. 더 많은 자료를 보고 더 많은 리서치를 진행하면서 늘 마음 한구석에 이 책들이 남아 있었다. 지나간 시간을 보는 가장 최근의 시선, 가장 최신의 연구 결과들을 책 안에 다시 불어넣고 싶었다. 개정판 작업이 반가웠던 건 그래서였다. 역사에 관해 이야기하되 지나간 역사가 아닌 바로 오늘의 시간 속에서 숨 쉴 수 있는 책으로 재탄생하는 것에 방점을 두었다. 그러자니 단순히 몇 줄의 설명과 몇몇 도판을 바꾸는 것만으로 충분치 않았다.

우선 가장 마음에 걸렸던 부분부터 정리했다. 『귀족의 시대 탐미의 발견』과 『부르주아의 시대 근대의 발명』은 각각 다른 시기에 다른 기회로 쓰게 된 책들이다. 하지만 16세기와 19세기는 결코 동떨어져 있지 않다. 19세기가 현대와 연결되는 것처럼 16세기의 문화적인 파편들은 19세기에도 많은 영향을 미쳤다. 16세기의 가구들이 19세기에 '절충주의'라는 용어를 달고 새롭게 태어난 것처럼 한 시대는 오랜 세월이 지나도 끊임없이 현재의 문화에 자신의 존재감을 드러낸다. 그래서 개정판에서는 떨어져 있는 두 책을 시리즈라는 한 목걸이에 걸었다. 언젠가는 마지막 구슬이 될 20세기 산업혁명 시대에 관한 책으로 이 시리즈를 마무리할 수 있기를 바라는 마음도 컸다.

2006년 『귀족의 은밀한 사생활』(개정판의 첫째 권인 『귀족의 시대 탐미의 발견』)의 첫 쇄가 나온 이후 16세기부터 19세기까지의 광대한 시대를 사생활적 측면에서 다룬 의미 있는 전시들이 줄을 이었다. '루이 14세의 죽음'이나 '동양 오브제의 유럽 전래' 같은 최근 전시에서 밝혀진 내용들을 이번 개정판에 꼼꼼하게 보강해 넣었다. 전체로 보면 아주 작은 세부일 뿐이지만 이 작은 세부들이 모여 결국 전체를 바꾼다. 세부 내용을 하나씩 확인하고 다듬는 과정에서 나 역시 많은 것을 되새겨보고 새롭게 배웠다.

또한 어떻게 하면 보다 재미있고 생생하게 당시의 시대를 전달할 수 있을까 하는 고민은 그 시대에 가장 잘 어울리는 도판을 찾는 작업으로 이어졌다. 드디어 해금되어 공개된 고문서에서 비롯된 사진들과 디지털 시대를 맞아 박물관에서 공개하기 시작한 도판들, 각종 전시에서 주목받았으나 널리 알려지지 않은 도판들을 구하는 작업은 지난했지만 꼭 필요했다. 더불어 책 속에 담긴 이야기를 따라가며 읽다가 '이것이 무엇일까'라는 의문이 들기 시작할 때쯤 가장 적합한 도판이 텍스트 옆에 보일 수 있도록 편집에서도 수정에 수정을 거듭했다.

어떻게 하면 독자들로 하여금 그 시대를 머리가 아닌 가슴으로 느끼게 할 수 있을까 하는 고민은 두 책 모두의 메인 도판에서 핵심적인 부분을 미리 표시하는 작업으로 이어졌다. 그림을 보는 것만으로도 눈여겨보아야 하는 부분을 직관적으로 알 수 있도록 한 것은 그림 자체가 아니라 그림 뒤에 숨겨져 있는 지나간 삶의 자취를 보여주기 위해서다.

이 두 권의 책에 담긴 이야기들은 과거의 사물에 대한 안타까움과 애정으로 쓰어졌다. 의자를 두고 속살거렸던 달뜬 연인들과 금박을 입힌 태양 마스크로 영원한 권력을 꿈꾸었던 왕, 세계 정복을 꿈꾸었지만 정작 난시로 늘상 얼굴을 찡그리며 수첩을 들여다보았던 황제가 이 책들 안에 담겨 있다.

기차 안에서 화구를 챙기며 교외의 햇볕과 찬란한 생을 경탄했던 화가들의 붓질과 백화점 판매대 뒤에서 노동에 지쳐 음울한 시선을 내리깔던 판매원의 눈물, 부동산 성공 신화를 꿈꾸며 지도를 노려보았을 개발업자의 불타는 눈빛 역시 이 책들 안에 담겨 있다.

이 이야기들은 지나간 시대의 물건들이 우리에게 준 선물이다. 우리가 기억하기만 한다면, 그리고 이해하기만 한다면 여전히 느낄 수 있는 지나간 물건들의 온기와 역사가 이 두 권의 책을 읽는 독자에게도 전달되기를 간절히 바란다.

2019년 5월
이지은

앤티크 오브제,
살아 있는 역사의 증언자

나는 보석 중에서 호박琥珀을 제일 좋아한다. 나무의 수지樹脂가 돌처럼 단단해져서 만들어진 광물이다. 호박 안에는 나무에 붙어 있다가 수지에 갇혀버린 개구리나 파리, 모기 같은 벌레들이 있다. 가깝게는 2천5백만 년 전에서 멀게는 5천만 년 전, 수지 속에 갇힌 과거의 생명체는 지금도 막 날아오를 듯이 생생하다.

나에게 호박은 가장 오랜 과거를 기억하는 보석이다. 많고 많은 미술 분야 중에서 오브제 아트를, 그것도 유달리 가구를 공부하게 된 이유도 이런 기호와 멀지 않다.

내 직업의 정확한 이름은 '오브제 아트 감정사'이다. 여기서 '오브제 아트'는 우리말로는 공예工藝에 가까운 개념이지만, 사실 범위가 아주 포괄적이다. 가구는 물론이고 유리, 청동, 도자기, 공예품에다 인형, 시계, 태피스트리 등 수많은 분야를 아우른다. 그중에서 나는 18세기 프랑스 가구를 주 전공으로 삼아 공부했다. 가구들의 제작 연도와 재료, 제법을 판별하고, 장인들에 대해 연구하며, 가구가 지닌 고유한 역사를 추적하는 것이 나의 일이다.

대학 시절 배낭 여행을 갔을 때 잠시 보았던 파리의 미술품들에 매혹된 나는 대학을 졸업하자마자 겁 없이 유학을 결행했다. 결심은 굳었으나 눈앞에 펼쳐진 미술의 세계는 너무나 방대해 무엇을 전공으로 선택해야 할지 막막했다. 하지만 크리스티Christie's에서 미술을 논리적으로 보고 설명하는 방법을 배우면서 서서히 방향을 잡았다. 많은 수업을 들었지만, 특히 프랑스 생활사와 당시의 건축과 가구 등 오브제 아트를 다루는 과목에 마음이 끌렸다. 앤티크 오브제는 그냥 죽은 골동품이 아니라 옛사람들의 숨결과 희로애락이 담긴 결정체라는 것을 알게 되면서부터였다.

물론 이 분야의 공부가 재미있기만 한 것은 아니었다. 수백 개에 이르는 문양의 이름이며, 가구에 따라 각 부분의 명칭을 달달 외워야 하는 일은 둘째치더라도, 한국에서 사지선다형 시험 위주의 주입식 교육을 받아온 나에게는 큰 결점이 있었다. 백 번 보아도 한 번 해보는 것보다 못한 것은 동서고금의 이치. 오브제 아트의 테크닉을 파악하려면 백 번 말로 듣거나 책을 보는 것보다 자기가 직접 만들어보거나 전문가가 만드는 것을 눈으로 보는 것이 백배 낫다. 유럽에서 자란 학생들은 실제로 미술 수업 시간에 테라코타를 만들고 도자기를 구워봤지만, 나는 초등학교 때 찰흙 몇 번 만진 경험밖에 없었다.

나는 뒤처지지 않으려고 수업을 마치면 파리 구석구석에 있는 가구 공방, 금속 공방, 유리 공방 등을 찾아다녔다. 거기서 만난 많은 사람들과 수백 년 된 공방에 그윽하게 감도는 역사적인 분위기, 그리고 깊고 진한 나무 향에 매혹되었다. 경매장의 활기찬 분위기와 벼룩시장의 떠들썩한 소음마저 감미로운 음악처럼 들리기 시작했다. 그러면서 사람들의 손길이 닿은 가구와 거기에 담긴 역사에 빠져들었다. 그러나 프랑스어가 능숙하지 못한 나는 교재에 설명된 낯선 용어들을 그대로 소화할 수가 없었다. 그래서 루이 15세 시대 가구의 용어와 특징을 암기하기보다 그런 모양새들을 만든 당시 사람들의 생활문화와 교감하며 이해하는 즐거움을 찾았다.

그러다보니 책상머리에 앉아 두툼한 교재를 외우는 시간보다 가구와 생활사가 담긴 희귀한 판화를 찾아보려고 도서관을 뻔질나게 드나들거나 장인들의 글씨와 판매 장부를 보기 위해 고문서보관소를 뒤지는 시간이 더 많았다. 장인들이 급한 필체로 쓴 장부며, 또박또박 정서正書된 『베르사유 연감』에 실린 역사 인물들이 곧 내 친구가 되었다.

그러면서 진정 오브제를 사랑하게 되었다. 늘 방문객으로 가득한 루브르 박물관에서 가장 한산한 오브제 아트관을 찾아 옛 장인들과 두런두런 이야기를 나눌 수 있게 되었고, 오래된 성의 돌계단에 앉아 있으면 당시 사람들이 의자에 앉아 들려주는 정담에 귀 기울일 수 있게 되었다. 마리 앙투아네트의 드레스를 만드는 데 쓴 실크를 만지면 화려한 궁정 생활이, 명장의 테크닉을 재현한 공방을 찾아가면 당시의 분주한 작업장 풍경이 눈앞에 펼쳐졌다.

크리스티를 졸업하고 감정사 학위를 받으려고 본격적으로 공부를 시작할 때쯤, 가구 수업을 진행하던 선생님은 나에게 이런 말씀을 해주셨다. "감정사는 가슴으로 작품을 이해하고 머리로 판단해야 한다." 즉 열정과 사랑만으로 오브제를 대해서는 안 된다는 충고였다. 열정과 사랑은 오랜 기간 수련을 쌓게 해주는 원동력이 되지만 결국 감정사의 실력이란 정확한 눈과 냉정한 머리라는 사실. 꼼꼼하지 못하고 덜렁대기 일쑤인 나에게 감정사가 가져야 하는 차분함과 세심함은 무척 어려운 덕목이기도 했다.

그래서 스스로를 담금질하고자 부지런히 자료를 모았다. '아 아름답다, 좋다'라고 느끼며 지나쳤던 것들의 원전을 찾는 훈련, 그림을 모으며 내가 공부한 것들을 꼼꼼하게 기록하는 습관, 내가 본 것들을 상세히 적어놓는 버릇을 들이게 되었다. 왜 이 가구가 이런 모양새가 되었는지에 대한 이유를 분석하며 노트를 가득 채우던 시간들이 나에게 좋은 약이 되었다. 이 책은 그렇게 틈틈이 기록한 노트가 있어 탄생할 수 있었다.

이 책에서는 16세기 초엽부터 1789년 프랑스 혁명을 거쳐 나폴레옹에 이르기까지 프랑스의 역사 3백 년을 들여다본다. 각 시대의 풍경을 잘 보여줄 수 있는 그림을 고르고, 그 안에 담긴 소소한 역사와 역사서에 씌어 있지 않은 내밀한 사생활, 그리고 그것의 증거물인 오브제 문화를 중심으로 썼다. 프랑스의 이 시기는 아마 인류 역사를 통틀어 가장 아름다움을 탐닉한 시절이었을 것이다. 속된 말로 '폼생폼사'라 할 수 있는 '탐미의 시대'였다. 요즘 눈에는 쓸모없어 보이는 장식과 치장이 오늘날 프랑스를 세계 패션과 유행의 첨단으로 꽃피우게 만든 뿌리임을 알게 될 것이다.

따라서 이 책에는 이미 널리 알려진 굵직한 정치사나 역사적인 사건들에 대한 이야기는 별로 없다. 대신 옛사람들이 무엇을 입었고, 무엇을 먹었고, 어떻게 '볼일'을 봤는지, 그리고 어떻게 인생을 즐기며 살았는지, 당시의 최신 유행은 무엇이었는지 같은 시시콜콜한 이야기로 채워져 있다. 프랑스에서는 '사적私的인 역사'라고 부르는 이 소소한 살림살이의 발자취를 살피다보면 현대와의 간극이 별것 아닌 듯 느껴질 것이다. 실생활의 역사가 정치사나 문화사처럼 대단한 것이 아니라고 생각하기 쉽지만, 진정 시대의 정서를 피부로 느끼고 싶다면 일상의 사소한 부분들의 역사를 무시할 수 없다. 이런 사소하고 소소한 이야기들이 모여 문화사나 정치사 같은 큰 줄기를 이루기 때문이다.

당시 사람들의 삶의 자취를 생생하게 전하려는 욕심에 수많은 책과 도서관과 박물관을 뒤지며 많은 이미지들을 넣으려고 노력했다. 이 책에 실린 560여 장에 달하는 도판은 크게 실리건 작게 실리건 하나하나 엄선한 것들이다. 그리고 각 장의 표제에 실린 그림을 비롯해 대부분은 국내에 처음 소개되는 것들이다. 개중에는 프랑스 국립도서관에 열람 신청을 해서 겨우겨우 볼 수 있었을 만큼 귀한 그림도 있다. 이 이미지들이 독자들의 사랑을 받아 '옛날 그 시절'로 돌아가는 타임머신의 역할을 했으면 좋겠다.

조금 더 욕심을 부리자면 이 책을 통해 독자 여러분이 앤티크 오브제를 죽은 물건이 아니라 살아 숨 쉬는 역사의 증언자로 이해했으면 한다. 그런 직업적인 바람에서, 전문적인 이야기는 별면에 따로 정돈해서 깊이 있는 이해를 돕고자 했다. 비록 프랑스에 관한 것이지만, 이 책이 오브제 아트의 중요성을 이해하고 공예에 대한 생각을 변화시키는 데 조금이나마 기여하기를 바란다. 그리고 프랑스를 여행하게 되면 루브르 박물관에서 〈모나리자〉 같은 유명한 그림만 보지 말고 오브제 아트관도 한번 들러보았으면 한다.

이 책을 나 혼자 썼다면 거짓이다. 자칫 전문성의 함정에 빠질 수 있는 원고를 널리 읽을 수 있도록 독려하고 사진 한 장, 자료 하나까지 꼼꼼히 챙겨준 출판사 식구들, 그리 똑똑하지 못한 제자의 공부를 도와주시고 귀한 자료를 제공해주신 여러 선생님들, 오랜 집필 작업으로 지칠 때마다 아낌없는 격려와 응원을 보내준 친구들 모두의 공동 작업이다. 끝으로 이 책이 오랜 유학 생활 동안 나를 전폭적으로 지지해주신 가족, 특히 딸을 믿고 사랑해주신 부모님께 작은 위안이 되었으면 좋겠다.

2012년 파리에서
이지은

차례

1장

우아하지 못한
궁정 생활

차가운 고성 돌벽에 손을 대고 물어본다.
너는 그때 무엇을 보았고, 또 무엇을 들었니?

차가운 벽은 아직도 기억하고 있다.
화려한 결혼 무도회,
그 뒤편에 숨겨진 사랑과 증오를
권력을 향한 욕망과 음모를,
눈부신 축제와 죽음의 불안까지도.

앙리 3세
p. 21, 22

카트린 드 메디시스
p. 22

궁정인
p. 26, 34

데(천개)
p. 33

랑브리
p. 36

접이식 의자
p. 37

오목 장식형 천장
p. 38

1 작자 미상, ⟨1581년 9월 24일, 루브르 궁 앙리 3세의 궁정에서 열린 조외즈 공작과 마르그리트 드 보데몽의 결혼 기념 무도회⟩, 캔버스에 유채, 16세기, 베르사유 궁.

다섯 시에 일어나 아홉 시에 점심을 먹네.

다섯 시에 저녁을 먹고 아홉 시에 잠자네.

90년 인생을 9로 살아간다네.

—로랑 주베르^{Laurent Joubert}, 1560년

1581년 9월 24일, 가을 햇살 아래 루브르 성의 분주한 아침이 시작되었다.

오늘은 앙리 3세의 부인인 루이즈 드 로렌-보데몽Louise de Lorraine-Vaudémont의 배다른 자매, 마르그리트 드 보데몽Marguerite de Vaudémont과 앙리 3세의 오른팔인 조외즈 공작duc de Joyeuse의 결혼식이 열리는 날이다. 이 결혼식은 왕족과 귀족을 비롯해 각국의 대사, 고위 관리에다 악사, 춤꾼, 마부까지 합쳐 2천 명에 가까운 사람들이 이틀 동안 루브르 성에서 먹고 자면서 치르는 성대한 행사였다. 기록을 살펴보면, 앙리 3세 같은 16세기 프랑스 왕들의 배포는 보통이 아니었다. 수많은 하객과 식객 모두를 먹이고 재우는 데 드는 어마어마한 비용을 당연하게 여겼을 뿐 아니라 초대받지 못한 사람일지라도 누구나 잔칫상에 끼워주는 것을 상식으로 생각했다. 중국에서 말하는 대인大人의 풍모를 기본 소양으로 여긴 당시 프랑스의 왕이나 대영주들에게 '구두쇠'라는 평판보다 더 치욕스러운 것은 없었다. 그러니 호기로운 배포는 어쩌면 당연한 것이었는지 모른다.

관례대로 저녁 식사는 일곱 시에 시작되었다. 13세기부터 왕궁으로 사용된 루브르 성은 오랜 세월을 거치며 수없이 개·보수되어 지금은 당시의 흔적을 찾아보기 어렵다. 하지만 신분이나 지위 고하를 막론하고 성에서 거주하는 모든 사람들이 한방에 모여 식사했던 당시 풍습을 생각해보면, 아마도 제일 큰 홀에서 상다리가 휘어질 만큼 풍성하게 음식을 차려놓고 왁자지껄 떠들며 마음껏 여흥을 즐

2 16세기 당시의 모습을 간직하고 있는 퐁텐블로 성의 프랑수아 1세 갤러리.

3 프랑수아 1세 갤러리의 장식.

겼을 것이다.

　식사를 마친 앙리 3세가 무도회장으로 나선다.[2] 바야흐로 축하연의 하이라이트라 할 결혼 무도회의 시작이다. 천장에는 수십 개의 초가 불을 밝힌다. 흔들리는 촛불 아래 깊은 그림자를 드리운 벽의 조각상들[3]은 춤이라도 출 듯 생생하고, 자욱한 기름 연기 사이로 밀랍 타는 냄새가 코를 찌른다.

　악사들이 연주하는 바이올린과 에피네트^{épinette}(소형 하프시코드), 하프의 선율이 울려 퍼지면, 오늘의 주인공인 신랑과 신부가 먼저 나와 그해 최고로 유행한 춤인 '브랑슬^{bransle}'을 추기 시작한다. [그림 1]은 바로 그 순간을 포착했다.

　손을 잡은 신랑 신부 왼편에는 결혼식 무도회에 참여한 왕족들의 얼굴이 선명하게 보인다. 여성스러운 취향을 가진데다 지금 막 춤을 추려는 새신랑과 내연의 관계라는 소문이 파다했던 앙리 3세[4]는 여느 그림에서처럼 금 귀걸이를 하고

방의 제일 왼쪽 가장자리에 앉아 있다.

그 옆에는 앙리 3세의 모후인 카트린 드 메디시스^{Catherine de} Médicis⁵가 아들에게 무언가를 속삭이는 참이다. 허공에 멈춘 카트린 드 메디시스의 손가락으로 보건대 비밀스럽고 중요한 이야기인 듯하다. 그녀는 마상 시합 중에 사고로 세상을 떠난 앙리 2세의 미망인으로 프랑수아 2세에 이어 샤를 9세, 앙리 3세까지 어린 나이에 왕좌를 물려받은 아들들을 대신해 삼십 년 동안이나 섭정을 하며 대단한 권력을 휘둘렀다.

4 앙리 3세의 초상.

매사에 불만이 많고 성마른 앙리 3세는 어머니의 말을 듣는 둥 마는 둥 얼굴을 찡그리고 있다. 루브르 성 밖에서는 프로테스탄트와 가톨릭 사이의 갈등이 한창인 이 밤, 카트린은 또 무슨 음모를 꾸미려고 저토록 열심히 속삭이고 있는 것일까. 카트린의 옆에는 앙리 3세의 부인이자 신부의 언니인 루이즈 드 로렌이 앉아서 시어머니의 말을 귀동냥하는 중이다.

아들과 어머니, 며느리이자 부인으로 이루어진 이 왕족 그룹은 결혼식장이 아니라 장례식장의 하객들처럼 검정 일색의 칙칙

5 카트린 드 메디시스의 초상.

한 차림새다. 반면 [그림 1]에서 오른편 전면에 등을 보인 채 치마를 살짝 잡고 있는 여성의 드레스는 금빛으로 번쩍이며 시선을 끈다. 악사 뒤에 자리 잡고 있는 남자들처럼 16세기 들어 왕권이 안정되면서 궁정을 환하게 물들였던 새로운 계층인 '궁정인' 중 한 명일 것이다.

[그림 1]에서는 보이지 않는 옆방에서는 본 무도회장으로 미처 들어가지 못한 하객들이 줄지어 춤을 추고, 공을 던지는 난쟁이와 재주를 부리는 개가 여흥을 돋운다. 한쪽에서는 카드를 치며 운수를 떼어보는 사람들의 왁자지껄한 소리가 성안을 가득 채운다.⁶

1581년 9월 24일, 루브르의 긴 밤은 이렇게 시작되었다.

6 앙리 3세의 무도회장.

궁정의 탄생

역대 어느 왕보다 권력욕이 강하면서도 문화적으로 세련됐던 프랑수아 1세는 이탈리아로 원정을 다녀오면서 르네상스가 한창 꽃피우고 있는 유럽 미술의 중심지인 이탈리아의 많은 예술가들을 프랑스로 데려왔다. 프랑수아 1세는 앙리 3세의 조부이니 이 그림보다 두 세대 정도 앞선 시대의 일이다.

당시 프랑스로 건너와 프랑수아 1세에게 몸을 의탁한 예술가들 중에는 말년의 레오나르도 다빈치도 있었다. 이때 다빈치가 〈모나리자〉를 가져온 덕에 루브르 박물관은 세계적으로 가장 유명한 그림이자 미술사를 통틀어 최고의 화제작을 소장할 수 있었다.

프랑수아 1세는 정치적인 업적은 차치하더라도 프랑스에 이탈리아 르네상스 바람을 일으킨 왕이자 자자손손 길이 남을 유산인 〈모나리자〉를 비롯해 여섯 점의 다빈치 작품을 남긴 군주로 그 이름을 미술사에 남겼다. 다빈치는 말년의 후원자를 위해 아름다운 나선형 곡선으로 유명한 샹보르 성Château de Chambord의 계단[7]을 처음으로 착상한 설계도를 남기기도 했다.

7 샹보르 성의 나선형 계단.

샹보르 성[8]을 비롯해 프랑스의 뜰이라 불리는 아름다운 루아르 지방의 고성들은 프랑수아 1세 시대, 그러니까 15세기와 16세기에 그 뿌리를 두고 있다. 왕가 소유의 성만 11개, 지방 귀족 소유의 성까지 합치면 백여 개가 넘어 그야말로 루아르 강 전체가 성으로 빼곡히 둘러싸여 있다.

루아르의 고성들은 18세기에 건축된 성들과는 사뭇 분위기가 다르다. 조각상이 많이 달려 있어 중후하고 화려해 보이지만 어딘가 음침하고 미스터리한 기운을 풍긴다.

성을 한 겹 두르고 있는 해자垓字 위의 다리를 건너면, 유리로 된 큰 창이 나란히 달린 본관 건물이 나타난다.[9] 안으로

8 샹보르 성.

들어가면 [그림 1]의 무도회장처럼 프레스코화와 조각상으로 장식한 긴 갤러리를 볼 수 있다. 16세기에 연원을 두고 있는 성들의 주요 특징인 갤러리는 양쪽으로 창이 난 긴 복도 형태의 공간으로 무도회처럼 행사나 예식이 열리는 장소였다.

하지만 이것만으로 이 성들의 본모습을 다 보았다고 말하기는 어렵다. 이 성들의 진짜 얼굴을 보려면 사람들의 발길이 닿지 않는 성의 뒤편으로 돌아가야 한다. 그곳에는 앞면의 큰 유리창과 달리 구멍이라고 불러야 할 만큼 작고 철책이 촘촘하게 박힌 창과 바늘 하나 들어가지 않을 것 같은 돌벽이 앞을 가로막는다. 르네상스풍의 아름다운 성안에 음습한 중세의 맨얼굴이 숨겨져 있는 것이다.[10]

16세기의 성들은 겉으로 드러난 세련된 외관 뒤에 어김없이 중세적인 모습을 감추고 있다. 종교전쟁, 프롱드의 난 같은 천지를 휩쓴 전란이 많았던 시대, 성은 외침에 맞서는 마지막 보루였다. 앞과 뒤의 모습이 전혀 다른 성들의 두 얼굴은 아직 왕

9 도르도뉴 지방의 랑케 성과 해자.　　　　　　　　10 카디야크 성의 뒷모습.

권이 불안하고 사회 질서가 어지러웠던 시절에 대한 말 없는 증언자인 셈이다.

　　조용할 날이 없을 만큼 크고 작은 전란이 계속되었지만 프랑수아 1세를 거쳐 앙리 4세에 이르면서 왕의 권력은 서서히 안정되기 시작했다. 왕 중심의 권력 체제는 왕실 전속 행정 기관들과 왕의 이름으로 지방 곳곳에 파견되는 관리들을 빼놓고는 생각할 수 없다. 사정이 이러하니 왕의 곁에서 권력의 실오라기라도 쥐어보려는 눈치 빠른 지방 귀족들은 자기 영지와 성을 버리고 왕의 궁전으로 문턱이 닳도록 몰려들었다. 이렇게 해서 궁정이라는 작은 사회가 태어난 것이다.

　　[그림 1]에서 해사한 금빛 드레스를 입은 여인처럼, 궁정에서 왕의 권력에 의탁하며 살았던 이들을 '궁정인'이라고 부른다. 궁정인들은 어엿한 영지와 성을 가진 귀족들임에도 궁정에서 관리와 시종 같은 직책을 맡아 출셋길을 노리는 야심가들이었다. 또한 이들은 유럽 궁정 문화의 중심지로 떠오른 프랑스 궁정의 트렌드를 주도한 멋쟁이들이기도 했다.

공주마저 시종들과 혼숙하며 추위를 견디고

16세기인들은 현대인과는 다른 세계에서 살았다. 우선 시간 개념부터 달랐다. 샤를 9세의 재위 기간(1560~1574년)에 섭정 카트린 드 메디시스가 매년 1월 1일을 한 해의 시작으로 못박기 전까지는 부활절이 새해의 첫날이었다. 태양력을 기본으로 한 그레고리력이 일반화되기 전에 부활절은 3월에 첫 보름달이 뜬 다음 처음으로 맞이하는 일요일이었기 때문에 해마다 날짜가 조금씩 달랐다.

우리의 새해가 그러하듯 부활절은 축제와 인사의 날이었다. 귀족들은 로마네스크 시대부터 내려온 전통적인 복장을 한 채 왕에게 새해 인사를 하고, 왕은 선물을 하사했다.

또한 16세기 사람들은 계절에 따라 다른 시간 리듬으로 살아갔다.

다섯 시에 일어나 아홉 시에 점심을 먹네.
다섯 시에 저녁을 먹고 아홉 시에 잠자네.
90년 인생을 9로 살아간다네.

앙리 3세의 주치의인 로랑 주베르의 재치 있는 시처럼 5월부터 8월까지의 여름에는 이른 새벽 다섯 시에 일어나 오전 아홉 시에 점심을 먹고, 오전 열 시가 되면 모두 모여 미사를 드렸으며, 오후 다섯 시에 저녁을 먹고 밤 아홉 시에 잠자리에 들었다. 해가 짧아지는 11월부터 2월까지의 겨울에는 두 시간씩 늦춰서 아침 일곱 시에 일어나 밤 열한 시에 잠을 잤다.

이처럼 시간의 흐름에 순응하며 삶을 꾸려가던 당시 사람들에게 겨울은 참으로 혹독한 시기였다. 으리으리한 성에서 호화롭게 생활한 왕족들에게도 겨울은 공포의 계절이었다. 유리가 달린 창 위에 나무로 덧문을 달아놓아 비교적 외풍이 없는 방에서 지내긴 했지만, 돌로 만든 성안의 냉기는 냉동 창고나 다를 바 없었다. 푹푹 찌는 한여름에도 성의 실내는 서늘하고 가을만 되어도 싸늘함이 느껴질 정도이니, 겨울은 상상하기 힘들 만큼 추웠을 것이다.

유일한 난방 장치인 벽난로[11]는 한쪽 벽면을 모두 차지할 만큼 거대했지만 실제로는 실내 공기를 그리 따뜻하게 데워주지 못했다. 무엇보다도 천장 높이가 3미터나 되는 커다란 방에 벽난로는 한 개뿐인데다 그나마 벽난로가 설치된 방들이라야 성의 3분의 1도 안 됐으니 성 전체를 난방하기에는 어림도 없었던 것이다.

벽면에 붙이는 나무 패널인 랑브리lambris[12]가 널리 유행한 것은 돌성 내부가 너무 추웠기 때문이다. 애당초 랑브리는 습기와 추위를 막기 위한 궁여지책이었다. 랑브리 위에는 조각을 붙이거나 그림을 그려서 벽을 장식하는 일석이조의 효과도 거뒀다. 랑브리의 장식 효과는 그 뒤에 차가운 돌벽이 있으리라고는 상상도 하지 못할 만큼 감쪽같아서, 랑브리 뒤에 숨겨진 16세기 궁정인들의 궁상스러운 실생활을 잊어버리게 만든다. 장엄한 그림과 섬세한 조각 뒤편에는 추위에 떨며 간절히 봄을 기다리던 16세기인의 생활사가 감춰져 있다.

훗날 환기구나 연통, 벽난로의 구조에 대한 연구가 거듭되면서 난방이 개선되자 랑브리의 쓸모는 장식으로 국한됐다. 그래서인지 의외로 랑브리는 우리 주변에서 쉽게 발견할 수 있다. 예식장이나 고전적인 호텔의 벽면을 장식하고 있는 조각된 나무 패널이 그 예이다.

랑브리만으로는 한기를 막기가 버거웠던 16세기 사람들은 겨울이 되면 랑브리 위에 벽면을 모두 가릴 만큼 큰 '태피스트리'를 걸어서 보온 효과를 높였다. 16~17세

▲11 퐁텐블로 성의 거대한 벽난로.
▼12 코르마탱 성의 랑브리.

기의 태피스트리는 전쟁의 승리나 위인을 기념하는 기록물이기도 했지만 대부분은 보온용으로 제작됐다. 그래서 차가운 눈밭이나 앙상한 나무 같은 겨울 모티프가 들어간 태피스트리는 좀처럼 찾아볼 수 없다. 대신 봄을 기다리는 마음을 담아 아름다운 꽃이 무더기로 피어 있는 바탕에 귀부인들과 사슴이 노니는 장면을 주로 그려 넣었다. 돌성에 갇혀 오들오들 떨며 혹독한 겨울을 견뎌야 했던 궁정인들은 이런 태피스트리를 보면서 따뜻한 봄이 멀지 않았다는 위안을 얻었을 것이다.[13]

13 와인을 만드는 모습을 담은 태피스트리.

아름다운 태피스트리가 16세기의 혹독한 겨울을 숨기고 있는 것처럼, 16세기의 현실은 우리의 상상과는 사뭇 달랐다. 역사적 사건을 배경으로 한 영화에는 흔히 아름다운 공주가 외로이 방에 앉아 우아하게 수를 놓으며 왕자를 생각하는 로맨틱한 장면이 등장한다. 그러나 16세기 왕족들의 생활은 영화의 한 장면처럼 우아하지도 로맨틱하지도 않았다. 우선 공주가 방 하나를 차지하고 홀로 앉아 왕자를 생각하는 설정부터가 당시에는 있을 수 없는 일이었다. 벽난로가 설치된 방이 몇 개 안 되는데, 왕과 공주들이 독방을 차지해버리면 나머지 궁정인들은 어디서 잠을 잤겠는가. 추운 복도에서 덜덜 떨다가 얼어 죽지는 않았을 테니 말이다.

사실 당시 공주들은 다른 공주 자매들뿐 아니라 시종들까지 데리고 한방에서 잤다. 여기서 시종들은 여자는 물론이고 남자인 호위병이나 기사들까지 포함된다. 한방에서 쉰 명 남짓한 남녀가 혼숙을 한 것이다. 16세기는 개인적인 사생활이라든가 사생활 존중 같은 개념이 존재하지 않은 시기였다. 비단 귀족이나 왕족뿐만 아니라 작은 마을에서 살아가는 시골 농부 역시 대가족에 둘러싸여 살았다. 16세기인들에게 집단 생활에서 떨어져 혼자 살아가는 사람들은 마녀나 마법사처

14 환대받는 수도자들의 모습.

럼 기이하고 이상한 사람들이었다.

　결혼식이 열리거나 장례식이 있을 때면 성에는 더 많은 사람들이 모여들 수밖에 없었다. 방은 물론이고 복도까지 접이식 침대를 펼쳐놓고 잠을 자는 사람들로 넘쳐났다. 큰 행사가 없더라도 궁정은 늘 사람들로 북적거렸다. 일주일에 두 번씩 열리는 무도회에 참석하는 귀족들, 매일 저녁 일곱 시에 열리는 음악회를 보러오는 왕족, 왕에게 청원하러 오는 관리, 각종 문젯거리를 들고 오는 지방 귀족 등많은 사람들이 수시로 궁을 드나들었다. 아직 완전히 중세 봉건적인 성격을 벗지못한 왕들이 귀족의 보호자 역할을 자처했기 때문이다.

　따라서 이 시대 왕의 가장 큰 덕목으로는 두둑한 배포와 더불어 관용과 아량을

들 수 있다. 어느 정도의 신분만 되면 누구나 궁정에 자유로이 출입할 수 있었는데 특히 수도자는 어느 성에서나 환대받았다.[16] 왕들의 거처에 새겨진 문구가 이를 증명한다. '모든 친구를 환영하노라Si ventie per bibere cum moy, voy este benevuti para ma foy'라는 라틴어 문구는 아직도 16세기 성의 입구에서 심심찮게 발견할 수 있다.

유목민처럼 떠도는 왕실

당시 왕들은 옥좌에 앉아 신하들에게 점잖게 명령만 내렸을 것 같지만 실상은 그렇지 못했다. 16세기 왕의 삶이란 그야말로 여행과 이동, 전쟁의 연속이었다. 왕실은 드라마 〈왕좌의 게임〉 속 세계처럼 전란과 음모로 점철된 곳이었다. 몰래 책장에 독을 발라 왕을 죽인 뒤 권력을 차지하려는 야심가들이 넘쳐났으며, 왕위에 오르기 위해서라면 눈 하나 깜짝하지 않고 형제나 부모를 죽였다. 그래서 드라마에 굶주린 소설가나 극작가에게 이 시대는 매혹적일 수밖에 없다. 살아남기 위해 당대인들이 벌인 협잡이나 술수, 음모와 배신은 소설이나 영화를 뛰어넘는 엄연한 역사적 현실이었다.

이 때문에 왕들은 지방에서 일어나는 민란을 평정하기 위해서, 또는 반란군에 쫓겨 여행길에 올라야 했다. 대책 없는 전염병을 피해 급히 피난을 가는 경우도 적지 않았다. 평시에도 사정은 다르지 않았다. 고분고분하지 않은 지방 귀족들을 찾아가 어르고 겁도 줘야 했고, 세금도 직접 챙겨야 하는 등 친히 지방을 돌면서 수행해야 할 업무가 많았다.

카트린 드 메디시스는 미성년자인 아들 샤를 9세의 왕권을 지방의 유력 귀족들에게 인정받기 위해 어린 왕을 앞세워 1564년과 1566년 사이에 열아홉 차례나 프랑스 남서부 지역을 돌았다. 그들의 여행은 말을 타고 유유히 거니는 낭만적인 모습과는 한참 멀었다. 마차가 지날 수 있는 제대로 된 도로가 없어 진창길을 헤치

15 코프르에 귀중품을 싣고 급히 피난을 떠나는 궁정인들.

며 늪을 건너야 했고, 곳곳에 도사린 비적이나 암살자의 습격에도 맞서야 하는 고
생길이었다. 당시 인기를 끈 수많은 기사騎士 소설에서 괴한에게 납치당하는 공주
와 이를 구출하는 용맹한 기사가 단골로 등장하는 것만 봐도 당시 여행길이 얼마
나 위험했는지 짐작할 수 있다.

왕과 왕비가 여행에 나설 때마다 모든 궁정인들이 뒤를 따랐기 때문에 행차
대열도 매우 길었다. 기록에 따르면 카트린 드 메디시스는 의사와 약사, 요리사, 난
쟁이와 악사를 비롯해 각국 대사들, 개인 비서, 시종들과 항상 동행했다고 한다.
또한 애완동물인 개와 앵무새, 목에 자물쇠를 채운 곰, 공작새까지 데리고 다녔으

니 그 행차는 가히 볼만한 광경이었으리라.

그 뒤로는 각종 예복이며 생활용품, 취미 생활을 위한 사치품, 도착지에서 나누어줄 선물, 각종 연회나 무도회를 여는 데 필요한 도구와 집기들을 실은 수많은 짐수레가 이어졌다. 근본적으로 당시의 궁정은 한곳에 머무는 것이 아니라 끊임없이 움직이는 궁정이었다. 게다가 각 성마다 집기며 기본적인 가구들을 비치하고 몸만 옮겨 다닌 것이 아니라 한 번 움직일 때마다 궁정 전체가 통째로 이사를 가는 것과 마찬가지였다. 가구나 집기를 놓아두고 간다 한들, 돌아왔을 때 그대로 온전히 남아 있으리라는 보장이 없는 시대였다.[15]

이러한 사정 때문에 수도원의 가구들을 제외한 16세기 가구의 대부분은 옮기기 쉽게 고안되었다. 의자는 왕의 의자를 제외하고는 거의 등받이가 없었고, 개중에는 가운데를 접어서 펼 수 있는 접이식 의자도 있었다. [그림 1]을 유심히 살펴보면 앙리 3세, 카트린 드 메디시스와 왕비는 등받이가 있는 의자에 앉아 있지만 그림 오른쪽에 등장하는 악사나 등을 보이고 앉은 금색 드레스의 궁정인은 등받이가 없는 의자에 앉아 있다.

16세기식 등받이가 없는 의자는 목공에 취미가 있는 사람이라면 한눈에 보고 따라 만들 수 있을 만큼 모양새가 간단하다. 네모난 판자 아래 다리 네 개를 붙이고, 다리 사이를 나무판자로 이어 고정했다. 별 장식이 없어 가볍고 제작과 운반이 쉬울뿐더러 망가지면 언제나 다시 만들 수 있는 생활용품이었다.

반면 앙리 3세가 앉은 의자는 왕의 의자답게 둥글게 휘어진 다리에 손잡이 부분도 끝이 말려 있는 등 나름대로 장식되어 있다. 현대인의 눈으로 보면 별것 아니지만, 당시에 장식된 의자는 그 자체가 권력의 상징이었다.

[그림 1]에는 의자 외에도 앙리 3세의 특별한 지위를 나타내는 물건이 또 하나 등장한다. 왕의 머리 위로 드리워진 빨간 천개天蓋가 그것이다. '데dais'라고 불리는 이 천개는 왕처럼 지체 높은 사람이 앉는 자리를 표시하기 위한 일종의 무대 장치였다. 가설 연극 무대의 소품처럼 나무틀 위에 빨간 천을 씌워 간단하게 만든

16 코프르.

것으로, 사용하고 나면 쉽게 떼어내 보관할 수 있다.

그림 속 무도회장에는 조각이 달린 랑브리나 바닥에 깔린 타일, 방을 메운 사람들로 혼잡스럽지만, 의자나 천개 외에는 변변한 가구가 보이지 않는다. 하다못해 흔한 테이블 하나 등장하지 않는다. 수시로 멀리 이동해야 하는 유목민 같은 당시 궁정인들의 생활 모습을 단적으로 보여주는 셈이다. 거대한 책장이나 진열장, 옮기기 힘든 장롱 같은 가구는 내일이 어찌 될지 알 수 없는 당시에는 언감생심 엄두도 못 낼 물건이었던 것이다.

대신 그들은 '코프르coffre'**16**라 불리는 궤 모양의 정리함을 애용했다. 현대인의 감각으로는 가구라기보다 여행용 트렁크에 가까운 이 물건은 쉽게 말해 뚜껑 달린 함이다. 평소에 보석이나 사치품, 서류 등을 넣어두었다가 언제든 쉽게 옮길 수 있도록 간편하고 튼튼하게 만들어졌다. 양쪽에는 옮길 때 잡기 쉽도록 손잡이가 있고, 앞부분에는 자물쇠가 달려 있다. 옷장이나 책장, 장식장 대신 코프르에 모든 것을 담아 끊임없이 이동해야 했던 궁정인들의 고달픈 삶이 배어 있는 가구다.

박물관에서 종종 볼 수 있는 왕들의 코프르는 왕가의 문장과 함께 가죽이나 금속 장식으로 호화롭게 치장한 것이 많다. 후에 어린 '태양왕' 루이 14세가 어머니 안 도트리슈Anne d'Autriche와 함께 프롱드의 난을 피해 중요한 서류와 값나가는 보석을 챙겨 도망칠 수 있었던 것도 코프르 덕택이었다.

16세기의 코프르와 등받이가 없는 의자는 격동의 시기를 살았던 당시 사람들의 불안한 삶의 단면을 보여준다. 하지만 역사의 연대기는 코프르와 의자보다 더 인색하게 그들의 삶을 단 몇 줄로 정리하고 있다.

마냥 즐거워 보이는 이 결혼식이 열린 지 6년 후, 그림 속 새신랑인 조외즈 공작은 후에 앙리 4세가 되는 부르봉과 맞서다 스물여섯 살의 나이로 전사했다.

그가 세상을 등진 지 2년째가 되는 1589년, 앙리 3세도 자크 클레망이라는 수도사의 칼에 찔려 급작스럽게 사망했다. 역사 인명사전에 한 줄 이름이라도 남긴 당시의 인물치고 제명을 다하기가 참으로 어려운 시절이었다.

그로부터 5백 년이 흐른 지금, 화려한 영욕의 세월을 주름잡던 이들은 모두 사라졌고, 오로지 그림과 가구 몇 점, 돌덩이만 남아 묵묵히 그 시절을 기억하고 있다.

풍텐블로 성의 프랑수아 1세 갤러리.

랑브리lambris

목조 건물 위주인 우리나라와는 달리 석조 건물이 많은 유럽에서는 일찍부터 돌의 냉기와 습기를 막기 위해 벽에 붙이는 패널을 사용했다. 나무, 대리석, 석고 등으로 만든 이 패널을 랑브리라고 한다. 요즘으로 치면 건물 내장재다. 프랑스에서는 요즘도 호화 빌라를 '고급스러운 랑브리lambris luxe'라고 부를 만큼 내부 마감재로서 랑브리의 역할은 실용적인 용도 못지않게 장식적인 면이 강하다.

[그림 1]에 등장한 랑브리는 전형적인 르네상스 시대의 랑브리 형태를 보여준다. 결혼식이 열린 루브르 갤러리는 이제 16세기의 모습을 찾아볼 수 없지만, 풍텐블로 성의 프랑수아 1세 갤러리에는 아직도 그 시절의 모습을 간직한 랑브리 장식이 남아 있다.

16세기 르네상스의 영향을 받아 만들어진 성들은 대부분 이탈리아 예술가들의 손길이 닿았다. 프랑수아 1세 갤러리 역시 프란체스코 프리마티초Francesco Primaticcio와 로소 피오렌티노Rosso Fiorentino라는 이탈리아 화가의 작품

이다. 두 사람은 본국인 이탈리아에서는 별다른 명성을 날리지 못했지만, 프랑스에서는 16세기를 주름잡은 '에콜 드 퐁텐블로Ecole de Fontainebleau'라는 유파를 탄생시켰을 만큼 큰 자취를 남겼다.

통상 랑브리는 아래위 두 폭으로 나뉜다. 폭의 비율은 시대에 따라 달라지는데 어느 시대에나 눈이 잘 닿지 않는 바닥에 면한 아랫단보다 눈길이 머무는 윗단에 장식이 몰려 있다. 그림뿐만 아니라 생생한 조각을 붙인 랑브리는 당대의 유행하는 스타일에 직접적인 영향을 받았다. 당연히 랑브리의 장식 문양, 각 패널의 비율, 색깔 등은 시대에 따라 달라졌다. 그래서 랑브리만 봐도 특정 시대의 실내 분위기나 유행을 알아챌 수 있다. 17세기나 18세기의 오리지널 랑브리, 그 중에서도 원래의 색이 남아 있는 랑브리는 매우 드물기 때문에 옛날의 성을 개축하면서 벽에 붙은 랑브리만 따로 떼어내 박물관에 기증하거나 경매에 내놓는 경우도 많다.

접이식 의자 chaise à tenailles

[그림 1]에서 앙리 3세가 앉아 있는 의자는 어떤 종류의 의자였을까? 힌트는 앙리 3세의 다리가 가리고 있는 의자의 접합 부분에 있다. 그림 속에 드러난 다리와 팔걸이 부분으로 보건대 이 의자는 '셰즈 아 트나유 chaise à tenailles'라는 접이식 의자였을 것이다. X자 모양이 특징인 이 의자는 접합 부분에 나사가 들어 있어 의자를 펴고 접을 수 있다. 수시로 접고 펴야 하기 때문에 오늘날의 캠핑 의자처럼 등받이와 안장이 천이나 가죽으로 되어 있다.

16세기 프랑스에서 접이식 의자는 유행의 최첨단을 달린 의자였다. 이것의 원조는 '세디아 단테스카 sedia dantesca'라는 이탈리아 의자로 르네상스의 바람을 타고 프랑스에 상륙했다. [그림 1]에서 앙리 3세 옆에 앉아 있는 카트린 드 메디시스는 이탈리아 출신답게 유달리 이 접이식 의자를 선호했다. 1589년에 작성된 카트린의 재산 목록에는 열 개의 접이식 의자가 올라가 있다.

접이식 의자는 중세 시대의 의자들과 확연히 다르다. 우선 대성당의 기둥처럼 오로지 직선으로 뻗은 높은 등받이나 상자와 다를 바 없는 네모진 안장 같은 중세 시대 의자의 특성이 완전히 사라졌다. 게다가 직선적인 X자 형태가 아니라 완만한 곡선형 X자다. 의자의 곡선형 다리나 팔걸이는 나무를 돌리고 구부리는 기술이 점차 보급되면서 르네상스 시대부터 등장하기 시작했다. 그 덕분에 전체적인 실루엣이 부드럽고 더 편안하게 보이며 실제로 앉았을 때도 그렇다.

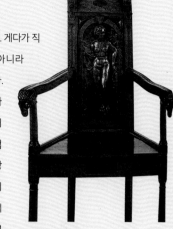

중세 시대의 의자.

접이식 의자는 행사뿐 아니라 일상생활에서 널리 사용된 의자다. 접고 펼 수 있는 이점 때문에 17세기에도 널리 애용되었는데, 17세기인들은 이 의자를 '앵무새'라고 불렀다. 부르봉 왕조의 재상 쥘 마자랭이 남긴 재산 목록을 보면 호두나무로 된 '열두 개의 앵무새'라는 문구가 등장한다.

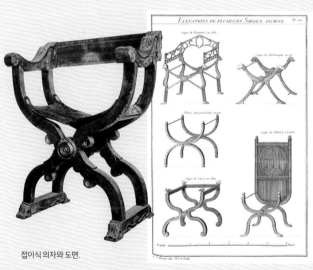

접이식 의자와 도면.

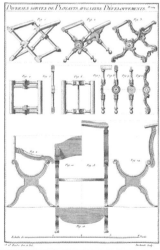

오목 장식형 천장

지금으로부터 5세기 전의 그림이지만 [그림 1]에 보이는 천장은 어딘가 낯익다. 나무로 된 천장에 마치 타일처럼 규칙적인 무늬가 돋을새김되어 있는데, 1970~1980년대의 우리나라 주택에서도 종종 이런 천장을 볼 수 있기 때문이다.

우리의 전통 건축물처럼 14세기나 15세기에 건축된 프랑스 성들의 천장을 올려다보면 갈비뼈처럼 촘촘하게 엮인 대들보와 들보가 훤히 드러나 보인다. 이를 '플라퐁 아 푸트렐 plafond à poutrelles'이라고 하는데 이름 그대로 들보 천장이란 뜻이다. 요즘도 프랑스의 시골집에 가면 흔히 볼 수 있다.

통상 성의 들보 천장에는 코발트 같은 짙은 색으로 바탕을 칠하고 그 위에 금칠로 각종 장식 문양을 그려 넣었다. 하지만 아쉽게도 오리지널 장식이 남아 있는 들보 천장은 찾아

보기 힘들다.

성의 천장이 변화하기 시작한 것은 16세기에 접어들면서다. 이탈리아 르네상스의 영향을 받아 사뭇 다른 새로운 형태의 천장이 출현했다. 바로 [그림 1]에서 보이는 천장이 그것이다. 이런 천장을 '플라퐁 아 캐송 plafond à caissons'이라고 한다. 타일처럼 하나하나 나뉜 규격을 '캐송'(오목한 판자)이라고 부르기 때문에 천장의 이름 역시 플라퐁 아 캐송, 즉 캐송으로 장식된 천장이다. 우리말로는 '오목 장식형 천장'으로 번역할 수 있다. 기존의 들보 천장처럼 대들보가 노출되지 않도록 나무판을 대고, 그 나무 위에 구획을 나누어 규칙적인 무늬를 새겼다.

17세기 초반까지는 [그림 1]에서처럼 전체를 규칙적인 무늬로 덮은 천장 형태가 많았으나 점차 캐송의 사이즈를 달리해 가운데에는 큰 천장 벽화가 들어갈 수 있는 큰 구획을, 가장자리에는 자잘한 벽화로 장식할 수 있도록 액자 같은 역할을 하는 작은 캐송을 배치하는 방식이 유행하기 시작했다. 오늘날 베르사유 성을 비롯해 대부분의 유럽 성에서 볼 수 있는 천장 형태다.

같은 성이라도 공간의 성격에 따라 천장의 형태가 다른 경우도 많다. 손님을 맞이하는 공간이나 공식적인 성격이 강한 공간들, 즉 현관, 살롱, 식당 등에는 주로 벽화가 그려진 천장을, 사적인 공간이나 안락함을 강조하는 공간에는 전체를 나무로 마감한 규칙적인 장식의 천장을 많이 썼다.

천장 형태의 변화는 집 안 장식에 참여하는 직업군에도 큰 영향을 미쳤다. 16세기 말까지 천장은 정교하게 나무를 다룰 수 있는 기술자인 메뉴지에 menuisier의 영역이었다.

하지만 17세기 초반부터는 벽화가 천장에 등장한다. 이때

▲ 퐁텐블로 성의 들보 천장.
▼ 앵발리드 관의 식당 전경.

부터 천장 장식은 어떤 화가의 천장 벽화냐에 따라 그 격이 달라지는 화가의 영역이 되었다.

17세기 중반 이후가 되면 천장 벽화는 단순한 장식을 넘어 공간의 콘셉트를 규정하는 실내장식의 주인공이 된다. 천장 벽화의 주제와 스타일만 보고도 그 공간의 성격과 역할을 가늠해볼 수 있을 정도다. 이를테면 베르사유 궁의 주요 접견 공간의 이름은 살롱 드 베누스salon de vénus, 살롱 드 디아나salon de diane, 살롱 드 마르스salon de mars 등인데 이는 천장 벽화의 주제와 일맥상통한다. 살롱 드 디아나의 천장에는 사냥에 나선 여신 디아나의 모습이, 살롱 드 마르스의 천장에는 늑대가 끄는 마차를 타고 있는 마르스의 모습이 등장한다. 마르스는 그리스·로마 신화에 나오는 군신軍神이다. 그래서 이 공간은 루이 14세 시대 근위병의 대기 장소로 쓰였다.

▲ 퐁텐블로 성의 오목 장식형 천장.

▼ 퐁텐블로 성의 천장 벽화.

2장

그때 그 여인
아름다워라

거울 앞의 여자는
레이스 장식 위로 떠오른 자신의 얼굴을 본다.

창가의 남자는
망원경으로 세상을 본다.

비록 몸은 한 지붕 아래 있건만
16세기 남녀의 마음은 얼마나 멀었던 것일까?

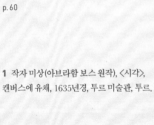

1 작자 미상(아브라함 보스 원작), 〈시각〉,
캔버스에 유채, 1635년경, 투르 미술관, 투르.

16세기의 여자와 남자는 정말 서로 다른 달에서 태어나 서로 다른 삶을 살았을까? 남자나 여자나 모두 어머니의 배에서 태어났건만, 이 『속담』 속 글귀를 읊조린 16세기인들은 정말 남녀가 서로 다른 곳에서 왔다고 믿은 것일까?

아브라함 보스Abraham Bosse라는 낯선 이름의 화가가 〈시각La Vue〉([그림 1])이라는 판화를 통해 보여주는 이 시대의 남녀는 '화성에서 온 남자'와 '금성에서 온 여자'처럼 멀게 느껴진다. 거울 앞에 앉은 여자는 목에 레이스 장식을 대보며 요모조모 자신의 모습을 뜯어본다. "이것보단 저게 더 낫지 않을까?"라고 망설이며 말하자 뒤에 서 있는 하녀가 말없이 웃으며 다른 레이스를 집어준다.

반면 남자는 방 한구석에 난 창가에서 망원경으로 무언가를 주의 깊게 관찰하고 있다. 그는 여자의 아침 단장에는 일말의 관심도 없다. 여자는 거울을 보고, 남자는 세상을 본다. 같은 공간에 머물고 있지만 서로의 거리는 멀고도 멀다.

그림 제목으로 봐서 보스는 이 시대의 '시각'을 일상 풍경을 통해 단적으로 보여주려고 한 듯하다. 그렇다면 과연 그가 그림을 통해 보여주고자 했던 남녀의 '시각' 차이는 무엇이었을까?

르네상스 미인의 조건

16~17세기에도 거울은 여자의 전유물이었다. 당시 여성의 가장 큰 덕목은 '아름

다운 한 송이 꽃'이 되는 것이었다. 르네상스 미인의 모범 답안은 다음과 같았다.

세 가지 하얀 것 : 피부, 치아, 손

세 가지 검은 것 : 눈, 속눈썹, 눈썹

세 가지 빨간 것 : 입술, 뺨, 손톱

세 가지 긴 것 : 몸통, 머리카락, 손가락

세 가지 짧은 것 : 치아, 귀, 발

세 가지 가는 것 : 입, 허리, 발볼

세 가지 굵은 것 : 팔뚝, 허벅지, 다리

세 가지 작은 것 : 젖꼭지, 코, 머리

—알랭 드코^{Alain Decaux}, 『미의 기준^{Canon de la Beauté}』 중에서

시詩라기보다는 무슨 미인대회의 심사 기준 같은 이 목록의 모델이 된 여인은 앙리 2세의 정부情婦였던 디안 드 푸아티에^{Diane de Poitiers}다. 그녀는 앙리 2세와의 러브 스토리뿐만 아니라 여러 그림과 조각의 모델로 지금까지 전해지는 당대의 절세미인이었다. 용의주도할 뿐 아니라 냉철한 정치적 판단력까지 갖춘 왕비 카트린 드 메디시스조차 디안 때문에 9년이나 독수공방을 면치 못했다. 앙리 2세보다 스무 살이나 연상임에도 20년 넘게 총애를 받으며 애첩의 자리를 지킨 디안은 카트린이 두뇌로는 대적할 수 없는 미모의 소유자였던 것이다. 그녀가 모델이라고 알려진 그림을 보면 과연 몸매와 얼굴이 앞서 알랭 드코가 적어놓은 미인의 기준과 비슷하다.

화가 프랑수아 클루에가 디안을 모델로 그렸다고 알려진 〈욕조의 여인〉²은 당대 사람들이 여성의 아름다움에 얼마나 큰 의미를 두었는지 여러 가지 상징물에 빗대어 보여준다. '욕조의 여인'이란 제목처럼 막 욕조에 몸을 담근 디안의 곁에는 상큼한 체리와 달콤한 서양배 같은 과일이 함께 그려져 있다. 과일은 배고픔이라는 육

2 프랑수아 클루에, 〈욕조의 여인〉.

체의 고통을 아름다움이라는 정신의 달콤함으로 승화시키는 상징물이다.

뒤편에는 디안에 비해 미모가 뚜렷이 대비되는 유모가 풍만한 가슴을 드러내고 아이에게 젖을 물리고 있다. 아이는 여성의 '아름다움'이 만들어내는 새로운 세대를 상징한다. '아름다운' 여자가 있기 때문에 세대를 이어가며 인간의 삶이 영속될 수 있다고 여겼던 것이다. 그림의 맨 뒤편에는 물동이를 들고 있는 하녀가 보인다. 물동이는 인간의 삶에서 여성의 아름다움이 물만큼이나 중요하다는 관념을 은근히 드러낸 것이다.

즉 당시 사람들에게 '아름다운 여성'은 배고픔조차 잊게 해줄 만큼 달콤하고, 자식을 낳아 영속을 보장해줄 수 있을 만큼 중요하며, 그러므로 없으면 생존할 수 없는 물과 같은 존재였던 것이다.

16세기식 미인 되기

3 눈썹이 가늘고 피부가 하얀 르네상스 시대의 미인상.

16세기, 아름다운 여자가 갖춰야 할 미덕 중에서 가장 핵심으로 꼽힌 것은 하얀 피부였다.[3] 아무리 다른 조건이 완벽하다 할지라도 햇볕에 그을린 피부로는 미인이 될 수 없었다. 그을린 피부는 그 자체로 천박하게 여겨졌다. 그래서 백옥 같은 피부를 가꾸기 위한 갖가지 미용 비법이 유행했다. 온갖 '화이트닝' 화장법으로 피부를 하얗게 가꾸느라 열심인 현대의 여자들이나 16~17세기의 여자들이나 별 차이는 없지만, 기록으로 전해지는 당시의 화이트닝 비법이란 동화 속 마녀가 적어놓은 마법서와 다름없다.

백분을 탄 장미수에 달걀흰자 거품을 넣고, 말린 오징어 가루와 장뇌 가루, 돼지 기름을 첨가한 뒤 이것을 얼굴에 바른다. 하얗고 건조한 피부를 원할 때는 수은과 재, 모래를 넣어 굳힌 고약을 얼굴에 문지르면 된다……

그 효용은 둘째치고, 화장품을 전문적으로 만드는 이가 없던 시절이라 이런 정보는 무척이나 귀했다. 유명한 미인이라면 모두 하얀 피부를 위한 자기만의 독특한 미용법을 가지고 있었고, 고급 미용 정보는 국가 기밀처럼 입에서 입으로만 은밀히 전해졌다.

하얀 피부를 돋보이게 하려면 얼굴의 털도 신경 쓰지 않을 수 없었다. 〈욕조의 여인〉 속 디안의 얼굴이나 레오나르도 다빈치의 〈모나리자〉처럼 이 시대의 미인들은 눈썹을 죄다 뽑아서 희미하게 한 줄 그어놓은 듯 가늘게 그렸다.

가는 눈썹 외에도 훤히 드러난 이마는 당시 미남 미녀[4,5]가 지녀야 할 조건 중 하나였다. 그래서 각종 제모 비법도 유행했다. 개중에는 자연산 원료를 바탕으로 한 유기농 제모제를 연상시킬 만큼 현대적인 비법도 있다. "아몬드 말린 것, 잣, 나르본Narbonne산 꿀, 달걀 등을 잘 섞은 다음 뻑뻑해지면 털이 난 자리에 바르고, 다 마르면 비누로 씻어내라"는 방법은 지금 당장이라도 시도해보고 싶을 만큼 솔깃하다.

하지만 대개는 황당하고 엽기적인 내용들이 많다. 대표적인 것이 대머리로 고민하는 남자들을 위한 비법이다.

일단 흰 수건으로 머리를 여러 차례 힘껏 문질러 닦은 다음 양파즙을 바르고, 그 위에 거머리를 올려놓는다. 거머리가 피를 잔뜩 빨아먹을 때까지 기다렸다가 거머리를 떼어내고, 그 자리에 몰약과 장미, 껍질 벗긴 선인장, 겨자와 유황, 송진과 들쥐 똥을 한데 섞어 만든 크림을 발라도 효과가 있다.

이것은 1543년에 출간된 『인체의 구조에 관하여De Humani Corporis Fabrica』라는 라틴어 책에 소개된 내용인데, 들쥐 똥을 구할 수 없을 경우 염소 똥을 써도 되며, 곰의 기름이나 지네 즙을 넣으면 효과가 배가된다고 친절하게 덧붙이고 있다. 효과는 차

▲4 17세기 멋진 남자의 전형.
▼5 17세기 아름다운 여자의 전형.

치하더라도, 지네 즙이나 들쥐 똥을 과연 어디서 구했을지 의문이 든다. 고대부터 전해 내려왔다는 이 전설의 대머리 방지법은 일견 황당해 보이지만 나름대로 일리가 있기도 하다. 당시 사람들은 머릿속의 피를 위로 끌어당길 수 있는 거머리나 기타 재료를 올려놓으면 피가 두피로 몰리면서 머리카락도 함께 올라온다고 생각했던 것이다.

염색 역시 유행했다.[6] 빨간 머리카락은 은화 30냥에 예수를 팔아넘긴 가롯 유

6 아브라함 보스, 〈이발사〉. 이발사에게 수염 손질을 받는 남자.

다처럼 불길하다 해서 남자는 짙은 갈색 머리를, 여자는 금발을 최고로 쳤다. 여성들은 눈부신 금발을 만들기 위해 잠자기 전에 부채꽃과 수선화 뿌리를 말린 가루를 머리에 뿌리는 정성을 마다하지 않았다.

　머리를 공들여 관리한 뒤에는 화장으로 완벽하게 치장했다. 여자들은 물론 남자들까지도 피부를 하얗게 보이기 위해 백분을 온몸에 뿌렸다. 미용 백분은 이집트 콩을 갈아서 잠두콩 가루, 보리 가루, 아몬드 가루를 섞고 우유를 살짝 혼합해 만들었다. 당시의 백분은 풀풀 날리는 가루이다보니 누군가가 사다리를 타고 올라가서 뿌려줘야 하는 번거로움이 있었다. 또한 아무리 얼굴이 하얗다고 해도, 전염병이 창궐하고 위생도 신통치 않았던 시대라 마마 자국이나 종기, 뾰루지 등도 흔했다. 백분은 보기 싫은 흉 자국들을 가리는 효과도 겸했다. 백분을 발라 하얗게 만든 얼굴 위에는 양홍洋紅 염료를 뿌린 솜방망이를 볼에 두드려 혈색을 더 좋게 했다.

　이렇게 두터운 화장을 한 번 하면 보통 일주일가량 지우지 않고 매일 덧칠만 했다. 자연히 시간이 지날수록 몸에서 좋지 않은 냄새가 풍겼고, 당연히 향수가 필수품으로 자리 잡았다. 16~17세기 향수의 중심지는 역시 문화적으로 세련된 이탈리아였다. 이미 증류법을 알고 있던 이탈리아인들은 향기 좋은 식물들을 증류해서 강렬한 향기를 내는 향수들을 만들어 팔았다.[7]

7 16세기 후반의 향수 단지.

향에 대한 당시 사람들의 관심은 집착증에 가까웠다. 한두 방울 뿌리고 마는 것이 아니라 온몸은 물론이고 옷이나 신발, 속옷, 장갑, 부채 등 몸에 닿는 모든 것에 향수를 뿌렸다. 이탈리아에서 수입한 고급 옷들은 아예 제비꽃이나 아이리스 같은 꽃에서 추출한 가루를 옷 속에 넣고 누빈 것들이었다니, 그야말로 향수가 들어 있는 옷인 셈이다. 가장 인기 있는 향수는 장미꽃 향을 바탕으로 한 '다마스쿠스의 장미 향수Eau de Damas'나 '나폴리의 장미 향수Eau de Naple'였다. 온몸을 향수로 칠갑해도 모자랐던지, 귀족들은 '쉬프르의 작은 새Oiseau de Chypre'라는 장식품을 모았다. 향을 입힌 나무로 새를 만들어 진짜 새처럼 새장에 넣은 오브제인데 귀족들은 이 장식품을 집 안 곳곳에 걸어두고 향을 즐겼다.

씻지 않아서 생기는 악취를 가리려고 향수를 뿌려대는 와중에도 유일하게 매일 씻는 신체 부위가 있었으니, 바로 옷으로도 가릴 수 없는 손이었다. 귀족들은 아침마다 안식향安息香이 나는 기름을 손에 바르고, 저녁에는 꿀과 겨자, 아몬드를 갈아 만든 크림을 바른 뒤에 꼭 장갑을 끼고 잠을 청할 만큼 손 관리에 각별히 신경을 썼다. 하얗고 긴 손은 고결함과 아름다움을 나타내기 때문이었다.

16~17세기의 화가들이 유달리 여성의 손을 자세히 묘사했던 이유는 바로 아름다운 손이 가진 이런 상징성 때문이었다. 아브라함 보스 역시 거울을 바라보며 레이스 장식을 얼굴에 대어보는 여자 주인공을 그리면서 유난히 길고 아름다운 손가락과 우아한 손동작을 잊지 않았다.

거울과 화장대는 오랫동안 몸치장에 시간을 보

8 요크 공작부인의 거울, 17세기 초반.

9 16세기 중반의 거울 디자인.

내는 여인들에게 없어서는 안 될 필수품이었다. [그림 1] 속에서 보스는 여인의 모습을 완벽하게 비추는 거울을 그려 넣었지만, 사실 이 시대에 흔히 쓰던 거울은 그림처럼 선명하게 얼굴을 비추지 못했다.[8·9] 수은과 주석을 혼합해 유리나 크리스털 위에 씌워 만든 16세기 거울은 우유처럼 부연데다 굴절이 많았다. 이게 거울이야? 싶을 정도로 조악하지만 당시 거울은 대귀족들의 혼수품 중 하나로 쉽게 구할 수 없는 귀한 물건이었다. 내로라하는 집에서는 장식을 조각한 두꺼운 나무 액자에 거울을 끼워서 은근히 부를 과시하기도 했다.[10]

[그림 1] 속의 여자는 거울은 물론이거니와 코프르를 두 단으로 쌓은 다음 금자수가 놓인 천을 씌워 화장대로 사용하는 것으로 보아 상당히 지체 높은 귀부

10 코프르 위에 놓여 있는 네모난 액자 형태의 거울을 눈여겨보자.

인이었을 것이다. 그녀의 화장대 위에는 무엇이 놓여 있었을까? 우선 은이나 도기로 만든 향로가 있다. 향을 넣어 불을 피우면 몸체 구멍에서 연기가 솔솔 나오는 향로는 몸의 냄새를 숨기는 데 민감했던 시대상을 잘 보여주는 물건이다. 립스틱 역할을 한 양홍 염료 반죽과 마스카라 대신 사용한 기름에 적신 재를 넣는 단지도 있다. 상아나 나무로 만든 빗은 물론이다.

미모에 매몰된 여자, 지성으로 비상한 남자

여성의 아름다움에 대한 찬사가 넘쳐난 것에 비해 16세기 여성의 교양이란 보잘것없었다. 물론 프랑수아 1세의 누이인 마르그리트 당굴렘Marguerite d'Angoulême처럼 프랑스어와 이탈리어를 완벽하게 구사하고, 고전문학을 읽는 여자가 없었던 것은 아니다. 하지만 대개 여인들이 지닌 교양은 자수, 바느질, 직조, 음악, 춤 같은 예능이나 생활에 직접 연관된 기술에 불과했다.

기록을 통해 전해지는 당시 여인들의 삶은 종종 애잔한 느낌을 준다. 집안에서 정해주는 정혼자와 여덟 살에 약혼하고 열두세 살에 결혼해 쉴 새 없이 아이를 낳았다. 아무리 아름다운 여자라 할지라도 스물다섯 살이면 젊음의 생기를 잃고 시들어갔다. 높은 지위의 왕족이 아닌 이상 뭇 여인들의 처지란 애완동물과 다를 바 없었다. 1장에 등장한 카트린 드 메디시스의 궁정 기록부를 보면 궁정의 하녀들은 카트린의 개나 앵무새보다 서열이 낮았다.

지위가 높은 여성 중에도 미신에 광적으로 매달릴 만큼 어리석은 이들이 많았다. 노스트라다무스의 예언을 광적으로 신봉한 카트린 드 메디시스나, 부두 인형처럼 사람을 저주하는 인형에 침을 찌르며 정적을 저주했다는, 영화 〈여왕 마고〉로 우리에게 친숙한 마고 여왕Reine Margot 같은 여인들의 무지는 그리 놀랄 만한 일이 아니었다.

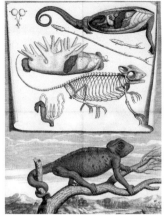

▲**11** 아브라함 보스, 〈개 해부도〉.
▼**12** 아브라함 보스, 〈카멜레온 해부도〉.

　　반면 남성들의 교양 수준은 괄목할 만한 발전을 거듭했다. 인쇄술의 발전으로 새로운 지식을 쉽게 접하고 자신의 생각을 널리 알릴 수 있는 혁명적인 변화가 일어났다. 라틴어 사전과 문법 교본의 출간은 오비디우스나 베르길리우스 같은 고대 로마 시인들의 저서뿐만 아니라 당대의 인문학자 에라스뮈스의 신작까지 쉽게 이해할 수 있는 중요한 발판이 되었다. 프랑스 국립도서관에 보관되어 있는 당시의 책들을 보면 다양한 주제에 먼저 놀라게 된다. 동물의 해부도**11·12**며 농학, 지리학 같은 실용서부터 연감, 달력, 예언서 등 르네상스의 세례를 받은 자유로운 정신이 탐구한 다양한 교양물이 쏟아져 나왔고, 결과적으로 이 책들은 중세의 어둠을 걷어냈다.

　　지식의 개척자라 할 수 있는 르네상스 시대의 교양인들은 중세 시대까지 교양의 유일무이한 표준이던 엄숙한 라틴어 고전을 보는 데만 연연하지 않았다. 프랑스어로 시를 써서 가히 새로운 영역을 개척했다고 평가받는 피에르 드 롱사르Pierre de Ronsard의 작품을 외우고, 인문학자의 완벽한 모델로 추앙받은 프랑수아 라블레François Rabelais의 『가르강튀아와 팡타그뤼엘』을 읽으며 새로운 시대를 호흡했다.

　　1530년에는 남자들만을 위한 '콜레주 드 프랑스Collège de France'라는 교육기관과 도서관이 만들어졌다. 틈만 나면 사냥을 즐긴 프랑수아 1세마저 이탈리아의 고전뿐 아니라 새로운 철학서를 읽으며 세상을 이야기하는 즐거움에 눈떴다. 커다란 방에서 과학을 실험하고, 유럽을 벗어난 머나먼 세계를 상상하기 시작했다. [그림 1]에서 망원경으로 창밖을 골똘히 바라보는 남자는 바로 이러한 시대의 교양을 온몸으로 받아들인 전형적인 인물이다.

같은 방 안의 서로 다른 세계

[그림 1] 속 남자와 여자는 같은 방 안에 있지만 양쪽 끝에 따로 떨어져 각자의 일에 몰두하는 모습이라 서로 만날 일이 없는 사람들처럼 보인다. 아직 사적인 공간에 대한 개념이 없을 때여서 그림처럼 남녀의 생활은 한방에서 이루어졌다. 집 내부의 공간은 상황에 따라 큰 침대가 놓인 침실이 되기도 하고, 여인들의 화장대가 자리한 파우더룸이 되기도 하며, 의자들을 줄줄이 벽에 붙여놓은 남자들의 모임 공간이 되기도 했다.

그러나 비록 한 공간에 있지만, 보스의 묘사대로 여자들은 거울을 들여다보며 서로의 아름다움을 겨뤘고, 남자들은 망원경을 들여다보며 서로의 교양을 겨뤘다. 거울에 비친 자신의 외모를 꼼꼼히 바라보는 여자와 망원경에 투과된 먼 세

▲13 남편에게 맞는 여자.

▼14 소녀들을 위한 학교.

▶15 자수를 놓는 여자.

상을 내다보는 남자, 화성과 금성만큼이나 서로 다른 세계를 살았던 17세기 남녀의 삶이 한 장의 그림 속에 대비되어 있다.

당시에 나온 다른 그림들을 보더라도 남자의 초상에는 역동적인 모습 뒤로 활기찬 도시의 모습이나 웅장한 자연 풍광이 많이 등장하는 반면 여자의 초상에는 집안일을 하는 모습에 밋밋한 실내 배경 일색이다.[13~18]

보스가 표현하고자 했던 17세기 사람들의 '시각'은 바로 이것이다. 여성에게 중요한 것은 아름다운 육체이며 남성에게 중요한 것은 다른 세계에 대한 갈망과 호기심이라는 당시의 세계관 말이다.

거울을 바라보는 여자와 바깥세상을 내다보는 남자 사이에는 얼마나 깊은 간극이 존재했을까? 또한 그 때문에 그들의 삶은 얼마나 달랐을까!

◀**16** 도시의 시정을 관장하는 남자.

▲**17** 소년들을 위한 학교.

▼**18** 렌즈의 기능을 연구하는 남자.

아브라함 보스 Abraham Bosse

이름부터 낯선 아브라함 보스는 알려진 바가 거의 없는 미스터리한 인물이다. 프랑스판 예술 인명사전에도 단 두 줄의 설명밖에 나오지 않는다.

"1622년에 태어나 1676년에 사망한 판화가. 17세기 생활상에 대한 많은 동판화를 남김."

그나마 다행인 것은 이 신비한 판화가에 대한 연구가 최근 부쩍 열기를 띠고 있다는 사실이다. 2004년 아브라함 보스의 탄생 4백 주년을 맞아 그의 작품을 가장 많이 소장하고 있는 투르 미술관과 프랑스 국립도서관의 합작으로 열린 심포지엄 및 전시회에서는 그의 출생 연도가 1622년이 아닌 1602년에서 1604년 사이로 밝혀지기도 했다.

그에 대한 연구가 많건 적건 간에 한 가지 분명한 사실은 17세기 초에 보스와 같은 예리한 시대감각을 지닌 풍속 동판화가가 탄생했다는 것이 기적에 가까운 일이라는 점이다.

당시 프랑스는 이탈리아에서 시작된 르네상스의 영향권에서 벗어나지 못했던 까닭에 모든 화가들이 천편일률적으로 아름다운 여인을 그리는 데만 몰두하고 있었다. 보스는 이런 매너리즘에 빠진 경향에 대항하듯 고전적이고 우아하기만 한 맥빠진 이미지의 재탕이 아니라 남루한 일상과 그 속에서 맛과 냄새, 빛과 소리, 촉감 같은 일상의 결들을 낚아채 가감 없이 묘사했다.

보스에 대한 정보가 부족한 것은 그가 판화가였기 때문이다. 판화의 속성상 상대적으로 많은 양을 찍어냈기 때문에 판화가는 예술가로 대접받지 못했다. 18세기에 들어서 일부 판화가들이 유명 인사로 등극하며 작품이 인기리에 팔리기는 했지만, 오늘날의 사진 같은 역할에 그쳤던 판화는 아카데미에서 예술성을 인정받지 못했다. 보스는 평생 천5백 점

에 이르는 동판화를 남겼으나 실제로 그가 찍어낸 판화가 얼마나 되는지는 아무도 정확하게 알지 못한다.

보스가 남긴 판화의 특징은 생생함이다. 그의 판화는 몇 세기가 지난 지금까지도 우리의 눈앞에 17세기 인간사의 구체적인 풍경을 펼쳐 보이는 마법을 부린다. 죽음을 맞이한 귀족, 한방에 모여 정담을 나누는 여인들, 결혼 계약서에 서명하는 남녀, 남편에게 학대당하는 부인 등 당시 사람들의 세상살이가 들어 있고, 왁자지껄하고 분주한 아침나절의 빵집, 줄줄이 가죽을 늘어놓은 구둣방에 흘러드는 오후의 햇

▲ 남편이 없는 틈을 타 식사하는 여인들.

▼ 도시의 결혼.

살, 약 봉지가 늘어선 고요한 약방의 정경 같은 그 시대의 정취가 담겨 있다. 생활 도처에 널린 일상의 풍경을 예리하게 관찰해 간결한 교훈이나 메모를 곁들인 동판화들은 그림으로 그린 사회 관찰 논문집이라 해도 무방할 정도이다.

한 시대를 명징하게 보여주는 시각적인 자료가 매우 적은 시대였기 때문에 오늘날 그의 판화는 프랑스 국립도서관에서 특별 열람을 신청하고도 한참을 기다려야 볼 수 있을 만큼 귀한 대접을 받고 있다.

보스의 동판화들 중에 단연 최고로 꼽히는 작품은 '오감'을 주제로 한 연작이다. 그는 시각을 비롯해 미각, 촉각, 청각, 후각 등 다섯 가지 감각을 주제로 17세기인들을 해부해보고

자 했다. '오감' 연작은 단순한 풍속 판화가 아니라 당대인들의 감각을 시각화한 탁월한 연구 자료라 해도 손색이 없다.

아브라함 보스에 대해 더 자세히 알고 싶다면 투르 미술관과 프랑스 국립도서관이 합작으로 펴낸 보스에 관한 연구서 『아브라함 보스*Abraham Bosse: savant graveur. Tours, vers 1604~1676, Paris*』(Bibliothèque Nationale de France, 2004년)를 참고하기를 권한다. 판화 형태로 흩어져 있어 일반인에게는 좀체 공개되지 않았던 보스의 작품을 집대성한 보기 드문 책이다. 보스의 작품 하단을 장식하고 있는 프랑스어와 라틴어 텍스트에 대한 설명도 충실하다.

▲ <미각>.

▼ <촉각>.

▲ <청각>.

▼ <후각>.

침대

[그림 1] 속에는 겉으로 드러나지 않은 가구가 하나 있다. 여인들의 뒤쪽으로 내려온 빨간 장막, 얼핏 보면 우리의 전통 가옥에서 많이 쓰던 발같이 보이기도 하는 이 장막은 바로 침대다.

이 시대의 침대를 부르는 정식 이름은 '리 아 크누유 lit à quenouille'인데, 크누유란 실을 감는 실패를 뜻한다. 침대에 달린 네 기둥이 실을 많이 감아놓은 실패를 닮았다고 해서 붙은 이름이다. 16세기 침대의 기본 골격은 매트리스를 올려놓는 침대틀, 경우에 따라 벽 전체를 차지하기도 하는 침대 머리 장식, 다리와 직접 이어지는 침대 모서리의 사면 기둥 그리고 사면 기둥 위를 잇는 나무 천장이다. 이 천장을 '천개baldaquin'라고 하는데, 천개는 천으로 덮고 아래에는 커튼을 달았다. 이런 침대는 중세 시대를 다룬 영화에 자주 등장해서 우리 눈에도 낯익다. 여러 가지 변형 형태가 있지만

16세기와 17세기 초반 침대의 가장 중요한 특징은 천개와 사면 기둥이다. 매트리스는 통상 두 개를 겹쳐놓는데 아래에는 짚으로 속을 채운 두툼한 매트리스를 깔고 위에는 거위털이나 오리털을 채운 얇은 매트리스를 한 겹 더 깔았다.

16~17세기 침대는 필수적인 생활 가구가 아니라 과시를 위한 사치품이었다. 따라서 요즘처럼 한쪽 벽에 붙이는 것이 아니라 방에 들어오는 모든 이들이 한눈에 볼 수 있도록 방 중앙에 놓았다. 사면이 모두 노출되는 가구이다보니 기둥의 모든 면을 섬세하게 조각한 것도 특징적이다. 경우에 따라서는 흑단, 상아, 사슴뿔, 은으로 문양을 만들어 넣기도 했다.

침대틀도 중요하지만 이 시대 침대의 품격을 좌우한 것은 침대를 온통 둘러싼 천이었다. 침대의 가격을 결정할 때도 침대틀이 아니라 침대에 쓴 천의 가격을 기준으로 삼을 만큼 침대를 치장하는 데 천의 역할은 결정적이었다.

우선 매트리스가 바깥으로 보이지 않게 감싼 침대보를 비롯해 침대의 사면 기둥을 감싼 커튼과 천장을 감싼 천 등 침대의 모든 부분에서 골격이 드러나지 않도록 천으로 감쌌다. 그리고 마지막으로 옆의 그림에서 보듯 침대 지붕 모서리에 술이나 깃털 장식을 달았다.

침대에 달린 커튼을 다 내리면 침대는 외부와 완전히 차단된다. 당시 침실이 은밀한 독립 공간이 아니라 경비병이나 하인들은 물론이고 방문객들도 수시로 드나드는 공간이었다는 점을 감안하면, 침대에 달린 커튼은 최소한의 프라이버시를 지켜주는 마지막 보루였던 셈이다. 말하자면 침대는 방 안의 또 다른 방이었다. 게다가 커튼은 난방 시설이 부족했던 시대에 습기와 추위를 막아주는 기능도 겸했다.

침대의 모양이 변화하기 시작한 것은 침대의 위치와 관련이 깊다. 17세기 중·후반에 접어들면서 서서히 침대는 방 한가운데가 아니라 벽에 붙여놓는 가구로 변모했다. 자연히 앞에서 보았을 때 시선에 걸리는 사면 기둥이 사라지고, 전면이 바깥으로 드러나는 형태로 변화하기 시작했다.

19세기 이전의 침대들은 침대라고 하기에는 길이가 너무 짧다. 과연 한 사람이 다리를 뻗고 편하게 누울 수 있을까 싶은 침대가 대부분이다. 왜 그럴까? 당시 사람들이 우리보다 키가 작았기 때문일까? 비밀은 수면 습관에 있다. 19세기 이전까지 유럽인들은 현대인들처럼 잠을 자지 않았다. 그들은 머리를 베개에 대고 잔 것이 아니라 베개에 상반신을 비스듬히 걸친 자세로 잠을 잤다. 머리를 바닥에 대고 자는 것은 '죽음'을 의미했기 때문이다.

타부레에 앉아 카드 놀이를 하는 왕가의 가족.

타부레^{tabouret}

트농 아 모르테즈 접합법.

　등받이와 팔걸이가 없이 좌판과 다리만 있는 의자를 타부레라고 한다. 중세 시대부터 널리 사용한 타부레는 오늘날까지도 애용되는 의자 형태다. 등받이와 팔걸이가 없는 만큼 타부레는 여타의 의자에 비해 만들기가 쉽다. [그림 1] 속의 타부레처럼 앉는 부위가 될 만한 나무판자 아래 네 다리를 붙이면 끝이다. 그렇다면 좌판과 다리를 어떻게 이었을까?

　요즘이야 쇠못을 사용하지만 [그림 1]의 타부레는 '트농 아 모르테즈^{tenon à mortaise}'라는 접합 방법을 사용했다. 쇠못을 쓰지 않았던 시대에 가구의 각 세부를 연결해주는 접합 방법을 아상블라주^{assemblage}라고 하는데 시대에 따라

16세기에 제작된 타부레.

17세기에 제작된 타부레.

상자에 등받이를 붙인 형태의 중세 시대 의자.
지금도 오래된 성당이나 고성에서 볼 수 있다.

주로 사용한 접합법이 다르다. 이 때문에 접합한 모양으로 가구의 제작 시대를 가늠하기도 한다. 트농 아 모르테즈는 가장 오래된 접합 기법 중 하나다. 나무 한쪽에 홈을 파고 다른 쪽에는 그 홈에 딱 맞게 장부를 깎아 두 부분을 접합한 후 가운데를 쐐기로 고정하는 방법이다. 지극히 간단한 방법이지만 아주 견고하게 두 부분을 이어주는데다 쐐기를 빼면 서로 간단하게 분리된다.

[그림 1]을 자세히 보면 타부레의 다리 사이가 이어져 있는 게 보인다. 이 부위를 앙트르투아즈entretoise라고 한다. 아무리 다리가 좌판과 접합이 잘 되었다 하더라도 체중을 안정적으로 감당하기에는 역부족이다. 당시에는 기술이 부족해 의자 다리 사이를 이어주지 않으면 체중을 견디지 못해 다리가 벌어지면서 부러지는 불상사가 잦았다. 앙트르투아즈는 루이 15세 시대에 접어들어 의자를 만드는 기술이 발달하면서 사라지게 되었다.

이외에도 물건을 보관해두는 상자 겸용 의자 역시 타부레라고 부른다. 이런 타입의 의자들은 아주 높은 등받이가 특징으로 주로 유럽의 오래된 성당이나 고성에서 볼 수 있다. 상자 겸용 의자는 사회가 안정되면서 점차 사라졌다. 가구가 의자나 서랍장 등 각기 고유한 기능에 충실하도록 분화되었다는 것은 그만큼 사회가 안정되고 문화가 발달했음을 시사한다.

3장

미각의 발견,
요리의 탄생

음식은 때로는 마음의 기억.

비로소 살기 위해 먹지 않고
먹기 위해 살 수도 있음을 알게 된 시대.

음식에 낭만과 추억, 기쁨과 슬픔을 실었던
미각의 시대.

4백 년 전 입안에서 찾아낸
새로운 맛의 정취는 과연 무엇이었을까?

1 작자 미상(아브라함 보스 원작),
〈미각〉,
캔버스에 유채, 1635년경,
투르 미술관, 투르.

오! 눈부신 공주여!

오! 자애로운 신이 인간의 삶을 위해

창조한 음식이여!

—토머스 코이엇Thomas Coryate, 『코이엇의 경험Expérience de Coryarte』(1608년) 중에서

아브라함 보스의 판화를 모사한 [그림 1]은 '오감' 연작 판화 중 가장 흥미로운 〈미각〉이다. 의상과 배경이 이색적일 뿐 요즘의 식사 풍경과 크게 다르지 않아서 앞서 본 〈시각〉보다 훨씬 친근하게 느껴진다.

4세기 전이나 지금이나 사람들은 살기 위해 먹고, 먹기 위해 산다. 지금도 유럽의 시장에서는 그림 속 식탁 위에 놓인 연꽃 모양의 채소 아티초크를 팔고, 여전히 와인을 마신다. 17세기인의 식탁에 놓인 빵도 동네 제과점의 빵과 크게 다르지 않다. 그들도 우리처럼 맛있는 것을 좋아하고, 한가로운 식사에서 기쁨을 느꼈을 것이다.

과거로 돌아가 낯선 시대, 낯선 사람들의 감각을 느낄 수 있는 것은 뭐니 뭐니 해도 먹거리다. 여행에서 먹거리를 빼놓을 수 없는 이유는 그 속에 우리가 모르는 낯선 타인의 삶과 문화가 담겨 있기 때문이다.

보스가 판화의 이름을 '미각'이라 붙인 것처럼 이 그림 속에는 17세기인들만의 '미각'이 숨어 있다. 박물관에 진열되어 있을 법한 의자, 아티초크가 올라간 기묘한 기구처럼 우리 눈에는 낯선 소품도 등장하지만 앞접시, 칼, 와인 잔 같은 평범한 집기도 눈에 띈다. 그렇다면 보스가 보여주고자 했던 당대인들의 '미각'이란 과연 무엇일까?

모험과 탐험이 가져온 맛

오랜 종교전쟁을 지나 점차 사회가 안정기에 접어든 루이 13세 시대, 그림 속 주인공들은 주린 배를 채우기 위해서 음식을 먹는 차원을 벗어나 음식을 즐겼다. 16, 17세기 유럽 미식의 유행을 주도한 곳은 이탈리아의 베네치아였다. 거대한 상선에 실려 베네치아에 상륙한 오묘한 맛의 향신료가 프랑스인들의 식탁에 오르기 시작한 것도 이즈음이었다.

17세기 프랑스에 새로운 미각의 유행이 본격적으로 시작된 데에는 한 이탈리아 여인의 영향이 컸다. 바로 예술을 애호한 메디치 가문에서 태어나 이탈리아 문화 속에서 자라난 카트린 드 메디시스다. 그녀는 프랑스의 앙리 2세에게 시집오면서 당시 이탈리아 상류층 사이에 유행하던 동방의 향신료부터 일류 요리사까지 고급 이탈리아 미식 문화를 통째로 들여왔다.

금보다 비싼 향신료인 사프란, 귀족의 식탁에 필수품으로 자리 잡은 후추, 약재로도 쓰인 계피, 영혼마저 녹일 듯한 단맛을 전해준 설탕 같은 향신료와 감미료들은 단박에 프랑스인들의 혀를 사로잡았다. 17세기 유럽인들에게 '오리엔탈 oriental(동방)'이란 곧 사프란과 후추로 가득 찬 이국적인 맛의 천국이었다. 보스가 식탁을 묘사하면서 터번을 둘러쓴 아라비아 상인들이 수놓인 태피스트리를 뒷벽에 걸어놓은 것은 이러한 새로운 향신료의 발견과 그 발견이 가져온 새로운 '미각'을 보여주기 위해서일 것이다.

아메리카를 발견하고 동방을 누비던 탐험과 모험의 시대, 당시 사람들의 식탁에 새로 등장한 것은 향신료뿐만이 아니었다. 오이, 콜리플라워, 껍질콩, 살구와 자두 같은 작물들이 유럽으로 건너와 식탁이 풍요로워졌다. 이국적인 식재료들은 곧 사람들의 입맛을 바꾸어놓았고 더불어 중세 시대의 투박하고 단순한 요리가 섬세하고 화려한 요리로 진화하는 동력이 되었다.

눈부신 공주, 그대의 이름은 흰 빵

　새로운 '미각'을 대표하는 음식 중 하나는 바로 [그림 1] 속 식탁 위에 놓여 있는 흰 빵이었다. 16세기만 해도 프랑스에서는 빵 굽는 오븐을 빌려주는 '푸르니에 fourniers'라는 직업인이 있었다. 일반 가정에서는 집에서 빵 반죽을 만들어 푸르니에의 가게에서 품삯을 내고 빵을 구워다 먹었다. 즉 푸르니에들은 벽돌과 흙으로 오븐을 만들고, 나무를 구해 오븐을 달구어 열기를 조정하는 오븐 전문가였던 셈이다. 푸르니에가 오븐을 독점했던 이유는 오븐의 열기가 종종 큰 화재를 불렀기 때문이다. 그래서 아무리 규모가 큰 성이라 할지라도 오븐을 성안에 두지 않고 굳이 성 밖에 만들었다.

　푸르니에는 빵을 굽기만 할 뿐 반죽을 만들지는 않았다. 집에서 만드는 김치처럼 빵 맛이란 반죽하는 집안 여인의 손맛에 달려 있었다. 하지만 귀리와 보리를 섞어 만든 빵은 색깔도 검고 크기만 할 뿐 씹기도 힘들 만큼 딱딱해서 그리 맛있

2　아브라함 보스, 〈빵 가게〉.

3 흰 빵이 등장하는 16세기 정물화.

다고 할 수는 없었다.

　17세기 중반에 접어들면서 대도시를 중심으로 푸르니에들이 점점 사라지고, '제빵사boulanger(블랑제)'라는 전문 직업인들이 등장하기 시작했다.[2] 직접 빵을 반죽해서 오븐에 구워 파는 이들이 선보인 것은 정제된 하얀 밀가루에 소금으로 맛을 낸 빵이었다. 거무튀튀하고 딱딱한 기존의 빵과는 달리 구운 밀가루의 구수한 냄새와 부드러움, 눈부시게 하얀 빛깔은 눈과 혀에 새로운 즐거움을 선사했다. 사람들이 얼마나 이 속살이 하얀 빵에 감동했던지, 당시 시인들은 '아! 눈부신 공주여……' 같은 감탄조 문장으로 시작하는 흰 빵[3]을 예찬하는 수많은 시를 남길 정도였다.

　그러니 보스가 식탁 위에 흰 빵을 그려 넣은 것은 우연이 아니었다. 우리 눈에는 평범하기 그지없는 빵이 그들에게는 새로운 '미각'이었기 때문이다.

고기는 맛으로, 채소는 약으로

더운 요리, 찬 요리, 구운 요리 등 '서비스service'라고 부르는 음식 구분법이 생긴 것도 16세기부터였다. 중세 시대에는 모든 요리를 한꺼번에 한 상에 차려놓고 먹었다. 그런데 16세기 중반부터 음식을 요리법에 따라 또는 재료의 성질에 따라 차고 더운 것으로 나누고, 같은 종류의 음식들을 차례차례 먹는 식사법이 자리 잡았다. 이를테면 찬 요리 서비스에는 서너 가지의 요리가 함께 나왔는데, 이 요리들을 한 상에 차려놓고 한꺼번에 먹은 뒤 더운 요리 서비스로 넘어가는 식이었다.

우리의 3첩 반상처럼 이 시대의 가장 기본적인 서비스는 세 가지 서비스가 연이어 나오는 것으로 더운 요리, 찬 요리, 구운 요리 순이었다. 행사에 따라서는 일곱 차례의 서비스에 오십 가지가 넘는 요리들이 등장하기도 했다.[4] 당시 기록이 전하는 행사 요리 메뉴는 그야말로 음식의 대행진이다. 카트린 드 메디시스가 1549년 파리 시청에서 베푼 연회의 메뉴에는 구운 요리로 공작새 30마리, 뇌조 60마리, 꿩 33마리, 백조 21마리, 토끼 99마리, 염소 30마리, 닭 66마리 그리고 메추라기 99마리가 등장한다. 반면 장정 5백 명이 먹고도 남을 만한 고기의 양에 비해 채소라고는 고작 10킬로그램의 아스파라거스, 잠두콩 세 자루, 완두콩 두 자루, 아티초크 열두 개를 크림에 볶은 요리뿐이다.

이처럼 16~17세기 식탁의 중심은 육류였다.[5·6] 넉넉한 사람들은 하루에 1킬로그램 정도의 고기를 먹었고, 수도원에서 배급하는 음식으로 연명하는 빈민들조차도 일주일에 서너 번은 고기를 먹었다고 한다. 사냥이 일상화된 시대였기 때문에 고기를 구하는 것은 어렵지 않았다. 귀족들은 사냥으로 잡은 사슴이나 노루, 꿩이나 자고새 등을 먹었고, 농부들은 소의 혀나 창자, 주변에서 흔히 잡을 수 있는 종달새나 메추라기 같은 새들을 즐겨 먹었다. 직접 사냥에 나서지 못하는 도시인들은 돼지나 닭을 기르기도 하고, 정육점에서 고기를 사다 먹기도 했다. 왜가리, 두루미, 황새, 백조까지 구워 먹던 시대에 유일하게 먹지 않은 동물은 말뿐이었다. 말은

A Paris Chez Melchior Tauernier Graueur et Imprimeur du Roy pour les Tailles Doulces demeurant en lisle du Pallais sur le Quay qui regarde la Megiserie.

Bosse In.   Disposition du Festin fait par sa Majesté a Mrs les Cheualliers apres leurs Creations faitte a Fontaine bleau le 14me May 1633. Auec Priuilege du Roy.   et Fecit

4 16세기의 연회 풍경.

값비싼 재산이기도 했지만 없어서는 안 될 이동 수단으로서 이용가치가 컸다. 이 때문에 대기근이 닥칠 때를 제외하고는 식용을 금지했다.

일상적으로 먹을 수 있는 육류에 비해 생선이나 해산물은 무척 귀했다. 내륙 지방에서는 보존상의 문제로 해산물을 구하기가 어려웠기 때문이다. 안동 간고등어처럼 소금을 듬뿍 쳐서 보관하기에는 소금이 너무 비쌌다. 생선을 안 먹으면 그만이지 않겠냐고 생각할 수 있겠지만, 당대인들의 처지는 그렇지 않았다.

모든 기독교인, 그러니까 모든 프랑스인들은 부활절까지 40일간 예수의 고난을 기리는 사순절을 경건하게 보내기 위해 일주일에 두 번 이상 고기를 먹을 수 없었다. 또한 성모승천 대축일 전날이라든가 성 요한 세례자 탄생 전날 같은 금육일까지 있었으니 이

▲5 닭을 식탁의 가운데에 두고 미소를 짓는 남자의 모습이 이채로운 루이 르냉의 〈행복한 가정〉.

▼6 16~17세기 식탁의 중심은 다양한 육류였다.

를 다 합치면 고기를 먹어서는 안 되는 날이 일 년에 대략 150일이 넘었다. 그러니 요리사들로서는 육류를 대신할 생선을 구하는 것이 머리를 싸매야 할 정도로 중요한 문제였다. 루이 14세에게 바칠 사순절 요리를 담당했던 유명 요리사 프랑수아 바텔François Vatel이 제시간에 생선이 도착하지 않아 자살한 사건은 당시 요리사들의 고충을 단적으로 보여주는 일화다.

7 피터르 아르트센이 그린 〈채소 상인〉.

17세기인들에게 고기는 맛으로 먹는 음식인 반면 채소[7~9]는 약으로 먹는 음식이었다. [그림 1]의 식탁 한가운데에 놓인 아티초크는 맛 때문이 아니라 최음 효과가 있다고 알려져 일부러 찾아 먹었다. 요즘은 조리하지 않은 생채소를 많이 먹는 것이 건강에 좋다고 여기지만 17세기인들의 상식은 전혀 달랐다. 모든 음식 재료를 차갑고 뜨거운 성질로 구분한 이들은 차가운 성질의 재료는 반드시 익혀 먹어야 한다고 생각했다. 채소는 죽은 사람에 비유될 만큼 차가운 성질이 강한 식재료라고 여겼기 때문에 반드시 뜨겁게 삶거나 볶고 구워 먹었다. 과일을 먹을 때도 마찬가지였다. 딸기나 머루, 산딸기는 차가운 성질로 분류해 대개 익히거나 말려서 먹었다.

8·9 채소로 얼굴을 구상한 아르침볼도의 그림을 통해 당시 널리 먹었던 채소와 과일을 일별할 수 있다.

보스의 그림에서 아티초크를 받치고 있는 그릇인 레쇼rechaud(다시 데운다는 뜻)[10]는 조리된 채소를 식지 않게 데워가며 먹기 위한 기구이다. 은이나 철로 만든 레쇼는 아래의 오목한 부분에 불붙은 숯이나 나무 조각을 넣고 윗부분에는 은으로 된 접시를 놓을 수 있도록 넓적하게 벌어져 있다. 말하자면 음식을 데우는 작은 풍로인 셈이다.

채소를 데워 먹는 것만으로는 안심하지 못했던지, 데운 채소는 반드시 기름과 와인으로 양념했다. 기름과 와인이 위 안에서 채소를 다시 익혀주기 때문에 몸을 차갑게 할 염려가 없다고 여겼기 때문이다.

그렇다면 [그림 1]에서 식사하는 안주인에게 하인

10 레쇼.

74

이 권하고 있는 요리는 무엇이었을까? 같은 조리법으로 만든 음식들을 한 상에 차려놓고 먹던 서비스의 성격을 감안하면 익힌 채소 요리였을 것이다. 아마도 무나 시금치를 활용한 요리가 아니었을까? 무엇이든 궁합을 따져서 차고 더운 것을 가려 먹었던 당시 사람들의 식습관을 고려해보면 아티초크와 더불어 최음 효과를 발휘한다고 믿은 채소가 따라왔을 법하다.

11 와인을 만드는 모습.

물 대신 와인을 마시고

식재료에서 빠질 수 없는 것이 육류였다면 일상생활에서 빠뜨릴 수 없는 음료는 와인이었다. 정화 시설이 미비했고 수인성 전염병에 걸리기 쉬웠기 때문에 물 대신 와인이나 맥주를 주로 마셨다. 어린아이라 할지라도 다섯 살이 지나면 와인이나 맥주를 마시기 시작했다.

와인으로는 화이트와인과 레드와인 그리고 압착 와인vin pressé이 있었다. 화이트와인과 레드와인은 오늘날처럼 청포도와 적포도를 짜낸 즙을 발효시킨 것이다. 최상의 와인으로 꼽혔던 압착 와인은 다양한 종류의 포도를 한데 모아 압착시킨 다음 발효시킨 것이다. 요즘은 오래 숙성시킬수록 좋은 와인으로 치지만, 당시에는 압착해서 짜낸 지 일 년이 지난 것을 최고로 쳤다. 와인을 오래 숙성하고 보관하는 기술이 없었던 탓에 와인은 신선한 상태로 마셔야 하는 음료였던 것이다.[11] 물 대신 와인을 일상적으로 마셨다면 다들 알코올 중독자가 되지 않았을까 싶겠지만, 17세기 와인은 알코올 농도가 3퍼센트도 되지 않는 포도 주스나 다름없었다.

[그림 1]의 왼쪽에서 정면을 바라보고 있는 소년의 발치에 놓인 것이 바로 와인이 담긴 구리 단지다.[12] 와인을 보다 신선하게 마시기 위해 차가운 물을 담은 구리 단지 안에 와인 병을 넣어서 보관했다. 식탁의 주인공이 신호를 보내면 소년은 큰 병에 담긴 와인을 손에 쥐고 있는 주석 잔에 다시 옮겨 담은 뒤 주인의 와인 잔에 따라준다. 주석 잔은 와인을 더욱 차게 보관하면서도 혹여 독이 들었을 경우 색깔이 변하기 때문에 귀족층에게 사랑받았다.

음식에 독을 넣어 정적을 죽이는 사건이 다반사였던 시대라 귀족들은 음식을 먹기 전에 음식 안에 은이나 상아 조각을 찔러 넣어 독이 있는지를 검사하는 전문 시종을 두기도 했다. 독극물 검출용 상아 조각을 '일각수의 증거l'épreuve de la licorne'라는 낭만적인 이름으로 불렀는데 독이 닿으면 상아가 피를 토하는 것처럼 색깔이 변했기 때문에 붙은 이름이다.

그림 속 식탁의 남자 주인공이 손에 들고 있는 유리잔은 당시 최고의 사치품이자 큰 재산이었다. 16세기부터 이탈리아의 무라노를 중심으로 생산된 베네치아 유리잔[13]들은 프랑스를 비롯해 유럽 전역에 수출된 고급품 중의 고급품이었다. 와인의 아름답고 영롱한 색깔을 한눈에 보여주는 유리잔은 와인을 따라 마시기에

▲12 와인 보관용 구리 단지.
▼13 무라노산 유리잔.

알맞기도 했지만 당시 사람들의 눈에는 유리 자체의 투명함이야말로 대단히 신기하고 경이로운 것이었다. 게다가 16세기 베네치아 유리잔은 표면을 긁어서 글씨와 문양을 새겨 넣거나 파란색이나 빨간색 등 색색의 유리로 장식을 붙인 것이어서 매우 화려했다. 비록 취기가 오를 정도의 술은 아니었지만 와인을 마시는 풍류만큼은 제대로였던 셈이다.

현대식 테이블 매너의 탄생

　요리의 변화와 이에 따른 식기의 발전은 자연스레 식사 예절까지 변화시켰다. 우리는 삼시 세끼를 당연하게 여기지만 15세기부터 17세기까지 유럽에서 기본 식사는 하루에 두 끼였다. '디네diner'라고 부른 점심 식사와 '수페souper'라고 부른 저녁 식사가 그것이다. 첫 번째 식사인 디네는 일상적인 식사였지만 두 번째 식사인 수페는 점심 식사보다 공식적인 의미가 더 컸다.

　[그림 1]에서 부부인 듯한 남녀가 테이블에 오붓하게 마주 앉아 먹는 식사는 아마도 점심 식사에 해당하는 디네였을 것이다. 무라노 유리잔에 와인을 마시는 귀족이라면 수페에는 통상 손님들을 초대했을 테니 말이다. 루이 13세는 보통 3백 명이 넘는 사람들이 보는 앞에서 저녁 식사를 했다. 남들 앞에서 밥을 먹는 것을 권력의 과시로 여기던 시대의 풍속도다. 점심이건 저녁이건 가리지 않고 시종들까지 한자리에 모여 테이블 가득 음식을 차려놓고 마구 먹던 중세 시대를 생각해보면 두 사람의 오붓한 식사는 확연히 달라진 변화상이다.[14~16]

　눈 밝은 사람이라면 그림 속 식탁 위에 스푼과 포크가 보이지 않는다는 것을 알아챘을 것이다. 아닌 게 아니라 여주인은 막 손으로 아티초크를 만지려는 참이

14 17세기 스푼. 　　**15** 17세기 기름 항아리. 　　**16** 17세기 도자기 접시.

다. 17세기 유럽인들은 요즘의 인도인처럼 손으로 음식을 집어 먹었다. 우아하기만 할 것 같은 왕이나 공주조차도 끈적한 수프에 손가락을 넣어 고기를 건져 먹는 것이 당연했다. 이렇다보니 그림에서 보듯 커다란 냅킨은 식탁의 필수품이었다. 물론 포크가 없었던 것은 아니다. 하지만 포크는 개인용 식기가 아니라 커다란 고기를 썰기 위해 고정하는 도구[17]로 쓰였다. 더구나 포크의 무게는 5백 그램 정도로, 한 사람이 들고 휘두르기에는 무거웠다. 1670년경부터 왕의 식탁에 포크가 등장해 서서히 손가락을 대신하기 시작했지만, 사람들의 습관은 좀처럼 바뀌지 않았다.

17 고기를 써는 칼과 포크 세트.

손가락 식사에도 나름의 예절은 있었다. 왼손은 절대 사용하지 않고 반드시 오른손의 엄지, 검지, 중지로만 식사하는 것이 원칙이었다. 냅킨은 왼손에 걸치며, 식사 전후에는 오렌지 향을 가미한 물에 손가락을 씻고 냅킨으로 닦았다.

17세기부터 널리 퍼지기 시작한 식사 예절 교본을 보면 '식사 중에 가래나 침을 뱉어서는 안 된다'는 문구부터 '손가락을 입으로 쪽쪽 빨면 안 된다'는 충고까지 재미있는 내용들이 많다. 식사 중에 팔다리를 흔들면 안 된다, 칼로 접시를 긁으면 재수가 없다, 생선은 한쪽부터 먹고 뒤집어야 한다 등등 지금 우리가 상식처럼 여기는 서양의 식사 예절 중에는 이 시대에서 비롯된 것이 많다. 뒤집어서 말하면 그때까지 유럽인들은 다소 민망한 식사 습관을 가지고 있었다는 이야기다. 18세기에 들어서야 비로소 포크가 보편화되었지만 가장 기본적인 식사 예절은 당시나 지금이나 별반 다르지 않다.

미각의 공간

새로운 '미각'의 발견은 집 안 구조까지 바꾸어놓았다. 15세기만 하더라도 어디서건 편한 장소에 테이블을 가져다놓으면 그곳이 바로 식당이었다. 하지만 [그

18 살레트에서 식사하는 장면을 담은 카스파르 판 덴 후케의 〈나사로와 부자의 식탁〉.

림 1] 속 주인공들처럼 16세기 말엽의 귀족들은 집 안에 식사를 하기 위한 공간인 살레트salétte(작은 방이란 뜻)를 만들어 그곳에서 여유롭게 식사를 즐겼다.[18] 살레트에는 음식을 한꺼번에 올려둘 수 있는 장식장인 드레수아dressoir와 테이블보를 덮은 식탁을 놓고 태피스트리를 벽에 걸어 장식했다.

1542년에 작성된 트레무아유Louis II de la Trémoille 자작의 재산 목록에는 살레트 내의 물품들이 기록되어 있다. 테이블 두 개, 드레수아 한 개, 의자 네 개와 더불어 와인을 보관하는 큰 단지, 와인이나 음식을 담아두는 구리 대야, 태피스트리 아홉 개가 있었다는 것으로 보아, 격식을 제대로 갖춘 식사 공간이었을 것이다. 잦은 이동으로 변변한 가구조차 갖추지 못하고 살던 16세기 궁정인의 처지를 감안한다면 대단히 호사스러운 생활이다.

살레트의 등장은 그릇을 비롯해 음식을 서빙하기 위한 도구, 음식을 올려두는 가구의 발전을 함께 가져왔다. 식사에 사용되는 가구와 집기는 당대의 미식 수준을 보여준다. 단지 배고픔을 잊기 위해 음식을 먹는 사회였다면 하얀 테이블보를 덮은 식탁과 흑단으로 만든 거대한 드레수아를 사용할 여유는 없었을 것이다. 보스의 판화 〈미각〉은 살레트에서의 식사 장면을 보여주는 최초의 그림이기도 해서 많은 역사 연구서에 인용되기도 한다.

살레트에서 부부가 호젓하게 점심 식사를 하는 이 장면 안에는 '미각'에 대한 당대인들의 생각이 녹아들어 있다. 우리 눈에는 그다지 특별할 것도 없는 유리잔을 그들은 얼마나 새롭고 신기한 눈으로 바라보았을까? 식탁 위에 아무렇지도 않게 놓여 있는 빵의 향기는 얼마나 감미로웠을까? 유리잔에 와인을 마시는 남자와 아티초크를 향해 우아하게 손을 뻗는 여자의 생활은 또 얼마나 동경의 대상이 되었을까?

테이블

16세기의 테이블은 중세의 테이블과 별로 다르지 않다. 네모난 상판에 네 다리를 붙이고 다리 사이를 H자 형태로 잇는 기본 구조가 변하지 않았기 때문이다. 다만 돌려깎기 기법이 등장하면서 테이블 다리도 둥근 형태나 꽈배기 모양, 양의 뼈를 닮았다 해서 오스 아 무통os à mouton이라 부른 형태 등 다양한 모양으로 변화했다. 의자처럼 테이블 다리 끝에는 작은 공 모양의 장식을 달아 높낮이를 맞췄다.

테이블이 [그림 1]에서 보는 것처럼 작은 사이즈로 제작되기 시작한 것도 특징이다. 중세 시대의 테이블은 이 그림에서처럼 팔걸이가 있는 의자와 함께 사용하기 위해 제작된 것이 아니라 등받이나 팔걸이가 없는 긴 의자인 방크와 한 세트로 제작되었다. 따라서 높이가 낮다. 하지만 16세기부터는 팔걸이가 있는 의자와 함께 사용할 수 있는 키가 높은 테이블이 등장한다.

보통 상판의 가장자리를 경사지게 깎아놓은 테이블이 많은데 이런 장식을 물뤼르moulure(쇠시리)라고 한다. 나무나 대리석으로 만든 가구에 곡선미를 주기 위해 홈을 파거나 반대로 모서리를 튀어나오게 하는 기술이다. 물뤼르의 모양이나 각도, 물뤼르 사이에 들어가는 장식 문양은 시대마다 다르기 때문에 제작 시기를 판정하는 데 중요한 포인트 중하나다.

물뤼르는 장식적인 효과도 겸했지만 동시에 두터운 나무의 표면을 곡면으로 처리해 시각을 분산시키는 효과를 노린 기술이다. 즉 두터운 상판에 물뤼르를 조각하면 자연히 상판의 크기가 더 작고 가벼워 보인다. 무겁고 둔중한 가구에 가볍고 경쾌한 인상을 불어넣기 위해 물뤼르를 사용했던 것이다. 물뤼르는 별것 아닌 듯하지만 작은 디테일 하나가 얼마나 디자인 전체의 인상을 좌우하는지를 보여주는 고전적인 예라고 할 수 있다.

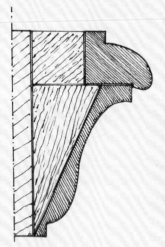

물뤼르 도면.

17세기의 전형적인 테이블.

의자의 변화

17세기에 들어서면서 의자에는 두 가지 큰 변화가 나타났다. [그림 1] 속 부인이 앉아 있는 의자가 바로 그 첫 번째 증거다. 이 의자를 자세히 보면 등받이가 약간 뒤로 기울어져 있다. 이처럼 다리와 일자로 달려 있던 등받이가 약간 기운 것은 가히 혁명적이라고 할 만한 변화다.

요즘 의자치고 등받이가 다리와 완전한 일자를 이룬 의자는 찾기 어렵다. 다리와 등받이가 일자인 의자는 인체 공학을 전혀 고려하지 않고 만들어져 아주 불편하기 때문이다. 중세 시대처럼 의자가 권위를 나타내는 상징물로 쓰였던 시대에는 높이 치솟은 직선 등받이를 단 의자들이 많았다. 하지만 점점 안락함을 추구하는 시대가 도래하면서 자연히 의자의 등받이는 뒤로 기울게 된다. [그림 1]에서는 잘 보이지 않지만 이 의자는 등받이와 좌판 사이에 다른 나무를 덧대어 두 부분을 이어놓았다. 이 부분이 기울어진 등받이를 지지해주는 역할을 한다.

두 번째 변화는 [그림 1]에서 보듯이 의자에 천을 씌웠다는 점이다. 의자에 패브릭이 사용되었다는 것은 좌판과 등받이에 쿠션이 생겼다는 것을 뜻한다. 속을 말총으로 채워 천으로 감싼 쿠션을 나무로 만든 좌판과 등받이 위에 못으로 박아 고정시킨 것이다. 당연히 쿠션이 들어간 의자는 나무로만 된 좌판과 등받이에 비해 무척 편안하다.

패브릭이 의자에서 가장 돋보이는 부분이 되면서 이때부터 어떤 패브릭으로 마감하느냐가 의자의 가치를 좌우했다. 벨벳 같은 고급 천을 씌우고 술까지 달아 장식한 의자라면 당연히 고가품이라는 식이었다.

그러나 이런 스타일의 의자 가운데 현재까지 남아 있는 것은 극소수다. 뒤로 기운 등받이를 만들 정도의 기술은 있었지만 다리 네 부분을 꼭 이어줘야 할 만큼 무게 중심이 잘 잡히지 않아서 부서지기 쉬웠기 때문이다. 실제로 아직까지 남아 있는 17세기 의자의 등받이에 기대보면 삐걱거리는 소리가 난다.

그러나 이러한 두 가지 큰 변화가 있었음에도 불구하고 16세기 의자의 기본 스타일인 네모진 형태는 달라지지 않았다. 의자의 형태가 정사각형에서 직사각형으로, 또 인체와 조화를 이루는 곡선 형태로 변하기 시작한 것은 17세기 중반에 들어서면서부터이다.

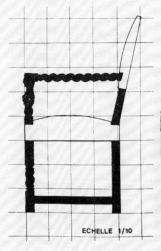

등받이가 기운 17세기의 의자.

17세기의 의자.

의자 가공 기술의 발전

[그림 1] 속의 남자가 앉아 있는 팔걸이가 없는 의자를 '셰즈 아 도chaise à dos', 즉 등을 대고 앉는 의자라고 부른다. 그림을 보면 남자의 의자에는 특이점이 있다. 의자의 다리가 네모지지 않고 둥글다. 나무를 둥글게 깎는 기술을 '투르나주tournage'(돌려깎기)라고 한다. 나무를 돌려가면서 둥글거나 꼬인 형태, 또는 둥글고 긴 형태를 조합해 여러 모양을 만드는 장식 기법이다. 특히 그림에서처럼 꼬인 형태와 모양이 양의 뼈를 닮은 경우는 '오스 아 무통', 말 그대로 양뼈라고 부른다. 이 형태는 요즘도 옛날 가구를 복제해 만든 앤티크 가구에서 쉽게 볼 수 있다.

나무를 돌려깎을 때는 왼쪽에서 오른쪽으로 돌려깎는 게 쉽다. 때문에 보통 한 의자의 다리라고 해도 돌려깎기는 대칭이 아니라 한 방향으로 되어 있다. 간혹 대칭으로 돌려깎은 의자도 볼 수 있는데, 이것은 정성을 기울여 세심하게 만든 고급품이라는 증거이기 때문에 가격도 매우 비싸다.

땅에 닿는 의자 다리의 끝은 작은 공 모양의 '불 아플라티boule aplatie', 즉 바닥이 평평한 공으로 마감했다. 이 부분은 나중에 따로 만들어 붙인 것이 아니라 다리와 동시에 돌려깎기를 해서 만든 것이다. 이 끝부분을 마무리하는 모양새가 시대에 따라 달라서 제작 연도를 파악하는 중요한 포인트가 된다.

앤티크 의자를 볼 때 가장 중요한 것은 의자의 각 부분이 얼마나 단단하게 접합되어 있는가, 어떤 방식의 접합법을 사용했는가 하는 점이다. 대부분 무늬나 형태를 보고 의자의 가치를 판별할 수 있으리라 생각하지만 의자를 뒤집어서 좌판

돌려깎기 문양.

안쪽에 드러나는 다리의 접합 부위를 확인하기 전까지는 제작 시기나 감정가를 정확히 판단할 수 없다. 이 부위는 의자의 각 부분을 따로 떼어보지 않고도 겉으로 드러나는 모양만으로 접합 방법을 알 수 있는 유일한 부분이다.

조각 장식이나 형태는 전문 복원가의 손을 거치면 거의 티가 나지 않지만, 접합 부위만큼은 그 의자의 내력을 숨김없이 드러낸다. 시대마다 의자의 종류에 따라 접합 방법이 달랐을 뿐 아니라 비슷한 시기에 같은 접합법을 썼더라도 장인에 따라 서로 다른 끌과 톱의 흔적을 남긴다. 게다가 접합 부위를 건드리면 전체 구조가 흔들리기 때문에 복원도 어렵다. 얼굴 주름처럼 지나온 시간을 고스란히 보여주는 것이 바로 접합 부위인 것이다.

19세기 이전의 의자들은 대부분 풀을 사용하지 않고 나무쐐기 외에는 못을 사용한 부위가 극히 한정적이다. 따라서 풀 자국이 있거나 금속 못이 박힌 의자는 복원을 거친 것이거나 19세기 이후에 만들어진 것으로 볼 수 있다.

셰즈 아 도. 의자 다리 끝에 붙어 있는 동그란 공이 바로 '불 아플라티'이다.

4장

왕의 하루는 고달파라

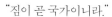

"짐이 곧 국가이니라."

하늘의 신처럼 추앙받은 지상의 왕.

과연 제 맘 내키는 대로
인생을 즐기며 살았을까?

우리가 알지 못하는 왕의 하루,
조용히 그 하루의 자취를 따라가보자.

1 프랑수아 마로, 〈1693년 5월 10일,
첫 번째 생루이 기사단의 임명식〉,
캔버스에 유채, 1710년, 베르사유 궁.

비록 그와 3백 리 떨어진 곳에 있다 해도,

실록과 연감만 있으면

그가 지금 무엇을 하고 있는지 정확히 말할 수 있다.

—『생시몽의 일기』중에서

물을 채운 은그릇 안에 떠다니는 촛불만이 간신히 방 안의 어둠을 지우는 새벽, 루이 14세는 머리에 보닛을 쓰고 잠옷용 셔츠를 입은 채 조용히 잠들어 있다. 침대 위에 달린 조각상[2]이 세상의 모든 악으로부터 왕의 단잠을 지켜주리라. '프랑스가 왕의 잠을 지켜준다 La France veillant sur le sommeil du Roi'라는 긴 이름이 붙은 이 조각은 오로지 왕의 침대 위에만 달 수 있는 상징물이다.

침대 양옆에 걸린 그림 속에는 아름다운 두 뮤즈가 루이 14세를 휴식의 길로 인도한다. 왕의 침실인 이 방에는 모두 여섯 점의 그림 속에, 여섯 명의 뮤즈가 반짝이는 금색 랑브리 위에서 웃음을 드리우고 있다. 그리고 보니 촛불에 비친 왕의 침소는 거대한 금덩이나 다름없다.

침대의 발치에서 누군가 움직인다. 매일 밤마다 왕의 침실에서 함께 자며 왕의 단잠을 지키는 시종장 프랑수아 드 니예르 François de Nyert다. 밤마다 안에서 잠그는 자물쇠를 손수 열고, 소리 없이 방을 빠져나간다.

외딴섬처럼 적막한 왕의 침실과는 달리 바깥은 벌써 분주한 아침이다. 사람이 들고 날 때마다 그 이름과 직책을 외쳐주는 두 명의 문지기는 벌써 제자리를 잡고 근무를 시작했다. 경비병들도

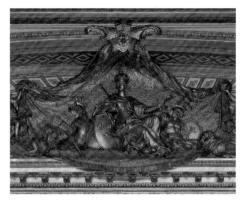

2 '프랑스가 왕의 잠을 지켜준다'는 의미의 침대 머리 조각상.

출근해 제 위치에 선다. 잔심부름하는 소년들은 분주히 창문을 열고, 밤새 땐 벽난로를 청소하느라 부산하다.

8시 15분, 일등 궁내관인 트레무아유 공작duc de La Trémoille이 도착한다. 그는 연신 땀을 닦으며 옆구리에 끼고 온 작은 가죽 서류 가방에서 그날의 지시 사항을 적은 종이를 꺼내 점검한다. 매일 아침 되풀이되는 의례이지만, 매일 아침이 긴장의 연속이다.

다이아몬드와 루비, 에메랄드가 빼곡하게 박힌 침실 벽난로 위의 시계가 오전 8시 30분을 알리면 시종장 니예르는 살며시 왕의 침실로 들어가 침대에 드리운 붉은 벨벳 커튼을 젖히며 속삭인다.

"폐하, 시간이 되었습니다."

그가 말하는 '시간'이란 왕으로서 루이 14세의 공식적인 하루가 시작되었다는 뜻이며 동시에 전 프랑스의 국정이 움직이기 시작했다는 신호탄이다.

태양의 아침

사극을 너무 본 탓인지, 아니면 궁정 생활을 낭만적으로 그린 영화 탓인지 흔히 왕의 생활은 파티와 사냥과 놀이의 연속일 것이라 짐작한다. 왕으로서 챙겨야 할 공무란 그야말로 책장이나 넘기는 소소한 일이거나 하루에 몇 시간만 할애해 신하들의 말을 점잖게 경청하는 정도일 것이라고 속단하기 쉽다. 하지만 17세기 유럽에서 군주란 끊임없이 정치 게임을 벌이면서 나라의 모든 현안까지 해결해야 하는 근무 강도가 꽤 센 자리였다.

베르사유에 철옹성 같은 절대 권력을 구축한 루이 14세의 하루는 시계추처럼 규칙적이고 정확한 일정에 따라 진행되었다. 아침 8시 30분에 눈을 뜨면 제일 먼저 왕을 알현하는 사람은 왕의 일등 주치의인 기-크레상 파공Guy-Crescent Fagon

3 모리스 르루아, 〈태양왕의 기상〉.

과 일등 외과의사인 샤를-프랑수아 펠릭스Charles-François Félix다. 침실에는 이미 시종 여덟 명에 전담 이발사 두 명, 시계 담당자 두 명, 의상 담당과 의상 담당 시종장, 왕의 아침기도를 주재하는 주교 등 이십여 명이 대기하고 있다.

놀라운 점은 이 많은 사람들이 제각각 아무도 침범할 수 없는 고유한 역할을 수행했다는 사실이다. 시계 담당자는 벽난로 위를 비롯해 침실에 있는 모든 시계의 태엽을 감는다. 그동안 의상 담당과 의상 담당 시종장은 왕이 그날 입을 의상을 점검한다. 시종장 니예르가 침대 옆에 서서 와인을 엷게 탄 물로 왕의 손을 씻기는 동안, 궁내관 트레무아유 공작은 금색으로 칠한 발뤼스트르balustre(난간)의 문을 연다.

[그림 3] 속에서 침대 발치에 난간처럼 보이는 것이 발뤼스트르다. 왕의 침대와 침실의 다른 부분을 분리해주는 역할을 하는 무릎 정도 높이의 나무 칸막이로 보통 조각을 새겨 넣고 금박을 입혔다. 루이 14세의 침실은 하루 종일 수십 명의 신하와 궁정인들이 드나들고, [그림 1]처럼 기사 수여식을 거행하는 공적인 공간이기도 했다. 그래서 발뤼스트르로 왕만의 사적 영역인 침대와 나머지 공간을

형식적으로 분리해둔 것이다. 그러니 아침에 발뤼스트르의 문을 연다는 것은 곧 왕의 공적인 하루 생활이 시작됨을 뜻했다.[3]

발뤼스트르보다 더 눈길을 끄는 것은 그림 가운데 뒤편에 보이는 커다란 왕의 침대[4]이다. 벽에 머리를 붙여놓은 침대는 천개가 달려 있어서 크기부터 시선을 압도한다. 나무로 된 몸체와 침대 머리는 모두 금자수를 놓은 벨벳으로 싸여 있다. 침대를 휘장처럼 감고 있는 몇 겹의 커튼은 네 기둥 위에 달린 천장부터 바닥까지 내려와 어디서부터가 몸체이고 어디서부터가 이불인지 모를 정도이다. 천장의 네 모서리에

4 현재 베르사유 궁에 재현되어 있는 왕의 침대.

는 그림에서 보듯이 왕의 침대임을 상징하는 거대한 깃털이 달려 있다. 네 기둥 사이에 커튼처럼 드리운 벨벳에도 온통 금술이 달려 있어서 침대가 거대한 보석처럼 보인다. 당시 침대는 나무나 매트리스가 아니라 패브릭으로 값을 따지는 물건이었다. 어떤 패브릭을 사용하느냐에 따라 침대의 격이 달라지는 것이다.

손을 씻은 루이 14세는 누운 채로 성수반에 손을 담그고, 공식적인 하루의 시작을 알리는 실록에 서명한 후 경건하게 기도를 올린다. 기도가 끝나면 이발 담당관이 가발 스물여 개를 왕에게 선보인다. 루이 14세는 그날 쓸 가발 네 개를 고른 후 침대에서 일어난다. 가발이 유행하기도 했지만, 루이 14세는 임질에 시달린데다 1676년에는 말라리아까지 걸려 머리카락이 많이 빠진 탓에 가발은 빼놓을 수 없는 필수품이었다.

루이 14세가 문이 열린 발뤼스트르를 지나 안락의자에 앉으면 머리를 빗고, 면도하고, 가발을 쓰는 '작은 기상 절차petit lever'가 시작된다. 이 절차가 끝나면 바로

5 일상복을 차려입은 루이 14세.

그날의 첫 번째 접견이 이어진다. 입구의 문지기들은 접견에 나선 왕족들의 이름을 연이어 호명한다. 문이 열리고 닫히는 소리가 쉴 새 없이 들리고, 긴 복도는 구둣발 소리로 가득 찬다.

왕족과 귀족들이 줄줄이 들어서는 와중에도 루이 14세는 이 모든 게 보이지도 들리지도 않는 듯 접견과 동시에 옷과 모자, 장갑, 검을 착용하고[5], 빵과 커피, 고기로 간단히 아침 식사를 한다. 이즈음이면 왕의 침실에는 각국의 대사, 주교, 왕족, 대신들을 포함해 50~60명이 왕의 아침 행사를 지켜보게 된다. 식사 후 대주교가 왕 앞에서 간단히 기도를 올리면 아침의 기상 절차는 모두 끝난다.

개인 시간이 전혀 없는 빡빡한 국정

프랑수아 마로의 [그림 1]은 아침 기상 절차를 마친 루이 14세가 침실을 떠나기 전 나라에 중요한 공을 세운 군인들에게 훈장을 수여하는 장면을 묘사하고 있다. 그림에 등장하는 '생루이Saint-Louis 기사단'은 1693년 4월 군사 제도를 개편하면서 새로 만든 훈장이다. 십 년 동안 군인으로 봉사해온 가톨릭 신자 중에서 우수한 인재를 뽑아 수여한다. '생루이 기사단'이 되면 연금이나 급여가 오르기도 했지만, 공식적으로 왕의 인정을 받는 군인이 되는 것이어서 성공적인 경력과 미래를 보장받을 수 있었다. 루이 14세가 이런 훈장을 만든 이유는 간단했다. 왕을 중심으로 왕에게만 충성하는 군대를 만들기 위해서였다. 첫 훈장 수여식 장면을 그림으로 남긴 것만 보더라도 강한 군대를 조직해 유럽을 통솔하겠다는 그의 의지를 엿볼 수 있다.

훈장 수여식을 마친 루이 14세는 빠른 걸음으로 복도를 지나 주요 업무를 처리하는 개인 사무실인 카비네cabinet로 들어간다. 이 집무실은 거대한 베르사유궁의 다른 공간에 비해 협소했지만, 태양왕의 취향이 깃든 고급스러운 오브제들로 가득했다.

푸생의 벽화와 거울이 달린 랑브리가 벽을 멋들어지게 장식한 카비네 가운데

에는 초록색 벨벳이 덮인 커다란 테이블과 안락의자, 플리앙pliant⁶이라 불린 접이식 의자 열한 개가 나란히 놓여 있었다. 한결같이 화려하게 조각된 너도밤나무 위에 종이처럼 얇게 자른 금을 두드려 붙여 진짜 금처럼 황금빛으로 번쩍였다.

테이블 위에는 루이 14세가 특별히 좋아한 고급 시계와 보석으로 만든 조각들이

6 루이 14세의 플리앙(접이식 의자).

7 1672년, 회의를 주재하고 있는 루이 14세.

놓여 있었다. 왕은 늘 이것들을 만지작거리면서 하루 업무를 시작했다.

매일 오전 10시에 열리는 미사에 참석하기 전까지 루이 14세는 이곳에서 국정과 일정에 대한 간단한 브리핑을 듣고, 그날의 주요 업무에 대해 시종들과 논의하는 시간을 가졌다.[7] 카비네에는 아침마다 보고를 올리는 국무대신을 비롯해 관료와 왕의 개인비서들, 왕족들이 미리 자리를 잡고 있었다. 이들 대부분은 서서 회의에 참석한다. 루이 14세 앞에서 안락의자에 앉을 수 있는 이는 루이 14세의 동생 오를레앙 공작뿐이었다. 왕이 특별히 의자를 권하기 전에는 왕실의 적통 후손인 왕세자조차도 안락의자에 앉을 수 없었다. 장관 정도는 돼야 그나마 접이식 의자에 앉을 수 있었다. 현재 베르사유 궁에 남아 있는 당시의 의자들 대부분이 접이식 의자인 플리앙인 이유가 여기에 있다.

오전 미사는 베르사유 궁내의 왕실 예배당에서 이루어진다. 가톨릭 국가의 왕으로서 미사에 참석하는 것은 매우 신성한 의무라 단 하루도 빠트릴 수 없는 중요한 일과다. 45분 정도 거행된 미사를 마친 왕은 숨 돌릴 틈도 없이 곧장 카비네로 돌아와 다음 일정에 돌입한다.

왕의 하루 중 가장 중요한 일정 중 하나는 국정 자문 시간이다. 일요일과 수요일, 목요일에는 국무회의, 월요일에는 격주로 급박한 국정 업무를 처리하는 긴급회의나 국무회의, 화요일은 국가 재정회의, 금요일은 신앙과 도덕에 대한 자문회의, 토요일은 왕실 재정회의로 일주일 일정이 물 샐 틈 없이 꽉 짜여 있었다. 주요 장관들이 모두 참석하는 국무회의가 일주일에 서너 번이니 관료들에게도 쉽지 않은 일정이었다. 이 회의들을 통해서 루이 14세는 '짐이 곧 국가이니라'라고 말했듯이 왕국에서 일어나는 모든 일을 주도면밀하게 살필 수 있었다. 국무회의는 루이 14세가 외교와 전쟁에서 승리를 거두고 왕실 재건과 왕국 통치에서 독보적인 업적을 거둔 비결 중 하나였다.

루이 14세는 절대 권력을 휘둘렀지만 일방적으로 목소리를 높이는 군주는 아니었다. 그는 주로 대신들의 보고와 논의를 경청만 하고 언쟁을 벌이지는 않았다. 왕의 역할은 대신들의 의견을 귀 기울여 듣고 숙고한 뒤 결정을 내리는 것이었기 때문이다. 간혹 대신들과 의견이 충돌할 때도 있었지만 자기 생각을 설명하는 경우는 거의 없었다고 한다. 즉 하찮은 객설은 하지 않고 자기 왕국에서 벌어지는 모든 일을 알고자 했던 것이다. 열린 귀를 가진 왕이었지만 결정은 빠르고 냉정했다. 필요하다면 정적에 대해서는 과격할 정도로 잔인하기도 했다. 항명하는 귀족들을 가차없이 지방으로 유배 보내고, 왕권에 반기를 든 자들은 그 누구라도 마르세유 항구 앞바다에 떠 있는 악명 높은 갤리선船으로 보내 죽을 때까지 중노동을 시켰다. 왕실의 재무장관 겸 국무장관으로 한때 프랑스에서 제일가는 부자였던 니콜라 푸케Nicola Fouquet가 어떻게 세상을 떠났는지 모르는 귀족은 없었다. 왕실의 재산을 빼돌린 혐의로 갑작스럽게 체포된 푸케는 무려 삼 년을 끈 재판에서 죽을힘을 다해 자신을 변호했지만, 결국 종신형을 선고받아 알프스 피뉴롤Pignerol 성채에서 쓸쓸히 생을 마감했다.

당대인들이 유난히 이 사건에 경악한 이유는 이 모든 것을 꾸민 주인공이 바

8 작자 미상, 〈1715년 2월 19일, 페르시아의 대사를 맞이하는 루이 14세〉.

로 루이 14세였기 때문이다. 루이 14세는 체포 명령을 내리기 2주 전만 해도 희희낙락하며 푸케의 화려한 저택 보르비콩트Vaux-le-Vicomte에서 열린 연회에 참석했다. 하지만 실상 연회가 시작되기 석 달 전, 그러니까 5월에 이미 비밀리에 푸케를 면직하고 구금하겠다는 서류에 서명을 마친 상태였다. 푸케의 몰락을 완벽하게 준비해놓고도 태연하게 연회에 참석해 푸케에게 감사를 표했다니…… 앞에서는 웃으면서 뒤에서는 칼로 찌르는 왕의 두 얼굴에 당대인들은 아연실색할 수밖에 없었다. 어느 누구도 예상하지 못했던 만큼 푸케의 몰락은 귀족 사회에 엄청난 충격을 던졌다. 아무리 엄청난 재산이나 인맥을 가진 자라도 왕의 힘 앞에서는 어쩔 수 없다는 사실을 잔인하고도 생생하게 보여준 사건이었다.[8]

왕의 공적이고 사적인 시간

　　신하들과 국정회의를 끝낸 루이 14세는 '가발의 카비네Cabinet de Perruque'라고 부르는 은밀한 공간으로 발길을 재촉했다. 이곳은 말하자면 왕의 화장실이다. 요즘도 화장실에 간다는 말 대신 점잖게 손을 씻으러 간다고 하듯 당시에도 왕이 볼일을 보러 가는 곳, 즉 왕의 화장실을 '가발을 바꿔 쓰는 곳'이라고 부른 셈이다. 하지만 이 시대의 화장실은 우리가 상상하듯 개인적인 공간이 아니었다. 왕은 이곳을 담당하는 시종에게 모자와 장갑, 지팡이를 주고 왕의 담당 주치의들과 다수의 왕족, 대신들 앞에서 당당히 바지를 내리고 볼일을 보았다.

　　현대인들도 화장실에서 수다를 떨듯 루이 14세도 볼일을 보며 주변인들과 이런저런 짧은 대화를 나눴는데 바로 이 때문에 모든 궁정인들에게 가발의 카비네는 선망의 대상이었다. 시종들까지 합치면 족히 수백 명이 참여해 만들어내는 거대한 권력 메커니즘의 중심인 왕의 하루에서 왕과 대면해 친밀한 관계를 쌓을 수 있는 몇 안 되는 소중한 기회였기 때문이다.

당시 베르사유 궁에는 공식적인 화장실, 즉 수도관과 하수도관이 연결된 오늘날의 화장실 같은 시설은 존재하지 않았다. 대신 '셰즈 페르세chaise percée'(뚫린 의자)[9]라고 부르는 이동식 화장실을 썼다. 왕은 볼일을 마친 다음 얇은 면을 여러 번 겹쳐 만든 부드러운 천으로 밑을 닦고 손을 씻었다.

왕이 가발의 카비네에 머무는 동안 음식 담당 시종들은 왕의 침실에 테이블과 의자를 놓고 점심 식사를 준비한다. 루이 14세는 매일 오후 1시에 침실에서 혼자 점심을 먹었다. 왕의 식기를 담당하는 시종인 니콜라 뒤 셴Nicolas du Chêne은 테이블에 식탁보를 깔고, 금으로 만든 접시를 올린 다음, 각종 집기를 세심하게 배치했다. 식탁 위에는 왕의 식기 외에 소금 병과 후추 병만 놓는다. 와인 잔이나 물 잔은 테이블 위에 놓지 않고 항시 곁에서 대기하고 있는 소믈리에가 왕의 요청에 따라 건네주고 건네받는 것이 당시의 관례였다.

루이 14세가 식탁 의자에 앉고 주교가 테이블에 성수를 뿌리면 바야흐로 점심 식사가 시작된다. 이때는 오로지 남성들만 참석해 왕의 식사 장면을 구경할 수 있었다. 왕이 의자를 권하기 전에는 왕세자라 할지라도 서서 지켜봐야 했다. 하지만 이 시간에 종종 얼굴을 내미는 동생 오를레앙 공작에 대해서만큼은 예외적으로 함께 테이블에 앉아 식사할 것을 권했다고 한다.

왕의 침실과 맞닿은 전실에서 궁정 음악가 스물네 명이 륄리Lully의 음악을 연주하기 시작하면 식사가 시작된다. 점심에는 수프 두 가지, 전식 두 가지, 구이 요리 세 가지 그리고 엄청난 양의 말린 과일과 생과일, 과자가 나왔다. 특히나 단맛이라면 맥을 못 추던 루이 14세는 종종 계피 과자를 옷 주머니에 챙겨 넣고 심심할 때마다 꺼내 먹는 귀여운 면도 있었다. 왕은 고기를 뜯거나 채소를 집는 동작, 그의 입술에 스치는 표정 하나까지도 놓치지 않

9 뚫린 의자.

10 알렉상드르 프랑수아 데포르트, ⟨루이 14세의 애완견 디안과 블롱드⟩.

고 탐욕스레 관찰하는 수백 개의 눈 앞에서 태연자약하게 식사를 마쳤다.

식사를 마친 후 루이 14세는 살롱에서 잠시 왕족과 귀족들의 청원을 듣고 환담을 나누는 시간을 가졌다. 요즘으로 치면 커피나 디저트 타임에 해당할 이 시간은 왕과 어깨를 나란히 하고 대화할 수 있는 기회였고 루이 14세의 허가를 받은 아주 소수의 인원만 참석할 수 있었다. 이 살롱에 들어갈 수 있는 소수에 끼었다는 것은 왕의 최측근이 되었다는 증거였고, 당연히 최고의 출세로 여겼다.

그러나 오매불망 이 살롱에 초대받기를 원하는 귀족들이 줄을 섰건만 정작 살롱에서 루이 14세의 총애를 독차지한 것은 사람이 아니라 애완견들이었다. 혈통이 좋은 사냥견을 매우 좋아한 그는 일일이 개의 이름을 써넣은 초상화[10]를 주문할 만큼 개 사랑이 남달랐다. 블롱드Blonde, 폴Paul, 디안Diane 등의 이름이 붙은 사냥개 여덟 마리는 흑단으로 만든 개집에서 금 자수를 놓은 빨간 벨벳 쿠션 위

11 피에르 드니 마르탱, 〈마를리 성의 전경〉.

에 앉아 있다가 왕이 다가오면 부산스럽게 주인을 반기면 그만이었다.

　루이 14세의 큰 기쁨 중 하나는 매일 오후 애지중지하는 개들과 몇몇 최측근만 데리고 베르사유 궁 근처의 마를리 성[11]을 산책하는 일이었다. 왕국의 모든 권력과 부를 소유한 자에게 고작 산책이 큰 즐거움이 된 이유는 무엇일까?

　루이 14세는 베르사유 궁에서 가발을 쓰고, 몸에 향수를 잔뜩 뿌린 수백 명의 사람들에게 둘러싸여 하루를 보냈다. 베르사유 궁은 왕의 거처이기도 했지만, 동시에 모든 국정이 행해지는 정부 청사였고, 지방이나 외국에서 온 사절을 맞아들이는 사교장이기도 했다. 그러니 잠자는 시간을 제외하고는 늘 관리, 대신, 총재, 왕족, 귀족 등 수많은 사람들에게 둘러싸여 왕으로서 공적인 역할을 수행해야 했다. 그야말로 풀타임 근무였던 셈이다. 하지만 아무리 연예인 같은 기질을 타

12 마를리 성에서 옮겨진 앙투안 쿠아즈보의 거대한 조각상.

고났다고 한들, 배우에게도 쉴 시간이 필요한 법이다.

루이 14세가 답답한 일상 속에서 잠시나마 숨통을 틔울 수 있는 곳이 바로 마를리 성이었다. 마를리는 베르사유에 비하면 아담한 건물에 베르사유 정원을 설계한 조경건축가 앙드레 르노트르André Le Nôtre가 가꾼 큰 정원이 딸린 궁전이었다. 하지만 프랑스 혁명 때 파괴되었기 때문에 지금은 튀일리 정원으로 옮겨진 조각상들과 루브르 박물관에 소장되어 있는 당시 궁정 수석조각가 앙투안 쿠아즈보Antoine Coysevox의 거대한 조각상[12]을 토대로 당시 정원의 모습을 어렴풋이 상상할 수 있을 뿐이다.

평생을 베르사유 정원과 마를리에 바친 충직한 정원사 르노트르가 세상을 떠나기 석 달 전, 87세의 노쇠한 정원사를 위해 특별히 탈것을 하사해 나란히 산책에 나섰을 만큼 루이 14세에게 마를리는 특별한 곳이었다. 그는 개들과 정원을 거닐다가 늘 해가 질 무렵에서야 베르사유 궁으로 돌아갔다.

해는 지지 않는다

산책에서 돌아온 오후 6시부터 밤 10시까지는 루이 14세가 왕으로서 가장 집중력을 발휘하는 시간이다. 매일 저녁마다 그는 각 부처의 장관들과 마주 앉아 주요 현안을 검토하고 자신의 결재를 기다리는 모든 서류를 꼼꼼하게 살피면서 실무자에게 질문을 던졌다.

밤마다 카비네에 앉아 대신들과 머리를 맞대고 공부하듯이 국정을 처리하는 루이 14세의 모습은 화려하기만 한 태양왕의 이미지와는 사뭇 다르다. 과시적

13 만찬 중인 루이 14세.

14 베르사유 궁내 '풍요의 방'에 그려진 루이 14세의 '네프'.

인 기질에다 집요한 성격, 냉정한 태도를 대귀족들이 참을 수 있었던 것은 누구도 부정하지 못할 그의 성실한 자세 때문이 아니었을까?

　이어지는 왕의 저녁 식사[13]는 단지 음식을 먹기 위한 시간이 아니었다. 왕의 하루 일정 중에서 가장 스펙터클한 행사인 만큼 식탁 위에는 왕의 식기를 담은 배 모양의 은 보관함인 네프nef[14]나 왕의 수저를 담은 작은 식기 상자인 카드나cadenas가 올랐다.

　저녁 식사는 점심과는 달리 왕의 침실이 아닌 전실에 차려졌는데 왕의 식탁에 초대받을 수 있는 이는 직계 왕족뿐이었다. 따라서 저녁 식사는 작게는 왕족들이 모두 모이는 시간이었고, 크게는 외교적인 의전이기도 했다. 시중드는 인원만 서른여 명에 이르고 구경하기 위해 모인 귀족들과 대신들까지 합치면 보통 몇백 명은 되었으니, 방 안은 미어터질 듯했다. 참석자들은 왕의 저녁 식사를 구경하는 것만으로도 마치 왕의 테이블에 초대받은 것과 같은 영광으로 여겼다.

　요리는 수프와 구이, 앙트르메entremets(구이와 디저트 사이에 먹는 가벼운 단 음식)의 순서로 총 사십여 가지가 나왔다. 자기 손가락이 음식들 사이를 오가는 것을 지켜보는 무수한 눈동자 앞에서 루이 14세는 태연하게 엄청난 식욕을 과시했다. 좁은 공간에 너무 많은 사람이 들어선 탓에 후끈한 열기가 끼치는 가운데 몸 냄새와 향수 냄새가 뒤섞여 숨 쉬기도 힘든 상황이었다. 보통 사람이라면 먹다가 체하기 일쑤였을 텐데 루이 14세는 전혀 개의치 않았다고 한다. 왕의 수저 세트에 포크가 있기는 했으나 그는 손가락으로 식사하는 것을 더 좋아했다. 수프에 들어 있는 끈적한 고기와 그가 유달리 좋아했다는 송로 버섯(트뤼프)을 손가락으로 집어 쪽쪽 빨아 먹는 근엄한 왕의 모습을 상상하면 좀 우스꽝스럽기도 하다.

15 1674년 7월 4일에 열린 륄리의 오페라 〈알체스테〉 공연 첫날.

장장 서너 시간 동안 이어진 거창한 저녁 식사가 끝나면 보통 연극 공연이나 콘서트가 이어진다.[15] 그러나 루이 14세는 중년 이후부터는 여흥을 멀리하고 자정이 되면 꼬박꼬박 잠자리에 들었다. 하지만 왕은 보통 사람들처럼 졸리다고 곧장 침대로 달려가 누울 수 없었다. 아침과는 반대 순서로 쿠셰coucher라는 절차를 거치고 나서야 비로소 잠자리에 들 수 있었던 것이다.

루이 14세가 저녁 기도를 마치고 잠옷으로 갈아입으면 시종장은 앞으로 몸을 기울여 "오늘의 횃불은 누구에게 줄까요?"라고 묻는다. 발뤼스트르를 지나 왕의 침대까지 횃불을 들고 함께 가는 것은 최고의 영예였기 때문에 방 안에 있던 이들은 시종장의 말이 떨어지기가 무섭게 장갑을 벗고 한 발 앞으로 나서 자신을 지목해줄 것을 청했다.

지금은 우습게 들리겠지만 그날 밤에 횃불을 든 사람이 누구인지는 즉시 파리로 전해져 귀족과 대신들 사이에 최고의 화젯거리가 되었다. 오로지 왕만이 왕국의 모든 직위와 작위, 부를 나눠주는 상황에서 왕의 총애는 출세를 위한 사다리나 마찬가지였다. 왕으로부터 지목받은 사람은 금세 유력자들의 파티나 행사에 초대받는 유명인으로 거듭났다.

루이 14세는 내일 입을 옷과 일정, 아침 접견에 출석할 인물들의 이름을 간단히 지시하고 침대에 눕는다. 왕이 편안하게 침대에 든 것을 확인한 시종장은 커튼을 내리고 조용히 물러난다. 충실한 시종장 니예르는 오늘 밤에도 어김없이 루이 14세가 누운 침대의 발치에 매트리스를 펴고 왕의 잠을 보살필 것이다. 왕이 잠드는 시간에 맞춰 궁정인들의 방에도 하나둘 불이 꺼진다. 텅 빈 거대한 베르사유 성의 복도마다 고적한 공기가 단단하게 내려앉는다.

비로소 혼자 남은 시간, 루이 14세는 베개에 파묻혀 오늘 하루를 돌아본다. 아침나절에 드디어 첫 번째 생루이 기사단을 임명한 덕에 모처럼 마음 편히 잠을 청할 수 있을 것 같다.

빨간 실크가 사각거리는 소리와 두꺼운 벨벳의 부드러운 감촉을 뒤로한 채 태양왕의 하루가 그렇게 지나갔다.

왕의 문양

문양에 대한 옛사람들의 열정은 실로 대단했다. 문양이 사라진 시대에 살고 있는 우리들에게 문양은 단순한 장식에 불과하지만 옛 문양은 결코 장식만을 위한 것이 아니라 중세의 가문 문양이나 종교적인 문양처럼 여러 의미를 담고 있다. 문양을 읽을 수 있게 되면 말로 전해지지 않는 당대인들의 생각을 읽을 수 있게 된다.

샤를 르브룅Charles Le Brun은 루이 14세의 화가로서도 입지전적인 인물이지만 유명한 문양 개발자이기도 했다. 그는 1661년부터 1683년까지 왕실 태피스트리 제조창인 고블랭에서 문양만을 집중적으로 연구했다.

루이 14세의 가구나 베르사유 궁의 실내장식들이 유난히 화려한 이유 중 하나는 르브룅 같은 예술가가 심혈을 기울여 만들어낸 위엄 있고 장대한 문양들 덕분이다. 문양만을 전문적으로 만드는 '실내장식공ornemaniste'이 펴낸 책들을 보면 문양의 방대한 세계를 엿볼 수 있다.

루이 14세 시대의 문양들은 특성에 따라 몇 가지로 나뉜다. 첫 번째는 사람에게서 모티프를 딴 문양들이다. 유명한 루이 14세의 문양인 태양 문양이 대표적이다. 태양 빛을 형상화한 문양 가운데 사람의 얼굴이 들어가 있는 문양을 '마스크masque'라고 부르며, 이 얼굴이 기괴한 신화 속의 인물을 형상화한 것일 때는 '마스카롱mascaron'이라고 부른다.

두 번째는 동물이나 바다 생물에서 모티프를 딴 문양들이

마르탱 카를랭의 서랍장에 장식된 문양.

다. 로코코 문화의 아이콘인 조가비 문양이 대표적이다. 그리스 시대부터 내려온 조가비 문양은 바다같이 거친 남성미와 부드러운 곡선으로 이루어진 여성미를 동시에 보여준다. 그 밖에 사자의 머리나 발톱, 염소 머리, 소의 발에서 따온 문양들도 있다. 이러한 문양들은 특히 테이블이나 의자 다리의 끝, 의자의 팔걸이 끝 장식에 많이 쓰였다.

세 번째는 식물의 형태에서 영감을 받은 문양들이다. 서양 도자기에서 흔히 볼 수 있는 대부분의 문양들이 여기에 해당된다. 그리스 시대의 코린트식 원주 장식에서 비롯된 아칸서스 잎 문양, 월계수 잎 문양, 떡갈나무 잎 문양, 잎사귀와 과일을 길게 이어놓은 화환guirlande(기를랑드) 같은 문양은 건축물의 외관부터 생활용품에 이르기까지 어디서든 쉽게 볼 수 있다. 식물 문양의 특징은 시대에 따라 선호하는 종류

다양한 마스크와 마스카롱.

가 다르고, 같은 문양이라 해도 잎사귀를 처리하는 방식이
나 잎사귀의 형태가 조금씩 변했기 때문에 제작 시기를 판
정하는 기준이 된다는 점이다.

네 번째는 루이 14세 시대에 등장해 태양왕의 영광을 드
높이기 위해 사용된 문양이다. 투구나 갑옷 등 전쟁 도구에
서 따온 문양이나 각종 악기가 등장하는 문양이 그 예이다.
지금도 베르사유 궁전의 내외 벽을 장식하고 있는 이런 문양
은 전쟁에서 승리하는 왕, 예술을 후원하는 왕이라는 메시
지를 전달한다. 일종의 17세기식 정치 광고물인 셈이다.

마지막으로 건축에서 비롯된 문양들도 있다. [그림 1]에서
침대 앞부분을 차지하고 있는 발뤼스트르가 대표적이다. 신
전의 기둥을 본떠 만든 발뤼스트르는 실내장식과 가구 장식
에 가장 널리 쓰인 문양이다. 이 밖에도 네모난 액자를 본뜬
문양이나 다양한 문양들을 결합한 긴 리본 모양의 테두리 문
양처럼 태피스트리에서 영감을 받은 문양들도 있다.

같은 문양이라 할지라도 시대에 따라 그 위치와 크기도 달
랐다. 루이 14세 시대는 문양이 전면에 또렷하게 등장한 시
대였다. 반면 루이 15세 시대의 문양들은 좀 더 작고 눈에 띄
지 않도록 배치되어 있다.

▲소 발굽 문양의 다리가 달려 있는 앙드레-샤를 불의 서랍장.

▼발뤼스트르 형태를 가지고 있는 앙드레-샤를 불의 받침대.

왕의 침대

현재 베르사유 성에 조성된 루이 14세의 방에서 가장 압도적인 존재감을 과시하는 가구는 바로 왕의 침대다. 침대가 있어서 이곳이 왕의 침실이라는 것을 느낄 수 있을 정도로 으리으리하다.

이 침대는 겉으로 봐서는 앞서 2장에서 본 16세기 침대와 별 다를 바 없지만, 실은 17세기 중반부터 등장한 새로운 타입의 침대다. 커튼에 가려 잘 보이지 않지만 이 침대에는 사면 기둥이 없다. 천개는 벽 한 면을 다 채우는 큰 침대 머리와 직접 이어져 있다. 이런 타입의 침대를 '리 아 라 뒤셰스lit à la

duchesse', 즉 '공작부인의 침대'라고 부른다.

'공작부인의 침대'는 실내에서 가구의 배치가 달라지면 가구의 형태도 변한다는 것을 보여주는 좋은 예이다. 앞서 본 '리 아 크누유'에서 사면 기둥이 중요한 이유는 침대가 방 한 가운데에 놓이는 가구였기 때문이다. 이는 곧 사면을 모두 볼 수 있다는 뜻이고, 어느 각도에서도 아름답게 보이려면 섬세하게 조각한 사면 기둥이 매우 중요한 요소가 된다. 하지만 '공작부인의 침대'는 정면에서 보도록 만들어진 가구다. 즉 침대를 벽에 붙여놓기 시작하면서 시선을 방해하는

베르사유 궁, 여왕의 침실.

베르사유 궁, 왕의 침실.

기둥이 없어진 것이다.

'공작부인의 침대'가 어떤 침대인지를 실감하려면 루이 14세의 방보다는 베르사유 성의 여왕 침실을 찾는 편이 낫다. 루이 14세의 부인인 마리-테레즈의 침실을 재현해놓은 이 방에서 가장 눈에 띄는 것은 역시 침대. 정면에서 보았을 때 가장 화려하게 보이도록 천개의 앞머리에 큰 장식을 달아놓았다. 기둥이 없기 때문에 바로 보이는 침대 머리는 침대와 천개, 커튼과 같은 패브릭을 사용해 마치 그림처럼 보인다.

앞서 본 아브라함 보스 시대의 침대와 비교하면 형태는 변했지만 패브릭이 침대를 구성하는 가장 중요한 요소라는 점은 달라지지 않았다. 루이 14세의 침대를 둘러싼 패브릭은 하절기와 동절기에 따라 달랐는데, 하절기에는 금실과 은실로 수놓은 진홍빛 다마스크 견직물을, 동절기에는 금실로 수놓은 진홍빛 벨벳을 썼다.

현재 베르사유 성의 루이 14세 방에 놓여 있는 침대는 루이 14세가 썼던 오리지널 침대가 아니다. 19세기 루이 필리프 시대에 과거의 자료를 참조해 정교하게 다시 만든 복제품으로 당시 가구 장인으로 손꼽힌 조르주 자코브-데말테 Georges Jacob-Desmalter가 제작했다.

침대 스타일의 변천사. 왼쪽에서부터
리 아 크누유, 리 아 라 뒤셰스, 18세기의 침대.

5장

태양왕의 그림자

동정받을 필요가 없는 사람만큼

참지 못할 사람은 없다.

태양왕 루이 14세는 동정이 필요하지 않은 자였다.

그 누구도

신과 동격인 절대 군주가 아니라

한 남자로서 그의 인생을 들여다보지 않았다.

아무도 보려 하지 않았던

황금빛 권력에 가려진 그의 진짜 얼굴.

그가 남긴 그림자는 그래서 쓸쓸하다.

1 작자 미상, 〈루이 14세의 가족을
비롯해 왕실 직계손과 함께한 마담
방타두르〉, 캔버스에 유채, 1715~1720년,
월리스 컬렉션, 런던.

오 신이시여, 저를 도우소서.

저를 이 고통에서 구하소서.

—1715년 8월 30일, 임종을 앞둔 루이 14세의 기도 중에서

그는 끝이 다가오고 있음을 느꼈다. 70년 넘게 왕좌를 지킨 그의 나이 일흔일곱. 곧 죽음을 맞이할 것을, 그리하여 이 지독한 고통에서 벗어나게 되리란 것을 그는 이미 알고 있었다.

다가오는 죽음을 자각할 수 있었던 첫 증세는 1715년 8월 10일 밤에 나타났다. 제대로 걸을 수 없을 만큼 온 다리가 쑤셨다. 증세가 갈수록 악화되더니 13일에는 급기야 매일 참여하는 미사에도 휠체어를 타고 나서야 했다.

언제나 보무도 당당하게 걸어 다니던 왕궁의 긴 갤러리를 휠체어를 타고 지나갈 때, 그는 자신을 둘러싼 궁정인들의 눈에서 머지않은 죽음에 대한 걱정과 왕가의 미래에 대한 불안을 읽었다. 32년 전 세상을 등진 왕비 마리-테레즈 도트리슈Marie-Thérèse d'Autriche처럼 자신의 죽음 역시 저들의 머릿속에서 금세 잊혀질 것이다.[2] 아니, 그들은 하루라도 빨리 새 주인의 등극을 내심 기대하고 있을지도 모른다는 생각에 이르자 육신의 고통은 더욱 커졌다.

2 왕비 마리-테레즈의 죽음을 슬퍼하는 루이 14세.

통증이 날로 심해진 다리는 하루가 다르게 썩어가고 있었다. 왼쪽 발부터 검은 반점이 나타나더니 25일에는 왼쪽 다리 전체가 시커멓게 변했다. 오랜 당뇨로 인한 괴저병이었

다. 이제 돌이킬 수 없다는 생각이 들자 그는 신변을 정리하기 시작했다. 27일에는 마지막 정부情婦이자 국정의 동반자인 마담 맹트농Madame de Maintenon 앞에서 그와 관련된 비밀과 치욕스러운 사건들이 담겨 있는 서류들, 각국에 심어놓은 스파이들이 보낸 보고서 등 공적인 문서들을 비롯해 연인들이 보낸 연서 같은 사적인 기록들을 모두 불태웠다.

고통은 차치하고라도 온몸이 썩어 들어가는 그의 육신은 차마 눈뜨고 볼 수 없을 지경이었다. 삼십 년 전인 1685년에도 윗니가 하나밖에 남아 있지 않았고, 그 이듬해에는 마취도 없이 생살을 찢으며 항문 주위의 농양과 누관을 수술했던 그에게 육신의 고통은 낯설지 않았다. 그의 약한 모습은 왕가의 종말이나 다름없었기 때문에 살을 찢고 불로 지지는 수술도 의연하게 견딘 그였다.

하지만 이번 고통은 생의 마지막이 되리라. 산송장처럼 침대에 누워 있으면서도 이 사실이 그나마 위안이 되었다. 희미한 촛불만이 간신히 어둠을 밀어내는 베르사유 궁의 적막한 침실에서 그는 어서 빨리 고통이 끝나주기만을 기다렸다. 머리맡까지 죽음의 그림자가 어른거릴 때 그는 1654년에 거행된 대관식과 태양처럼 타올랐던 지난날들을 떠올리며 희미한 미소를 지었다.

프랑스의 모든 왕들처럼 그 역시 랭스의 대성당에서 주교로부터 왕관을 받았다. 1654년 열여섯 살의 그는 온몸에 향유와 성수를 바르고 대관식에 참석했다. 그 자리에서 하늘의 신을 대리해 지상에서 정의를 행사할 수 있는 권리의 상징인 '정의의 손Main à la Justice'과 '샤를마뉴 대제로부터 내려온 왕관Couronne de Charlemagne'을 받았다. 진정한 루이 14세의 탄생이었다.

대관식을 마친 그는 왕관을 쓴 채 3천 명의 몸을 만져주는 은총을 베풀었다. 대관식을 치른 프랑스의 왕은 치유 능력이 있다고 믿었기에 병든 자들은 그의 옷깃이라도 스치기를 염원했다. 왕은 하늘의 신을 대신해 지상을 다스리는 자, 무슨 병이든 낫게 할 수 있는 무한한 능력을 가진 자이기 때문이었다. 그러나 정작 자신이 죽어갈 때 신 외에는 아무도 그를 구원해줄 수 없었다.

8월 30일 저녁, 왕의 침대를 둘러싼 궁정인들은 그의 가련한 기도를 들었다.

"오 신이시여, 저를 도우소서. 저를 이 고통에서 구하소서."

9월의 첫날 오전 8시 15분, 마침내 신은 그의 기도를 들어주었다. 이것이 '태양왕'이라 불리며 온 유럽에 이름을 떨친 제왕 루이 14세의 죽음이었다.[3]

하녀에게도 조롱당한 꼬마 태양왕

루이 14세의 출생에 대해서는 도서관 하나를 채울 만큼 많은 일화가 남아 있다. 일단 아버지 루이 13세와 어머니 안 도트리슈Anne d'Autriche의 결혼 생활 자체도 매우 기이하고 음울했다. 당대인들은 루이 13세가 그의 어머니 마리 드 메디시스Marie de Médicis와 공모해 아버지인 앙리 4세를 죽였다고 믿었다. 앙리 4세는 감기

3 루이 14세의 죽음.

로 앓아 누운 쉴리 공작의 병문안을 가다가 칼을 맞아 죽었다. 그를 찌른 이는 신으로부터 왕을 위그노로 개종시키라는 임무를 받았다고 자처한 프랑수아 라바이약François Ravaillac이라는 광신자였다. 하지만 이 사건을 곧이곧대로 받아들이는 이는 아무도 없었다. 사람들은 이 사건의 뒤에 신실한 가톨릭임을 자부하며 매사에 아버지와 충돌했던 아들과 권력을 놓지 못했던 여왕이 있다고 확신했다.

또한 루이 13세의 첩인 루이즈 드 라파예트Louise de La Fayette가 왕을 버리고 수도원으로 잠적해 수녀가 된 이유가 그의 동성애 때문이라는 소문도 돌았다. 실제로 루이 13세는 생시몽 공작이나 생마르 후작 같은 잘생긴 젊은이들을 곁에 두었고, 정실인 안 도트리슈나 첩인 루이즈 드 라파예트 사이에서도 자식을 보지 못했다. 왕가의 결혼에서 가장 중요한 목표는 후손을 생산해 왕실을 보존하는 것이다. 결혼 후 일 년이 지나도록 후사가 생기지 않으면 여자의 불임을 문제 삼던 당시에 왕이 22년간 결혼 생활을 하고도 자식이 없다는 것은 충격적인 일이었다. 왕이 생식 능력이 없거나 동성애자라는 사실은 상상할 수 없는 국가적 수치였기 때문에 화살은 자연히 왕비 안 도트리슈를 향했다. 그녀는 두 번이나 유산한 탓에 왕실 보존이라는 신성한 의무를 다하지 못했다는 비난에 시달렸고, 언제 폐위되어도 이상하지 않을 만큼 정치적으로 불안정한 처지였다.

이러한 상황에서 극적으로 탄생한 루이 14세는 출생 전부터 '신이 주신 루이Louis Dieudonné'라는 별칭을 얻었다. 생제르맹 성당의 종을 시작으로 프랑스 전역의 성당에서 십만 개의 종을 차례로 울리며 실시간으로 낭보를 전했을 만큼 그의 출생은 국가적 축복이었다. 당시 성당들은 촘촘하게 엮여 프랑스 전역에 퍼져 있었고, 요즘에 비해 소음이 극히 적은 시대였으니 그날의 축하 종소리를 듣지 못한 이는 아마 없었을 것이다.

그러나 한편에서는 루이 14세의 핏줄을 의심하기도 했다. '왕은 동성애자'라는 쑥덕거림이 있었고, 왕비는 불임이라는 소문이 돌았으니 당연한 일이었다. 루이 14세의 친아버지는 재상인 리슐리외 추기경이거나 왕비의 비밀 연인으로 알려

▲◀4 유모 품에 안긴 루이 14세.

▲▶5 십대 초반의 루이 14세.

▼◀6 삼십대 후반의 루이 14세.

▼▶7 사십대 초반의 루이 14세.

진 쥘 마자랭일지도 모른다는 풍문도 돌았다. 그러나 왕비의 임신 날짜로 추정되는 1637년 11월 23일부터 30일까지 리슐리외와 마자랭은 모두 공무로 파리를 떠난 상태였으며, 이 기간에 루이 13세와 왕비 안 도트리슈가 세 번 동침했다는 기록이 남아 있다.

안 도트리슈가 실은 쌍둥이를 낳았다는 기상천외한 이야기가 나돌기도 했다. 하지만 당시 관례상 왕비는 만인이 보는 앞에서 아이를 낳아야만 했다. 그녀 역시 2백 명에 이르는 왕족과 귀족들 앞에서 출산했으니, 쌍둥이를 낳았다면 숨기려고 해도 숨길 수 없는 일이었다. 그래도 사람들은 아랑곳하지 않고 소문에다 나름대로 상상과 공상을 덧대었다. 훗날 알렉상드르 뒤마의 소설 『철가면』으로 전해지는 이야기의 뿌리가 바로 여기에 있다.

여하튼 천신만고 끝에 태어난 루이 14세[4~7]지만 어린 시절은 불행했다. 아들에 대한 기대가 지나쳤던 루이 13세는 세 살배기 아들이 제대로 예의를 갖추지 않았다는 이유로 사정없이 매질하는 잔혹하고도 차가운 아버지였다. 리슐리외에게 보낸 여러 통의 편지에서 아이가 자신을 "악마를 보듯이" 대하며 울어댄다고 불평했고, 이 모든 것이 왕비의 나쁜 영향 때문이라며 아이를 어머니와 떼어놓아야 한다고 적었다. 루이 13세가 크론병(소화관 점막에 발생하는 자가 면역 염증성 질환)으로 짐작되는 질환으로 1643년 갑작스럽게 세상을 떠나면서 다섯 살에 불과한 루이 14세는 얼떨결에 왕위를 이어받았다. 어머니 안 도트리슈는 사방에서 덤벼드는 정적을 막아내며 아들 대신 섭정을 하느라 루이 14세에게 신경 쓸 겨를이 없었다.

더구나 1648년부터 1653년까지 벌어진 '프롱드의 난' 때문에 루이 14세는 어머니와 동생 필리프, 즉 오를레앙과 함께 프랑스 각지로 쫓겨 다녀야 했다. 당시 루이 14세는 왕관을 쓴 어린아이에 불과했다. 동생과 함께 무엇이든 먹을 것을 보면 닥치는 대로 손에 쥐고 방구석에 숨어서 먹었고, 너무 작아서 무릎에도 내려오지 않는 일상복을 입었으며, 볏짚 위에서 추위와 살해의 공포에 떨며 잠을 잤다. 긴

가발에 화려한 향수 냄새를 풍기며 여자 같은 곱상한 외모를 자랑한 당대의 패셔
니스타 오를레앙 공이 어린 시절에는 형 루이와 루브르 성의 구석 방에서 오믈렛
을 손으로 허겁지겁 먹었다는 사실을 상상하기란 쉽지 않다.

프롱드의 난을 뒤에서 조종한 야심만만한 콩데 왕자Louis II de Bourbon, prince
de Condé(앙리 4세의 종질)는 수시로 루이 14세를 감시했고, 또 다른 주역인 콩티 왕
자Armand de Bourbon, prince de Conti는 꼬마 왕이 행차하는 모습을 보고도 마차를
멈추지 않을 만큼 건방졌다. 그들의 하녀들조차 감히 어린 루이 14세를 우둔하고
뚱뚱하다고 조롱했을 정도였다.

비정한 왕을 만든 유년의 상처

그러나 어린 시절의 처절한 경험은 루이 14세에게 오히려 약이 된 듯하다. 그
는 자신이 온전히 왕권을 행사할 수 있게 된 이후에도 불운했던 시절을 결코 잊지
않았다. 정적의 공격에 허겁지겁 도망치는 길에서 느낀 절망감과 추위, 구멍이 날
정도로 낡은 생제르맹 성의 이불과 배를 찌르는 허기, 왕으로 인정받지 못한 모욕
뿐만이 아니었다. '프롱드의 난'이라는 실전에서 배운 친척들의 권력욕, 대영주들
의 불길 같은 반란, 온갖 정치적인 협잡과 술수, 음모까지도 평생 기억했다.

흔히 루이 14세의 특징이라고 말하는 품성의 뿌리가 여기에 닿아 있다. 서류
한 장까지 스스로 서명해야 직성이 풀리는 완고한 완벽주의, 베르사유 궁 안을 온
통 자신을 상징하는 태양 문양으로 휘감을 정도의 권력 과시, 아첨하는 귀족들에
대한 냉정한 비웃음 그리고 음식에 대한 탐욕까지 말이다. 그는 배고픔에 대한 지
긋지긋한 기억 때문인지 평생 과식으로 인한 소화 불량, 편두통, 장염을 달고 살
았으면서도 음식에 대한 집착을 버리지 못했다.

루이 14세의 지병은 이것뿐만이 아니었다. 정력이 넘쳤던 그는 왕비 마리-테

레즈 외에 동생 필리프의 부인인 앙리에트 당글르테르Henriette d'Angleterre와 염문을 뿌렸으며, 그녀의 시녀인 루이즈 드 라발리에르Louise de la Vallière를 첫 번째 공식적인 정부로 삼았다. 루이즈가 수도원에 칩거하자 남편이 있는 마담 몽테스팡Madame de Montespan을 두 번째 정부로 삼았고, 그녀가 흑마술에 빠져들자 그녀를 멀리하고 둘 사이에서 태어난 자식을 극진히 돌보던 유모 마담 맹트농을 다시 정부로 삼았다.

이처럼 식을 줄 모르는 왕성한 욕정 때문에 벌어진 재미있는 일화도 많다. 혈기 왕성한 스물네 살 때는 왕비 마리-테레즈의 명을 받아 자신을 감시하던 시종장을 피해 생제르맹 성의 지붕에 난 구멍으로 빠져나와 루이즈 드 라발리에르의 침실에 몰래 숨어들곤 했다. 애인을 만나기 위해 목숨을 내놓고 깎아지른 듯한 첨탑 지붕을 기어오르는 근엄한 왕의 모습은 모차르트의 오페라처럼 희극적이다. 그러나 베갯머리송사에 휘둘렸던 많은 왕들과는 달리 용의주도하게 권력을 운용한 루이 14세는 애첩들이 정치에 간섭하는 것을 일절 용납하지 않았다. 말년에 그의 국정 동반자가 된 마담 맹트농을 제외하고 그에게 여자란 단지 향략을 위해서만 존재하는 아름다운 인형에 불과했던 것이다.

여러 해에 걸친 여성 편력은 루이 14세에게 임질이라는 선물 아닌 선물을 안겨주었다. 왕의 건강 상태는 왕과 주치의 둘만이 아는 최고 국가 기밀 중 하나였다. 주치의는 왕의 성기에 발생한 모종의 문제가 승마에 열중하고 아카데미에서 열심히 무예를 익힌 탓이라고 발표했다. 제대로 치료하지 못한 임질로 인해 평생 두통과 구토, 통풍에 시달리면서도 그는 매일 일곱 시간 넘게 공무를 처리했다. 게다가 매주 몇 차례나 공식 연회에 참석하는 바쁜 와중에도 짬을 내어 애인들을 만났으니 그의 에너지에 절로 감탄사가 나온다.

루이 14세의 주치의들이 남긴 왕의 건강 기록부를 보면 루이 14세가 77세까지 살아남았다는 사실 자체가 놀라운 일이다. 홍역, 류머티즘, 원인을 알 수 없는 발열과 온갖 피부병, 종양, 감염, 소화 장애, 부비강염, 당뇨병 등 그는 한 사람이 평생 이렇게 많은 병에 걸릴 수 있을까 싶을 정도로 끊임없이 아팠다.

태양의 통치술

루이 14세는 왕으로서의 자의식에 관해서라면 그 어떤 왕에도 뒤지지 않았다. 애첩을 여럿 두었으면서도 왕가에 대한 집착이 강해 왕비 마리-테레즈가 세상을 떠날 때까지 일주일에 세 번 왕비를 방문하는 관례를 철저하게 지켰다. 현대인들의 눈으로 보면 하잘것없어 보이는 관례나 에티켓으로 루이 14세는 왕국을 통치했던 것이다.[8]

앞 장에서 등장한 루이 14세의 궁내관 트레무아유 공작은 중세 시대부터 내려온 프랑스의 유서 깊은 귀족 가문 출신이다. 파리와 멀지 않은 루아르 근처 크라웅에 거대한 영지를 거느렸으며, 현재 세르비아 대사관으로 쓰이고 있는 파리의 '오텔 드 라 트레무아유Hôtel de La Trémoille'와 '트레무아유 고성Château des ducs de La Trémoille'을 소유하고 있었다. 영지에 따라 여러 개의 작위를 동시에 가질 수 있는 관례상 트레무아유 공작은 이탈리아의 소도시 타란토의 왕자prince de Taranto이며, 루아르 지방의 라발 백작comte de Laval이기도 했다. 즉 왕의 궁내관으로 아침부터 부산을 떨지 않아도 충분히 우아하게 살 수 있는 위치였다.

그런 그가 왜 일등 궁내관이 되어 아침부터 출근하는 신세가 되었을까?

궁내관을 비롯해 왕을 곁에서 보좌하는 시종 같은 궁정 직책은 1월, 4월, 7월, 10월에 교체되는 순환 보직이었다. 즉 1월부터 4월까지는 베르사유 성안에서 거주하며 근무하고, 4월이 지나면 영지로 돌아갈 수 있었다. 더 많은 귀족에게 자리를 보장해주고, 동시에 귀족으로서는 영지도 챙길 수 있는 영리한 정책이었다. 하지만 나라의 중심인 베르사유를 쉽게 떠날 수 있는 귀족은 없었다. 게다가 궁정 직책은 순환 보직이라고는 하지만 대를 물릴 수 있고, 왕의 허가를 받아 사고팔 수

8 이야생트 리고 아틀리에, 〈프랑스 왕 루이 14세〉.

도 있었다.

그중에서 가장 최고의 보직에 해당하는 궁내관이 되면 왕에게 알현을 청하는 이들을 알아서 선별할 수 있는 막강한 권한이 생겼다. 누구를 방에 들이고, 누구를 방에 들이지 않을 것인지 결정할 수 있는 자리였기에 자연히 궁내관에 줄을 대기 위한 눈치작전이 치열하게 벌어졌다. 아무리 풍족한 지방 영지가 있다고 한들 왕궁에서 직책을 맡지 못하면 다른 귀족들의 청탁을 받는 지위는 누리지 못했다. 반면 영지가 없어도 궁정의 좋은 자리에 앉아 있으면 그 자체만으로도 권력을 누리며 살 수 있었다. 궁정 직책에 따른 월급도 월급이지만 권력을 쥐면 재물은 저절로 따라오기 마련이었다. 직책에 따라서는 왕이 하사하는 영지도 받을 수 있으며 더 높은 귀족으로 신분 상승도 가능했다.

트레무아유 공작 집안은 삼대가 궁내관을 물려가며 맡았다. 그동안 가문의 권위는 궁내관이라는 자리 때문에 저절로 지켜졌다. 마찬가지로 왕의 가발 담당이나 의상 담당 시종관이 공석이 되면 앞다투어 달려들 수밖에 없었다.

바로 이것이 루이 14세의 통치 비밀이다. 아침마다 수백 명이 동원되는 기상 절차를 치르는 이유는 귀족에게 자리를 만들어주고, 그 자리에 어울리는 작은 권력을 주어야 했기 때문이다. 말하자면 직책이라는 틀 안에 귀족을 가둔 셈이다. 조직이 정교해지고 직책이 세분화될수록 그 안에 들어간 사람들은 옴짝달싹 못하게 된다. 대기업에서 직책을 나누고, 직책에 따른 책임을 강조하는 것과 하등 다를 바 없다.

루이 14세는 이렇게 '루이 14세'라는 국가적 대기업을 만들었다. 그리고 그 정점에 모든 시스템을 조정하고 결정하는 유일한 인물로 자신을 세웠던 것이다.

9 베르사유 궁내 왕실 예배당의 천장화.

모든 예술은 태양왕의 영광을 위해

루이 14세의 왕으로서의 남다른 자의식은 실내 벽화[9], 그림과 가구[10]에서도
여실히 드러난다. 이 시대에 제작된 그림을 보면 루이 14세를 비롯해 왕가 일족이
신성화되어 있음을 쉽게 발견할 수 있다.[11] 루이 14세는 예술과 과학을 수호하는
아폴론이나 평화의 상징인 헤라클레스로 등장한다. 어머니 안 도트리슈는 여신
헤라로, 왕비 마리-테레즈는 지혜로움의 상징인 아테네로, 수석 대신 마자랭은
무려 세계를 지배하는 아틀라스다.

앞서 본 [그림 1]에서도 뒤쪽에 희미하게 보이는 벽화에서 신적인 루이 14세
의 존재를 느낄 수 있다. 구름 위를 달리는 마차를 탄 아폴론의 모습이 그것이다.

10   루이 14세 시대를 대표하는 앙드레-샤를 불의 장식장.

루이 14세는 이처럼 신화를 모티프로 한 니콜라 푸생의 벽화로 루브르와 베르사유 궁전의 벽을 온통 도배하다시피 했다.

　궁 안 곳곳에는 금과 은으로 만든 태양왕의 상징을 단 가구를 배치했다. 대표적인 것이 베르사유 궁전과 루브르 박물관에 전시되어 있는 앙드레-샤를 불 André-Charles Boulle의 가구들이다. 그는 루이 14세 시대를 대표하는 장인이다. 청동, 귀갑, 뿔 등 귀한 재료만을 이용해 정교하게 만든 문양이 돋보이는 불의 가구에는 신화에 빗댄 태양왕의 상징들이 어김없이 달려 있다. 왕의 영광을 드높일 목적으로 재료부터 까다롭게 골랐으며, 문양 역시 권위를 중시해 디자인했다.

11 루이 14세를 메르쿠리우스로 묘사한 천장화.

[그림 1] 속 인물들의 양쪽에 흉상을 받치고 있는 기둥 역시 불의 작품이다. '피에두슈piédouche'라고 부르는 이 기둥은 그림에서처럼 흉상 같은 조각이나 큰 촛대를 올려놓는 용도로 쓰였다. 그림 속 피에두슈 위에 놓인 흉상의 주인공은 부르봉 왕조를 처음 세운 앙리 4세와 루이 14세의 아버지인 루이 13세다. 그림에 등장하는 마티외 자케Mathieu Jacquet가 조각한 앙리 4세의 흉상과 시몽 길랭Simon Guillain이 조각한 루이 13세의 흉상은 아직까지도 루브르 박물관에 남아 있다.

루이 14세는 이러한 예술품 제작을 적극 후원했을 뿐 아니라 자신이 직접 예술 무대에 나서기도 했다. 특히 발레를 좋아해 발레 공연을 친히 무대에 올리고, 태양 모양의 모자를 쓰고 출연해 춤을 추기도 했다.[12] 과시욕이 강한 근엄한 왕의 모습 뒤에 춤과 음악을 사랑하는 예술 애호가의 품성이 감춰져 있었던 것이다. 무대에서 춤을 추는 왕의 모습은 어딘가 낯설게 느껴지지만, 모든 것이 반짝거리는 사치스러운 베르사유 궁을 무대로 더 이상 화려할수 없는 삶을 연출했던 그에게 일상생활은 곧 한바탕 연극 같은 것이었으리라. 그가 요즘에 태어났더라면 카리스마 넘치는 명배우가됐을지도 모를 일이다.

자식을 잃은 외로운 아버지

대영주들을 자신의 촛불을 드는 시종으로 썼을 만큼 막강한권력을 가진 아폴론이라 해도 자식 농사만큼은 마음대로 하지 못했다. 왕비 마리-테레즈는 세 명의 공주와 세 명의 왕자를 두었지만, 성인이 될 때까지 살아남은 이는 왕세자 루이 드 프랑스 한 명뿐이었다.[13] 그러나 친히 모든 교육을 관리하며 애지중지 키운 왕세자마저 1711년 쉰 살의 나이에 천연두에 걸려 세상을 뜨고 만

12 아폴론으로 분장한 발레 복장의 루이 14세.

다. 너무 오래 산 아버지와 스페인의 왕이 된 앙주 공작을 자식으로 둔 왕세자는 "왕의 아들이자 왕의 아버지이지만 왕이 되지 못하는 왕세자"라며 우스갯소리를 할 만큼 명랑한 성격이었다. 그런 자식을 앞세운 아버지의 상처는 말할 것도 없었다. 왕세자가 죽고 난 뒤 루이 14세는 기도와 참회에 열정적으로매달렸다. 예전처럼 연회를 자주 열지도 않았고, 소수의 측근만 거느린 채 쓸쓸히마를리 성을 거닐며 여생을 보냈다.

그럼에도 불행은 여기에서 끝나지 않았다. 왕세자가 사망하고 그 이듬해인1712년에는 왕세자의 장남이자 왕위를 계승할 적통 왕세손인 부르고뉴 공작과그의 부인, 그리고 부르고뉴 공작의 큰아들*이자 루이 14세의 적통 증손자인 루이 드 프랑스가 한 달 사이를 두고 홍역으로 줄줄이 세상을 떠난다. 또 2년 뒤인

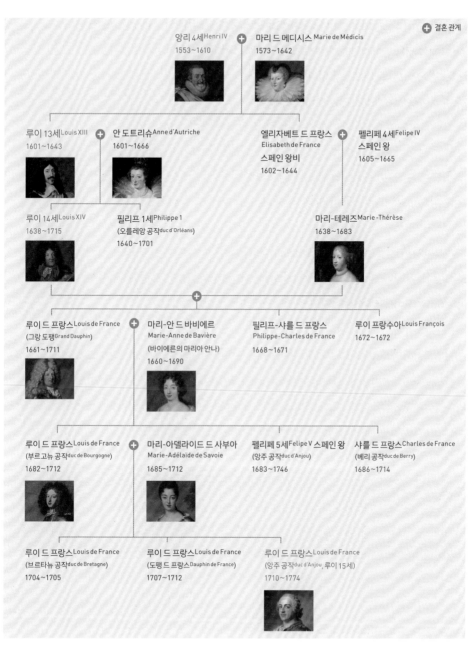

앙리 4세Henri IV
1553~1610

마리 드 메디시스 Marie de Médicis
1573~1642

루이 13세Louis XIII
1601~1643

안 도트리슈Anne d'Autriche
1601~1666

엘리자베트 드 프랑스
Elisabeth de France
스페인 왕비
1602~1644

펠리페 4세Felipe IV
스페인 왕
1605~1665

루이 14세Louis XIV
1638~1715

필리프 1세Philippe 1
(오를레앙 공작duc d'Orléans)
1640~1701

마리-테레즈Marie-Thérèse
1638~1683

루이 드 프랑스Louis de France
(그랑 도팽Grand Dauphin)
1661~1711

마리-안 드 바비에르
Marie-Anne de Bavière
(바이에른의 마리아 안나)
1660~1690

필리프-샤를 드 프랑스
Philippe-Charles de France
1668~1671

루이 프랑수아Louis François
1672~1672

루이 드 프랑스Louis de France
(부르고뉴 공작duc de Bourgogne)
1682~1712

마리-아델라이드 드 사부아
Marie-Adélaïde de Savoie
1685~1712

펠리페 5세Felipe V 스페인 왕
(앙주 공작duc d'Anjou)
1683~1746

샤를 드 프랑스Charles de France
(베리 공작duc de Berry)
1686~1714

루이 드 프랑스Louis de France
(브르타뉴 공작duc de Bretagne)
1704~1705

루이 드 프랑스Louis de France
(도팽드 프랑스Dauphin de France)
1707~1712

루이 드 프랑스Louis de France
(앙주 공작duc d'Anjou, 루이 15세)
1710~1774

13 루이 14세의 핏줄.

1714년에는 왕세자의 셋째 아들인 베리 공작마저 사냥을 하다가 말안장에 머리를 부딪혀 비명횡사하는 어처구니없는 사건이 일어난다. 즉 루이 14세는 1711년을 기점으로 왕위를 이을 적통 후계자인 왕세자와 왕세자의 장남인 왕세손 그리고 그의 아들인 증손자 모두를 잃었던 것이다.

남아 있는 루이 14세의 적통 후손 중에 왕위에 가장 가까운 인물은 스페인의 왕위를 계승해 펠리페 5세가 되는 바람에 프랑스의 왕위를 이어받을 수 없었던 손자 앙주 공작과 아직 어려서 언제 어떻게 될지 알 수 없는 부르고뉴 공작의 차남이자 루이 14세의 증손자인 앙주 공작뿐이었다. 즉 이 증손자 앙주 공작만이 유일한 왕국의 희망이었던 것이다.

치명적인 전염병인 홍역으로 신생아의 40퍼센트가 사망한 시대라 하더라도 왕실의 대를 이을 후손들이 이토록 줄줄이 세상을 뜨고, 단 한 명의 적자만 남았다는 것은 신이 내린 천벌이라고 할 만큼 가혹한 불행이었다.

[그림 1]에는 이 같은 루이 14세의 불행이 깊이 깔려 있다. 의자에 앉아 있는 루이 14세와 의자에 팔을 걸치고 있는 아들 루이 드 프랑스, 붉은 옷을 입고 있는 손자 부르고뉴 공작이 보인다. 그림 속의 유일한 어린아이가 바로 훗날 루이 15세가 되는 앙주 공작, 즉 루이 14세의 증손자다. 검은 옷을 입은 여인이 아이들에게 걷기 연습을 시킬 때 쓰는 끈을 아이에게 매놓은 것을 보건대 그는 이제 막 걸음마를 뗀 어린아이에 불과하다. 이 여인은 루이 15세의 유모 마담 방타두르로 두 살 때 어머니와 아버지를 모두 잃은 루이 15세에게는 부모나 마찬가지였다. 왕실 초상화에 유모가 등장하는 극히 드문 예인 이 그림에는 그럴 만한 연유가 있었던 것이다.

작자 미상의 이 그림은 1715년과 1720년 사이에 그려진 것으로 추정된다. 그

● 원래 첫째 아들인 브르타뉴 공작이 태어나고 일 년 만에 사망했기 때문에 실제 큰아들은 두 번째로 태어난 루이 드 프랑스가 된다.

렇다면 이 그림이 그려질 당시, 그림 속의 루이 14세, 루이 드 프랑스, 부르고뉴 공작은 모두 세상을 떠난 뒤다. 화가는 어린 루이 15세와 유모만을 실제로 데생해 그림을 그리고, 그 옆에 있는 루이 14세와 루이 드 프랑스, 부르고뉴 공작은 이전에 그려진 초상화를 바탕으로 상상해서 그려 넣었을 것이다. 훗날 루이 15세가 되는 아이의 눈에는 유모를 제외한 그림 속 가족이 유령처럼 보였을지도 모른다.

사람들은 자식의 모습에서 숨어 있는 자신의 모습과 그 핏줄을 통해 사후에도 이어질 자신의 분신을 본다. 온 유럽을 손아귀에 쥐고 흔들던 권력자지만 어린 시절에 겪은 잔인한 권력 다툼을 평생 간직하고 살아갈 수밖에 없었던 루이 14세에게 어린 증손자인 앙주 공작은 어떤 존재였을까?

그림 속에서 증손자에게 손을 뻗는 루이 14세의 손짓이 왠지 가련하고 안타까운 것은 신의 자리를 넘보던 '태양왕'이 아니라 죽음이라는 운명을 피할 수 없었던 인간에 대한 연민 때문이 아닐까.

앙드레-샤를 불 André-Charles Boulle

루이 14세의 화려한 프랑스 가구를 대표하는 장인은 앙드레-샤를 불이다. 불은 루이 14세의 적극적인 지원을 받아 루브르 아틀리에에 작업장을 소유한 왕실 가구 장인이었다.

불의 대표적인 기술은 아직도 그의 이름을 따서 '마케트리 불marqueterie Boulle'이라고 불릴 만큼 독보적이다. 마케트리란 우리의 자개장과 비슷한 상감세공 장식 기법으로 나무판 위에 여러 종류의 나무, 청동이나 구리 같은 금속, 귀갑(거북의 등껍질), 상아, 대리석 등의 재료를 사용해 문양을 만들어 넣는 기술이다. 이 중에서도 불의 마케트리를 대표하는 재료는 구리와 귀갑이다.

마케트리 기법의 과정은 다음과 같다. 우선 문양을 만들어 세심하게 종이 위에 베껴 그린 뒤 오려낸다. 오려낸 종이 견본을 구리판과 귀갑판 위에 놓고 다시 주의 깊게 잘라낸다. 이 과정은 마케트리 기술의 핵심이라 할 수 있는데 한 치의 오차도 없이 문양에 따라 잘라내려면 재료에 대한 이해는 물론이거니와 섬세한 기술이 필요하다.

그다음 잘라낸 문양 조각을 가구 위에 붙여 그림을 만든다. 작은 문양 조각들은 퍼즐 조각처럼 문양끼리 완벽하게 아귀가 맞아떨어져야 한다. 이때는 빈틈없이 딱딱 이가 맞는 문양을 얼마나 아름답게 조합할 수 있느냐가 관건이다.

불은 귀갑 바탕에 구리로 만든 문양을 조합한 '프리미에르 파르티première partie(제1부)'와 구리 바탕에 귀갑 문양을 조합한 '두지엠 파르티deuxième partie(제2부)'를 만들었다. 바탕과 문양의 재료가 정반대인 두 개의 판은 마치 데칼코마니처럼 완벽한 대칭을 이룬다. 루브르 박물관에 전시되어 있는 옷장은 이 두 부분을 나란히 양쪽 문짝에 붙여놓았다. 귀갑이나 구리 같은 단단하고 가공하기 어려운 재료들이 마치 종이접기를 해서 찍어낸 듯 마법처럼 가구 표면에 내려앉았다.

상아나 귀갑, 금속 등을 붙인 불의 가구들은 인간이 구현할 수 있는 정교함과 화려함을 최대치로 끌어올렸다. 아크릴을 이용한 의자인 '고스트 시리즈'로 명성을 날린 디자이너 필립 스탁Philippe Patrick Starck처럼 불은 재료에 대한 신선한 아이디어를 발전시켜 특유의 기법을 만들어냈다. 예나

앙드레-샤를 불의 마케트리 문양.

프리미에르 파르티와 두지엠 파르티로 구성되어 한 세트를 이룬 앙드레-샤를 불의 옷장. 루브르 박물관에 소장되어 있다.

지금이나 공예 분야에 종사하는 디자이너들이 갖춰야 할 덕목은 다르지 않은 듯하다.

[그림 1]에서 흉상을 올려놓은 '대臺' 역시 불의 작품이다. '피에두슈'로 불리는 이런 대는 원래는 촛대를 두기 위한 용도로 만들어진 것이다. 자세히 보면 대에 갈색 바탕에 금빛이 나는 장식이 붙어 있다. 갈색 바탕은 귀갑, 금빛 장식은 구리로 만든 '마케트리 불' 스타일이다.

불은 신묘한 경지에 달한 마케트리 기술 외에도 마케트리 디자인을 팔아 큰돈을 벌었다. 불의 마케트리 디자인은 신화적인 인물이 등장하는 특징이 있는데 신화를 해석해 인물의 감정이나 지위를 섬세하게 표현하는 데 능했다. 그의 이러한 특성은 신화 속 인물을 권력의 상징으로 활용한 루이 14세의 정책과 딱 맞아떨어졌다.

불의 마케트리 기술은 깨지기 쉬운 귀갑에다 열기에 취약한 구리를 조합한 것이어서 보존이나 복원이 쉽지 않다. 게다가 퍼즐 조각처럼 이어놓았기 때문에 작은 귀퉁이만 깨져도 전체 그림판이 흔들린다. 요즘에도 경매에서 종종 불의 작품을 볼 수 있지만 좋은 상태로 남아 있는 작품은 박물관이 아니면 거의 보기 어렵다.

또한 불은 작품 어디에도 도장이나 사인을 남겨놓지 않았기 때문에 진품을 감정할 때 늘 기존 자료에 의존할 수밖에 없다. 특히 불이 1707년 출판한 가구 도안집이나 프랑스 왕실 가구 도감이 중요한 문헌 자료다.

콘솔console

[그림 1]에서 벽에 붙어 있는 테이블은 콘솔이다. 콘솔이라는 말은 원래 건축 용어였다. 요즘도 파리 거리를 걷다보면 바깥으로 튀어나온 베란다가 벽과 만나는 지점에 달린 S자 프로필의 장식을 볼 수 있는데 이것이 바로 콘솔이다.

루이 14세 시대에 콘솔 모양을 한 다리가 달린 테이블이 유행하기 시작하면서 콘솔이란 용어에는 벽에 붙이는 테이블이라는 뜻이 추가되었다. 흔히 앤티크 상점에 가면 침대 옆에 두는 작은 테이블이나 거실에 두는 다리 하나짜리 테이블을 콘솔이라고 하는데 엄밀히 따지면 이는 잘못된 명칭이다.

콘솔은 벽에 붙이기 위해 만들어진 테이블이다. 그래서 앞부분은 조각과 몰뤼르로 화려하게 장식되어 있지만 뒷부분에는 장식이 없다. 또한 벽에 맞닿는 부분은 배치가 쉽도록 직선으로, 정면에서 보이는 앞부분은 입체적인 곡선으로 처리하는 경우가 많다.

이 시대 콘솔의 특징은 아래의 도판에서 엿보이듯 화려한 조각 문양과 금칠이다. 상판으로는 주로 대리석이나 마케트리 기법을 이용해 그림을 그리듯 장식한 나무판을 썼고, 다리는 콘솔이나 밑으로 갈수록 좁아지는 기둥을 닮은 발뤼스트르 형태가 많다. 루이 14세 시대의 콘솔은 다리가 네 개였지만 루이 15세 시대로 접어들면서 다리의 개수가 두 개로 줄어든다. 이는 콘솔이 벽에 고정시키는 붙박이 가구로 진화했음을 뜻한다. 벽에 붙이기 시작하면서 쓸모 없는 뒤의 다리 두 개는 생략되고 반대로 앞 부분의 다리 두 개는 보다 입체감 있는 스타일로 변화했다.

루이 14세 시대의 콘솔은 다리 사이가 X자로 이어져 있는 게 특징이다. X자의 가운데 접합 부분에는 쟁반 모양의 홈이나 바구니를 만들어 그 위에 장식용 도자기를 두곤 했다.

콘솔.

발뤼스트르 형태의 디자인.

안락의자 fauteuil

우리말에서 의자는 뭉뚱그려 의자일 뿐 의자를 종류별로 구분해서 쓰는 단어는 없다. 하지만 의자 문화가 발달한 유럽에서는 의자를 형태별로 세밀하게 구분한다. 모든 종류의 의자를 통틀어 '시에주siège'라고 하는데, 그중에 [그림 1]에서 보듯 루이 14세가 앉아 있는 의자처럼 팔걸이가 있는 의자를 '포테유fauteuil'라고 하는 데 반해 팔걸이가 없는 의자를 '셰즈chaise'라고 부른다.

루이 14세가 앉아 있는 의자는 포테유 중에서도 등받이가 높고 큰 '포테유 아 라 렌fauteuil à la reine', 즉 '여왕의 안락의자'다. 큰 등받이가 뒤로 15도 정도 기울어져 있어 앉았을 때 편안하며 좌판의 키가 낮다.

포테유와 셰즈를 구분하는 이유는 형태가 다르기도 하지만 유럽의 독특한 생활 문화 때문이기도 하다. 19세기 후반까지 유럽의 왕가나 귀족의 저택은 일상생활을 영위하는 공간과 사람들에게 보여주기 위한 공간이 정확히 구분되어 있었다. 남에게 보여주기 위한 공간과 그곳에서 지켜야 할 에티켓 등을 지칭해 '아파라apparat(겉치레)'라고 부르는데 일종의 예식 문화인 셈이다.

보여주기 위한 공간을 장식했던 오브제들은 일상용품과는 엄연히 다르게 만들었다. 베르사유 궁의 왕과 왕비의 방은 보여주기 위한 공적인 공간이었다. 따라서 그 안에 놓인 가구들과 오브제들은 모두 아파라를 위한 것이다. 이 아파라 공간 뒤에는 일반인들에게 공개되지 않는 실생활을 위한 작은 방들이 따로 있었다. 의자 역시 아파라 문화의 틀에 맞게 발달했다. 즉 포테유는 보여주기 위한 의자인 반면 셰즈는 일상생활용이다.

'포테유 아 라 렌'은 루이 14세 시대 왕족들이 앉던 의자의 대표적인 형태로 루이 14세 시대에는 등받이가 직사각형이었지만, 그의 시대가 저물면서 이 의자에도 변화가 일어난다. 이 시기부터 네모지고 딱딱한 등받이에 크기도 컸던 의자는 서서히 작아지면서 전체적으로 형태가 우아해지고 등받이의 모양도 곡선형으로 변했다. 이것은 엄격한 루이 14세의 문화가 가벼운 로코코 문화로 이행하는 시기에 일어난 큰 변화 중 하나다.

의자 등받이가 네모지건 둥글건 그게 무슨 대단한 차이냐고 생각할지도 모르겠다. 하지만 의자는 동시대인들의 미의식과 생활상을 반영한다. 소규모 모임이 유행하고, 근엄한 베르사유에서 활기찬 파리로 문화의 중심이 서서히 옮겨가던 당시의 트렌드를 의자 등받이가 말해주고 있는 것이다.

루이 14세의 사망 이후 필리프 오를레앙 공이 섭정을 하면서 의자 스타일은 혁신적으로 변화한다. 특히 다리와 팔걸이에 물결치는 듯한 곡선 모양이 나타난다. 프랑스 문화의 황금기라 할 수 있는 로코코가 시작된 것이다.

'포테유 아 라 렌'과 다리 부분.

6장

베르사유,
유행의 시작과 끝

"밤의 장막이 내릴 때
새 태양이 떠올랐고,
우리는 천 개의 새로운 세계를 발견했습니다."

왕의 영광을 노래한 옛 시인(샤를 페로)에게
베르사유는 우주였다.

그 우주에서
왕의 그늘 아래 살았던 궁정인들.

그들의 소소한 식사 장면이 감추고 있는
새로운 세계란 무엇일까?

1 장-바티스트 스코탱, 〈정오〉,
판화, 1690년, 아르데코 도서관, 파리.

그곳은 궁전이 아니라
최고의 위대함과 최고의 사건으로 가득 찬 도시이다.
아니다.
그곳은 온갖 기적적인 일들을 모아놓은 하나의 거대한 우주다.
―샤를 페로, 『루이 14세의 세기 *Le siècle Louis XIV Le Grand*』(1687년) 중에서

오늘날 베르사유 궁을 찾는 이들은 파리에서 교외로 나가는 급행열차 RER
을 타고 베르사유-리브-드루아트Versailles-Rive-Droite라는 역에서 내려야 한다. 늘
붐비는 역전에서 유독 사람들이 몰려가는 방향을 따라 5분쯤 걸어가면 사진에서
만 보던 베르사유 궁이 눈앞에 펼쳐진다. 성 입구로 가는 길에 늘어선 기념품 가게
에 한눈팔지 않는다면 방문객 대부분은 곧장 성으로 들어가 반나절 정도 둘러보
고 파리로 돌아온다.

사실 베르사유 성안을 잰걸음으로 둘러보기에도 벅찬데 주변 마을까지 돌
아볼 여유는 별로 없다. 그러나 베르사유는 성의 명칭이 아니라 성이 위치한 마을
의 이름이다. 루이 14세가 살던 성이 베르사유라는 마을에 있어서 성도 베르사유
성으로 불리게 된 것이다.

그런데 여기서 굳이 베르사유가 마을의 이름임을 짚고 가야 하는 이유가 있
다. 베르사유는 경기도의 일산이나 분당, 세종시처럼 계획 도시였기 때문이다. 이
는 베르사유 성을 둘러싸고 있는 마을 역시 성의 연장이란 의미다.[2,3]

지금은 세계적인 명소가 되었지만 베르사유의 출발은 매우 초라했다. 베르사
유가 기록에 처음 등장한 때는 1038년, 이름도 정확하지 않은 아무개 위고Hugo라
는 인물이 베르사유 마을 안에 위치한 조그만 성의 주인으로 기재된 문서가 최초
다. 당시 베르사유는 일개 지방 영주가 사는 볼품없는 작은 성에 지나지 않았다. 이

▲2 피에르 파텔, 〈베르사유의 전경〉.

▼3 존 보레, 〈베르사유 성의 전경〉.

후 우여곡절을 거쳐 1572년 공디 공작에게 넘어갔고, 그가 앙리 4세에게 넘겨주면서 베르사유는 부르봉 왕가의 소유가 된다.

버려지다시피 한 베르사유 성을 처음으로 주목한 왕은 루이 14세의 아버지 루이 13세였다. 미남들을 데리고 사냥하러 다니기 좋아한 루이 13세는 원래 중세 시대의 방어용으로 만들어진 작은 성을 부수고, 르네상스 양식의 네모진 형태로 고쳐 지었다. 그때까지만 해도 베르사유는 사냥을 가서 잠시 들르는 휴식 장소일 뿐이었다. 루이 14세가 이 성을 눈여겨보기 전까지 베르사유 성이 궁정이 되리라고는 아무도 상상하지 못했다.

프랑스 왕가는 전통적으로 계절마다 여러 성을 옮겨가며 지냈다. 앙부아즈, 블루아, 샹보르 같은 루아르 지방의 아름다운 성부터 퐁텐블로 성, 파리의 튀일리 궁전까지 베르사유 성과는 비교할 수 없는 규모의 쟁쟁한 성들이 왕가의 주요 거주지였다. 왕실은 끊임없이 옮겨 다녔기 때문에 프랑스의 왕 중에서 자신이 태어난 성에서 세상을 떠난 이는 루이 15세뿐이다.

당대인들이 베르사유 성에 궁정을 만들겠다는 루이 14세의 계획에 경악한 이유는 그곳이 하필 볼품없는 베르사유 성인데다 여러 성을 떠돌던 전통을 버리고 한곳에 머물며 통치하겠다는 왕의 의지 때문이었다.

1661년부터 대대적인 확장 공사가 시작되었다. 큰 공사에는 목공, 석공 등을 비롯한 많은 기술 인력이 투입되기 마련이다. 베르사유에서 유럽 제일의 축제를 열고 싶었던 루이 14세는 당시 유럽에서 손꼽히는 건축 인재들을 모조리 불러 모았다. 몇만 명에 이르는 기술자들이 모여드니 촌구석이 환골탈태하는 것은 시간 문제였다. 사람들을 먹이고 재우고 입힐 여관과 음식점, 각종 가게들이 속속 들어서면서 마을은 놀라운 속도로 확장되었다.

유럽 최고의 궁정을 지어라

베르사유 마을을 새롭게 바꾼 인물 또한 루이 14세였다. 그는 1664년부터 베르사유 마을에 대한 주도면밀한 정비 계획을 세우고 땅을 사들였다.

오늘날 방문객들이 무심히 지나가는 베르사유 궁 앞 대로도 이때 만들어졌다. 성을 중심으로 뻗은 시원한 도로 세 개[4]는 파리, 생클루St. Cloud, 소Sceaux로 향하는 길이다. 가는 방향에 따라 파리 대로, 생클루 대로, 소 대로로 정해진 길 이름을 지금도 그대로 쓰고 있다.

1667년 파리 튀일리 궁에 머물던 루이 14세가 베르사유로 왕궁을 이전하겠다는 공식 왕명을 내리자 왕을 따라 움직여야 하는 대신들, 귀족들, 부르주아들이 이주하기 시작하면서 베르사유는 다시 한 번 탈바꿈한다. 물론 당시에도 베르사유는 여전히 공사 중이었다. 마침내 1682년 루이 14세가 베르사유에 완전히 정

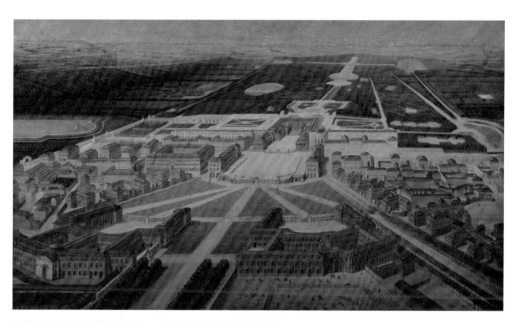

4 파리, 생클루, 소로 향하는 세 개의 도로가 선명하게 드러난 베르사유 전경.

착할 때도 공사는 계속되고 있었다. 예배당[5]을 마지막
으로 대장정에 마침표를 찍은 것은 그로부터 삼십 년
가까이 지난 1710년이다. 즉 베르사유는 무려 49년이
나 공사 중이었던 것이다.

　기록을 보면 공사가 한창인 성에 기어이 들어가 사
는 왕의 이상한 취향을 의아하게 생각한 당대인이 많
았음을 알 수 있다. 완성되지 않은 집에 들어가 태연하
게 살고 있는 사람을 신기하게 생각하는 것과 마찬가지
다. 아마 루이 14세 자신도 공사가 그렇게 길어지리라
고는 예상하지 못했을 것이다. 그도 그럴 것이 베르사
유 성안에 방 한 칸이라도 얻어보려는 귀족들이 날로
늘어났으니 공간이 모자라 수시로 성을 확장할 수밖에
없었다. 게다가 건축에 한껏 재미를 붙인 루이 14세는
툭하면 복도 위치를 변경하거나 예배당 장식을 새로 하

5 베르사유 왕가의 예배당.

라는 식의 명령을 내려 공사는 쉽게 끝나지 않았다.

　왕족들이 베르사유 성과 주변에 정착하자 그다음엔 대영주와 귀족들, 부르
주아들이 성을 둘러싼 일대에 땅을 사서 집을 짓기 시작했다. 베르사유 마을의
건물들은 모두 높이가 고만고만하다. 상대적으로 높은 곳에 자리한 베르사유 성
의 바닥 높이까지만 건물을 지을 수 있도록 고도 제한을 두었기 때문이다. 루이
14세가 성에서 마을을 내려다보면 모든 집들이 성 앞에 엎드려 있는 모양새가 된
다. 당시 사람들이 베르사유 성을 유럽에서 가장 크고 호화롭다고 한 이유는 베
르사유 성이 아니라 베르사유 마을 자체를 왕의 도시로 보았기 때문이다.

17세기의 관광 명소

왕을 따라 이주한 이들은 왕족과 귀족뿐만이 아니었다. 관료와 시종들, 하인들을 비롯해 각 분야의 장인들과 고급품을 취급하는 상인들까지 베르사유로 따라왔다. 마을은 금세 성을 중심으로 다양한 상권이 형성되면서 당대의 황금 부동산으로 떠올랐다. 베르사유 성의 근무자들을 상대하는 식당, 카페, 가게가 속속 문을 열었다. 관료들은 마르셰 광장에 있는 '왕가의 검L'épée royale' 식당을 드나들고, 성을 지키는 스위스 용병들은 벨레르Bel-Air 거리에 있는 '스위스의 열세 개 주Aux treize cantons'라는 식당을 단골로 찾았다.

베르사유 마을은 17세기판 호텔업의 중심지이기도 했다. 당시에도 베르사유 성은 소문난 관광지였기 때문이다. 누구나 마음껏 드나들 수 있었는데, 모자와 검 같은 최소한의 격식만 갖추면 보통 사람들도 베르사유 정원6을 거닐고 화려한 갤

6 베르사유 성의 오랑주리.

7 베르사유 궁의 그랑 갤러리.

러리[7]를 구경하며 왕과 궁정인들의 하루를 관찰할 수 있었다. 성 입구에는 돈을 받고 즉석에서 검과 모자를 빌려주는 가게들이 성행했다.

왕이 사는 궁전을 아무나 가서 볼 수 있다는 점은 왕의 일가 친척이거나 권세가 있어야 의관을 갖추고 겨우 궁궐에 출입할 수 있었던 우리와는 사뭇 다르다. 이는 왕에 대한 근본적인 인식이 달랐기 때문인데, 당시 프랑스인들에게 왕은 만인의 아버지였다. 그러므로 언제든지 아버지가 사는 곳을 찾아가 그가 식사하는 모습을 보는 것은 너무나 당연한 일이었다. 심지어 루이 14세가 집무실에서 업무를 볼 때는 실내화를 빌려 신고 왕의 침실까지 구경할 수 있었다.

이토록 왕궁 출입이 자유로웠으니 유럽 전역에서 베르사유를 구경하러 오는 관광객이 끊이지 않았다. 소문난 관광 명소로서 베르사유의 명성은 따져 보면 무척 오래된 것이다. 17세기 방문객들은 앙드레 펠리비앙André Félibian이 펴낸 『베르사유 안내서』를 들고, 파올로 베로네세의 〈성 가족〉이나 르브룅의 〈알렉산더 대왕에게 무릎 꿇은 다리우스 가족〉 같은 명화를 비롯해 천장의 조각, 엄청나게 많은 거울, 화려한 가구와 이 세상 사람들 같지 않은 궁정인들을 구경하며 입을 다물지 못했다. 베르사유 성의 넓은 정원을 거니는 요즘 관광객들처럼 그들도 날씨가 좋으면 대운하에서 배를 빌려 낚시를 즐기고,[8] 키 큰 나무들 사이를 산책하며 오후를 즐겼다.[9]

그런데 무엇 때문에 교통도 시원찮은 시대에 유럽 각국에서 베르사유 성을 일부러 구경하러 온 것일까? 단지 왕이 사는 곳을 보고 싶다는 호기심 때문이었

8 베르사유 대운하 축제.

9 베르사유 정원 안 '주랑의 숲'.

을까? 이런 사소한 이유가 전부였다면 베르사유는 전 유럽의 모든 궁정이 그토록 우러러보는 장소가 되지는 못했을 것이다.

최신 유행은 베르사유로부터

17세기인들을 매혹시킨 베르사유의 진면목은 앞서 본 장-바티스트 스코탱 같은 이들이 제작해 팔았던 판화([그림 1])에서 발견할 수 있다. 수채 물감을 덧칠해 색감을 살린 이 판화들은 17세기판 잡지나 다름없었다.

에디퇴르éditeur라고 불린 출판 전문 상인들은 판화를 대량으로 찍어 유통하는 것으로 쏠쏠한 재미를 보았다. 에디퇴르는 판화 원판을 조각하는 판화 장인이기도 했고, 동시에 대중이 원하는 이미지를 생산하는 출판인이기도 했으며, 이를 직접 파는 서점 운영자이기도 했다.

쟁쟁한 에디퇴르 중 한 명인 스코탱은 남녀가 둘러앉아 밥을 먹는 장면을 판화 속에 담았다. 언뜻 보면 그리 특별하지 않은 장면이다.

이 판화에는 '정오'라는 제목 아래 다음과 같은 문구가 딸려 있다.

이 감미로운 음식과 맛있는 와인은
식욕과 입맛의 만족을 불러오네.
그러나 당신의 매력과 사랑스러운 눈 때문에
나는 당신에게 더없이 부드러운 감정을 느낀다네.
　　—파리 그랑 오귀스탱 인근 사부아 거리 모퉁이에 있는 발르랑 가게에서 판매 중

글 내용은 그저 그런 연애시쯤 되는 듯하다. 그런데 왜 당시 사람들은 이런 연애시가 딸린 판화를 군이 구입했을까? [그림 1] 속에 그 답이 있다. 판화에 등장한 네 남녀는 테이블을 사이에 두고 식사하는 중이다. 시의 제목이 '정오'인 것으로 보아 점심 식사가 틀림없다.

이 판화를 처음 접한 17세기인들이 가장 주목한 것은 아마도 둥근 테이블이었을 것이다. 루이 14세 시대의 어린아이에게 펜을 쥐어주고 테이블을 그려보라고 하면 십중팔구 네모난 테이블을 그렸을 것이다. 당시 테이블의 모양은 너무나 당연하다는 듯 한결같이 직사각형이었기 때문이다. 더구나 일반 가정에서는 네모진 테이블조차 흔하지 않았다. 그러니 판화에 나온 둥근 테이블은 당시에는 매우 특이하고 새로운 디자인이었던 것이다.

그림 속의 둥근 테이블은 크기나 부피가 작다. 당대인들에게 가장 익숙한 테이블은 수도원의 테이블로, 이것은 수도원의 모든 수도사가 한꺼번에 앉아 밥을 먹을 수 있을 만큼 컸다. 그에 비하면 이 둥근 테이블은 너무나 작다. 하지만 작고 가벼워서 식사 후에 테이블보를 걷고 테이블을 다른 곳으로 치우거나 탁자로 활용하기에 안성맞춤이다. 무엇보다 둥근 형태의 테이블은 연인끼리 엉덩이를 붙이

고 바짝 가까이 앉을 수 있는 장점이 있다. 좀 더 사적인 관계를 바라는 당시 사람들의 욕구와 쉽게 펼치고 치울 수 있는 실용적인 편리함 때문에 둥근 테이블은 금세 유행하기 시작했다.

17세기인들은 또 이 판화에 등장하는 단출한 점심 식사와 오붓한 분위기에 놀랐을 것이다. 그들의 눈으로 보자면 네 명은 식사를 하기에 너무나 적은 인원이었다. 당시 식사는 으레 가족 전원이 우르르 모여서 먹거나 일터에서 모든 사람들이 다 함께 둘러앉아 먹는 것이었다. 삼대가 한집에서 사는 게 이상하지 않은 시절이니, 식사할 때 기본 인원은 두서넛 명이 아니라 십여 명 이상이었다. 그러니 달랑 네 명만 오붓하게 점심을 먹는다는 것은 그 자체로 이미 새로운 라이프 스타일을 의미했다.

그렇다면 [그림 1] 속의 인물들은 누구일까? 이들이 입고 있는 최신 유행의 호화로운 복장**10·11**으로 보아 베르사유에 거주하는 궁정인들이 분명하다.

이들이 궁정인이라는 증거는 또 있다. 바로 그림에서 제일 오른쪽의 여자가 앉은 등받이 달린 의자다. 의자 등받이가 여자의 몸에 비해 큰 것이 눈에 띈다. '포테유 아 라 렌'(여왕의 의자)**12**이라 불린 이 의자는 100도 정도 뒤로 기울어진 큰 등받이가 특징이다. 등받이의 틀 역할을 하는 나무 부분에는 섬세한 조각을 새기고 쿠션을 넣어 벨벳으로 마감하는 등 사용하지 않을 때는 벽에 나란히 기대어놓아 장식 효과를 노릴 수 있을 만큼 아름답다.

▲**10** 17세기 후반, 궁정인의 전형적인 패션.
▼**11** 교회에 가는 궁정인들.

게다가 기능적인 면도 빠지지 않는다. 옷 뒤에 주름이 크게 잡힌 드레스를 입은 귀부인이나 온갖 화려한 자수를 놓은 긴 재킷을 입은 귀족들이 편안하게 앉을 수 있을 만큼 크기가 넉넉하다. 뒤로 기운 등받이나 마치 의자 두 개를 붙여놓은 것처럼 널찍한 좌판은 편안함을 보장한다. 신체를 지탱하면서도 뒤로 기울어지는 곡선미를 연출한 부분은 당시로서는 새로운 스타일이었다. '여왕의 의자'는 나무와 패브릭, 쿠션이 결합된데다 장식이 많아서 당대의 의자 가운데 가장 고급품이었다. 루이 14세 시대에 이 정도 고급 의자를 갖출 만큼 경제력을 가진 이들은 대영주나 귀족, 왕족들뿐이었다.[13] 이런 의자에 앉아 점심을 먹는 사람이라면 필시 베르사유에 거처를 둔 지체 높은 궁정인일 수밖에 없다.

당시 베르사유에 거처를 두고 있다는 것은 굉장한 특권이었다. 앞다투어 내관이나 궁녀 자리라도 들어가려고 줄을 선 귀족들이 부지기수였던 만큼 당시 궁정인들의 지체란 실로 대단했다. 왕실 주방에 물건을 대는 일개 상인조차 '왕가의 납품업자'라는 이름을 자랑스레 내걸었다.

자연히 베르사유 궁내의 생활은 오늘날 스타 연예인의 사생활처럼 호기심의 대상이었다. 17세기인들에게 베르사유 궁에서 무엇을 입고 무엇을 먹으며 어떻게 생활하는지를 그린 판화들은 오늘날 파파라치들의 사진처럼 흥미로웠다.

베르사유 성은 유행이 시작되는 곳이자 세련되고 새로운 라이프 스타일이 탄생하는 곳이었다. 루이 14세가 혼자서 점심을 먹기 시작한 이래로 베르사유 성에 살던 왕족이나 궁정인들은 그들의 거처에서 친한 이들을 불러 모아 점심을 먹었다. 이는 분명히 가족들과 점심 식사를 하던 관습에서 벗어나 친구를 불러 소규모 모임을 갖고 점심을 함께 하는 새로운 유행을 보여주는 것이었다.

마지막으로 [그림 1]에는 세련된 궁정인의 삶을 한눈에 보여주는 소품이 등장하는데, 바로 식탁 위에 놓여 있는 그릇과 포크다. 앞 장에서 이야기한 것처럼 당시 사람들의 일반적인 식사법은 손으로 집어 먹는 것이었다. 그러니 동그란 모양

12 17세기 중엽의 '포테유 아 라 렌'.

13 포테유 아 라 렌에 앉아 있는 마담 맹트농과 질녀의 초상화.

의 개인 접시에 음식을 덜어 먹고 포크를 사용하는 모습은 낯설다 못해 이국적인 풍경이었다. 이것은 라이프 스타일에서 한발 앞선 궁정인들 사이에 '테이블 코디네이션'이 유행하면서 나타난 변화였다. 어떤 음식을 어떤 형태의 그릇에 담고 어떻게 놓아야 보기 좋은지를 연구한 당시의 도면을 보면 지체 높은 이들이 얼마나 식탁을 꾸미는 데 신경 쓰기 시작했는지를 짐작할 수 있다.

베르사유의 유행을 좇아라

베르사유가 꼭 한 번 찾아가봐야 할 정도로 유명했던 이유는 그곳이 프랑스 정치 권력의 중심지이기 때문만은 아니었다. 당시 유럽 사회에서 새로운 문화, 첨단의 유행이 발원하는 산실 같은 곳이었기 때문이다.

사진이나 방송이 없던 시대, 당시 베르사유에서 시작된 첨단 문화는 판화의

14 당구를 치는 궁정인. **15** 체스를 하는 궁정인.

16 밤에 옷을 차려입는 궁정인.　　17 정원에서 밀회를 즐기는 귀족 커플.

형태로 온 유럽에 전파되었다. 요즘으로 치면 고급스런 잡지나 최신 트렌드를 보여주는 패션지처럼 이런 판화들은 당대인들에게 큰 사랑을 받았다.[14~17] 특히 파리 루브르 궁 근처에는 판화를 전문적으로 취급하는 상인들이 수십 곳의 가게를 내고 성업 중이었다. 이들 판화는 최신 유행하는 패션은 물론이고 가구, 실내장식, 라이프 스타일에 이르기까지 다양한 유행의 흐름을 망라했다.

　이외에도 유명한 건축가나 장식가들도 자신들의 디자인을 판화로 만들어 팔기도 했다. 말하자면 디자인 자체를 팔았던 셈이다. 루이 14세 시대의 유명한 가구 장인인 앙드레-샤를 불도 자기가 만든 가구의 도면을 팔아 큰돈을 벌었다. 도면에는 가구를 이루는 각 부분의 모양과 조합 방법, 재료, 사이즈 등이 상세하게 기재되어 있었기 때문에 도면을 사서 주문하면 비슷한 가구를 만들 수 있었다.

　유행의 첨단을 달린 베르사유는 판화가나 장식가들이 활동한 주무대였다. 그들은 누구나 방문할 수 있는 왕의 도시 베르사유에서 새로운 문화와 유행을 직

▲ **18** 현재 베르사유 궁의 '거울의 방'.

▼ **19** 화려한 가구의 디테일에서 유행의 진원지였던 베르사유 궁의 위상을 짐작할 수 있다.

접 목격하고 관찰했다. 루이 14세가 '아파라', 즉 보여지는 겉모습을 중시한 문화로 삶의 아주 작은 부분까지 통제했던 베르사유는 신분이 높건 낮건 모두 왕을 위해 일하는 정치 도시이며, 동시에 수많은 궁정인들이 벌이는 연극 같은 생활을 구경할 수 있는 일종의 극장이기도 했다. 이러한 특수성 때문인지 지금도 베르사유는 여느 프랑스 지역에 비해 귀족들이 많이 거주하는 보수성이 강한 지역으로 남아 있다.

주인은 떠나가도 성은 그대로 남는다. 아직도 베르사유 궁에는 당시 가구들이 남아 있고 벽화나 장식들도 잘 보존되어 있다.[18·19] 예나 지금이나 이곳에는 안내서를 손에 들고 이 방 저 방 기웃거리는 호기심 많은 관광객들로 가득하다. 하지만 그 안을 채우고 있던 활기는 사라졌다.

바로 여기서 모든 것이 시작된다는 짜릿한 느낌, 바로 지금 이곳이 세계의 중심이라는 당당한 자신감……. 매일 천 개의 새로운 세계가 펼쳐지던 베르사유는 17세기인들에겐 한낱 구경거리가 아니라 또 하나의 우주였던 것이다.

트레토 테이블.

주사위 놀이를 하는 궁정인.

실용적인 테이블

보여주기 위한 '아파라' 문화에 가장 잘 어울리는 테이블이라면 금칠과 현란한 조각으로 장식한 콘솔을 꼽을 수 있다. 반면 [그림 1] 속의 테이블은 테이블보에 가려 잘 보이지는 않지만 요즘 우리가 사용하는 테이블과 별반 달라 보이지 않는다.

그림 속의 테이블은 콘솔과는 달리 일상생활에서 흔히 사용한 실용 가구다. 대리석 상판을 얹은데다 부피가 큰 콘솔에 비해 이 테이블은 크기도 작고 재료와 디자인도 매우 다르다.

가볍고 잘 휘는 너도밤나무로 만들었고, '트레토tréteau'라고 부르는 접이식 다리가 달려 있어 어디서나 쉽게 펴고 접을 수 있다. 상판 역시 분리할 수 있도록 제작되어 평소에는 상판을 떼고 다리를 접어 보관할 수 있으므로 좁은 공간에서도 유용하다.

이러한 실용적인 테이블은 루이 14세 시대 후반부터 형성되기 시작한 사적인 문화, 즉 장식성보다 편안함과 안락함을 추구하는 취향이 서서히 보편화되고 있음을 보여준다. 아파라 문화가 퇴색하면서 실용성이 강조된 다양한 가구들이 출현한 것이다.

아파라 문화를 위한 가구들은 통상 천장 높이가 3미터에 달하는 큰 공간에 맞춘 가구다. 화려하면서도 부피감이 크고 콘솔 같은 붙박이 가구들이 많다. 반면 실용 가구들은 현대의 아파트에도 잘 어울릴 만큼 작고 가벼워 옮기기 쉬운 것이 특징이다. 라이프 스타일의 변화에 따라 가구의 특성과 형태가 달라지는 대표적인 예라고 할 수 있다.

왕의 식기

아쉽게도 루이 14세의 식기는 거의 전해지지 않는다. 기록에 따르면 그의 식기를 만든 이는 왕실 은세공 장인인 니콜라 들로네Nicolas Delaunay였다. 그는 왕명을 받아 숟가락, 포크, 칼에서부터 소금 통에 이르기까지 왕과 왕비의 식탁을 위한 모든 식기류를 금과 은으로 만들었다. 접시만 해도 대략 천 개나 되는 방대한 종류를 자랑했다고 한다.

이 식기들이 어떤 것들이었는지에 대해 대략의 윤곽이라도 떠올릴 수 있는 것은 스웨덴 왕실에서 건축을 담당한 니코데무스 테신Nicodemus Tessin이 남긴 판화 덕분이다. 그는 당시 유럽 유행의 중심지였던 베르사유에 파견되어 루이 14세의 식기를 비롯한 온갖 생활용품을 정교하게 데생한 귀한 자료를 남겼다. 테신이 남긴 판화를 보면 금과 은으로 만든 루이 14세의 식기는 단순한 모양에 왕가의 문장이나 '코르동cordon'이라는 구슬 모양의 장식을 테두리에 두른 간결하고 장중한 모양새다.

점심 식사보다 공적인 성격이 더 강한 저녁 식사만을 위해 특수하게 제작된 식기들도 있었다. 왕의 수저를 담는 식기 상자인 '카드나', 왕의 공적인 식사를 상징하는 배 모양의 장식물인 '네프' 같은 식기들은 사실 식기라기보다 예식을 위한 장식품이었다. 이 식기들은 베르사유의 '풍요의 방 Salon de l'Abondance'을 장식하고 있는 벽화에서 그 모양을 짐작할 수 있다.

루이 14세 시대의 은 식기는 단순한 식기가 아니라 재산이자 장식품이기도 했다. 그도 그럴 것이 겉만 은으로 씌운 것이 아니라 은을 통째로 녹여 식기를 만들었기 때문이다. 당대에 유통된 화폐가 금화나 은화인 것을 생각해보면 돈으로 식기를 만든 셈이다.

▲ 베르사유 궁내 '풍요의 방' 천장화에 묘사된 루이 14세의 식기.
▼ 알렉상드르 프랑수아 데포르트, <은 식기와 화병이 있는 식탁>.

이 때문일까? 루이 14세는 은 식기로 탑을 쌓았다고 할 만큼 은 식기와 은제 물병을 층층이 진열해놓은 실내장식을 유난히 좋아했다. 이러한 루이 14세의 취향 덕분에 17세기 프랑스는 니콜라 들로네를 비롯해 클로드 발랭Claude Ballin 같은 유럽에서 가장 뛰어난 은공예 장인을 여럿 배출했다.

하지만 루이 14세가 자랑으로 여긴 은 식기들은 후대에 전해지지 못했다. 합스부르크 왕가와의 신경전이 갈수록 첨예해진 1683년부터 여러 전쟁을 치르느라 재정이 바닥난 루이 14세가 급기야 궁 안의 모든 은 식기를 녹여 은화를 주조하기로 결정했기 때문이다. 왕실 재산 목록에 등재되어 있던 몇 톤에 달하는 은 식기들은 이렇게 허망하게 세상에서 사라졌다. 한동안 잊혀졌던 루이 14세의 은공예 컬렉션은 현재 활발한 연구가 진행되고 있으며, 특히 2007~2008년 베르사유 궁에서 열린 전시 '베르사유가 은으로 치장되었던 시절Quand Versailles était meublé d'argent'의 카탈로그를 통해 대략의 모습을 일별해볼 수 있다.

이 사건으로 루이 14세의 식기는 사라졌지만 금은 식기는 19세기 초반까지 유럽 왕가와 귀족의 필수품이었다. 금과 은으로 만든 식기 같은 세공품에는 반드시 '푸앵송poinçon'이라는 특유의 마크가 새겨져 있다. 이 마크는 제작자인 장인이 소속된 동업조합과 세금을 낸 도시의 문양이다. 요즘도 프랑스 대통령 궁에 금은 식기를 납품하는 오디오Odiot 같은 전통적인 금은 세공업체들은 푸앵송을 새겨 넣는다. 푸앵송은 연도별, 도시별로 상당히 달라서 금은 세공품을 수집하는 이들에게는 푸앵송 사전이 필수 아이템이다.

▲ 메이프랑 콩트, <헤라클레스가 조각된 전등과 두 개의 은제 물병이 있는 정물>.
▼ 은 제품 위에 찍혀 있는 푸앵송.

7장

예술이 된
가구들

가볍고 우아한 곡선
축제에서 만난 미지의 여인
애잔한 로맨스
달뜬 마음과 새로움에 대한 열의

그 모든 감정이 담긴 나무 조각.

화려한 무늬와 장식 뒤에 잠자고 있는
그 사연을 알아줄 이는 누구일까.

1 작자 미상, 〈시외르 자도의 아틀리에〉,
판화, 카르나발레 미술관, 파리.

다듬은 나무의 신선한 향이여

나에게 열정을 되돌려다오.

나에게 힘을 되돌려다오.

—『18세기 장인들의 노래』 중에서

1715년 9월 1일, 영원히 지지 않는 태양이기를 염원했던 루이 14세가 온몸이 썩어 문드러지는 악취를 풍기며 세상을 떠나자 기다렸다는 듯 환호성이 터져 나왔다. 무려 72년하고도 100일 동안 온 프랑스를 꼼짝 못하게 자신의 손아귀에 넣고, 왕국의 모든 이들을 줄 세워 신분에 맞는 자리를 정해주던 태양왕의 죽음은 곧 해방을 뜻했다.

엄격하고 딱딱한 예절, 왕권을 과시하기 위해 벌인 지난한 전쟁, 신문부터 대자보까지 모든 매체를 검열한 완고함……. 태양왕이 만들어놓은 굴레에서 벗어나게 된 사람들은 뜨거운 가슴으로 새로운 시대에 대한 희망을 품었다. 겨우 다섯 살인 왕세자를 두고 조카인 필리프 2세 오를레앙 공[2]에게 섭정을 맡기고 떠나야 하는 루이 14세는 편히 눈을 감기 어려웠겠지만 말이다.

필리프 2세 오를레앙 공의 섭정 기간은 1715년부터 1723년까지 단 8년뿐이었지만, 그 시기에 일어난 변화는 몇십 년에 걸쳐 일어난 변화와 맞먹었다. 일단 섭정에 오르자마자 그는 엄숙한 베르사유 궁을 떠나 파리로 이주를 감행했다.

왕가의 일원이면서도 위선과 격식을 참지 못했던 오를레앙 공다운 결정이었다. 그는 금융과 정치에 대해 남다른 지식을 갖췄을 뿐 아니라 음악, 미술부터 화학에 이르기까지 당대 교양에 통달한 인물이었다. 오페라와 가면무도회를 좋아했고 딸들까지 데리고 질펀한 파티를 자주 열 만큼 격 없는 인물이었으니 루이

2 섭정 오를레앙 공과 그의 아들 샤르트르 공작.

14세와는 정반대의 캐릭터라고 할 수 있겠다.

　당시 파리는 수많은 빈민들이 땅을 파 그 속에서 잠을 자고 시궁창이 널려 있는 데다 길을 건너다가 마차에 치여 목숨을 잃기 십상인 도시였다. 쭉 뻗은 대로에 깔끔하고 쾌적한 분위기를 자랑하는 베르사유와 비교하면 격이 한참 떨어졌다. 하지만 너무 반듯하게 계획된 나머지 사람 사는 분위기가 없는 베르사유에 비해 파리는 각양각색의 수많은 사람들이 만들어내는 용광로 같은 활기로 가득했다.

　아침이면 용병들이 신호로 주고받는 휘파람 소리 말고는 아무 소리도 들리지 않는 베르사유와 달리 파리에서는 해가 뜨기도 전에 "달걀 사세요", "빵이 나왔어요" 하는 상인들의 외침 소리가 도처에서 울렸다. 밤에는 깡패와 도둑들이 설쳤지만, 근심을 날려버릴 만큼 멋진 오페라와 연극, 축제가 열렸다. 마차 소리가 새벽까지 그치지 않는 파리로 돌아온 귀족과 왕족들은 온몸으로 새로운 시대가 왔음을 느꼈을 것이다.

'로코코rococo'란 바로 이러한 활기와 희망을 반영한 문화를 말한다. 미학이나 미술사 책에서는 로코코를 이러니저러니 어렵게 설명하지만 결국 로코코란 내일을 근심하지 않는 낙천성, 가볍고 우아한 곡선, 축제에서 만난 미지의 여인, 왠지 애잔한 로맨스, 날아오를 듯이 가벼운 형태, 연애편지를 기다리는 달뜬 마음 그리고 새로움에 대한 열의 같은 것이다.

한껏 부풀어 오른 치마처럼 가벼운 파리의 문화에 도취된 사람들에게 태양으로 날아오르는 아폴론을 묘사한 그림이나 상아와 귀갑 같은 고급 재료로 장식된 권위적인 가구 같은 루이 14세 스타일은 '더 이상 참을 수 없는' 무거움으로 다가왔다. 루이 14세라는 긴 겨울이 마침내 끝나고 바야흐로 봄이 찾아온 것이다.

화려함과 정교함의 정점

취향을 직접적으로 반영하는 가구나 실내장식도 새로운 봄볕을 쬐기 시작했다. 섭정기는 장식미술사에서 빼놓을 수 없는 중요한 시대다. 이때부터 가구를 만드는 동업조합들이 재정비되고 분업화되면서 루이 15세나 루이 16세 시대의 화려한 가구들이 태어나는 바탕이 되었다.

당시 가구를 만드는 직업 중에 가장 대표적인 것은 메뉴지에 menuisier와 에베니스트ébéniste였다. 이 두 직업은 같은 동업조합에 속해 있기는 했지만 작업 분야나 방식이 완연히 달랐다. 장식미술사를 공부하려면 반드시 알아야 할 만큼 중요한 직업이지만

▲3 메뉴지에의 전문 분야였던 의자.
▼4 에베니스트의 전문 분야였던 뷔로(책상).

우리말로는 번역이 어렵다. 사전을 찾아보면 둘 다 똑같이 '가구 제조공'으로 표기되어 있다. 문화적 배경이 다른 우리로서는 구분하기 쉽지 않은 낯선 용어다.

메뉴지에와 에베니스트는 둘 다 목재를 다루어 가구를 만드는 직업이지만 각기 제작하는 가구의 종류와 기술이 달랐다. 쉽게 말하자면 메뉴지에[3]는 주로 너도밤나무, 은행나무 등 주변에서 구하기 쉬운 목재를 이용해 가구를 만드는 장인이었다. 대개 집 벽에 붙이는 랑브리나 침대, 의자, 콘솔을 만들었다. 별도로 만들어 붙인 조각 장식 외에 이들이 만든 가구는 겉과 속이 모두 같은 나무로 되어 있다.

반면 에베니스트[4]는 구하기 쉬운 목재로 제작한 바탕틀 위에 장미목이나 흑단 같은 고급 수입목을 얇게 오려 겉면을 씌운 가구를 전문으로 만들었다. 즉 가구의 겉과 속이 다른 나무로 되어 있다.

섭정기 때 유행해서 일명 '섭정기의 서랍장'[5]이란 이름이 붙은 가구를 보자. 에베니스트는 우선 호두나무로 서랍장의 본체를 만든다. 그다음 본체 위를 2밀리미터 두께로 얇게 자른 장미목으로 덮었다. 그리고 그 위에 흑단, 자단 같은 귀한 수입목을 오려 모양을 내어 외부를 장식했다.

5 섭정기의 서랍장.

6 마케트리의 원본 디자인과 실제 모습.

특정 종류의 나무를 겉면 전체에 붙이는 기술을 플라카주plâcage, 여러 나무
로 외부를 장식하는 기술을 마케트리marqueterie6라고 한다. 둘 다 이탈리아 르네
상스 시대부터 내려온 기술이다.

이렇게 겉과 속이 다른 당시 가구 제작법을 모르는 사람들
은 장미목 앤티크 테이블이라 하면 으레 속까지 장미목으로 만
들었으리라고 짐작하기 쉽다. 교역이 발달하지 않았던 17세기
후반에 멀리 아프리카에서 가져온 장미목 같은 수입 목재로 가
구 하나를 통째로 만들기란 어려운 일이었다. 그래서 가격이 저
렴하고 구하기 쉬운 수종으로 만든 가구 위에 장미목을 빈틈없
이 붙여 마치 전체를 장미목으로 만든 것처럼 보이게 하는 눈속
임 기술을 부린 것이다.

문양을 만들어 붙일 때도 그냥 붙이는 법이 없었다. 색깔도
종류도 다른 다양한 나무들을 사용해 그림을 그리듯이 정교한
문양을 만들어 붙였다.7~11 몇 밀리미터 단위로 얇게 자른 나무

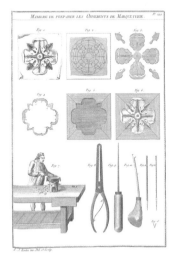

7 앙드레-자코브 루보의 마케트리 제작 삽화.

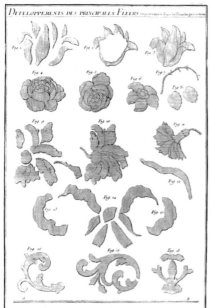

▲8·9 마케트리 장식을 위한 스케치.

▼10·11 마케트리 각 부위용 도안.

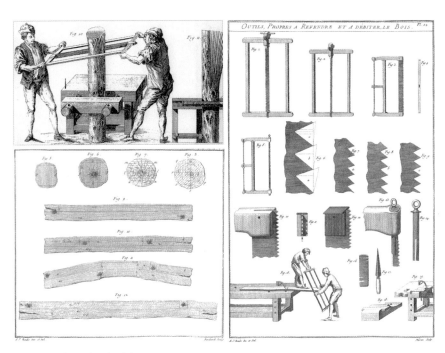

◀ **12** 나무를 자르고 있는 메뉴지에.

▶ **13** 목재를 자르는 방법을 묘사한 디드로의 『백과전서』 메뉴지에 부분 삽화.

조각들을 문양끼리 딱딱 맞춰 정교하게 조합하는 일은 결코 간단하지 않다. 대충 풀로 붙인 가구는 시간이 지나면 접합부가 들뜨거나 떨어져 나가 만든 이의 무성의가 여지없이 드러나게 된다. 하지만 전문 에베니스트가 공들여 정교하게 문양을 맞춘 가구는 몇백 년이 지나도 전혀 울거나 변형되지 않는다.

그렇다면 왜 굳이 두 업종이 엄연히 구분되어 있었을까? 왜 메뉴지에가 만든 의자에는 장미목을 붙이지 않았을까? 사치를 부리기로는 당대 어느 누구도 따라올 수 없을 만큼 대단했던 프랑스 왕과 귀족들인데 말이다. 의문은 꼬리를 문다.

에베니스트와 메뉴지에는 애당초 대들보나 나무 계단을 만들던 목공 조합에서 분화된 직업이었다. 메뉴지에는 가구뿐만 아니라 창문틀, 랑브리, 마룻바닥 등

14 18세기 목재 공방의 풍경.

오늘날 실내 인테리어 업자와 비슷한 역할을 했다.[12~14] 메뉘지에의 주종목은 의자나 콘솔처럼 입체적인 가구들이었다. 의자는 옆에서 볼 때와 앞에서 볼 때의 모습이 다를 뿐 아니라 등받이와 좌판을 제외하면 평면이라고는 찾아보기 어렵다. 그래서 의자나 콘솔 같은 가구들은 조각을 새기거나 표면의 높낮이를 조절해 움직임과 입체감을 살리는 것이 비용 대비 효과가 좋다.

반면 에베니스트들의 전문 분야인 옷장이나 서랍장 같은 가구는 표면이 넓고 평면적이다. 캔버스에 그림을 그리듯 아름다운 색채가 들어간 나무로 문양을 만들어 붙이면 장식 효과가 크다.

에베니스트와 메뉘지에는 업종이 달랐기 때문에 서로 협동해 작업을 진행하는 일은 없었다. 간혹 메뉘지에가 만들어놓은 가구를 에베니스트가 사서 장식해 팔았다는 기록이 남아 있긴 하지만 이는 극히 예외적인 경우였다.

장인의 동네, 포부르 생앙투안

누가 그린 것인지 알 수 없지만 '시외르 자도의 아틀리에'(시외르는 고전 프랑스어로 오늘날의 미스터에 해당하는 명칭이다)라는 제목이 붙은 이 판화([그림 1])는 장인들의 작업장 풍경이 생생하게 나타나 있는 몇 안 되는 그림 중 하나다. '자도Jadot'라는 메뉴지에의 아틀리에를 작은 부분까지 구체적으로 묘사한 그림 속에는 나무로 된 모든 집기를 만들던 공방의 모습이 생생하게 담겨 있다.

앞쪽에는 문짝을 대패질하는 남자가, 뒤에는 나무를 다듬기에 여념이 없는 직공들이 보인다. 따로 나무를 다듬어주는 전문 직종이 있던 때가 아니어서 메뉴지에들은 스스로 목재를 다듬어 써야 했다. 이 때문에 메뉴지에의 공방은 지방에서 베어 온 나무를 쉽게 조달할 수 있는 항구나 강 근처에 몰려 있었다.

파리에서 가구 공방이 밀집되어 있던 지역은 포부르 생앙투안Faubourg Saint-Antoine[15]이라는 동네였다. 포부르는 도시의 성벽 밖, 즉 외곽이란 뜻이다. 지금은 파리에 속하지만 당시에 생앙투안은 바스티유 감옥 너머의 파리 근교였다. 지방에서 배로 이송한 목재를 하역하는 항구인 루비에Louviers 섬이나 플라트르 항구Port-au-Plâtre가 지척에 있었다.[16] 게다가 외곽이라 땅값이 쌌다. 메뉴지에의 작업장은 배에서 내린 나무를 널어 말리고 다듬는 작업을 거쳐야 하기 때문에 규모가 꽤 컸다. 소음도 만만치 않아서 주택가는 곤란했다. 그러다보니 고객들이 몰려 있는 파리에서 멀지 않으면서도 편의성을 갖춘 포부르 생앙투안이 안성맞춤이었던 것이다. 더구나 이곳은 1598년 앙리 4세의 명으로 동업조합의 감시 없이 누구나 자기가 만들고 싶

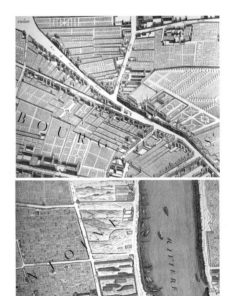

▲15 18세기 중반의 포부르 생앙투안의 지도.
▼16 목재를 나르는 센 강의 항구와 맞닿은 생앙투안의 18세기 모습.

은 가구를 자유롭게 만들어 사고팔 수 있도록 허용된 프랑스 유일의 특수 경제구역이었다. 동업조합에 가입하지 못하는 외국인이나 장인이기는 하되 공식 직함을 딸 수 없는 처지의 직공들이 유일하게 공방을 차릴 수 있는 터전이었던 것이다.

앞서 이야기했듯이 에베니스트들의 기술인 마케트리나 플라카주는 이탈리아에서 유래한 기술이다. 그렇기 때문에 17, 18세기 프랑스에서 왕가의 가구 장인으로 이름을 떨친 에베니스트들 중에는 프랑스에 정착한 외국 이민자가 많았다. 네덜란드 출신의 베르나르트 판 리센 부르흐Bernard Van Risen Burgh, 독일 출신의 장-프랑수아 외벤Jean-François Oeben이나 마르탱 카를랭Martin Carlin, 아담 바이스바일러Adam Weisweiler는 모두 생앙투안에 작업장을 가지고 있었다. 이들 외에도 생앙투안에는 가구와 관련된 전문 직업인의 공방이 많았다. 의자에 천을 입히는 타피시에tapissier, 가구에 붙이는 청동 장식을 전문으로 다루는 브롱지에bronzier, 가구 중개상인 마르샹 메르시에marchand mercier 등이 그들이다. 기록에 의하면 1716년 포부르 생앙투안의 나무 관련 장인의 수가 9백 명이었다고 하니, 장인들의 마을이라 해도 과언이 아니었다.

하나의 의자가 만들어지기까지

그렇다면 당시 의자를 사려면 어디로 가야 했을까? 포부르 생앙투안의 공방에서 샀을까? 당시 파리에서 가구를 살 수 있는 곳은 세 군데였다. 메뉴지에와 에베니스트들의 공방, 타피시에들의 가게 그리고 마르샹 메르시에의 갤러리였다.[17~19] 이미 생각해둔 디자인이 있으면 직접 메뉴지에나 에베니스트들에게 주문했다. 요즘도 잡지나 책을 보고 마음에 드는 디자인을 점찍어 목공소에 주문하듯, 당시에도 가구 디자인을 묘사한 판화를 들고 공방을 찾았다.

지금으로 치면 인테리어 디자이너에 해당하는 17, 18세기 실내장식가들은

▲17 디드로의 『백과전서』에 등장한
메뉴지에의 공방.

◀18 디드로의 『백과전서』에 등장한
에베니스트의 공방.

▼19 디드로의 『백과전서』에 등장한
타피시에의 아틀리에.

20 데시나퇴르들의 실내장식 디자인.

귀족의 저택을 통째로 맡아 장식하기도 했지만, 가구며 오브제, 실내장식 등을 디자인해 판화로 제작해서 팔기도 했다. '데생하는 사람'을 뜻하는 '데시나퇴르 dessinateur'**20**라는 직업인은 각종 문양과 장식만 전문적으로 도안해 판화로 찍어 팔았다. 이런 실내 디자인 판화는 루브르 궁 인근의 서점가에서 싸게 구할 수 있었다.

전문적인 장식 디자이너에 대한 대접은 결코 지금보다 못하지 않았다. 장식가와 데시나퇴르 중에는 외국에서 그들의 디자인을 구하기 위해 구태여 파리까지 올 정도로 명성이 높은 이들도 많았다. 로코코 시대를 대표하는 문양가로 꼽히는 장 베랭Jean Bérain**21** 같은 데시나퇴르는 그야말로 돈을 쓸어 담았다. 루이 14세 시대의 에베니스트로 명성이 자자했던 앙드레-샤를 불도 사실 가구를 직접 만들어서 팔기보다는 자기 디자인을 팔아서 큰 이익을 챙겼다.

이들이 남긴 실내 디자인 판화는 일단 정교하고 아름답다. 게다가 부분별로 일일이 치수를 적어놓고, 복잡한 문양을 세세하게 확대한 그림을 따로 첨부하는 등 고객을 위한 배려도 대단했다.

이런 디자인 중에서 마음에 드는 것을 찾은 고객은 그에 해당하는 판화를 사서 메뉴지에나 중간 상인인 마르샹 메르시에에게 의뢰했다. 맞춤 가구인 만큼 고객의 상황에 맞게 세세하게 조정하는 과정은 필수였다.

주문이 들어오면 우선 메뉴지에는 실제 치수가 모두 표시된 도면을 그렸다. 의자라면 등받이를 둥글게 할 것인지, 팔걸이를 어느 정도로 휘게 만들 것인지 등 각 부분의 형태를 이 과정에서 결정하게 된다.**22~25**

고객과 함께 도면을 놓고 가구의 형태, 장식, 조각 모티프에 대한 의논을 끝내면 메뉴지에는 7분의 1이나 3분의 1 비율로 줄인 모델을 만들었다. 보통 모델은 밀랍이나 점토로 만드는데, 이는 고객의 최종 컨펌을 위한 것이다. 이 모든 과정이 끝나고 고객이 만족해하며 대금 중 일부를 지불하면 메뉴지에는 나무를 주문해 제작을 시작한다.

번거롭고 긴 과정이지만 당시 의자는 필요할 때 한두 개씩 주문하는 것이 아니라 집 내부의 규모에 따라

21 장 베랭의 문양 디자인.

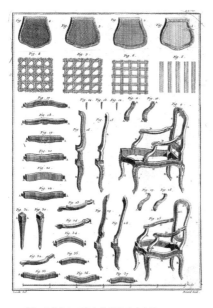

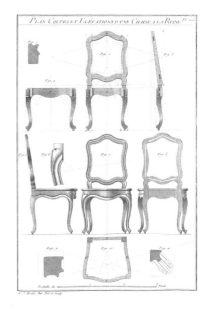

▲◀22 도면대로 조립이 완성된 의자의 틀.

▲▶23 도면대로 완성한 실제 의자.

▼24·25 의자의 각 부분을 상세하게 묘사한 판화.

열 개나 열다섯 개를 한 세트로 주문했다. 당연히 집 안의 다른 가구나 장식과 어울려야 했기 때문에 디자인을 결정하는 것은 쉬운 일이 아니었다.

메뉴지에가 만드는 부분은 의자 전체가 아니라 의자의 형태, 즉 의자의 틀이다. 등받이나 안장처럼 쿠션이 들어가야 할 부분은 타피시에가 맡는다. 앤티크 의자의 등받이와 안장 부위의 쿠션을 꺼내면 뻥 뚫린 나무틀이 나오는데 바로 이 부분을 메뉴지에가 맡는 것이다.

나무에 못을 박아서 각각의 부분을 조합하는 요즘 의자들과는 달리 17, 18세기의 메뉴지에들은 오로지 쐐기와 접합법만을 사용했다. 이들은 다리, 안장의 앞뒤, 등받이의 위와 아래 등 각 부분의 끝을 정교하게 자르고 맞물려 나무쐐기로 고정시켰다. 특히 각 부위를 잇는 접속 기술의 정교함은 의자의 생명과도 같았다. 자칫 잘못하면 앉을 때마다 흔들리고 시간이 지나면서 무너져 내리기 십상이기 때문이다.

이렇게 만들어진 의자의 각 부위들은 분해된 상태로 조각가의 공방으로 보내 아름다운 조각을 새긴다. 각 장인 조합 간에 고유한 영역이 확실하게 문서로 정해져 있던 터라 메뉴지에는 의자에 조각할 수 없으며, 자기 공방에 조각가를 고용할 수도 없었다. 조각가는 도면에 따라 의자에 갖은 장식들을 조각해 넣거나 따로 조각을 제작해 의자에 붙였다. 즉 메뉴지에가 큰 틀을 담당하기는 해도 의자는 근본적으로 협업의 결과물이었던 것이다.

조각이 끝난 의자는 다시 메뉴지에 공방으로 돌아온다. 나무 본체를 조각하면 두께가 달라지기 때문에 도면에 따라 이를 다시 조정하고, 각 부분을 잇고 최종적으로 쐐기를 박아 고정시킨다. 이것이 마무리되면, 금칠이 필요한 의자일 경우 금박을 입히기 위해 금박 전문가인 도뢰르^doreur의 공방으로 보낸다. 여기까지가 틀을 만드는 과정이다. 틀이 완성되면 타피시에에게 의자를 보내 등받이와 안장에 쿠션과 천을 씌운다.[26]

이러한 과정을 거쳐 최종적으로 의자가 완성되면 고객은 잔금을 치른

26 타피시에의 작업 모습.

다. 결국 제대로 된 의자 하나를 만들기 위해 메뉴지에, 조각가, 금박 장인, 타피시에 등 최소한 장인 네 명의 손을 거치는 셈이다.

메뉴지에의 고객은 개인뿐만이 아니었다. 귀족의 대저택 인테리어를 도맡은 장식가들이나 타피시에들도 메뉴지에에게 가구를 주문했다. 타피시에들은 의자틀을 사서 쿠션과 유행하는 패브릭을 씌워 팔기도 했지만, 계절마다 천갈이를 해주는 일도 겸하고 있었다. 귀족의 거처라면 일 년에 적어도 네 번 정도는 천갈이를 해서 실내 분위기를 바꾸는 것이 당시의 풍조였다.

견습생에서 장인의 반열에 오르기까지

장인이 되면 전문 직업인으로 인정받고, 경우에 따라서는 많은 돈을 벌 수도 있었다. 하지만 장인이 되는 길은 무척 험난했다. 예나 지금이나 돈을 잘 버는 모든 직종이 그렇듯이 견습 기간도 길고 비용도 많이 들었다. 장인의 아들이라 할지라도 남들과 똑같이 견습생부터 시작해야 했다.

대략 열 살 때부터 장인의 공방에 들어간 견습생들은 일 년에 한 번씩 수업료를 냈다. 장인들은 수업료를 받는 대신 견습생을 공방에서 먹이고 재우고 입히면서 기술을 가르쳤다. 견습생들은 제자지만 가족과 마찬가지였다. 수많은 견습생들로 북적이는 공방은 군대 내무반과 비슷해서, 견습생 사이의 위계질서가 철저했다. 당연히 요즘 직업학교처럼 일일이 가르쳐주는 친절한 선생님이 있을 리 없었다. 견습생들은 몇 년간 온갖 궂은일을 도맡으면서 어깨너머로 눈치껏 기술을 배웠다. 일에 매여 포부르 생앙투안 바깥을 나가보지 못한 견습생들도 많았다. 파리가 지척이건만 이들은 음식 냄새와 나무 냄새가 뒤섞여 불쾌한 악취가 진동하고 망치질과 대패질 소리가 가득한 공방에서 청소년기를 보냈다.

견습생들은 십 년 정도의 수련 기간이 지나 장인에게 실력을 인정받으면 콩파농compagnon(직인)이라는 자리에 오르게 된다. 군대로 치면 말년 병장이다. 일에 숙련되긴 했지만 아직 장인이 되어 독립하기에는 이른 예비 장인의 자리다. 콩파농이 되면 혼자 작업할 정도의 실력은 되기 때문에 이때부터 월급을 받는다. 오랜 견습 기간을 견디지 못하고 중도에 그만두거나 소질이 없어서 공방에서 쫓겨나기도 했다. 콩파농이 되는 사람은 견습생 열 명 중 한두 명에 불과했다.

콩파농이 되기까지 최소한 십 년을 장인과 한 지붕 아래서 지내다보니 서로 피를 나누지 않았을 뿐 장인과는 가족과 다름없는 끈끈한 관계가 된다. 그래서 콩파농들은 장인의 딸과 결혼해 공방을 물려받거나, 장인이 세상을 떠난 뒤 과부가 된 장인의 부인과 결혼하는 경우가 많았다.

앞서 본 자도의 아틀리에에서 바쁘게 일하고 있는 사람들이 바로 견습생과 콩파농들이다. 곁에서 일을 거드는 여자들은 아마도 장인의 딸이거나 부인, 조카일 것이다. 당시 공방은 일종의 가족 사업이어서 집안의 여자들이 허드렛일을 거들거나 사무를 보는 일이 다반사였지만, 여자는 장인은 말할 것도 없고 견습생으로 입문하는 것도 금지되어 있었다.

그러나 기술이 아무리 뛰어난 콩파농이라고 해도 저절로 장인이 되는 것은 아니었다. 장인은 오늘날의 택시 면허처럼 직함과 면허를 사야 했다. 동업조합에서 공시하는 장인 직함의 가격은 해마다 조금씩 바뀌었는데, 루이 14세 시대에는 대략 2천2백 리브르였다. 1리브르의 가치가 20수에서 50수까지 변동이 심했지만 1리브르만 되어도 결코 적은 돈이 아니었다. 닭 한 마리가 대략 2.5수였고, 소박하게 만든 의자 하나가 대략 10수 정도였으니 2천2백 리브르라면 입이 떡 벌어질 만한 거금이었다.

그렇다면 실력은 있지만 장인 직함을 살 돈이 없는 콩파농들은 어찌했을까? 대부분은 콩파농 자리가 비어 있는 다른 장인들의 아틀리에를 전전하며 봉급 생활자로 지냈다. 장인에 버금가는 실력을 갖췄더라도 '장인'이라는 직함이 없으면 독자적으로 물건을 만들어 팔 수 없었다. 가구를 만드는 나무까지도 공방에서 직접 다듬어야 하는 여건에서 견습생을 받을 수도 없었고 주문을 직접 받을 수도 없었으니 독립이란 요원한 일이었다. 미래가 막막한 콩파뇽의 처지는 각종 스펙을 갖추고도 취업의 문턱에서 눈물을 쏟는 요즘의 취업준비생과 다를 바 없었다.

그러나 장인이 되었다고 해서 마음껏 일할 수 있는 것도 아니었다. 동업조합은 요즘의 회사처럼 체계화된 규정이 있어서 작업 시간이나 휴무일 등 시시콜콜한 것까지 지침을 만들어 강제했다. 이를테면 왕실의 주문을 제외하고는 해가 지면 작업을 멈춰야 한다, 일요일에는 무조건 쉬어야 한다, 명절 전날이나 토요일에는 오후 3시까지만 일할 수 있다, 자신의 작업장 외의 공방에서는 일할 수 없다 등 중세 시대부터 내려온 뿌리 깊은 규정을 철저히 지켜야 했다. 규정을 어기면 장인직을 박탈당하는 것은 물론 재산 몰수, 벌금 등 혹독한 처분이 기다리고 있었다.

장인의 혼이 담긴 아름다움의 극치

섭정기는 가구 장인들의 호황기였다. 우선 왕족과 귀족들이 파리로 귀환하면서 마레 지역, 생제르맹 지역 등 새로운 주택가가 개발되었다. 게다가 루이 14세 시대와 전혀 다른 로코코 스타일의 집 안 장식이 유행하면서 고급 가구에 대한 수요는 날로 급증했다. 그러다보니 '자도 아틀리에' 같은 공방은 쉴 틈이 없었다. 가구와 집 안 인테리어에 대한 관심이 늘면서 자연히 스타급 장인들이 출현했다. 이들의 손에서 오늘날 박물관에서 보는 온갖 아름다운 가구들이 태어났다. 이러한 호황기는 불안과 공포가 파리를 뒤덮은 프랑스 혁명 전까지 70여 년간 계속된다.

장식미술사에서 이 70년은 섭정기, 루이 15세기, 전환기, 루이 16세기 등 네 가지 스타일이 촘촘하게 이어지는 황금기다. 스타일의 이름에서부터 프랑스 왕의 이름이 붙었을 만큼 이 시대의 프랑스산 가구와 인테리어는 온 유럽의 취향을 말 그대로 지배했다. 막시밀리안 2세 에마누엘Maximilian II Emanuel 바이에른 선제후

나 그 뒤를 이은 카를 알브레히트^{Karl Albrecht}(카를 7세) 바이에른 선제후는 슐라이스하임^{Schleissheim} 궁전을 베르나르트 판 리센 부르흐의 호사스러운 가구들로 장식했다. 스웨덴 왕실에서는 아담 바이스바일러에게 가구를 주문했고, 러시아 왕실에서는 마르탱 카를랭의 가구를 선호했다. 프랑스산 가구로 장식한 영국의 노섬벌랜드 공작^{duc de Northumberland}의 저택에는 가구를 구경하러 오는 사람들로 연일 북새통을 이루었다. 모든 유럽인들이 프랑스산 가구의 정교한 기술과 아름다움, 우아함에 감탄하던 때였다.

이런 스타급 장인들의 예술적인 가구는 지금도 웬만한 예술품에 버금가는 귀한 대접을 받는다. 앞서 본 앙드레-샤를 불[27]의 가구는 경매 낙찰가가 물경 40억 원에 이른다. 로코코 시대의 가구 장인 중에 손꼽히는 장인인 샤를 크레상^{Charles Cressent}의 서랍장은 10억 원

27 앙드레-샤를 불, 〈옷장〉.

이상이다. 루이 15세의 애첩인 마담 퐁파두르가 사랑했던 장인 마르탱 카를랭[28]의 테이블은 높이가 77센티미터밖에 되지 않는 소품이라도 가격이 5억 원을 호가한다. 메뉴지에이지만 동시에 그 어떤 에베니스트보다 유명했던 장-바티스트 불라르 ^{Jean-Baptiste Boulard}[29]의 의자는 작품에 따라서 10~16억 원이 공정가로 거래된다.

비단 유명한 장인들이 만든 명품이 아니더라도 17, 18세기 앤티크 가구는 가격이 만만치 않다. 적게는 수백만 원을 헤아리니 결코 싸다고 말할 수 없다. 몇백 년이 지나면서 자연히 낡아 좀이 슬거나 헤진 곳도 많고, 의자의 경우 한눈에도 약해 보여 앉아볼 엄두가 나지 않지만 말이다.

대개 사람들은 레오나르도 다빈치 같은 대가들의 그림이 수백억 원을 호가하는 것에는 고개를 끄덕이지만, 앙드레-샤를 불과 같은 장인들이 만든 가구에 수십

억 원의 가격이 붙는 것에는 의아해한다. 앉지도 못할 의자가 왜 비싸냐고 묻는다면 걸어놓는 것 외에 전혀 쓰임새가 없는 그림은 왜 그렇게 비싸냐고 반문할 수밖에 없다. 의자라면 무조건 앉을 수 있어야 하고 튼튼해야 한다는 것은 '오브제 아트는 무조건 실용적이어야 한다'는 고정관념에서 비롯된 발상일 뿐이다.

앤티크 가구를 산다는 것은 그 가구가 겪어온 역사뿐 아니라 나무부터 일일이 손으로 다듬어낸 장인들의 손길과 인생을 함께 사는 것이다. 장인이 되는 데 빨라도 20년의 세월이 걸린 시대에 그야말로 그들의 작품은 한 사람의 일생을 바친 결정체라 할 수 있다. 더구나 왕가 컬렉션에서 나온 가구라면 당대의 스타급 장인들이 혼을 담아 만든 명작이다. 이러한 장인이 되기 위해 그들이 바친 시간과 노력은 쉽게 돈으로 환산할 수 없는 무게를 지닌다.

앤티크 가구는 다분히 금력을 과시하고픈 사람이 아니라 그 속에 밴 장인들의 땀과 눈물을 읽을 수 있는 사람을 위한 것이다. 많은 시간을 들여 가구를 보는 안목을 키우고, 화가들에 비해 상대적으로 빈약한 장인들의 사료를 찾아내느라 고군분투하는 이들이야말로 진정으로 앤티크 가구의 가치를 알고 있는 사람들이다.

▲**28** 마르탱 카를랭, 〈앙투아네트의 보석 상자〉.
▼**29** 장-바티스트 불라르, 〈루이 15세의 포테유〉.

앤티크 가구 판별법

1. 접합 부위와 열쇠 구멍

앤티크 가구를 볼 때 좋은 것을 판별하기 위해서는 겉모양만 봐서는 안 된다. 무엇보다 가장 기본이 되는 구조와 접합 부분 등 가구 속을 들여다보는 것이 중요하다.

에베니스트가 만든 가구들은 대부분 플라카주가 되어 있다. 앞서 설명했듯 호두나무 위에 장미목 같은 고급 나무를 얇게 오려 전체에 붙여놓아서 겉으로는 그 가구의 접합 부위를 비롯한 속 상태가 전혀 보이지 않는다. 이런 가구는 플라카주가 되어 있지 않은 부분을 찾아서 상태를 확인하는 것이 좋다. 이를테면 서랍장을 빼보면 안쪽 부분은 플라카주가 되어 있지 않기 때문에 내부 상태를 정확하게 파악할 수 있다.

17, 18세기 가구들은 그 시대 특유의 접합법을 썼다. 따라서 시대에 맞는 접합법으로 조합되어 있는지를 확인하는 것은 매우 기본적인 자세다. 더구나 당시 가구들은 여러 차례 보수된 경우가 많다. 가구의 원상태를 최대한 보존하기 위해 정직하게 복원하기도 하지만, 가격을 높이기 위해 사라진 다리를 따로 만들어 붙인다거나 다리의 일부분을 잘라버리는 일은 비일비재하다. 약해진 접합 부위를 억지로 풀로 붙인 뒤 못질을 하거나 아예 판을 들어내고 새로 만들어 붙이는 등 속임수도 많다. 19세기에 들어 17, 18세기 가구의 가격이 치솟으면서 이 시기에 제작된 것처럼 보이려고 일부러 손을 댄 가구들도 많다.

그렇다면 문양이나 스타일은 분명 17~18세기 스타일인데 19세기에 제작된 가구들은 어떻게 판별할 수 있을까? 가장 간단한 방법은 손을 사용하는 것이다. 플라카주가 되어 있지 않은 부분을 손으로 만져보면 나무를 자른 톱 자국이 느껴진다. 17, 18세기에는 기계톱을 사용하지 않고 사람이 직접 톱으로 잘랐기 때문에 톱질의 흔적이 불규칙하다. 반면 19세기에 제작된 가구들은 기계톱을 사용해 톱질의 흔적이 규칙적이다.

열쇠 구멍으로 판별하는 방법도 있다. 19세기 이전의 열쇠 구멍들은 윗부분과 아랫부분의 비율이 1 : 2인 반면 19세기의 열쇠 구멍은 대략 1 : 1 비율이다.

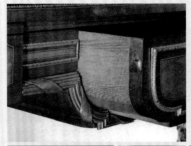

▲ 플라카주가 되어 있지 않은 서랍의 내부.

▼◀ 앤티크 의자의 접합 부분.

▼▶ 시대에 따라 달라진 접합 구조법.

2. 장인의 사인과 컬렉션의 흔적

1751년부터 프랑스에서 활동하는 장인들은 '에스탕피유 estampille'라고 하는 장인의 사인을 가구에 남겨야 한다는 법이 만들어졌다. 하지만 실제로는 에스탕피유를 남기지 않은 장인들이 더 많았다. 앞서 보았듯이 대부분의 가구가 메뉴지에, 에베니스트, 브롱지에 등 다양한 직업군의 손을 거쳐 만들어지는 협업의 산물인 만큼 에스탕피유에 큰 의미를 두지 않는 장인이 더 많았기 때문이다.

에스탕피유가 남아 있는 가구들은 최고 반열에 오른 장인들이 제작한 경우가 많다. 하지만 이를 악용해 후대에 에스탕피유를 찍은 경우도 많았기 때문에 이것만으로 가치를 판단하기에는 무리가 있다.

프랑스나 유럽의 왕실 컬렉션 가구들은 대부분 왕가의 직인이나 컬렉션이 보관되어 있던 성의 직인이 찍혀 있는 경우가 많다. 꼭 왕실 컬렉션이 아니더라도 대귀족 가문의 직인이나 구입 증명서가 남아 있는 가구, 귀족이나 왕족의 초상화에 등장한 가구 등 출처가 확실한 가구는 똑같은 장인의 작품이라도 더 큰 가치를 인정받는다. 경매 카탈로그에서 출처를 상세하게 명시하는 이유가 여기에 있다.

접합 구조를 상세하게 묘사한 18세기 판화.

장인의 에스탕피유.

로코코 가구 명장

샤를 크레상 Charles Cressent

앞서 본 앙드레-샤를 불이 루이 14세 시대의 대표적인 에베니스트라면 샤를 크레상은 섭정 시대의 '앙드레-샤를 불'이라 부를 만한 인물이다. 크레상은 왕실 조각가인 아버지 밑에서 자라나 오를레앙 공의 에베니스트인 조제프 푸아투 Joseph Poitou의 미망인과 결혼해 푸아투의 아틀리에를 이어받았다.

조각가인 아버지의 영향인지 크레상이 만든 가구들은 한눈에 보아도 크레상일 수밖에 없다는 탄성이 나올 정도로 아름다운 청동 장식이 특징이다. 동업조합의 규제가 철저했던 시대에 크레상은 에베니스트로는 드물게 청동 장식을 아틀리에에서 직접 만들었다. 그 바람에 1722년, 1723년, 1735년에 걸쳐 세 차례나 청동 주물 동업조합과 송사에 휘말렸지만 정작 본인은 신경도 쓰지 않았던 모양이다.

크레상의 작품 중에서 가장 유명한 것은 '아르발레트가 달린 서랍장commode en arbalète'이다. 이 서랍장의 특징은 양쪽 모서리에 붙어 있는 여인의 상반신 청동 장식인데 크레상은 프랑스 화가 장-앙투안 바토의 작품에서 영감을 받아 이 장식을 만들고 '에스파뇰레트espagnolette', 즉 '스페인 여인'이라는 이름을 붙였다. 살짝 수줍게 웃고 있는 이 여인의 상체는 로코코 시대의 낭만을 고스란히 전해준다. 이외에도 꽃의 형태를 닮은 조가비 장식, 어린아이의 상체상, 원숭이나 용, 야자수 등 로코코 시대의 정서가 담겨 있는 청동 장식이 그의 주특기다.

크레상의 장식들은 과하거나 모자라지 않고 전체적인 가구의 윤곽선을 보다 아름답게 매만져준다. 게다가 여인의 입술이나 살짝 올라간 볼의 움직임이 생생하게 보일 만큼 섬세하다. 붓 터치를 보고 그림을 그린 작가를 짐작하듯 크레상의 작품들은 청동 장식을 다듬은 모양만으로도 쉽게 알아볼 수 있다.

크레상의 에스파뇰레트.

크레상은 프랑스 왕실뿐 아니라 포르투갈의 왕인 주앙 5세나 바이에른의 선제후 카를 7세 같은 유럽 왕실의 주문을 받는 스타급 에베니스트였다. 그래서 그의 작품은 대체적으로 서랍장이나 책상처럼 크기가 큰 가구들이 많다. 자칫 둔중해 보이기 쉽지만 그의 가구들은 크기에 비해 작고 가벼워 보인다. 가구의 각 부분 비율이 적정한데다 완벽한 대칭 형태를 이루고 있기 때문이다. 로코코 시대의 가구지만 과장된 곡선을 쓰지 않고 힘이 있으나 조화를 깨지 않는 곡선 형태도 특기할 만하다.

크레상은 어느 작품에도 자신의 에스탕피유를 찍지 않았다. 이 때문에 크레상의 에스탕피유가 있는 가구들은 모두 가짜다.

크레상의 서랍장.

표정이 고스란히 드러나는 크레상의 정교한 청동 장식.

베르나르트 판 리센 부르흐 Bernard Van Risen Burgh

특이한 이름에서 알 수 있듯이 베르나르트 판 리센 부르흐는 프랑스에 정착한 네덜란드 이민자 가족 출신이다. 그의 이름 머릿글자를 딴 'B.V.R.B.'라는 에스탕피유를 보는 것만으로도 컬렉터들의 가슴이 두근거릴 만큼 일급이라는 말로도 부족한 명장이다.

사실 리센 부르흐는 오랫동안 미스터리 속에 가려져 있었다. 컬렉터나 학자들은 루이 15세 시대의 가구들 중에서도 아주 정선된 작품에만 새겨져 있는 에스탕피유인 B.V.R.B.를 발견하고 그 주인공이 누구인가에 대해 추적해 왔다. 마침내 1957년이 되어서야 이 에스탕피유의 주인공이 네덜란드에서 이민 와 포부르 생앙투안에 자리 잡은 리센 부르흐 가문의 아들 베르나르트라는 사실이 밝혀졌다. 하지만 아직까지도 베르나르트가 리센 부르흐 家의 2세대인지, 3세대인지는 알지 못한다. 당시 대부분의 장인들이 그러했듯 리센 부르흐 가 역시 할아버지, 아버지, 아들에 이르는 삼대가 모두 가구 장인이었으며 아틀리에를 물려받으면서 같은 에스탕피유를 썼기 때문이다. 리센 부르흐는 왕가를 비롯해 귀족들이 선호한 중국 칠기 가구, 세브르 도자기가 붙은 가구 등 로코코 시대에 유행한 모든 스타일의 가구를 제작한데다 토마-조아킴 에베르Thomas-Joachim Hébert, 라자르 뒤보Lazare Duvaux, 시몽-필리프 푸아리에Simon- Philippe Poirier 등 유명한 마르샹 메르시에를 통해 작품을 팔았다. 마르샹 메르시에들을 통해 판매한 가구와 직접 주문을 받아 판매한 가구가 복잡하게 얽혀 있고 남아 있는 자료 또한 적어 작업 규모를 밝히기 어려운 장인이기도 하다.

리센 부르흐의 가구들은 한결같이 장인들의 교본이 될 만한 최고의 기술을 보여준다. 눈에 띄게 화려하지는 않지

베르나르트 판 리센 부르흐의 에스탕피유.

중국 자개를 붙인 모퉁이장 세트.

만 안정적이고 조화롭다. 4백 년이 지난 오늘날에도 그가 제작한 가구들은 본래의 모습을 유지하는 경우가 많다. 나무 종류의 선택뿐만 아니라 배치, 잘라내기, 접합 등 모든 공정에서 완벽하다는 뜻이다. 또한 리센 부르흐는 소형 테이블 등 로코코식 곡선이 돋보이는 긴 다리를 가진 가구들을 튼튼하게 마감하기 위해 다리의 모서리 부분을 얇고 긴 금색 청동으로 감쌌다. 다리의 곡선을 따라 흘러내리는 청동 막대는 일부러 붙인 것이 아니라 원래부터 그랬던 것처럼 자연스럽다.

그는 또한 독특한 마케트리로도 유명하다. 대부분의 장인들이 나무를 세로나 가로로 잘라낸 조각들을 혼합해서 마케트리를 제작한 데 반해 리센 부르흐는 오로지 가로로 잘라낸 나무 조각만 썼다. 나무 조각을 잘라낸 방향이 같으면 나무의 무늬가 일정해서 보다 섬세한 마케트리를 제작할 수 있기 때문이다. 리센 부르흐의 마케트리는 빛과 그림자, 어둠까지 표현한 그림이나 다름없다. 화가에게 캔버스와 붓과 팔레트가 있다면 리센 부르흐에게는 나무와 끌과 톱이 있었다고 말할 수 있을 정도다.

중국 자개를 붙인 책상.

섬세한 플라카주가 돋보이는 서랍장.

장-프랑수아 외벤 Jean-François Oeben

에베니스트 사전에 나와 있는 장-프랑수아 외벤의 일생을 읽고 있으면 당시의 장인 사회가 얼마나 좁고 촘촘한 인간관계의 끈으로 이어져 있었는가를 알게 된다. 외벤은 독일 하인스베르크에서 태어나 파리에서 활동한 이민 1세대다. 그가 빠른 시간 내에 중요한 고객들을 확보하고 왕실 장인이 될 수 있었던 이유 중 하나는 처세술이었다.

그는 이미 파리에서 자리 잡고 명성을 날리고 있던 반데르크루즈Vandercruse의 동생과 결혼했다. 따라서 자연스럽게 처남인 반데르크루즈가 닦아놓은 인맥을 활용할 수 있었다. 게다가 그는 앙드레-샤를 불의 막내 아들인 샤를-조제프 불 Charles-Joseph Boulle의 루브르 갤러리 아틀리에에서 일했다. 조제프 불은 아버지만은 못했지만 워낙 유명한 아버지를 둔 덕택에 '왕실 장인'의 직함을 이어받았는데, 후에 조제프 불이 사망한 뒤 외벤이 이 직함을 물려받았다.

아이러니한 점은 18세기를 통틀어 성공한 장인으로 다섯 손가락 안에 꼽히는 외벤이 무일푼으로 사망했다는 점이다. 자신의 이름을 단 아틀리에 외에 그가 남긴 것은 빚뿐이었다. 당시 장인들은 주문을 받으면 소정의 계약금만 받고 작업을 시작했다. 가구 하나를 제작하는 데 길게는 삼 년이 넘게 걸리는 시대인데다 정작 작품을 배달해도 대금 지급은 미뤄지기 일쑤였다. 이 때문에 외벤을 비롯해 이름을 날린 장인 중에는 파산으로 내몰린 이들이 적지 않았다.

외벤이 사망한 후에는 그의 제자 중에 가장 실력이 출중했던 장-앙리 리즈네Jean-Henri Riesener가 외벤의 미망인과 결혼해 아틀리에를 물려받았다. 때문에 리즈네의 작품과 외벤의 작품이 뚜렷이 구분되지 않는 경우도 많다. 이를테면 루이 15세의 기계식 책상은 공식적으로는 리즈네의 작품이지

내장된 기계 장치로 열리고 닫히는 외벤의 테이블.

만 몸체를 완성한 것은 외벤이다. 외벤이 작품을 완성하지 못한 채 세상을 떠나고, 리즈네가 마무리해 리즈네의 에스탕피유가 찍혀 있다.

외벤은 누구도 넘보지 못할 마케트리의 고수였다. 외벤이 만들어낸 특유의 마케트리를 '큐브cube'라고 부르는데 수천 개의 상자갑 모양이 겹쳐진 추상적인 마케트리다. 이 상자갑들은 각 부분마다 각기 다른 나무를 써서 멀리서 보면 마치 상자갑이 가구 외관에 튀어나온 것처럼 입체적으로 보인다.

그의 또 다른 특기는 기계 장치를 내장한 가구들이다. 루

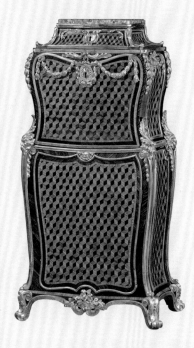

외벤의 큐브 마케트리로 외부 전체가 장식되어 있는 서랍장.

이 15세의 단추를 누르면 서랍이 나오는 책상이나 자동으로 문이 열리는 스크레테르secrétaire(책상과 선반장을 겸한 가구), 손잡이를 돌리면 상판이 열리면서 변신하는 테이블 등 신묘한 가구들을 처음 선보였다. 가구에 내장된 기계 장치는 외벤이 직접 설계한 것으로 그 설계의 원리와 비밀을 아는 사람은 오로지 제자 리즈네뿐이었다고 한다.

▲ 외벤의 큐브 마케트리를 설명하고 있는 루보의 삽화.
▼ 외벤의 트레이드 마크인 큐브 마케트리.

8장

동서양 퓨전 아트의
탄생

내일을 걱정하지 않는 가벼운 웃음 뒤에는
덧없는 삶에 대한 서글픔이 배어 나온다.

보다 화려한 것, 보다 새로운 것,
보다 값진 것, 보다 멋진 것,
한 시대를 풍미했던 마르샹 메르시에들.

찬란한 로코코의 그늘 아래 자라고 있던
작은 혁명의 씨앗들을 그들은 보지 못했던 것일까?

신흥 부르주아
p. 202

마르샹 메르시에
p. 203~210

루이 14세 초상화
p. 213

고개를 돌린 여인
p. 213

1 장-앙투안 바토, 〈제르생의 간판〉,
캔버스에 유채, 1720년, 샤를로텐부르크 성 박물관, 베를린.

장-앙투안 바토의 그림 〈제르생의 간판〉은 우리를 1720년 9월의 어느 날, 노
트르담 다리 위 30번지로 데려간다. 이곳은 실제로 존재한 '파고드*Pagode*'라는 이
름의 가게다. 다리 위의 가게라니? 의아할지도 모르겠다.

18세기 파리 한가운데를 관통하는
센 강에는 서른 개의 다리가 있었다. 요
즘 같은 돌다리가 아니라 나무다리로,
다리 위 양옆에는 건물이 빽빽이 들어차
있었다.[2·3] 다리 위 건물은 일부만 다리
위에 올라앉아 있을 뿐 나머지는 강에다
말뚝을 박고 지었다. 위험천만해 보이지
만 당시에는 다리 위에 지은 집들이 지지
대 같은 역할을 해서 다리를 더욱 튼튼
하게 만들어준다고 믿었다.

다리 양쪽으로 건물들이 들어찬
바람에 다리를 건너면서도 센 강을 볼
수 없었다. 건물에 가려 해가 잘 들지 않
는 다리 위는 여느 거리와 똑같았다. 건
물 1층에는 상점들이 자리 잡았고, 위

2·3 다리 위에 집을 지었던 18세기 파리의 풍경.

층에는 폭발적으로 늘어난 파리 인구 때문에 가정집들이 빈틈없이 들어섰다. 다리 위에 즐비한 가게들은 외벽에 섬세하게 조각 장식을 넣은 나무 패널을 대고, 출입문 양쪽으로 유리 진열창을 크게 내서 행인들의 눈길을 끌었다. 여기서는 주로 향수, 가발, 그림, 보석, 가구, 신발, 옷 등 호사스러운 생활용품을 취급했다.

'파고드'는 노트르담 다리 위에서도 단연 돋보이는 가게였다. 양쪽 벽에는 그림들이 다닥다닥 걸려 있고, 오른쪽 카운터에서는 가게 안주인인 마담 제르생Madame Gersaint이 세 명의 손님들에게 거울을 보여주며 설명에 열심이다. 옆에서는 가게 주인 에드메-프랑수아 제르생Edmé-François Gersaint이 둥근 액자 그림을 두 명의 손님에게 선보이는 중이다. 귀한 것을 대하듯 무릎까지 꿇고 바싹 다가앉아 그림을 뜯어보는 흰 가발을 쓴 신사의 뒷모습에서 열의가 묻어난다.

왼편에는 일꾼들이 그림과 거울을 짚으로 포장해 상자에 넣느라 부산하다. 그리고 이 활기 속에서 혼자 초연하게 뒷모습을 보이고 서 있는 미지의 여인이 우리의 시선을 사로잡는다. 오후의 가을 햇살이 은은하게 내려앉은 그녀의 살구색 드레스가 반짝반짝 빛난다. 장사가 잘되는 가게의 안온하고 윤택한 공기가 마음을 훈훈하게 데워준다.

그러나 이 그림이 그려진 1720년은 가게 풍경과는 사뭇 다른 해였다. 오히려 '대재난'이라는 단어가 절로 떠오를 만큼 암울한 시기였다.

재난의 1720년

먼저 1685년 이후로 유럽에서 소멸되었다고 믿었던 흑사병(페스트)이 난데없이 마르세유를 덮치는 비극이 벌어졌다.[4] 동방 교역과 식민지 개척이 화두였던 시절, 프랑스 제일의 항구 도시 마르세유는 상업의 중심지였다. 하지만 하루에도 수천 명의 선원들이 드나들던 마르세유는 벼락 호황을 누리는 도시답게 급조된 건

4 1720년 페스트가 창궐한 시기의 마르세유 광장.

물들로 가득 찬 시장통이나 다름없는 도시였다. 물도 안 나오는 건물에는 창고부
터 다락방까지 사람들로 꽉 차 있고, 거리는 하수도 시설이 미비한 탓에 온갖 악
취가 진동하고 쥐가 들끓었다. 전염병이 발생하지 않는 게 도리어 이상할 지경이
었다.

더구나 페르시아나 인도, 남미를 오가던 상인들은 카펫과 귀한 향신료뿐만
아니라 오랜 항해로 더러워진 배 안에서 자란 쥐와 옷감 속에 득실거리는 벼룩까
지 덤으로 들여왔다. 마르세유 전역에 순식간에 흑사병을 창궐하게 만든 일등 공
신이 바로 이 쥐와 벼룩이었다. 변변한 약이 없던 시절, 흑사병은 눈 깜짝할 사이
에 도시 전체를 점령할 정도로 전염 속도가 빨랐다. 8월 10일에 백 명이던 사망자
가 불과 열흘 사이에 천 명으로 늘어났다.

마르세유 벨쉥스Belsunce 의 주교는 이즈음 일기에서 "길 양옆이 반쯤 썩은 시
체들로 덮여 있어서 도저히 걸어 다닐 수 없는 지경이며, 도처에서 심한 악취가 난

다"며 당시의 절망적인 분위기를 전했다.

　마르세유가 전염병으로 신음하고 있을 때 프랑스 서북부의 도시 렌Rennes에서는 대화재가 발생했다. 목재로 틀을 잡아 지은 집들이 온 거리를 다닥다닥 메우고 있어서 불이 나면 속수무책이었다. 게다가 집집마다 난방과 요리를 위한 땔감 나무를 창고부터 다락방까지 쟁여둔 탓에 작은 불도 대화재로 이어지기 십상이었다. 1666년 9월 2일부터 5일까지 단 나흘간의 화재로 87채의 교회와 만 3천2백 채에 달하는 건물이 불타 도시의 절반 이상이 일시에 폐허가 되어버린 런던처럼 화재는 도시인들이 가장 두려워하는 재앙이었다. 1720년 12월 23일 렌에서 발생한 화재는 장장 일주일이나 계속되었다. 도시는 비명 소리와 거대한 불길 외에는 아무것도 보이지 않는 지옥도로 변했다. 사람들은 불을 끄기 위해 물을 대다 못해 불타는 건물들을 무너뜨려 불길을 잡으려고 안간힘을 썼다. 다행히 29일에 비가 내리면서 화재는 멈췄지만 단 7일 동안 945채의 건물이 전소됐고 8천 명의 사람들이 집을 잃고 거리에 나앉았다.

주식 투자로 탄생한 벼락부자

　그러나 대혼란의 와중에도 사람들의 최대 관심사는 마르세유에서 북상하고 있는 흑사병에 대한 공포도, 온 도시를 삼켜버린 화마火魔에 대한 두려움도 아니었다. 그것은 바로 존 로John Law de Lauriston의 서인도회사 주식이었다.

　루이 14세의 뒤를 이어 섭정을 맡은 오를레앙 공의 최대 고민은 파탄에 이른 국가 재정이었다. 태양왕은 빚만 십 년치 세금에 달할 정도로 엉망이 된 국고를 물려주었다. 그 어떤 재무부 장관도 해결하지 못할 이 엄청난 재정난 때문에 전전긍긍하던 오를레앙 공에게 존 로는 하늘에서 내려온 구원자나 다름없었다. 금화 대신 화폐 경제를 주장한 혁신적인 경제학자였던 존 로는 1716년 오를레앙 공의 허가를 얻어 '방크 제네랄Banque générale'이라는 은행을 세웠다.

존 로가 오를레앙 공에게 설파한 새로운 경제 정책의 원리는 간단했다. 그의 은행에서는 금화를 지폐로 바꿔주는데 오로지 이 지폐로만 국영 기업인 서인도 회사의 주식을 살 수 있게 한 것이다. 요즘으로 치면 국공채를 발행한 셈이다. 서 인도회사가 이익을 거두면 주식을 산 사람들은 배당을 받게 되고, 나라는 금화를 모을 수 있게 된다. 금화와 지폐의 교환 비율을 조정해 나라 빚을 갚자는 것이 그의 계획이었다.

18세기 초반, 파리 시민들은 식민지에서 가져온 초콜릿과 차, 커피, 담배 같은 이국적인 기호품과 동양에서 온 비단 같은 사치품을 보고 서인도회사에 많은 기 대를 걸었다. 대서양 건너 아메리카 대륙에 가면 미시시피 강 왼편에 에메랄드로 된 산이 있고 동쪽에는 강바닥이 온통 금으로 덮여 있다는 소문이 사람들의 들 뜬 마음을 한껏 부채질하던 때였다.

게다가 존 로는 1719년 오를레앙 공의 전폭적인 지지 아래 세네갈회사, 중국 회사, 동인도회사를 흡수해 하나로 만들었다. 식민지 개척에서 들어오는 세금을 비롯한 모든 이익을 관장하는 거대한 회사가 탄생하자 주식 가격은 날로 뛰었다. 한 주당 5백 리브르에서 시작된 주가는 일주일 만에 1만 리브르로 20배가 뛰었다. 주식을 산 식당 점원이 순식간에 3만 리브르를 가진 부자가 되고, 부르봉 공작 같 은 이는 무려 20만 리브르를 앉아서 벌었다. 일확천금의 시대였다.

단 한 번도 돈이 돈을 버는 금융 세계에 발을 담가보지 못한 이들에게 주식 은 영혼을 팔 수 있을 정도로 신묘한 세계였다. 존 로의 은행이 위치한 캥캉푸아 Quincampoix 거리는 부자가 되겠다는 꿈을 안고 전국 각지에서 몰려든 사람들로 미어터졌다. 요즘도 주식 시장이 과열되면 그러하듯 18세기인들도 집과 땅을 팔 아 주식을 사 모았다. 18세기판 월스트리트라 할 수 있을 만큼 캥캉푸아 거리에는 주식중개소가 우후죽순처럼 문을 열었다.

하지만 달콤한 꿈은 오래가지 않았다. 아이러니하게도 지나치게 주식 가격이

5 1720년 캥캉푸아 거리. 시민들이 존 로의 은행 앞에서 주식 파동에 항의하고 있다.

올랐다는 게 문제였다. 고가에 주식을 판 사람들은 지폐를 다시 금화로 교환하려 했지만 존 로의 은행에는 그만한 금화가 비축되어 있지 않았다. 주식 가격이 오르면서 비축된 금화보다 더 많은 지폐를 찍어낸 탓에 지폐를 다시 금화로 전환해줄 수 없었던 것이다.

황홀한 대박의 꿈에 젖어 있다가 일시에 물벼락을 맞은 듯 입에서 입으로 소문이 돌자 불안에 빠진 사람들은 너도나도 지폐를 다시 금화로 바꾸려고 은행으로 몰려들었다.5 은행은 아침 8시부터 오후 1시까지만 문을 열었기 때문에 사람들은 일찌감치 새벽 3시부터 줄을 섰다. 그러나 고객들의 환금 요구에 아무런 대책이 없었던 존 로는 급기야 1720년 12월 베네치아로 도주해버렸다.

　희대의 사기극이자 금융쇼로 전 재산을 날린 사람들이 도처에서 속출했다. 기록에 따르면 파리 인구의 10퍼센트에 달하는 사람들이 이 사건으로 전 재산을 잃고 거리로 쫓겨나 거지나 건달이 되었다고 한다. 하루도 센 강에 시체가 떠오르지 않는 날이 없을 정도로 파리의 분위기는 험악해졌다.

신흥 부자의 취향

　하지만 모두가 손해를 본 것은 아니었다. 누군가 돈을 잃으면 또 다른 쪽에는 돈을 번 사람이 있게 마련이듯 초기에 주식을 사서 재빠르게 팔아 치운 이들은 벼락부자가 되었다.

　[그림 1]에서 턱을 괴고 여주인이 보여주는 거울을 유심히 보는 남자가 바로 이런 졸부 중 하나였다. 장 드 쥘리엔Jean de Jullienne⁶이라는 이 남자는 옆에 서서 거울을 보고 있는 클로드 글루크Claude Glucq의 조카다. 클로드 글루크의 집안은 원래 '고블랭 왕실 태피스트리 제조창'에서 태피스트리의 밑그림을 그리는 장인 출신이었다. "아침 9시부터 낮 12시까지 세 시간이면 부자가 되기에 충분하다"는 카피가 유행하던 존 로의 주식 시장 초기에 투자했던 쥘리엔은

▲6　프랑수아 드 트루아, 〈장 드 쥘리엔의 초상〉.

▼7　온통 중국산 오브제로 장식되어 있는 부르주아 집안의 서재.

하루아침에 벼락부자가 되었다. 그 뒤로 1736년에는 귀족 작위까지 돈을 주고 샀고, 나중에는 선대의 직업 덕분에 자연스레 익힌 예술에 대한 소양과 감식안을 바탕으로 '회화와 조각 왕실 아카데미Académie Royale de Peinture et Sculpture'의 회원이 되었다.

쥘리엔처럼 주식으로 일순간에 백만장자가 된 신흥 부르주아들의 재테크는 요즘과 그리 다르지 않았다. 돈은 땅에 묻어둬야 안전하다는 동서고금의 진리대로 집과 건물, 땅 같은 부동산에 투자했다. 귀족 작위를 받은 다음엔 영지와 성을 사기도 했다. 아울러 전통적인 귀족에 못지않은 문화적인 수준을 보여줄 만한 그림이나 조각, 고급 가구를 사들이는 것도 잊지 않았다. 파리 시내에는 이런 신흥 부자들의 취향에 딱 맞는 화려한 장식품으로 가득 채운 고급 빌라들이 줄줄이 등장했다.[7]

예의와 체면, 전통 같은 허식에 매여 있던 귀족들에 비해 신흥 부자들은 비교적 자유로운 취향을 가지고 있었다. 종교나 신화를 주제로 그림을 그리던 화가들은 신흥 부자들의 구미에 맞는 누드화나 풍경화로 작업 방향을 바꾸었다.

새로운 취향의 신흥 소비자가 등장하자 이들을 주고객으로 삼은 '파고드' 같은 일종의 아트숍은 호황을 누렸다. 요즘의 갤러리쯤 되는 이러한 가게를 운영하는 상인인 마르샹 메르시에는 새로운 흐름에 발 빠르게 적응한 부류이다.[8]

중국의 절이나 동양의 사원을 뜻하는 '파고드'라는 이국적인 상호부터 이들이 세태에 얼마나 민감했는지를 단적으로 보여준다. 원래 '파고드'는 루이 14세 시대까지 '위대한 왕가의 갤러리'라는 간판을 달고 있었다. 신흥 고객들이 대거 등장하며 이들이 선호하는 이국적인 풍물로 유행이 급변하자 가게를 옮기면서 시류에 맞게 새 이름을 단 것이다.

다른 마르샹 메르시에들도 마찬가지였다.

8 마르탱 카를랭의 가구 아래에 붙어 있던 마르샹 메르시에 '다게르'의 라벨.

피에르 르브룅Pierre Lebrun이 운영한 '인도의 왕', 시몽-필리프 푸아리에의 '황금 왕관', 장-바티스트 투아르Jean-Baptiste Tuard의 '전망 좋은 성' 등 소문난 마르샹 메르시에들의 가게는 한결같이 이국적이면서도 고급스러운 이미지에 걸맞은 간판을 내걸었다.

'파고드'의 주인인 제르생은 그림과 조각 같은 순수 예술품뿐만 아니라 책상, 탁자, 의자 같은 가구와 촛대, 그릇 등 그야말로 고급스러운 실내장식에 어울리는 모든 것을 팔았다. 1740년 그의 가게를 둘러본 크루이 공작duc de Croÿ은 자신의 일기에 감탄을 섞어 "노트르담 다리에 있는 제르생의 파고드에서는 거울, 그림, 탑, 일본 칠기와 동양 도자기에서부터 조개껍질, 여러 종류의 자연물, 수석, 마노 같은 광물까지 모든 종류의 이국적인 물건들과 예전엔 듣도 보도 못한 고급 물품들을 팔고 있다"라고 적었다.

제르생 같은 마르샹 메르시에들은 단지 물 건너온 사치품을 판매하는 데 머물지 않고 고미술품을 거래하는 동시에 새로운 화가를 소개하고 대중을 위한 경매를 조직하는 등 활동 영역이 무척 넓었다. 그러니까 마르샹 메르시에 한 사람이 전시 기획자, 경매사, 미술품 거래상, 갤러리 주인, 자연 박물학자, 박물관 큐레이터 등 일인 다역을 한 셈이다.

동서양 '퓨전' 예술 가구의 탄생

프랑스 국립도서관에 보관되어 있는 파고드의 카탈로그[9]를 보면 요즘 사람들도 매혹될 만한 온갖 볼거리가 가득하다. 지금은 보관상의 이유로 가죽으로 단단히 제본되어 있지만 당시에는 여러 장의 종이를 묶은 팸플릿 형태였던 카탈로그 맨 앞장에는 다음과 같은 문구가 등장한다.

9 파고드의 카탈로그 표지.

이 카탈로그에 수록된 물건에 관심 있는 분들은 노트르담 다리에 있는 제르생의 가게에서 매일 오전 8시부터 12시까지, 오후 2시부터 5시까지 물건을 직접 볼 수 있습니다. 전시 기간은 1736년 1월 23일 월요일부터 30일 월요일까지입니다.

1736년이라지만 요즘 전시회 안내 문구와 별반 다를 바 없다. 첫 장을 넘기면 사진을 대신해 세밀하게 그린 데생과 함께 해당 물품에 대한 상세한 설명이 나온다. 가구나 그림 같은 것은 그렇다 치더라도 파란색과 회색이 섞인 아름다운 카멜레온이나 수리남에서 온 악어, 도마뱀, 인도 박쥐, 아프리카 전갈 같은 기묘한 동물 박제들은 호기심을 부추긴다. 뿐만 아니라 정자에서 쉬는 도인이 그려진 중국 칠기판, 일본 도자기, 고대 중국의 청동기처럼 우리에게도 낯익은 물품들이 실려 있다.

그러나 마르샹 메르시에들이 단지 수입품만 거래한 장사치에 불과했다면 장식미술사에서 당당하게 한자리를 차지하지는 못했을 것이다. 루브르 박물관의 오브제 아트 전시관에 가보면 왜 마르샹 메르시에들의 이름이 장식미술사에 등장하는지 알 수 있다. 동서양을 접목시킨 새로운 스타일의 '예술 가구'를 만들어낸 것이 바로 이들이기 때문이다.

동양인인 우리 눈에는 이들이 만든 새로운 스타일의 가구가 뭔가 이상하게 보인다. 겉면은 분명히 중국의 붉은 칠기인데 가구 모양은 프랑스식 서랍장이기 때문이다. 유명한 마리 앙투아네트의 가구 컬렉션 중 하나인 테이블[10] 역시 요상하다. 몸체는 완벽한 루이 15세 스타일의 프랑스 가구이지만 겉면은 전형적인 동양 산수와 인물을 담고 있는 일본 칠기인 까닭이다.

이런 기상천외한 조합의 아이디어를 낸 것이 바로 마르샹 메르시에들이었다. 지구 반대편의 중국이나 일본에서 수입해 온 귀한 칠기를 기존 프랑스 가구에 붙여 여태껏 볼 수 없었던 새로운 스타일의 가구를 창조한 것이다.[11]

사실 수입한 그대로 칠기판만 팔았다면 랑브리 조각이 가득한 벽에 그림처럼

10·11 중국 칠기판이 붙은 18세기 가구들.

붙여놓는 것 외에는 달리 쓸모가 없었을 것이다. 그렇다고 중국이나 일본에서 만든 가구들을 고스란히 들여왔다 해도 양복 밑에 신은 고무신처럼 프랑스식 집 안에는 어울리지 않는다. 마르샹 메르시에들이 궁리 끝에 내놓은 해답은 이 칠기판을 기존 프랑스식 스타일의 가구 상판에 붙여 동서양 오브제의 새로운 접목을 시도하는 것이었다. 이 놀라운 가구들은 한껏 화려하고 이국적인 오브제를 선호하던 신흥 부자들의 구미에 딱 맞아떨어졌다.

당시에는 칠기판을 붙인 가구만큼 비싼 물건은 드물었다. 당시 사람들은 낯선 동양인의 모습과 신기한 가옥들, 산이 없는 파리에서는 상상하기 힘든 험준한 산야가 그려진 중국과 일본산 칠기판에 열광했다. 이런 칠기판이 붙은 테이블이나 서랍장은 집 안에 들이는 생활 가구가 아니라 귀한 예술품이나 다름없었다.

마르샹 메르시에들은 칠기판을 붙인 가구 외에 당나라의 자기나 진秦나라의 철기 같은 동양 골동품도 팔았다. 뿐만 아니라 청나라 강희제나 건륭제 시대의 자기 같은 비교적 동시대 중국 자기들도 유럽에 소개했다. 빛이 튕겨 나갈 듯한 하얀 바탕에 눈이 시리게 파란 물감으로 꽃을 그린 중국 자기들은 그때까지 보지 못한 아름다움으로 금세 유럽에서 유명해졌다.

마르샹 메르시에들은 자기 역시 그대로 팔지 않았다. 중국산 자기에 로코코 시대의 대표작이라 할 수 있는 물결치는 곡선을 넣은 청동 받침대를 만들어 붙여 부가가치를 높였다. 청동 받침대는 상대적으로 약한 자기의 입구나 바닥을 보호하기도 했지만 동양의 자기를 로코코 시대의 대표적인 유행품으로 만드는 데도 지대한 공을 세웠다.

마담 퐁파두르가 유난히 좋아해 수십 점을 소장했던 이런 '퓨전' 자기[12]는 자기 자체의 색채나 모양도 아름답지만 청동제 받침 장식과 조화를 이루어 더 장대하고 고급스럽게 보인다. 동양의 자기를 프랑스식으로 소화해 다른 실내장식과 어우러지면서도 이국적인 향취가 물씬 풍기는 고급 장식품으로 탈바꿈시킨 마르샹 메르시에의 영민한 아이디어에는 박수가 절로 나올 지경이다.

프랑스와 독일, 이탈리아 등 유럽으로 전해진 중국의 자기들은 요즘 유럽의 명품 도자기 업체로 손꼽히는 독일의 마이센 도자기나 프랑스의 세브르 도자기의 원조다. 중국 자기가 유럽에 상륙하기 전까지 유럽인들은 자기를 만들지 못했다. 당시 유럽의 세라믹은 프랑스에서는 '파이앙스 핀Faïence fine'이나 '파이앙스 뒤르Faïence dure'로 알려진 크림색 도기가 전부였다. 하지만 자기와는 달리 파이앙스는 칼로 그으면 자국이 남을 정도로 약했다. 이 때문에 유럽인들에게 동양의 자기는 신비 그 자체였다. 단단하고 현란한 색깔, 반투명하게 빛을 투과하는 유리질의 광채 등 당시 자기는 유럽의 기술이 미치지 못하는 놀라운 첨단 기술의 세계였다.

그때까지 도자기, 즉 포슬린porcelain을 만들지 못했던 유럽의 도공들은 동양의 자기를 모델로 삼아 높은 강도와 깊은 순백의 아름다움을 지닌 자기를 만들기 위해 무던히 애를 썼다.

12 마담 퐁파두르가 소장하고 있던 청동 장식이 붙은 중국 자기.

1708년 마이센의 도공인 요한 프리드리히 뵈트거Johann Friedrich Böttger가 자기 생산의 비밀을 터득해 최초의 유럽산 도자기를 만들었지만 이 기술이 안정되고 프랑스를 비롯한 여타의 유럽으로 전해지는 데는 거의 백 년이 걸렸다.

마르샹 메르시에들의 역할은 여기서 그치지 않았다. 그들은 유행을 선도했을 뿐만 아니라 아무도 생각하지 못한 새로운 유행을 제안하는 아방가르드 디자이너로서의 면모도 지니고 있었다. 그 대표적인 예가 유럽에서 가장 호사스럽다는 18세기 도자기 가구다.[13·14]

18세기에 성공한 마르샹 메르시에 중 하나인 푸아리에는 마담 퐁파두르의 뒤를 이은 루이 15세의 애첩 마담 뒤바리Madame du Barry에게 독점적으로 가구를 공급하는 왕실 담당 마르샹 메르시에이자 러시아나 오스트리아 왕실에 가구를 파는 국제적인 사업가였다.

현재 루브르에서 소장하고 있는 마르탱 카를랭의 서랍장[15]은 1772년 푸아리에가 마담 뒤바리에게 판매한 것이다. 전면과 양 측면에 다섯 개의 도자기 장식이

13·14 세브르 도자기가 붙어 있는 마르탱 카를랭의 책상.

15 루브르 박물관이 소장하고 있는 마르탱 카를랭의 서랍장.

붙어 있는 이 서랍장은 언뜻 보면 그림을 붙여놓았나 싶게 정교하다. 당대의 인기
화가였던 니콜라 랑크레Nicolas Lancret의 그림인 〈부드러운 음악 소리〉와 〈간드러
지는 대화〉, 장-바티스트 파테르Jean-Baptiste Pater의 〈유쾌한 모임〉을 그대로 본떠
그린 도자기 장식이 전면에 붙어 있고, 양 측면에는 샤를 반 루Carle Van Loo의 그림
〈비극〉과 〈희극〉이 장식되어 있다. 회화와 장식미술을 결합한 일종의 '하이브리
드' 작품인 셈이다.

　　한치의 오차도 없이 문짝 사이즈에 딱 맞는 도자기 장식과 그림 가장자리를
액자처럼 둘러싼 청동 장식을 보면 애당초 이 작품 뒤에는 완성도 높은 설계도가
존재했음을 짐작할 수 있다. 착안 단계부터 완벽하게 내부 구조와 외부 장식 모델

을 만들어놓고 가구만 만드는 에베니스트, 청동 장식만 만드는 브롱지에, 도자기를 만드는 도공 등 각자의 분야에서만 일하던 동업조합 장인들을 한자리에 모아 프로젝트를 완성해낸 것이다. 말하자면 마르샹 메르시에는 디자이너이자 프로젝트 관리자, 공장 관리자인 동시에 사업가였던 것이다.

예술적 재능을 발굴하는 감식안

유행을 선도하는 리더답게 마르샹 메르시에들은 먼저 될성부른 화가와 장식가, 디자이너를 알아보는 안목이 있었다. [그림 1]을 그린 앙투안 바토 역시 마르샹 메르시에의 후원을 받았다.

프랑스 로코코 시대를 대표하는 화가인 바토는 널리 알려진 편은 아니지만 프랑스 미술사를 공부하는 사람에게는 낯익은 인물이다. 그는 로코코 시대의 덧없는 아름다움과 그 뒤에 숨겨진 슬픔을 우수에 젖은 짙은 붓질로 화폭에 담았다.[16]

바토가 죽기 일 년 전인 1720년, 제르생의 집에 묵으면서 그린 그림 중 하나가 바로 이 〈제르생의 간판〉이다. 당시 결핵과 말라리아에 시달리던 말년의 바토를 돌봐준 이는 그의 재능을 눈여겨본 제르생이었다. 원래 성격이 심약한데다 병적인 신경증이 도진 바토와 한집에서 지내기란 쉽지 않았겠지만, 제르생은 물심양면으로 그를 도왔다. 요샛말로 하면 바토의 후원자이자 갤러리스트였던 셈이다.

제르생의 집에 머물던 바토가 남긴 이 그림에는 예술사학자들을 혼란에 빠뜨리는 미스터리가 담겨 있다. 바토가 단 여드레 만에, 그것도 건강이 좋지 않아 아침나절에만 작업해서 이 작품을 완성했다는 제르생의 기록이 그것이다.

가로가 3미터가 넘고 세로가 1미터 66센티미터나 되는 대작을 열병에 시달린 바토가 단기간에 완성했다는 말은 어딘가 미심쩍다. 이 그림이 바토의 진품임을 유일하게 보증할 수 있는 증인이 이런 기록을 남겼으니 후세에도 이러쿵저러쿵

16 장-앙투안 바토, 〈기다리던 고백〉.

의견이 분분할 수밖에 없었다.

계산이 빠른 상인답게 제르생은 물감이 채 마르기도 전에 복사본을 여러 개 제작한 뒤 원본은 이 그림에 등장하는 클로드 글루크에게 팔아넘겼다. 글루크 역시 돈을 벌어볼 목적으로 화가 장-바티스트 파테르에게 의뢰해 복사본을 여러 개 만들었다. 그 후 글루크는 조카인 장 드 쥘리엔에게 다시 이를 되팔았는데, 이게 원본인지 복사본인지는 알 길이 없다.

1744년 독일의 프리드리히 2세 궁전을 장식하기 위해 그림을 구입하러 파리에 온 프리드리히 루돌프 폰 로텐부르크Friedrich Rudolf von Rothenburg 백작이 이 그림에 눈독을 들여 여러 차례 구입을 타진했다는 기록은 남아 있으나 실제로 그림이 팔렸는지 그렇다면 정확한 시기가 언제인지, 가격은 얼마였는지에 대한 기록은 존재하지 않는다.

그 뒤로 그림의 행방이 한동안 묘연하다가 삼 년 뒤인 1747년 프리드리히 황제의 궁전에서 발견된 걸 보면 그림을 팔긴 팔았던 모양이다. 그런데 재미난 사실은 발견 당시 이 그림이 이미 이등분된 상태였다는 것이다. 당시에는 벽난로를 사이에 두고 양쪽 벽에 한 쌍의 그림을 세트처럼 붙이는 게 유행이어서 이 그림도 반을 잘라서 걸었다는 설도 있다. 하지만 바토는 사후에 명성이 더 높아진 화가다. 18세기 중엽에 이미 대가로 손꼽힌 바토가 그린 진본을 과연 그런 이유로 반토막을 냈을까?

게다가 늘 판매 장부를 꼼꼼하게 기록하던 제르생의 태도도 석연치 않다. 이상하게도 그는 복사본을 몇 점 만들었는지, 어디에 어떻게 팔았는지에 대한 기록을 남기지 않았다. 제르생의 복사본은 바토가 그림을 완성한 직후에 만든 것일 테니 바토가 사용한 것과 똑같은 물감을 사용했을 가능성이 높다. 그렇다면 현대 과학으로도 바토의 진본임을 밝히기는 어렵다는 이야기다. 프리드리히 황제의 그림이 진본이 아니라 글루크나 제르생이 제작한 복사본일 가능성도 상당히 높다.

현재 이 그림은 베를린의 샤를로텐부르크 성에 소장되어 있다. 아직도 이 그림이 과연 진본인지, 진본이라면 다른 복사본들은 어디로 갔는지에 대해 여러 설이 분분하다. 하지만 현재까지 이 그림이 바토의 진품이 아니라는 결정적인 증거는 발견되지 않았다.

그러나 정작 아직까지 어느 누구도 명쾌하게 설명하지 못한 부분이 남아 있다. 바로 호기심 어린 눈으로 전시된 물건을 보는 사람들 틈에 서 있는, 고개를 살짝 돌린 여인의 정체다. 광택이 고운 새틴 소재의 살굿빛 드레스를 입은 이 여인은 바토의 다른 작품에도 자주 등장한다. 누군지 모르지만 그녀의 뒷모습은 늘 외로워서 삶의 어떤 서글픔을 전하는 듯하다.

복잡하고 활기찬 제르생의 가게에서 그녀는 무엇을 보고 있었을까? 희귀한 물건을 탐하는 눈길이 교차하는 가운데 오로지 그녀만이 고개를 살짝 기울인 채 섬처럼 홀로 떠 있다. 그녀는 점원이 막 상자에 넣고 있는 지나간 시대를 상징하는 루이 14세의 초상화를 보고 있는 걸까? 아니면 격정적이고 현기증 나는 새 시대의 그림자를 보고 있는 걸까?

역사책에 적혀 있듯, 내일이 없을 것처럼 한껏 화려하고 가벼운 로코코 시대의 한쪽에서는 인권과 자유에 대한 진지한 철학이 자라고 있었다. 그리고 그 씨앗은 이 그림이 그려지고 58년 뒤, 자유와 평등, 박애를 부르짖은 프랑스 혁명으로 꽃피우게 된다.

동서 퓨전 1: 칠기 가구

중국과 일본 문화가 유럽에 상륙한 것은 생각보다 무척 오래된 일이다. 칠기는 17세기에 처음 유럽에 상륙했다. 붉고 검은 바탕에 상감된 이국적인 산수와 동양인의 얼굴, 같은 하늘 아래 있는 또 다른 세계를 보여주는 칠기판들은 금세 유럽 사람들을 매혹했다. 특히 일본 칠기는 광택 있는 검정 칠기판 위에 금과 은으로 모티프를 넣은 화려함으로 더욱 눈길을 끌었다. 1658년에 작성된 루이 14세의 재상 쥘 마자랭의 재산 문서에는 중국 칠기가 여러 개 등장하고, 희극 작가인 몰리에르도 일본 칠기 병풍을 가지고 있었다.

중국과 일본산 칠기가 본격적으로 유럽 상류층에 파고든 것은 마르샹 메르시에들의 활약 덕분이다. 18세기 초반만 해도 그들은 중국이나 일본에서 병풍이나 상자, 책꽂이 등 칠기가 붙은 완제품을 수입해서 팔았다. 하지만 이런 동양 가구들은 유럽의 실내장식과는 어울리지 않았다. 가구이긴 하지만 일상생활에서는 쓸 수 없는 관상용이었던 것이다. 미적인 가치를 인정받기는 했으나 수집품으로 유통되었기 때문에 자연히 수요는 일부 수집가로 한정될 수밖에 없었다.

이런 상황을 타개한 것이 1735년 마르샹 메르시에인 토마-조아킴 에베르가 만들어낸 새로운 타입의 가구였다. 에베르는 수입한 동양 가구 위에 붙어 있는 칠기판을 떼어내 프랑스 장인들이 만든 가구 위에 붙여 독특한 퓨전 가구를 만들었다. 어디서도 보지 못한 독특한 동양 장식이 돋보이지만 몸체와 전체적인 스타일은 일상생활에서 당장 사용할 수 있는 실용적인 가구였다. 18세기판 가구 산업의 블루 오션이라 할 칠기 가구들은 엄청난 인기를 모았다.

동양 칠기가 유명해지면서 그 비법을 알아내려는 노력 또한 대단했다. 마침내 '칠'의 비법을 터득해 유럽에 소개한 사

베르나르트 판 리센부르흐의 장롱.

베르나르트 판 리센부르흐의 모퉁이 장.

람은 1760년 베이징에 파견된 선교사이자 아마추어 식물학자인 피에르 니콜라 댕카르빌Pierre Nicolas Le Chéron d'In-carville이었다. 그는 『중국 칠에 대해서 Mémoire sur le Vernis de la Chine』라는 연구서를 발표해 칠의 성분이 '칠수漆樹'라는 나무에서 추출한 진액임을 밝혀냈다. 칠수는 바로 옻나무이다.

프랑스에서는 옻나무가 자라지 않는다. 그래서 프랑스 장인들은 최대한 옻칠에 가까운 효과를 내는 칠을 개발하는 데 사력을 다했다. 그 결과 남미산 열대수의 수지에다 금가루와 은가루를 섞어 반짝이는 효과를 더한 칠기법인 '베르니 마르탱verni martin'이 탄생했다. 이 기법을 개발한 마르탱 형제는 공로를 인정받아 1744년 '왕가의 장인'에 선정되었다.

베르니 마르탱은 중국이나 일본 칠기의 붉은색이나 검정색은 물론 노란색, 초록색, 하얀색 등 옻칠에 비해 더 다양한 색깔을 낼 수 있었다. 가격도 저렴해 파리에서 베르니 마르탱을 사용하는 아틀리에만 2백여 개를 헤아렸다.

하지만 베르니 마르탱은 옻칠의 특별한 기능까지 갖추진 못했다. 옻칠은 방수성과 방부성, 내열성, 고착성이 뛰어나 쉽게 썩거나 칠이 벗겨지지 않는 데 비해 베르니 마르탱은 습기와 열에 약해 시간이 지나면 표면의 칠이 벗겨졌다. 비슷하게 흉내낼 수는 있었지만 중국이나 일본산 칠기의 품질을 따라갈 수는 없었던 것이다. 그래서 베르니 마르탱이 개발되었음에도 중국과 일본산 칠기판의 인기는 여전했고 당연히 비싼 값에 거래됐다.

중국 자개가 붙어 있는 서랍장.

동서 퓨전 2: 중국 자기

르네상스 시대부터 중국 도자기는 전 유럽에 명성이 자자했다. 샤를 5세의 동생인 루이 당주 Louis d'Anjou와 <베리 공작의 매우 호화로운 기도서>로 유명한 장 드 베리 Jean de Berry 공작 같은 이는 삼십여 점 이상의 중국 도자기를 가지고 있었다. 루이 14세 시대를 주름잡은 재상 마자랭 역시 4백여 점이 넘는 중국 도자기를 수집했다.

16세기 중국 도자기 수입을 좌지우지한 것은 포르투갈이었다. 포르투갈은 1553년에 마카오에 무역 지점을 내고, 이익이 많이 남는 중국 도자기 수입을 국가적으로 장려했다. 당시 포르투갈을 통해 수입된 중국 도자기가 얼마나 되는지는 알 수 없으나 일 년에 30~40여 점에 불과했으리라는 것이 학자들의 일반적인 견해다. 중국의 도자기 중심지는 내륙의 경덕진景德鎭(징더전)인데다 도자기는 깨지기 쉬운 물건이라 마차와 배에 번갈아 싣는 오랜 여정을 버티기 힘들었을 것으로 추측된다.

중국 도자기 수입이 몇 배를 남길 만큼 돈이 된다는 것을 일찍부터 눈치챈 네덜란드는 1602년 동인도회사를 세우면서 도자기 수입 산업에 본격적으로 뛰어들기 시작했다. 동인도회사에서 수입한 중국 도자기들은 유럽에서는 '크락 포슬린kraak porcelain'이라는 이름으로 알려진 하얀 바탕에 푸른색 무늬가 있는 명나라 도자기이다.

프랑스는 발 빠른 포르투갈이나 네덜란드에 비해 중국 도자기 수입 산업에 비교적 늦게 뛰어들었다. 하지만 1701년에 드디어 167점에 달하는 중국 도자기를 수입하는 데 성공하면서 도자기 수입의 종주국으로 떠올랐다. 현대인의 감각으로는 1701년에서 1703년까지 햇수로만 삼 년에 이르는 긴 여정을 거쳐 고작 167점이 낭트 항구에 무사히 당도했다

부셰가 그린 마담 퐁파두르. 왼쪽 책장 위에 청동 장식이 붙은 중국 도자기가 보인다.

니 어처구니없을 테지만, 18세기 초반에 167점은 기록적인 개수였다. 당시 중국 도자기가 비교적 유럽 상류층에서 널리 퍼졌다고는 하지만 여전히 고이 모셔야 할 귀중품이었던 이유다.

재미난 사실은 18세기에 수입된 중국 도자기 중에는 애당초 수출용으로 기획된 제품이 많았다는 사실이다. 특히 도자기 수출이 활성화되면서 광저우 주변에는 수출용 도자기를 제작하는 업체들이 늘어났다. 이곳에서 생산한 도자기

는 색깔이나 테크닉, 장식은 중국 도자기 그대로지만 중국
에서는 사용하지 않는 유럽식 접시나 영국식 찻주전자, 이탈
리아식 물병, 설탕 통, 소금 통처럼 모양은 유럽식이었다.

마르샹 메르시에들은 중국 도자기를 유행의 선두 주자로
만든 영민한 상인들이었다. 중국 도자기에 로코코식 청동 조
각을 붙여 가치를 더한 것도 이들이다. 청동 장식은 깨지기
쉬운 도자기를 보호하는 역할도 하지만 무엇보다 유럽식 실
내장식에 어울리는 퓨전 오브제를 만드는 데 의미가 있었다.
게다가 청동 장식이 붙은 도자기는 적어도 세 배 이상의 가
격을 더 받을 수 있었다. 요즘 경매장이나 갤러리에서 거래
되는 18세기 중국 도자기들 역시 청동 장식을 누가 했느냐,
얼마나 정교하냐에 따라 가격 차가 크다.

마담 퐁파두르가 소장하고 있던 청동 장식이 달린 중국 자기.

217

9장

신세기 교양인의
여가

별 좋은 오후
미모의 안주인이 반기는 살롱을 찾은 선남선녀.

책 향기 가득한 방
추파를 던지는 남자, 심드렁한 여자
얽히고설킨 실타래 같은 눈빛.

호기심 가득한 신세기
교양인은 어떻게 여가를 보냈을까?

1 장-프랑수아 드 트루아, 〈몰리에르 작품 낭독회〉,
캔버스에 유채, 1728년, 개인 소장.

파리 사람들은
새로운 것이라면 아무리 작아도
가던 길을 멈춘다.
—루이-세바스티앵 메르시에

오후 3시 30분, 무엇을 하며 오후를 보내면 좋을까? 달콤한 케이크 한 조각에 커피를 마셔도 좋겠고, 늦은 점심을 먹고 늘어지게 낮잠을 자는 것도 좋겠다. 재미있는 책 한 권이 있어도 즐겁겠다. 안온한 방에는 환한 오후 햇살이 비치고 타닥타닥 타오르는 벽난로와 등을 기댈 수 있는 넉넉한 안락의자가 있으면 더할 나위 없다. 기왕이면 쿠션이 푹신하고, 새틴이나 벨벳처럼 감촉이 황홀한 천으로 마감한 의자로. 아침마다 잘 닦은 유리창이 달린 책장이 마주 보이는 자리면 완벽하다.

의자에 느긋하게 기대앉아 다리를 쭉 뻗는다. 그리고 눈을 감는다. 어디선가 소곤대는 목소리, 작고 귀여운 웃음소리가 들리는 듯하다. 잘 들어보니 누군가가 소리내어 책을 읽는 중이다. 낭만적인 연애시를 읽는 감미로운 목소리는 새의 가슴털처럼 부드럽다. 새끼 고양이 같은 여인들의 웃음소리는 음악처럼 귓전을 감싼다. 공들여 자수를 놓은 실크와 주름을 잘 잡은 새틴으로 만든 옷이 몸을 움직일 때마다 사각거린다.

[그림 1] 속 방에는 거인 아틀라스가 지구 대신 시계판을 떠받치고 있는 금빛 시계와 조용히 불타는 장작불을 가두어놓은 대리석 벽난로, 벽을 타고 자라는 담쟁이처럼 줄기가 꼬여 올라간 촛대가 얌전하게 자리하고 있다.

일곱 사람이 의자를 바싹 붙여 무릎을 대고 옹기종기 모여 앉았다. 다들 열심히 낭독에 귀를 기울이는 척하지만 자세히 보면 서서 턱을 괴고 있는 미남자는 파란 리본을 단 뒷모습이 깜찍한 여자에게 은근한 눈길을 보내는 중이다. 가만 보

▲2 다리 위에 건물을 올리지 않은 18세기의 혁신적인 퐁뇌프 다리.

니 책을 낭송하는 하얀 가발의 신사도 책만 보고 있는 게 아니다. 책을 읽으면서
도 분홍 리본을 목에 두른 옆자리 여성에게 알 듯 말 듯한 시선을 던지고 있다. 하
지만 정작 신사를 마음에 둔 이는 분명 금빛 자수가 찬란한 드레스를 입은 여인인
듯하다. 바싹 다가앉아 나 좀 보라는 듯 얼굴을 애교 있게 들이대보지만 애석하게
도 신사는 별 관심이 없다. 초록색 드레스를 입은 여자가 부채를 살랑거리며 "이
상황을 짐작하시겠죠?"라고 말하는 듯한 눈빛으로 이쪽을 바라본다.

　이들의 뒤로 유리가 끼워진 낮은 책장 속의 책들이 이 풍경을 조용히 지켜본
다. 모든 것이 황금빛으로 물드는 오후, 그들의 하루가 이렇게 나른하게 흘러간다.

만 가지 즐거움, 산책

　18세기 파리 사람들은 하루를 즐겁게 보낼 수 있는 오만 가지 방법에 통달했
다. 당시 파리는 유럽 정치의 일번지이자 첨단 패션의 중심지이면서 동시에 오락

과 여가의 도시이기도 했다.[2]

▲3 1734년 튀르고의 지도에 나온 튀일리 궁과 정원.
▼4 튀일리 정원.

　화창한 오후에는 산책의 즐거움이 기다리고 있었다. 산책하기에 가장 맞춤한 곳은 루브르 궁에 붙어 있는 튀일리 정원[3·4]이었다. 1871년 화재로 유실되기 전까지 튀일리 궁은 루브르 궁과 튀일리 정원 사이, 즉 오늘날의 나폴레옹 개선문 자리에 있었다. 원래 기와를 만들던 기와 공방 자리에 지었다고 해서 튀일리Tuileries(tuile은 기와라는 뜻이다)라는 이름이 붙었다.

　튀일리 궁은 앙리 4세 때부터 프랑스 왕가의 파리 궁전이었다. 튀일리 궁전 앞에서 콩코르드 광장까지는 튀일리 정원이 펼쳐져 있었다. 정원 위쪽에는 철 따라 온갖 꽃들이 자태를 뽐내고, 아래쪽에는 연인들의 은밀한 만남을 숨겨줄 무성한 나무들이 숲을 이루고 있었다. 튀일리 정원은 천민이나 거지가 아니라면 누구나 들어갈 수 있는 파리 시민들의 안식처였다. 밤에도 문을 열어 센 강에서 불어오는 신선한 밤공기를 즐기는 데도 안성맞춤이었다. 파리 시민들은 도도한 파리지엔이라는 명성에 걸맞게 우연인 듯 스쳐 지나면서도 서로가 서로를 유심히 관찰했고, 그중 낯익은 얼굴을 만나면 호들갑스럽게 인사를 나누었다. 서민들의 쉼터이지만 종종 왕족이나 지체 높은 귀족들도 행차하곤 했다.

　튀일리 정원이 센 강 옆에 위치하고 있어서 종종 강물의 악취가 몰려오는 게 싫다면 뤽상부르 공원[5]으로 가면 된다. 오를레옹 공의 딸인 마담 베리Madame de Berry가 뤽상부르 궁으로 이사한 뒤 이 공원은 파리에서 알아주는 사교장으로 부

▲5 뤽상부르 궁과 정원.
▼6 팔레 루아얄 정원.

상했다.

오를레앙 공이 살던 팔레 루아얄 정원[6]은 가장 잘 차려입고 가야 하는 곳이었다. 네모진 건물 가운데 숨은 듯이 자리 잡은 정원은 고급 관리나 대영주뿐 아니라 궁정인들도 선호하는 산책지였다. 특히 루이 14세의 명으로 조성된 식물학 정원을 둘러보는 재미가 쏠쏠했다. 먼 이역에서 옮겨 온 진기한 식물들이 가득해 당대의 유명한 학자들도 자주 드나들었다. 중동에서 구해 온 온갖 종류의 알로에며 선인장, 오렌지 꽃 냄새가 코를 자극하는 오렌지 정원, 유리로 만든 우리에 가둬놓은 신기한 오랑우탄을 구경하는 재미는 오직 여기서만 가능했다.

만 가지 즐거움, 도서관

산책 대신 심오한 지식의 숲을 거닐고 싶다면 공공 도서관을 찾으면 된다. 학구파 교양인에게 비 오는 오후, 도서관에서 중세 수도승이 한 줄 한 줄 정서한 양피지를 펼쳐보는 것보다 즐거운 일은 없을 것이다.

규모로는 1664년 재상 장-바티스트 콜베르Jean-Baptiste Colbert가 만든 '왕립도서관'이 제일이었다. 26개의 열람실이 갖춰진 이곳은 세상의 모든 언어와 세상에서 찾을 수 있는 모든 주제를 담은 책 6만 5천 권과 사본 1만 2천 권을 소장하고 있었다. 프랑스에서 출간한 모든 책들은 종류를 막론하고 두 권씩 왕립도서관에 보관하도록 법률로 의무화한 이후 왕립도서관의 장서는 날로 늘어갔다.

도서관도 각각 나름대로 특징이 있었다. 여러 나라의 종교와 고대 그리스·로마에 관한 책이라면 장서 4만 5천 권을 소장한 생준비에브 수도원 도서관 Bibliothèque de l'abbaye Sainte-Geneviève을 찾아야 한다. 18세기 파리의 공공 도서관들은 종종 박물관의 역할도 겸했는데, 생준비에브 도서관 역시 그리스·로마 시대의 조각과 각종 메달, 희귀한 동식물을 전시한 공간을 따로 마련해놓고 있었다.

511년부터 558년까지 프랑스를 다스린 메로빙거 왕조의 실드베르 1세 Childebert I가 남긴 귀한 고서들을 열람하고 싶다면 생제르맹데프레에 있는 베네딕트 수도원을 찾으면 된다. 생제르맹 베네딕트 수도원 도서관 Bibliothèque du couvent des Bénédictins de Saint-Germain은 매우 희귀한 고서들만 수집해놓은 고서 전문 도서관이었다.

종교 개혁을 주창한 마틴 루터의 독일어 『성경』초판본을 직접 보고 싶다면 루이 르그랑 도서관 Bibliothèque de collège Louis le Grand7을, 인류가 역사를 기록한 이래로 만들어진 모든 종류의 성경책을 보려면 소르본 대학 도서관 Bibliothèque de la Sorbonne8을 찾아가면 된다.

현대를 사는 고서적 수집가라면 자다가도 벌떡 일어날 만큼 귀중한 책이지만, 18세기 파리 시민들은 매주 월요일과 목요일에 일반에 개방하는 공공 도서관에서 이런 책들을 마음껏 빌려 보며 지적 호기심을 채웠다. 파리의 도서관은 유럽 내에서도 유명해서 각 도서관이 소장한 도서 목록은 책자로 출판되어 널리 유통되기도 했다. 도서관마다 도서 목록을 검

▲7 루이 르그랑 대학의 비극 무대 장식.

▼8 소르본 대학 전경.

토해 책을 신청했고, 촛불이 은은하게 밝혀주는 열람실에서는 마음에 드는 문구를 베껴 쓰는 학구파들로 가득했다.

운이 좋고 약간의 인맥이 있다면 소문난 장서가들의 서재를 구경하면서 소일할 수도 있었다. 재상 콜베르의 아들인 세뇰레 후작marquis de Seignelay은 장서 만 6천 권과 희귀 필사본 8천 권을 소장해 웬만한 공공 도서관 못지않은 서재를 가지고 있었다. 일명 로안 추기경으로 알려진 로안-귀에메네 왕자의 수비즈 저택Hôtel de Soubise을 방문하면 앙리 4세 시대의 역사가인 니콜라 드 투Nicolas de Thou 샤르트르 주교의 서재에서 비롯된 귀한 고서들을 훑어볼 수 있었다.

당시 파리는 도서관뿐 아니라 유명한 출판사와 서점이 몰려 있는 유럽 제일의 교양 도시였다. 생자크 거리와 루브르 궁 입구가 특히 유명한 출판 거리였는데 이곳에서 구하지 못할 책은 없었다. '아카데미 프랑세즈'(프랑스 한림원)에서 발간되는 모든 서적을 전담해 출판한 장-바티스트 쿠냐르Jean-Baptiste Coignard나 왕의 출판 업무를 처리한 이아생트 리고Hyachinthe Rigaud가 운영한 서점에서는 가장 최신의 지식을 접할 수 있었다. 의학 서적을 사려면 아르프 거리의 우드리Houdry 서점으로, 악보를 사려면 몽파르나스의 발라르Ballard 가게로 가야 한다는 것은 당시 파리 지식인들에게는 상식에 속했다.

만 가지 즐거움, 예술의 진열실

책에서 지식을 구하기보다 실물에서 영감을 얻고 싶은 호기심 많은 교양인이라면 온갖 신기한 물건들을 구경하고 직접 만져볼 수 있는 가게들이 기다리고 있었다. '카비네 데자르cabinet des arts', 즉 예술의 진열실이라 불린 마르샹 메르시에들의 상점은 작은 박물관이나 다름없었다. 이곳에서는 그림이나 조각뿐 아니라 그리스나 아시아에서 가져온 희귀한 광물, 로마 시대의 동전, 프랑스의 온갖 역사적인 사건을 세세하게 묘사한 2만 7천 종의 판화, 왕과 왕비를 비롯한 모든 왕족들을 세밀하게 그린 미니어처까지 호기심을 자극하는 온갖 진귀한 것들을 구할 수 있었다.

그중에서 특히 유명한 곳은 왕실 행사에서 연출자로 활약한 가스파르 비가라니Caspard Vigarani의 가게였다. 그는 사람을 대포알처럼 공중에 날리는 기구 등 극적인 연출이 가능한 모든 종류의 기계를 직접 만들어 팔았다.

장식미술사 책에서 빠지지 않는 유명한 시계상 장 피종Jean Pigeon의 가게도 성황을 이루었다. 금으로 만든 천구가 에나멜로 된 우주를 배경으로 빙빙 도는 희한한 대형 시계, 매시 정각이 되면 보석으로 만든 개구리가 소리를 내는 탁상시계 등 당시 기술력으로 만들 수 있는 최고의 시계가 전시되었다. 이런 시계들 중에는 태양과 달이 뜨고 지는 시간은 물론 일식과 월식까지 알려주는 획기적인 발명품도 있었다. 과학에 관심이 많은 이들은 대개 3프랑을 내고 이 신기한 시계의 설계도와 설명서를 사서 읽으며 시간을 보냈다.

인체를 진지하게 탐구하고 싶은 아마추어 과학자와 의사들은 기욤 데스누Guillaume Desnoues의 가게를 들락거렸다. 데스누는 인체를 해부해 밀랍으로 본을 뜬 뒤 색색으로 칠해 실물과 다름없는 인체 모형을 만드는 의사이자 모형 전문가였다. 해부 경험이 풍부한 그는 가게 안에서 약간의 돈을 받고 즉석으로 인체에 대한 강의를 해주기도 했다. 이곳을 찾은 사람들은 신경과 간, 장, 위 같은 장기의 모형뿐 아니라 당시 세간에 큰 화제가 된 쌍둥이 사체도 직접 볼 수 있었다. 기록에 따르면 파리에서 태어나자마자 죽은 쌍둥이는 이마 가운데에 눈이 하나만 있고 코가 둘인 기형아였다고 한다. 데스누는 이 오싹한 쌍둥이 시체를 알코올에 담가 방부 처리한 뒤 가게에 전시해놓았다.

살롱에서 벌어지는 교양의 향연

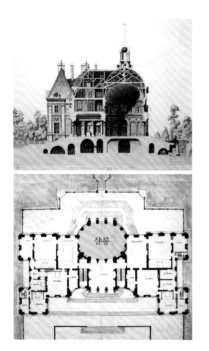

▲9 보르비콩트 성의 단면도.

▼10 보르비콩트 성의 살롱 위치.

신기한 과학의 세계보다 문학에 심취해 서로 의견을 나누며 오후를 보내고 싶다면 살롱을 찾아가면 된다. 원래 '살롱salon'이란 말은 천장이 돔 형태로 된 공간을 가리키는 건축 용어로 오늘날의 거실처럼 손님을 맞이하는 용도로 사용하는 공간이었다. 루이 14세 시대에 지은 '보르 비콩트 성Château de Vaux le Vicomte'9을 찾아가면 현관에 들어서자마자 족히 2층 높이는 될 만한 둥근 천장이 있는 큰 공간이 나오는데, 이런 곳이 바로 살롱이다.10

그런데 18세기에 접어들면서 살롱이란 말에는 살롱에서 벌어지는 '사람들의 모임'이라는 사교적인 의미가 추가되었다. 사교계에 영향력을 행사하고자 하는 여인들이 자기 집 응접실에 예술가나 철학자, 학자를 초대해 담소를 나누는 모임을 살롱이라 부른 것이다. 요즘으로 치자면 독서클럽이나 미술 동아리 같은 분위기의 모임이다.

명망 있는 지식인이 아니더라도 사교계의 유명 인사 혹은 특별한 외모나 재능으로 다른 이들의 관심을 끄는 사람이라면 누구나 살롱의 주인공이 될 수 있었다. 자신의 살롱에 자부심을 가진 여주인의 성향에 따라 살롱의 성격도 달라서 골라 가는 재미도 만만치 않았다. 이를테면 18세기 초반 파리에서 유명했던 랑베르 후작부인의 살롱이 도덕적인 색채를 풍겼다면, 프랑스 사상가 몽테스키외가 자주 드나들던 마담 탕생Madame de Tencin의 살롱은 체제 비판적인 인사들의 놀이터였다.

유명한 살롱 중에는 소규모 강의처럼 아예 날짜를 정해놓고 정기적으로 모임을 여는 곳도 있었다. 마담 조프랭Madame Geoffrin의 집에서는 월요일 점심에 프랑

11 지식인을 만날 수 있었던 18세기 살롱의 풍경.

수아 부셰나 모리스-캉탱 드 라투르 같은 인기 예술가들과의 만남이, 수요일 점심에는 작가들의 북콘서트가 열렸다.¹¹

살롱의 얼굴이라 할 수 있는 여주인들은 넘치는 지적 욕구와 더불어 미모를 과시하고 인맥을 관리할 요량으로 살롱을 운영했다. 대표적인 예가 오를레앙 공의 숨겨진 애첩이며 늘 추종자를 몰고 다녔던 마담 데팡Madame du Deffand의 살롱이었다. 마담 데팡은 한번 스쳐가는 것만으로도 기억에 남을 만한 미모에 격식이나 체면치레에 얽매이지 않는 자유로운 성격 때문에 인기가 많았다. 그녀는 계몽사상가 볼테르의 연인이기도 했다.

18세기 파리의 부르주아나 귀족들은 과학, 천문학에서부터 철학까지 다양한 분야에 관심이 많았고 토론과 대화를 즐겼다. 주로 세무, 금융, 법률 분야 등에 종사해서 많은 돈을 모은 부르주아들은 재력 위에 지적 교양이나 예술적 취향 같은 우아한 미덕을 더하고 싶어 했다.

이들이 본격적으로 사회의 주류 세력으로 등장하는 18세기 이전까지 그림을 사고 시를 음미하며 예술을 논한 문화인은 대영주와 귀족, 왕족들뿐이었다. 그러니 높은 사회적 지위를 동경한 부르주아들이 돈으로 귀족 작위를 사고 귀족의 교양을 추구한 것은 당연한 일이었다. 대학을 졸업하고 의사나 학자 같은 전문직에 종사하는 부르주아들이 늘어나면서 교양에 대한 이들의 열망은 18세기를 '호기심과 발견의 세기'로 만드는 데 크게 일조하게 된다.

집 안에서 찾은 진귀한 즐거움

집만큼 주인의 관심사와 취향을 반영하는 공간은 없다. 책에 대한 관심이 높아지면서 서재를 만드는 게 유행하고, 희귀한 광물과 새, 곤충 같은 자연물 수집이 인기를 끌면서 '카비네 시앙티피크cabinet scientifique'라고 부르는 과학실을 집 안에 들이는 것도 이즈음이다.[12]

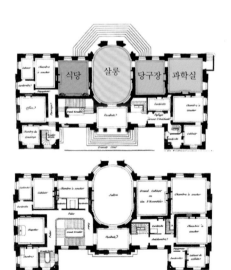

18세기 부르주아나 귀족들의 거처에는 유독 이러한 취미를 위한 공간이 많았다. 지금의 현관에 해당하는 전실로 들어서면 바로 연회와 무도회를 열 수 있는 살롱이 나온다. 살롱 양옆으로는 식당과 당구대가 놓인 방이 있다.

18세기의 대표적인 오락은 당구와 게임이었다. 당시 파리에는 당구장[13]과 게임장이 널려 있었는데 24시간 영업을 해도 손님을 다 받을 수 없을 만큼 북적였다. 트릭트락tric-trac[14](프랑스에서 발명된 일종의 백개먼 게임)이나 비리비biribi(요즘의 로또나 복권 같은 게임) 같은 귀여운 이름을 가진 게임은 여자들도 한가할 때 바로 전

12 18세기의 전형적인 귀족 저택의 1, 2층 구조. 노랗게 표시된 살롱 양옆으로 식당과 당구장, 과학실이 이어져 있다.

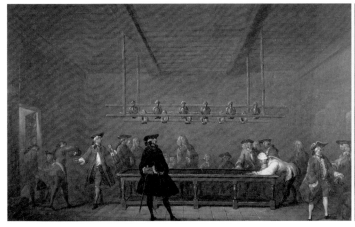

13 장-바티스트-시메옹 샤르댕, 〈파리의 당구장〉.　　　　　　　14 자크-필리프 르바, 〈트릭트락〉.

용 테이블을 펼칠 정도로 가벼운 게임이지만, 판돈이 크게 걸리면 목숨을 내건 결투로 이어지기도 했다.

18세기판 타짜들도 많았다. 프랑스 서인도회사의 사장이자 퓔비의 영주인 앙리 오리Jean-Louis Henri Orry는 하룻밤 사이에 48만 리브르라는 어마어마한 돈을 잃기도 했고, 우 드 비오메닐Antoine Charles du Houx de Vioménil 남작은 8일 밤낮을 한숨도 자지 않고 트릭트락을 해 거금을 벌었다는 기록도 전한다.

게임이 남녀가 다 같이 즐길 수 있는 오락이라면 당구는 남자들만의 사교 스포츠였다. 장미목 같은 귀한 수입목을 겉면에 붙이고 최고급 스페인산 가죽을 씌운 당구대나 테이블 상판을 열면 점수 계산표와 용구를 정리할 수 있는 작은 서랍이 나오는 트릭트락 테이블[15]은 섬세하고 아름답다.

당구대가 놓인 방은 바로 '그랑 카비네grand cabinet'라는 공간과 이어진다. 이곳은 집주인의 취향에 따라 고서를 모아

15 베르사유 궁에 소장되어 있는 트릭트락 테이블.

16 라파유의 과학실.

놓은 서재, 수집한 예술품을 전시하는 갤러리, 전 세계에서 구한 귀한 광물이나 동물 박제, 현미경, 망원경 등을 늘어놓은 과학실이 되기도 했다.

　　지금은 라로셸La Rochelle의 자연사박물관에 전시되어 있는 클레망 라파유 Clément Lafaille의 과학실**16**은 취미 공간에 대한 18세기인들의 열정을 보여준다. 그리스의 코린스식 신전을 본뜬 기둥 사이의 벽면에는 떡갈나무로 만든 유리 진열 창이, 방 중앙에는 유리를 덮은 진열 테이블이 놓여 있다. 말하자면 18세기식 개인 자연사박물관인 셈이다. 모든 집기와 진열대는 전시품들이 가장 돋보일 수 있도록 세심하게 고안되었다. 이곳에서는 알코올이 담긴 병에 넣은 도마뱀이나 여자

취미가 탄생시킨 여러 종류의 테이블.

▲17 '비서를 대신한다'고 해서 '스크레테르'라는 이름이 붙은 책상.

▶▲18 평평한 책상에 해당하는 '뷔로 플라'.

▶▶19 여인들을 위한 책상.

▶▼20 열쇠를 꽂으면 상판이 열리면서 숨겨진 책상이 튀어나오는 자동 책상.

21 당대인들의 삶을 지켜본 소품인 18세기의 의자, '셰즈 아 라 렌'.

의 엉덩이 모양을 닮은 코코넛, 살아 있는 것처럼 진짜 나뭇가지에 올려놓은 새 박제 등을 볼 수 있다. 진열 테이블의 옆면에 달린 손잡이를 당기면 작은 테이블이 나오는데 라파유는 여기에 전시품을 꺼내놓고 자랑했을 것이다.

18세기인들의 이러한 지적 과시욕은 아름다운 가구를 만드는 원동력이 되기도 했다. 앤티크 가구를 좋아하는 사람들이 가장 멋스럽게 여기는 가구 중 하나인 '스크레테르'[17]나 보기만 해도 절로 품위가 느껴지는 서재용 책상 뷔로bureau[18], 유리 달린 책장 같은 가구들이 모두 이 시기에 탄생했다.[19·20]

앞서 소개한 트루아의 [그림 1]에 나온 공간도 바로 그랑 카비네다. 몰리에르 작품을 읽는 문학 모임의 풍경을 묘사한 이 그림에서 가장 눈에 띄는 것은 여인들이 앉아 있는 의자다. 안장이 낮고 등받이는 아주 크며, 다리는 사슴의 발굽 모양을 한 아름다운 의자들을 이 그림의 진짜 주인공으로 봐도 좋다.[21] 의자는 섭정기부터 루이 15세 시대 전반에 걸쳐 집 안의 어떤 가구보다 돋보이는 주인공 역할을 해왔기 때문이다.

18세기에 들어서 섬세하게 디자인한 다양한 의자들은 카비네와 살롱의 한 가운데를 차지하는 당당한 오브제가 되었다. 서재나 게임장, 과학실 그 어디에서건 사람들이 모이는 곳이면 의자는 가장 핵심적인 역할을 하는 소품이었다.

당시 의자들은 그때 사람들의 기억과도 같다고 말할 수 있다. 옹기종기 모여 몰리에르의 희극을 읽는 가운데 서로 은밀한 눈길을 주고받는 남자와 여자 사이의 가슴 떨리는 순간을 가장 가까이서 말없이 지켜본 것이 이 의자들이었을 테니 말이다.

낭만이 무르익는 파리의 밤

이렇게 재미있는 오후를 보낸 파리 시민들은 밤이 되면 무엇을 했을까? 전기가 없던 시절, 밤의 여흥을 즐길 수 있게 도와준 기특한 물건이 바로 [그림 1] 속 벽난로 위에 달린 촛대다. 그림 속 촛대는 밤 문화가 성행한 18세기의 산물로 요즘의 형광등처럼 벽에 고정되어 있었다. 벽마다 붙어 있는 수많은 촛대에 불을 밝히고 사람들이 기다리고 있었던 것은 연극과 오페라, 무도회와 박람회였다.

18세기 파리 시민들은 프랑스식 연극과 이탈리아식 연극, 오페라에 열광했다. 요즘에는 점잖게 자리에 앉아서 보는 고전극인 볼테르의 〈오이디푸스〉나 라신Jean Baptiste Racine과 코르네유Pierre Corneille의 비극, 몰리에르의 희극을 보며 당시 사람들은 환호성을 지르고 발을 구르며 휘파람을 불었다.[22]

오페라를 감상할 때는 조용히 듣는 것을 관람 예절로 생각하는 요즘과는 달리 18세기인들은 아이돌의 콘서트를 찾은 십대 팬이 할 법한 행동을 거리낌 없이 했다. 아리아를 따라 부르고, 수건이나 꽃을 던지고, 마음에 드는 성악가가 나오면 괴성을 지르며 손을 흔들었다.

당시 유명 극작가나 오페라 가수는 오늘날의 유명 소설가나 대중음악 가수

22 코메디 프랑세즈에서 연극을 즐기는 시민들.

뺨칠 정도로 인기가 많았다. 연극과 오페라가 끝나면 다음 날 신문에 어김없이 공연평이 실리고 파리의 살롱 이곳저곳에서 공연 소감을 나누는 것이 일상적인 일이었다.

해마다 2월 생제르맹에서 박람회가 열릴 즈음에는 파리 전체가 들썩였다. 노점상들이 길을 따라 늘어서고 천막을 친 노천 카페에서는 와인이나 커피 같은 음료수를 팔았다. 공터에서는 줄 타는 광대가 사람들을 불러 모으고, 옆에서는 마리오네트 인형극이 펼쳐졌다. 노점상 사이사이에는 꼬치구이나 샌드위치 같은 간식거리를 파는 상인들이 장사진을 치고 있었다.[23]

눈치 빠르게 여자의 기분을 맞출 줄 알았던 18세기 남자들은 여자를 노천 카페에 앉혀두고, 그녀가 좋아할 만한 갖가지 소품과 꽃을 선물했다. 사방에서 음악

23 방돔 광장 안에서 열린 '성 오비디우스' 박람회.

소리가 들려오는 가운데 웃음꽃이 만발하고, 로맨스가 뭉게뭉게 피어올랐다.

박람회가 마음을 탁 놓고 신나게 즐길 수 있는 곳이라면, 무도회는 자신을 과시하기 위해 가는 곳이었다. 사람들은 족히 천 개가 넘는 촛불이 줄줄이 달린 샹들리에 아래에서 춤을 추며 한껏 멋들어진 자태를 뽐냈다.

즐거움에 관한 한 우리는 18세기인들을 질투할 필요가 없다. 튀일리 정원은 지금도 아름답고, 국립도서관에는 당시보다 수백 배 많은 책들이 소장되어 있다. 영화, 공연, 인터넷 등 그들보다 더 즐거운 여흥거리도 지천이다.

그렇지만 여자의 엉덩이를 닮은 코코넛을 보며 그들이 상상했을 미지의 세계와 과거에 없던 새로운 시대를 살고 있다는 그들의 자부심만큼은 가질 수 없다. 저렇듯 아름다운 의자와 한 번쯤 입어보고 싶은 드레스는 빼더라도 말이다.

벽난로와 거울이 달린 랑브리

15세기부터 17세기 초반에 지은 성에는 으레 벽 하나를 가득 채울 만큼 거대한 벽난로가 있다. 이 시대의 벽난로는 벽체 위에 환기통 역할을 하는 굴뚝과 불을 붙이는 아궁이를 덧대 만든 것이라 굴뚝과 아궁이 부분이 바깥으로 튀어나와 있다. 튀어나온 굴뚝을 나무나 돌로 가리고 그 위를 과도하다 싶을 만큼 온갖 조각으로 장식한 벽난로는 난로라기보다 독립된 방처럼 육중하다.

연통 개량과 건축술의 발전에 힘입어 17세기 중반부터 벽난로는 눈에 띄게 작아진다. 이때부터 벽난로는 실내 인테리어에서 빼놓을 수 없는 일부분이 된다. 유럽식 벽난로 하면 딱 떠오르는 이미지처럼 이때부터 불 피우는 부분을 대리석이나 돌로 된 틀을 달아 장식했다.

18세기에 접어들어 거울이 유행하면서 벽난로는 거울과 뗄 수 없는 한 쌍이 된다. 벽난로 위에 붙이는 '거울이 달린 랑브리'를 트뤼모trumeau 라고 하는데 트뤼모는 거의 모든 유럽의 18세기 저택에서 볼 수 있을 정도로 유행했다. [그림 1]에서 보듯이 거울 옆에는 통상 '아플리크applique'라고 부르는 벽에 다는 촛대를 걸었다. 아플리크의 촛대에 불을 켜면

거울이 달린 랑브리 디자인.　　　16세기 벽난로 디자인.

자연히 촛불이 거울에 반사되면서 더욱 반짝인다. 18세기에 거울은 매우 트렌디한 인테리어 용품이었지만 통상 트뤼모 외에 실내의 다른 부분에는 거울을 걸지 않았다.

거울이 '벽난로 위'라는 고정 자리를 떠나 집 안의 다른 공간에도 등장하기 시작한 것은 19세기부터다. 종종 앤티크 상점이나 갤러리에서 18세기 액자틀을 단 장식용 큰 거울을 만날 수 있는데, 이 역시 19세기에 거울을 벽에 거는 유행이 시작되면서 새롭게 조합해 만든 오브제다.

 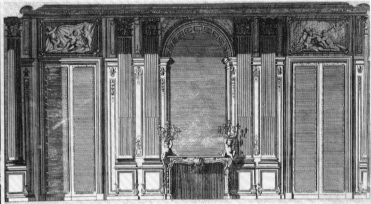

◀ 아직도 고성에서 볼 수 있는 17세기의 벽난로.
▶ 벽난로와 트뤼모의 배치를 그린 18세기 실내장식 판화.

다채로운 의자의 탄생

섭정기에 들어서 편안하고 안락한 생활을 추구하는 라이프 스타일이 대세로 떠오르자, 의자의 모습에도 많은 변화가 일어났다.

이 시기에 만들어진 포테유는 여전히 루이 14세의 포테유처럼 등받이가 크지만 위를 둥글린 곡선 모양으로 보다 부드럽고 포근한 인상을 준다. 루이 14세 때 높이가 80센티미터에 이르던 등받이는 60센티미터 정도로 낮아지고 대신 폭이 늘어났다.

◀ 팔걸이가 앞다리보다 물러난 의자 틀.
▶ '로브 드 파니에'를 입은 여인.

섭정기에 제작된 의자들의 가장 큰 특징은 팔걸이가 의자 다리와 일직선상에 위치하지 않고 보다 뒤로 물러났다는 점이다. 옆으로 넓게 퍼진 '로브 드 파니에 robe de panier'라는 드레스가 유행하면서 시작된 변화다. 좌판 역시 사각형이 아니라 부피가 큰 드레스를 입고도 앉기 쉽도록 사다리꼴로 변화했다. 패션 트렌드가 의자의 모양을 바꾼 것이다.

살롱 모임, 음악회, 연극 등 여가를 적극적으로 즐기는 라이프 스타일은 다양한 의자를 탄생시켰다. 바이올린 모양의 등받이에 끝이 둥글게 말린 다리가 달린 의자인 '카브리올레cabriolet'는 살롱에서의 독서 모임에 제격이다. 등받이와 팔걸이가 유연한 곡선으로 연결된 '베르제르bergère'는 느긋하게 앉아 친구와 함께 수다를 떨기에 안성맞춤인 안락의

카브리올레.

베르제르.

뒤세스 브리제.

브아외즈.

부셰가 그린 '리 드 르포'에 앉아 있는 여인.

리 드 르포.

포테유 드 뷔로.

베외즈.

자다. 뒤에 선 사람이 앞사람 어깨에 손을 올리듯 편안하게 팔을 올릴 수 있는 쿠션이 달린 의자 '브아외즈voyeuse'는 게임장에서 어깨너머로 남의 게임을 구경하며 소일하는 일상의 풍경을 보여준다.

드레스를 입은 귀부인들은 비스듬히 누워 관능미를 뽐낼 수 있는 긴 의자인 '뒤셰스 브리제duchesse brisée'를 선호했다. 반면 공사다망한 관리들은 팔걸이를 열면 펜을 넣을 수 있는 작은 함이 나오고 다리를 벌리고 앉아도 편안하도록 좌판을 삼각형으로 만든 의자인 '포테유 드 뷔로fauteuil de bureau'를 아꼈다.

요즘의 소파에 해당하는 '리 드 르포lit de repos'(휴식용 침대)나 바구니 모양의 '오토망ottomane', 벽난로 옆에 붙여놓기 위해 한쪽을 구부린 소파인 '베외즈 veilleuse' 등 모임과 만남을 위한 다채로운 의자들이 이 시기에 탄생했다.

이 의자들은 그 이름만으로도 18세기의 낭만적인 분위기를 느끼게 해준다. 뒤셰스 브리제는 '떨어져 있는 공작부인'이라는 뜻이며 베외즈는 '감시하는 여인', 브아외즈는 '보다'라는 동사에서 비롯된 명칭이다.

10장

여자의 변신,
여자의 힘

여자의 변신은 무죄가 아니라
의무이자 미덕이던 시대.

여인들에게 아름다움은 열망이자
남성을 굴복시키는 권력이었다.

곁에 있는 남자에게 넌지시 손을 건네는
여인의 은근한 눈길,
그녀의 속내는 과연 무엇일까?

은제 주전자와 대야
p. 240

18세기식 메이크업
p. 255

거울
p. 261~263

인테리어 겸용 소파
p. 265

1 장-프랑수아 드 트루아, 〈투알레트 테이블에서〉,
캔버스에 유채, 1764년경, 넬슨-앳킨스 박물관, 캔자스시티.

가벼움, 활기, 기쁨, 경솔함, 교태

나는 이 빛나는 사람들의 희망 곁에 머문다.

웃음은 그들이 나에게 주는 헌사이며

나의 종교는 투알레트이다.

—루이 드 부아시, 『경박함 *La frivolité*』 중에서

어릴 적 어머니가 화장하는 모습을 넋을 잃고 바라본 적이 많다. 화장대에는 아름다운 빨간색 립스틱과 예쁜 상자에 담긴 분통이 있었다. 몰래 립스틱을 발라보고 분통을 열어 향기로운 냄새를 맡아보던 유년의 기억은 풀풀 날리던 분가루처럼 아련하다. 이제는 화장하는 여자의 모습에서 간혹 슬픔이 배어 있음을 아는 나이가 됐지만, 그래도 거울 앞에서 바쁜 손놀림으로 얼굴을 단장하는 여자의 모습은 늘 매혹적이다.

귀부인에게 팔찌를 받는 [그림 1] 속 남자 역시 그녀의 향기에 이끌려 아침 일찍부터 여인의 방을 찾은 것은 아닐까? 거울에 반사된 아침 햇살 덕분에 방 안은 꿈속의 한 장면 같다. 중국의 꽃을 섬세하게 수놓은 새틴 의자, 구석에 놓인 3단 장식장에서 반짝이는 은제 주전자와 대야, 랑브리 위에 살짝 올려놓은 청아한 중국 도자기가 분가루처럼 둥둥 떠다니는 듯하다.

이곳은 그녀의 세계다. 새하얗다 못해 투명하기까지 한 모슬린으로 덮어놓은 화장대에는 몇 번씩 닦아 윤을 낸 은제 화장품 단지와 붉은 칠기 정리함이 요염하게 빛나고, 칠기로 테두리를 두른 거울이 귀부인의 하얀 손을 비춘다. 모든 것이 우아하게 자리 잡은 방 한가운데에 주인공인 그녀가 서 있다. 하녀가 걸쳐주는 빨간 실크 드레스를 입느라 살짝 돌린 하얀 목덜미와 장밋빛 볼이 관능적이면서도 청순하다.

2 18세기 신사의 투알레트.　　　　　　　　**3** 18세기 숙녀의 투알레트.

이 그림의 제목에서 '투알레트^{toilette}'는 현대 프랑스어로 화장실을 가리키는 말이다. 하지만 18세기에는 몸을 치장하는 모든 행위를 총칭하는 말이었다. 화장을 하고 옷을 입는 것뿐만 아니라 목욕하고 이를 닦고 머리를 손질하는 것까지도 투알레트라고 했다. 투알레트는 서로를 보고, 보여주며, 소개하고 만나는 18세기의 사교 문화에서 가장 기본적인 생활 습관이었다.[2,3]

아름다운 여인의 역할이란 우리가 생각하는 것보다 대단히 중요하다. 여자들에게 아침의 투알레트에서 벌어지는 일보다 더 중요한 것은 아무것도 없다.

이 같은 몽테스키외의 말처럼 투알레트는 당시 여인들에게 신성한 의무였다. 투알레트가 얼마나 중요했던지 집 안에 투알레트만을 위한 작은 공간이 생긴 것도 이 무렵이다. 과연 여인들의 투알레트에서는 무슨 일이 벌어졌던 걸까?

투알레트에 대해 가장 생생한 증언을 남긴 이는 18세기 파리 풍경을 적나라하게 묘사한 에세이를 남긴 루이-세바스티앵 메르시에^{Louis-Sébastien Mercier}이다.

아름다운 여성에게는 매일 아침마다 두 번의 투알레트가 있다. 첫 번째는 비밀스러워서 애인이라도 절대 봐서는 안 된다. 애인이라 할지라도 정해진 시간이 될 때까지 기다려야 한다. 두 번째 투알레트에서 명심할 것은 화장하기 전 여자의 맨얼굴이 화장을 마친 얼굴과 전혀 다를 수 있다는 것이다. 그러니 절대 놀라는 기색을 보여서는 안 된다. 바로 이것이 규칙이다.

화장 전후 여자의 변신은 예나 지금이나 마찬가지였나보다. 메르시에가 이야기했듯이 18세기 여성들은 투알레트를 두 번 했다. 첫 번째 투알레트는 남에게, 특히 애인이나 남자에게 보여서는 안 되는 것이다.[4·5] 잠자리에서 일어난 여인이 제일 처음 비밀스럽게 하는 투알레트란 과연 무엇일까? 바로 볼일을 보고 세수하는 일이다. 누구나 자고 일어나면 세수를 하는데 뭐 그리 대단한 비밀인가 의아할 수도 있다. 하지만 당시에는 세수를 한다는 것 자체가 새로운 풍습이었다.

4·5 남에게 보여서는 안 되는 은밀한 첫 번째 투알레트.

물로 몸을 씻을 수 있다니

루이 14세 시대의 베르사유는 화려한 외양 아래 상상하지 못할 현실을 감추고 있었다. 복도마다 오줌 냄새가 진동했고, 궁정인들이 움직일 때마다 가발에서 나온 비듬과 벼룩이 반질반질한 대리석 위로 우수수 떨어졌다. 정원사가 오린 듯이 손질해놓은 나무와 장대한 분수 근처는 아예 공중화장실이나 다름없었고, 아침마다 하얗게 분칠한 귀족들의 얼굴에는 여기저기 피부병 자국이 가득했다.

루이 14세조차 평생 목욕한 횟수를 꼽아보면 스무 번이 채 안 된다. 3, 4일도 아니고 3, 4년에 한 번씩 목욕한 셈이지만 이마저도 당시 사람들에게는 무척 놀라운 기록이다. 죽을 때까지 단 한 번도 목욕하지 않은 사람들이 태반인 시대였기 때문이다. 당시에 목욕이란 의사들의 처방에 따라 가끔 이루어지는 의료 행위였다.

더러움을 물로 씻는 것이 상식인 현대인을 놀라게 하는 기록들은 셀 수 없이 많다. 1671년 간행된 앙투안 드 쿠르탱Antoine de Courtin의 『프랑스의 성실한 사람들이 실천하는 새로운 예절 규범Nouveau traité de la civilité qui se pratique en France parmi les honnêtes gens』이라는 책에서 저자는 얼굴과 눈을 매일 흰 천으로 닦아주되 절대 물에 직접 닿지 않도록 주의하라고 당부한다. 물로 얼굴을 씻으면 자연적인 얼굴색이 사라지고, 경우에 따라 심한 감기와 치통, 열병으로 목숨을 잃을 수 있다는 이유에서다.

17세기인들에게 세수란 와인을 엷게 탄 물에 흰 천을 적셔 옷을 입었을 때 겉으로 보이는 얼굴과 손을 문질러 닦는 것을 뜻했다. 말하자면 마른세수를 한 셈이다. 머리 역시 물로 감지 않았다. 황산염이나 초산염에 향을 첨가한 가루인 '푸드르 드 비올레트poudre de violette'(보라색 가루)로 머리를 문질러 닦아냈다. 물에 닿으면 물에 들어 있는 나쁜 성분이 모공을 통해 몸속으로 들어온다고 믿었기 때문에 몸에 물이 직접 닿는 것을 극도로 두려워했다. 중세 유럽을 공포로 몰아넣은 페스트나 일단 걸리면 이렇다 할 치료법이 없는 성병, 각종 수인성 전염병, 유아들에게 특히 치명적인 천연두와 홍역, 주기적으로 유행한 티푸스 등 온갖 전염병들이 물에 대한 두려움의 근원이었다. 병이 왜, 어떻게 생기는지를 과학적으로 규명하지 못한 시대에 사람들은 이런 속설을 추호도 의심하지 않았다.

더군다나 깨끗한 물 자체를 구하기도 어려웠다. 부엌에서 일하는 하녀를 그린 장-바티스트-시메옹 샤르댕Jean-Baptiste-Siméon Chardin의 그림[6]은 잔잔한 삶의 풍경을 그렸지만 한편으로는 물을 구하기 어려운 시대의 애환을 적나라하게 보여주기도 한다. 18세기 파리에서 어느 정도 사는 집이라면 어디나 그림 속에 나오는 것 같은 구리 단지가 있었다. 아래쪽에 꼭지가 달린 이 단지는 지금으로 치면 물탱크다. 작은 것은 30리터, 큰 것은 180리터까지 물을 담을 수 있었다. 17, 18세기에 파리는 유럽 최고의 도시였지만 시내를 통틀어 공동 우물은 고작 35개뿐이었다. 개인 우물이 있어도 극소수에 불과했으니 집집마다 물을 저장해둘 구리 단지는 없어서는 안 될 필수품이었다.

단지에 담을 물은 빗물을 받아 쓰거나 사서 썼다. 아침저녁으로 파리 거리에

6 장-바티스트-시메옹 샤르댕, 〈물 단지에서 물을 긷는 여인〉.　　　7 파리의 물장수.

서는 "물 사시오" 하고 외치는 물장수[7]들이 2만 명을 헤아렸다. 이들이 파는 물은 맑은 지하수가 아니라 센 강에서 퍼 온 거무튀튀한 물이었다. 상하수도 시설이 갖춰지지 않은 터라 집집마다 각종 오물을 센 강에 버렸고, 치안이 불안해 강물에 시체가 떠오르는 일도 다반사였다. 여기서 퍼 온 물을 사서 음식을 해 먹었으니 병이 나지 않는 것이 이상할 지경이었다. 열악한 식수 사정은 인구가 밀집해 있는 파리가 특히 심해서 다른 나라에서 온 여행자들은 누구나 설사에 시달렸다.

물 부족은 18세기 후반까지 개선되지 않았다. 1760년대 기록을 보면 파리의 하루 물 소비량은 일인당 10리터가 되지 않는다. 1.5리터짜리 페트병으로 여섯 병 반 정도 되는 적은 양의 물로 음식과 설거지, 청소, 목욕까지 다 했다는 이야기다.

향수로 악취를 제압하고

제대로 씻지 않으니 지위 고하를 막론하고 몸에서는 냄새가 심하게 났다. 불쾌한 냄새를 가리는 유일한 방법은 향수를 뿌리는 것이었다. 그야말로 향취로 악취를 제압한 셈이다.[8]

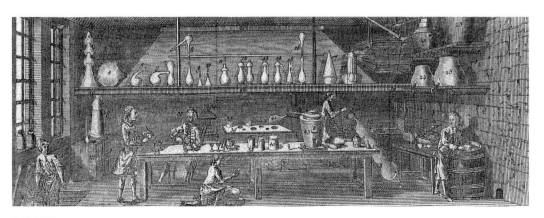

8 향수 공방.

당대의 멋쟁이로 유명했던 리슐리외 공작은 향수와 관련한 유명한 일화를 남겼다. 광신적으로 머스크 향을 즐긴 그는 속옷까지 머스크 원액을 잔뜩 뿌린 바람에 그가 지나갈 때마다 강렬한 향기가 진동했다. 극장 복도에 미처 다다르기 전부터 그의 출현을 대번에 알아차릴 정도로 냄새는 엄청났다. 향수에 중독된 나머지 후각이 거의 마비되다시피 한 당시 사람들조차 절로 코를 막을 정도였다. 게다가 리슐리외 공작은 "리슐리외가 방에 들어서면 가슴을 조이고 코를 막아라!"라는 에티켓을 스스로 공공연히 전파할 정도로 뻔뻔했다.

지독한 향기에 누구보다 고통받은 이는 공작과 한집에서 사는 그의 부인이었다. 마담 리슐리외는 지독한 향기를 참다 못해 묘책을 찾아냈다. 좀 엉뚱해 보이는 그 묘책은 집 안에서 양을 키우는 것이었다. 기름기 있는 양털과 양의 노린내가 향수 냄새를 잡아줄 것이라 생각했기 때문이다. 양털이 과연 향수 냄새를 흡수했는지는 알 수 없으나, 양의 노린내는 머스크 향을 덮어버릴 만큼 강력해서 나름대로 소기의 성과를 거뒀다고 한다.

18세기 중반에 접어들면서 차차 물로 세수하는 문화가 자리 잡기 시작한 이유 중 하나는 유행성 전염병이 예전에 비해 잦아든 것도 있지만 더 이상 악취를 참을 수 없었기 때문이다.

섬세하고 아름다워야 하는 로코코 스타일에 걸맞게 당시 유행한 향은 장미 향과 재스민 향이었다. 그런데 이렇게 은은한 꽃 향은 17세기에 유행한 사향이나 용연향 같은 강력한 냄새처럼 체취를 완벽하게 가려주지 못했다. 게다가 향기가 금방 증발해버리는 단점도 있었다. 이러한 문제를 해결해 머리끝부터 발끝까지 꽃 향을 최대한 오래 간직하는 방편으로 향을 탄 물로 손발을 씻는 새로운 유행이 자리 잡았다.

[그림 1] 속 선반에 놓인 은제 주전자와 쟁반같이 큰 대야가 바로 이러한 유행 때문에 태어났다. 아마도 그림 속의 귀부인 역시 남자를 맞이하기 전에 저 대야에 향을 탄 물을 담아 손발을 씻고 얼굴을 씻었을 것이다. 최대한 오래 은은한 향기가

풍기도록 옷에 다는 리본이나 장갑, 머리에 장식하는 조화에도 향을 첨가했다. 이러한 유행 덕분에 파리의 향수 산업은 폭발적으로 성장했다. 오늘날까지 프랑스를 향수 문화의 본거지로 꼽는 데는 18세기의 유행에서 그 뿌리를 찾을 수 있다.

향기는 그렇다 치고 미묘하고 기민한 감각이 추앙받은 로코코 시대에 귀부인들은 어떻게 '볼일'을 봤을까? 하수 시설이 미비했던 시대라 수세식 변기는 당연히 존재하지 않았다. 그 대신 가운데에 구멍을 뚫고 그 안에 구리나 자기로 된 요강을 넣은 '셰즈 페르세', 우리말로 하자면 '뚫린 의자'를 썼다(98쪽 참조). 그리고 그것과 비슷하게 생긴 비데bidet⁹에서 뒷물을 했다.

뚫린 의자는 그 역사가 오래되었다. 루이 14세 시대의 베르사유 궁 안에는

9 비데에서 뒷물을 하는 여인.

274개의 뚫린 의자가 있었다. 베르사유 성에는 화장실이 없었다는 이야기가 널리 퍼져 있지만, 사실은 그렇지 않았다. 누구나 이용할 수 있는 공중화장실이 있긴 있었다. 공식 접견에 참가하는 이들이 드나드는 '외교관의 계단Escalier des Ambassadeurs' 뒤편과 황세손들의 거처가 있는 성의 '남쪽 날개관Aile du Midi', 오페라 극장과 예배당이 있는 '북쪽 날개관Aile du Nord'에 여러 개의 공중화장실이 있었다는 기록이 남아 있다. 공중화장실에서는 뚫린 의자가 변기를 대신했다. 하지만 왕족과 귀족, 그들의 하인까지 3만 명 이상이 거주하는데다 전 유럽에서 관광객이 찾아오는 유명 관광지다보니 그 수가 턱없이 부족했다.

현재 남아 있는 뚫린 의자는 극소수다. 루이 14세가 대리석 욕조까지 갖춘 욕실과 금칠한 뚫린 의자를 여러 개 가지고 있었다는 기록은 있지만 온갖 내부 공사를 거치면서 오늘날의 베르사유에서는 그 자취를 찾아볼 수 없게 되었다.

이처럼 소위 '변기'가 들고 옮기기 쉬운 의자 형태였던 이유는 17세기 베르사유의 에티켓 때문이다. 루이 14세 시대에 뚫린 의자는 사람들이 많이 모이는 방 한가운데에 놓여 있었다. 루이 14세는 물론이고 여타의 왕족들도 다른 사람이 방 안에 있건 말건 엉덩이를 드러내고 볼일을 보는 게 당연했다.

18세기 중엽부터 뚫린 의자는 왕족뿐 아니라 대귀족 사이에서 광범위하게 유행했다. 고급스러운 뚫린 의자로 유명세를 탄 장인도 있었다. 피에르 미종Pierre Migeon은 이 분야에서 독보적인 명성을 쌓았다. 그가 만든 뚫린 의자는 바이올린이나 강남콩 깍지 모양의 우아하고 인체공학적인 형태에다 겉에는 자단이나 장미목 같은 고급 목재를 붙이고 금칠한 청동 장식을 단 작품급 변기였다. 볼일을 보고 나면 휴지 대신 면직물을 얇게 잘라 겹친 수건을 썼다.

뚫린 의자의 사용법도 조금씩 달라졌다. 루이 14세와는 달리 루이 15세는 욕실에 붙어 있는 화장실에 뚫린 의자를 놓아두고 조용히 볼일을 보았다. 볼일을 보는 것은 사적인 용무이자 남에게 보이기 부끄러운 일이라는 관념이 퍼져 나간 것이다. 귀부인의 우아한 이미지를 좋아하는 사람에게는 다행스럽게도 [그림 1] 속의 여인 같은 18세기의 귀부인들은 뚫린 의자를 침실 곁 내밀한 공간에 놓아두고 혼자 볼일을 보았다.

하지만 뚫린 의자는 권력자나 대귀족들의 전유물이었을 뿐이다. 일반 서민들은 공중변소나 요강을 이용했다. 건물당 한 개가 있을까 말까 했던 공중변소는 구덩이를 파놓기만 한 재래식 화장실 같은 구조였다. 자연히 악취와 불결함이 이루 말할 수 없었다. 18세기 파리 법원에 올라온 고소장 중에는 종종 공중변소를 치우는 사람이 태만해서 건물 복도가 온통 배설물로 넘친다는 웃지 못할 사연이 줄을 잇는다. 이런 사정으로 집집마다 요강을 두고 볼일을 본 뒤 집 밖의 거리에 내다버리는 일이 다반사였다. 길을 가다가 종종 창문에서 떨어지는 요강의 배설물을 맞는 불운은 당시 파리 사람들이라면 화낼 축에도 못 끼는 공공연한 일상이었다. 이 때문에 파리 시민들은 절대로 건물 가까이에서 걷지 않고, 신발을 더럽히지 않기 위해 항상 통통 점프하듯 뛰어다니며 걸었다.

18세기식 메이크업

볼일을 마치고 세수를 끝내면 마침내 두 번째 투알레트가 시작된다. 이를 '투알레트 오피시엘toilette officielle'이라고 하는데 단어 그대로 직역하면 '공적인 화장'이다.

이 시간에 여자들은 무도회의 초대장을 받기도 하고, 마음에 두고 있는 남자를 불러 오늘 일과를 슬쩍 물어보기도 하며, 연서를 쓰기도 했다. 여자가 투알레트 시간에 남자를 초대한다는 것은 그를 마음에 두고 있다는 은밀한 신호였다. 초대받은 남자들은 최대한 잘 차려입고 나타나 그녀가 화장하는 내내 곁에 붙어 그녀의 변신을 지켜보면서 세간에 회자되는 재미난 스캔들 따위를 속살거리며 환심을 사려고 애썼다.

10 몰려드는 방문객으로 발 디딜 틈이 없었던 마리 앙투아네트의 투알레트.

두 번째 투알레트가 공적인 화장인 이유는 화장뿐만 아니라 사교를 위한 시간이었기 때문이다. 권력을 가진 지체 높은 여인이라면 이 시간에 온갖 민원과 청탁을 하러 온 사람들을 만나기도 했다. 실제로 루이 15세의 정부인 마담 퐁파두르나 마담 뒤바리, 루이 16세의 왕비 마리 앙투아네트의 투알레트[10]에는 줄을 서서 기다릴 정도로 사람이 몰렸다. 청탁하러 온 사람이든 애인이든 그나마 다행인 건 두 번째 투알레트가 몇 시간이 걸릴 정도로 길었다는 점이다.

당시 화장은 그야말로 변신 그 자체였다. 18세기 화장품의 핵심은 남녀를 막론하고 얼굴에 바르는 걸쭉한 반죽인 '파르fard'였다. 파르는 돼지나 거위 기름에다 식물에서 추출한 엑기스, 은이나 명반을 섞어 만든 일종의 연고인데 요즘의 파운데이션 베이스 역할을 했다.

얼굴 전체에 파르를 바르고 나면 그 위에 분을 바른다. 분은 가루 형태가 아니라 백연, 수은, 은에 부채꽃 가루나 알로에, 강황을 섞은 반죽이었다. 분은 덕지덕지 아무렇게나 발라서는 안 되고 이마는 최대한 하얗게, 관자놀이 부분은 약간 덜 발라서 피부색이 드러나게, 볼은 약간 파란빛이 돌게, 특히 입술 주변은 석고처럼 하얗게 바르는 것이 정석이었다. 가장 중요한 포인트는 얼굴의 천연두 자국이나 상처, 붉은빛이 최대한 가려지도록 각별히 신경 쓰는 것이었다.

요즘은 자연스럽게 그을린 피부를 건강한 매력으로 받아들이지만 18세기인들에게 햇볕에 탄 피부는 천한 계층의 상징이었다. 남녀를 가리지 않고 외출할 때는 항상 모자를 쓴 채 그늘로만 다니고 양산을 휴대하는 것이 필수 매너였다. 이렇게 애써 하얀 피부를 유지한다 해도 당시엔 매독이나 천연두, 외상 감염 등에 의한 흉터가 흔한 탓에 분은 꼭 필요한 화장품이었다.

얼굴 전체에 하얗게 분을 바르고 나면 이번에는 얼굴에 활기를 불어넣기 위해 색조 화장을 할 차례다. 볼 터치 겸 립스틱은 연지벌레를 말려 가루를 내거나 주홍색 광물인 진사를 미세하게 빻아 썼다. '크레퐁crépon'이라 부른 솜뭉치에 양홍(연지벌레에서 추출한 붉은 색소) 염료를 묻혀 볼과 얼굴 주변에 붉은 터치를 더한다. 이런 화장법은 12세기로 거슬러 올라가 앙리 2세의 궁정에서도 유행했다. 하지만 당시의 여인들이 살며시 달아오른 듯한 은은한 볼 터치를 선호했다면 18세기 여인들은 하얀 피부와 대조를 이루는 아주 선명한 볼 터치로 얼굴을 더 작아 보이게 하는 효과를 노렸다.

그렇다고 아무 붉은색이나 칠해서는 안 되었다. 당대인들은 붉은색의 정도에 따라 계층을 구분했기 때문이다. 창녀는 피처럼 붉은색을, 오페라 극장에 드나드는 귀족은 장밋빛을, 궁정인은 선홍색을 썼다.

하얀 얼굴에 빨간색으로 포인트를 준 뒤에는 검정색을 쓸 차례다. 눈썹에는 재를 기름에 녹여 만든 연필로 조심스럽게 검정색을 입혀준다. 특히 눈썹은 정확

11 애교점을 붙인 여인.

하게 일자가 되도록 그리고, 눈썹 한 올 한 올을 모두 셀 수 있을 정도로 잘 빗어야 한다. 무엇보다 연약한 여자처럼 보이기 위해 파란 염료로 정맥을 몇 줄 그려 넣는 센스도 잊어서는 안 된다.

마지막으로 화룡점정의 시간, 애교점[11]을 붙일 차례다. 원래 애교점은 얼굴의 뾰루지처럼 도드라져서 짙은 분칠로도 도저히 가릴 수 없는 골칫덩이를 가리려고 검은 비단을 동그랗게 오려 붙인 것에서 시작되었다. 18세기식 여드름 패치인 셈이다. 그런데 검정 애교점은 하얀 피부를 더 돋보이게 하는 효과가 있어서 곧 선풍적인 인기를 끌었다. 기분에 따라 골라 붙일 수 있도록 별이나 새, 꽃 모양의 애교점까지 등장했다.

그런데 흥미로운 것은 여인이 애교점을 찍는 순간, 곁에서 지켜보는 남자는 가슴을 졸인다는 점이다. 왜 그랬을까? 애교점은 여성이 애인을 향한 은근한 메시지를 전하는 수단이었기 때문이다. 눈 옆에 붙이면 정열적인 사랑을, 볼 가운데

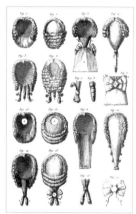

에 붙이면 우아한 사랑을, 보조개에 붙이면 주저하는 마음을, 코에 붙이면 별 관심이 없다는 뜻이다. 곁에서 오랫동안 여자의 변신을 지켜본 남자들은 애교점을 붙이는 순간 그녀의 속마음을 읽을 수 있었던 것이다.

그런데 여자의 마음은 갈대와 같다는 말처럼 남자에 대한 마음이 오락가락한 여자들은 얼굴 여기저기에 애교점을 붙여 남자의 마음을 흔들었다. 무려 열 개가 넘는 애교점을 붙인 여자도 많았으니, 여자의 속마음을 짐작하기란 꽤 어려운 일이었을 것이다.

애교점까지 찍으면 얼굴 화장은 마무리되지만 그렇다고 투알레트가 모두 끝난 것은 아니다. 화장보다 더 중요한 머리치장이 남아 있기 때문이다.[12~16] 머리 모양은 유행에 따라 높은 가발을 쓰거나 작은 모자를 더하는 등 조금씩 달랐지만 머리에 백분을 뿌리는 것은 늘 같았다. 전쟁터에 나가 목숨을 걸고 전투를 치르는 보병들도 배낭에 백분과 이것을 머리에 뿌리는 솜뭉치가 든 작은 상자, 머리카락을 마는 고데기를 가지고 다녔을 정도였다. 그러니 아름다움을 뽐내고 싶은 귀부인들이야 더 말할 나위가 없었다.

귀부인들은 '베네치아 금발'이라고 불린 하얀색에 가까운 황금색 머리카락을 선호했다. 다른 투알레트는 하녀에게 맡기더라도 백분을 가발에 뿌리는 일만큼은 '페리키에pérruquier'라는 전문가의 손을 빌렸다. 파리 시내에서는 아침마다 온몸에 백분을 뒤집어쓴 채 이집 저집을 뛰어다니는 페리키에들을 쉽게 목격할 수 있었다.

머리 백분의 주원료는 다름 아닌 녹말 가루였다. 얼마나 많은 사람들이 백분을 뿌려댔던지 프랑스에서 대기근이 닥친 1740년에는 백분이 사회 문제로 떠올랐다. 굶어 죽는 이가 속출하는 마당에 머리에 뿌리는 백분을 만들기 위해 다량의 곡물을 사용했으니 그럴 법도 했

▲ **12** 당시의 남성 가발 삽화.

■▼ **13·14** 18세기 헤어스타일 풍자 판화.

15·16 디드로의『백과전서』에 수록된 18세기 이발사의 작업장 풍경.

다. 의회는 백분 금지령을 내렸고, 이 때문에 백분의 가격은 여덟 배가 넘게 뛰었지만 대부분의 귀족들은 그럼에도 백분을 포기하지 못했다고 한다.

머리 단장을 마친 여인은 마지막으로 옷을 입는다. 당시 파리의 유행은 너무나 빨라서 어떤 옷을 입어야 뒤처지지 않을지가 늘 고민거리였다.

유행이 만들어낸 산업

나는 파리에서 놀라운 유행의 천국을 발견했다. 프랑스인들은 올여름에 어떤 옷을 입었는지도 모르고, 올겨울에 어떤 옷을 입게 될지도 모른다. 여섯 달 동안 파리를 떠나 지방으로 여행을 간 여자가 돌아오면 이미 삼십 년이나 뒤떨어진 고대인이나 다름없는 상태가 된다.

몽테스키외의 빈정거림처럼 18세기 중엽의 파리는 유럽에서 가장 화려한 패션의 중심지이자 유행의 일번지였다. 파리의 디자이너들은 어떻게 해서든 파리의

17·18 여인들의 가슴을 설레게 한 18세기 의상실 풍경.

유행을 따라잡으려는 타국의 궁정인들을 위해 옷을 작게 축소해 인형에 입혀 샘플로 보냈다. 자산으로 따지면 귀족에 못지않던 부르주아들 역시 귀족에게 질세라 유행에 맞춰 옷을 해 입었고, 이에 뒤지지 않으려는 궁정인들은 더욱 화려한 유행을 만들어내려고 머리를 싸맸다.**17·18**

19 18세기에 유행한 '로브 드 파니에'.

큰 바구니를 치마 안에 넣은 것 같다고 해서 '로브 드 파니에', 즉 '바구니 드레스'라는 이름이 붙은 드레스**19**는 18세기 프랑스의 히트 상품이었다. 한 벌에 족히 3미터 60센티미터나 되는 옷감이 들어가는 이 드레스 덕에 프랑스의 직조 산업은 날로 번창했다.

직조 산업만 투알레트의 혜택을 본 것은 아니었다. 투알레트의 상징인 거울 역시 마찬가지였다. 거울에 얽힌 스토리는 한 편의 산업 스파이 소설이나 다름없었다. 수정처럼 투명도가 높은 '결정 유리crystal glass'가 발명된 것은 15세기 말이었다. 당시 수은과 주석을 합금해 결정 유리를 만드는 비법은 오로지 베네치아의 무라노 섬 유리공들만 알고 있는 최대의 산업 비밀이었다. 16세기에 거울은 아주 소수의 권력자들만 가질 수 있는 귀한 물건이었고, 프랑스 왕실은 베네치아 최고의 고객이었다.

프랑수아 1세 때부터 결정 유리를 만드는 기술을 알아내기 위해 베네치아 유리공을 초빙하고 왕명으로 실험실에 준하는 유리 공방을 만들었으나 모두 허사였다. 현대의 산업 스파이처럼 프랑스로 이주한 베네치아 유리공들은 공공연히 배신자로 낙인찍혔고, 살해 위협에 시달리다가 결국 정말로 살해되었다. 범인을 색출하기 위해 조사가 진행되었지만 별무소용이었다. 프랑스의 중상주의를 이끌던 콜베르를 비롯해 여러 야심가들이 왕명을 받아 끊임없이 시도했지만 근 백 년 동안 프랑스에서는 거울을 만들지 못했다.

이탈리아와 독일에서 구해 온 거울을 5백여 개나 소장하고 있던 루이 14세는 반드시 프랑스산 거울을 보고야 말겠다는 집념으로 거울 산업을 후원했다. 마침내 최초로 프랑스산 거울이 탄생한 해는 1670년이다. 베르사유 궁의 호화로운 '거울의 방'이 그토록 화제가 되었던 것은 '왕실 거울 제조창'에서 발명한 최신 기술 때문이었다.[20] 녹인 유리를 금속 테이블에 부어 최대 가로 1미터, 세로 2미터 70센티미터에 달하는 큰 거울을 만드는 신기술 덕택에 17세기 말엽 프랑스는 유럽 최대의 거울 생산국으로 거듭났다.

하지만 당시의 거울은 현대인의 시각으로 보면 전혀 거울 같지 않은 거울이다. 나무로 불을 때 유리를 녹였기 때문에 나무 타는 연기에서 비롯된 파란색과 회색이 감돌고, 유리 내부에 공기 방울이 가득해서 얼굴이 제대로 보이지도 않는다. 하지만 그 누구도 30센티미터가 넘는 거울을 보지 못한 시대에 거울의 방에 달린 거대한 거울은 놀라움 그 자체였다. 이제는 상황이 반전되어 독일과 이탈리아의 스파이들이 왕실 거울 제조창에 출몰하는 사태가 벌어졌다. 루이 14세는 이곳에서 제작한 거울을 외교 선물로 활용하며 세일즈 활동을 펼쳤다. 1686년 태국 대사가 베르사유 성을 방문했을 때 루이 14세는 거울을 선물로 건넸고, 그 결과는

20 디드로의 『백과전서』에 수록된 거울 공방 삽화.

아유타야 궁전을 장식하기 위한 태국 왕실의 주문으로 이어졌다.

왕실 거울 제조창이 번성하고 기술이 발전함에 따라 섭정기부터 거울은 서서히 대중화되기 시작했다. 거울이 프랑스식 인테리어에서 빠질 수 없는 요소로 자리 잡은 것이 바로 이때다. 빛을 반사하는 거울은 조명을 대신해 방을 환하게 밝혀주는 효과가 있었고, 특히 정원을 마주 보는 벽에 거울을 걸면 마치 정원이 집 안에 들어와 있는 듯한 연출이 가능했다. 벽난로 위, 창문과 창문 사이, 벽에 붙인 콘솔 위쪽에 거울을 붙이는 스타일이 유행하자 귀족들의 주택가인 생토노레, 생제르맹, 쇼세당탱과 마레에는 베르사유 성의 거울의 방 못지않게 수많은 거울로 내부를 치장한 저택들이 들어섰다.

권력과 문화를 조종한 투알레트

매일 아침마다 오랜 시간 공을 들여 투알레트에 힘쓰는 18세기 여인들의 풍습은 프랑스의 문화, 나아가 유럽의 문화를 바꿔놓았다. 이것이 바로 투알레트가 지닌 마력이자 몽테스키외가 "그녀들에게 투알레트보다 중요한 것은 없다"고 말한 이유다.

루이 14세 시대까지만 해도 프랑스 오브제들은 남성적이었다. 남자가 권력을 쥔데다 힘을 과시하기 좋아한 왕들이 넘쳐나는 시기였으니 당연한 경향이라고 볼 수 있다. 그러나 섭정기부터 단지 첩이나 왕비 같은 타이틀에 머물지 않고, 역사서에 또렷한 이름을 남긴 여걸들이 등장했다. 그녀들은 스스로 권력의 자리에 오르지는 못했으나 남자들의 뒤에서 투알레트가 가져다준 아름다움을 무기로 권력과 문화를 조종했다. 이때부터 문화 후원자였던 그녀들의 취향이 크게 반영되면서 여성적이고 우아한, 오늘날 우리가 프랑스 문화의 특징이라고 생각하는 요소들이 등장했다.

투알레트가 당시 여인들에게 권력과 문화를 가져다주었으니, 몽테스키외의 말처럼 여자에게 투알레트보다 중요한 것은 정말 없었는지도 모르겠다.

대화를 위한 가구, 카나페

[그림 1]을 보면 시중드는 하녀 뒤로 거울 아래 긴 의자가 보이는데 이를 '카나페canapé'라고 한다. 카나페는 여러 명이 앉을 수 있는 의자를 통칭하는 이름이다. 사람을 만나고 대화를 나누는 사교 활동이 사회생활을 좌우했던 18세기, 모임을 위한 가구 카나페는 라이프 스타일이 달라짐에 따라 여러 형태로 진화했다.

카나페 중에서 높이가 낮아서 털썩 주저앉기 좋은 스타일의 의자를 '소파'라고 한다. 우리가 아는 '소파'라는 이름이 여기서 왔다. 등받이가 둥글고 전체적으로 바구니 모양인 카나페는 오토망, 등받이와 연결된 팔걸이가 둥글게 말려 벽난로 옆에 놓아도 열기를 적당히 막아주도록 만든 카나페는 베외즈, 양쪽으로 서로 얼굴을 보고 앉을 수 있도록 만든 카나페는 콩피당confident이라고 부른다. 콩피당은 속내를 이야기할 수 있는 아주 가까운 사람을 부르는 말인데, 가구에 이런 낭만적인 이름을 붙였다니 과연 로코코 시대답다.

17세기만 해도 별로 쓸모가 없어서 주목받지 못했던 카나페는 18세기에 접어들며 실내 인테리어를 좌우하는 가구로 변신했다. [그림 1]을 유심히 들여다보면 그림 속 카나페의 등받이 모양이 뒤에 달린 랑브리와 아귀가 딱 맞는다. 마치 랑브리 위에 달린 거울과 한 세트 같다. 방의 랑브리와 맞춤한 모양의 카나페는 루이 15세 시대 실내 인테리어의 대표적인 특징이다. 요즘으로 치면 일관된 콘셉트로 집 안 전체를 꾸미는 것과 비슷하게 당시 메뉴지에들은 실내에 랑브리를 설치하면서 의자도 함께 제작했다. 맞춤 제작이기 때문에 당연히 카나페의 등받이 모양은 카나페가 놓일 자리의 랑브리와 아귀가 맞고 장식 모티프도 똑같다. 그림 속 카나페 역시 등받이 한가운데에 조가비 문양이 조각되어 있는

▲ 장-프랑수아 드 트루아, <사랑의 고백>.

▼ 18세기의 카나페 디자인.

▶ 카나페 세부 도안.

265

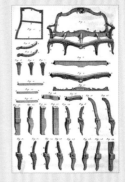

18세기 장인 피에르 플레의 카나페와 설계 부분도.

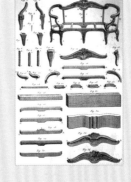

18세기 중반에 제작된 루이 15세 스타일의 카나페와 설계 부분도.

데, 그림에 묘사되지는 않았으나 필시 뒤편 거울의 맨 위에도 조가비 문양이 달려 있었을 것이다.

방 안의 다른 의자 역시 카나페의 형태와 장식에 맞췄다. 카나페의 등받이가 둥글면 역시 등받이가 등근 의자인 '카브리올레'를, 일자 등받이를 하고 있으면 '베르제르'나 '포테유 아 라 렌'을 배치하는 식이다. 패브릭 역시 마찬가지다. 카나페와 여타 의자, 커튼까지 방 안의 모든 패브릭 마감재는 되도록 같은 재질에 같은 장식 모티프가 있는 패브릭을 쓰고 계절에 따라 패브릭 일습을 바꿨다.

이 시대의 소설을 읽어보면 당대인들이 대화 중에 말투나 사소한 단어 하나하나에 답답할 정도로 집착했음을 알 수 있다. 행간에 숨은 상대의 의중을 읽는 것이 사교의 모든 것이었기 때문이다. 루이 15세 시대의 공간 역시 그러했다. 커튼의 장식술 하나까지도 조화와 콘셉트를 고려한 섬세한 공간이었다.

인테리어를 단순히 치장이라고 생각할 수도 있지만 냉장고를 사용하기 때문에 냉장고가 놓일 자리를 만들고, 컴퓨터의 등장으로 컴퓨터 책상이 생긴 것처럼 가구와 인테리어는 당대의 생활방식과 풍속을 재현하는 말 없는 증언자다. 사소한 것까지 아름답게 꾸미고자 했던 로코코 시대. 그들의 아름다운 실내 디자인만큼 그들의 대화와 에티켓은, 사소한 손짓과 눈길은 또 얼마나 아름다웠을까.

화장 세트 toilette

여인들의 화장과 마찬가지로 화장 세트 역시 투알레트라고 불렀다. [그림 1] 속 화장대 위에는 거울, 화장품을 담는 작은 단지 일습, 솜뭉치를 넣는 함이 보인다. 붉은 칠기함과 거울을 제외하면 나머지는 모두 은제품이다. 그림 속에서는 확실히 구분되지 않지만, 화장 세트에는 향수병, 화장대용 큰 거울과 손거울 등 화장을 위한 도구 일습이 포함되어 있다.

화장 세트는 금이나 은, 도자기로 만들었다. 대단한 사치품 중 하나였기 때문에 당시에도 아무나 쓸 수 있는 물건이 아니었다. 요즘 경매에서도 종종 이러한 화장 세트를 찾아볼 수 있는데 한 세트의 구성품이 모두 고스란히 보존된 경우는 극히 드물다. 금이나 은으로 만든 화장 세트는 위급할 때 현금 역할을 하는 재산이었기 때문이다.

[그림 1]에는 등장하지 않지만 화장만을 위한 전용 가구인 화장대도 있었다. 미용사라는 뜻의 쿠아푀즈coiffeuse, 분 칠해주는 여자를 뜻하는 푸드뢰즈poudreuse 등 다양한 화장대가 출현했다. 아랫부분에는 소품을 정리할 수 있는 서랍이, 윗부분의 상판을 열면 거울과 함께 양쪽으로 펼쳐지는 날개 테이블이 나온다. 재미난 점은 그림 속의 남자처럼 여인들의 화장대 옆에 붙어 속살거리는 남자 관객을 위해 화장대의 다리와 다리 사이를 넓게 비워두었다는 점이다. 다리를 화장대 아래에 넣고 찰싹 붙어 여인을 바라보라는 의도다.

화장대는 여인들이 주도한 이 시대 문화의 특성을 고스란히 보여준다. 극히 드물게 보이는 나비나 반달, 하트 모양의 화장대에는 거기에서 분을 칠하고 볼을 붉게 물들였을 그녀의 교태와 눈웃음이 담겨 있다.

18세기에 유행한 화장대 가구.

267

11장

왕의 첩,
퐁파두르를 위한 변명

한쪽에서는 시샘과 험담을
다른 쪽에서는 찬사와 존경을.

복잡다단한 왕을
유일하게 위로할 수 있었던 여인.

오직 왕 한 사람을 위해
모든 것을 바쳤건만
요부로만 기억되는 그녀의 진실은 무엇일까?

1 모리스-캉탱 드 라투르, 〈퐁파두르 후작부인의 초상〉,
종이에 파스텔과 구아슈, 1748~1755년, 루브르 박물관, 파리.

내 인생은 끔찍해요.

단 일 분조차 나만의 시간을 가질 수 없어요.

―마담 퐁파두르의 편지, 1749년

1764년 4월 15일 밤 10시, 베르사유 궁 정문이 공식적으로 닫히기 직전 어둠 속에서 궁전을 빠져나가는 두 명의 인부가 있었다. 그들은 예배당에서 왕족의 거주지로 이어지는 복도를 황급히 지났다. 뭔가 수상쩍은 것을 들처 멘 이들의 조심스러운 움직임을 어떤 궁정인도 눈치채지 못했다. 그 시각, 아무 일도 없다는 듯 고요하기만 한 베르사유 궁의 은밀한 카비네에서 루이 15세는 측근과 환담을 나누며 밤참을 먹고 있었다.

인부들이 어깨에 멘 것은 한 여인의 시체였다. 왕족을 제외한 그 어떤 이도 죽어서는 베르사유 궁 안에 머물 수 없기에 숨이 멎자마자 옷이 모두 벗겨진 시신은 냄새가 나지 않도록 향료만 급히 뿌린 채 침대보로 둘둘 말아 궁 밖으로 내쳐졌다. 침대보가 얇아서 가까이 가면 그녀의 마른 몸통과 앙상한 다리는 물론이고 얼굴까지 알아볼 수 있었다.

오랫동안 병석에 누워 있던 여인이 하필이면 야밤에 숨지는 바람에 어둠 속에서 께름칙한 일을 하게 된 인부들은 불평을 쏟아냈다. 그들이 발걸음을 재촉한 곳은 죽은 여인의 본가인 파리의 레제르부아르 저택Hôtel des Réservoirs이었다. 같은 시각, 파리 시민들은 여인의 부고에 환호성을 지르며 저녁 식탁에서 술잔을 기울였다.

이틀 뒤인 4월 17일 늦은 오후, 베르사유의 노트르담 예배당에서 여인의 장례식을 알리는 종이 울렸다. 폭풍우가 몰아칠 듯 검은 먹구름이 비를 뿌리는 가운데 여덟 명의 남자가 관을 운구했다. 공식적으로 후작의 지위에 오른 여인의 마지막 길을 위해 신부 100명, 하인 42명, 가난한 이들 72명이 참석했다. 겉으로는 화려했지만 여인과 가까운 사람이라고는 고작 열 명 정도밖에 찾아볼 수 없는 쓸쓸한 장례식이었다. 비바람에 흔들리는 촛불 아래로 울려 퍼지는 장엄한 미사곡을 뒤로하고 장례를 마친 사람들은 서둘러 예배당을 떠났다. 여인의 관은 영원한 안식처를 찾아 파리의 카퓌신 수도원으로 옮겨졌다.

장례식이 열린 시각, 루이 15세는 카비네에 틀어박혀 빗방울이 부딪히는 어두운 창가를 물끄러미 바라보고 있었다. "후작부인이 여행을 떠나기에는 그다지 좋은 날이 아니군." 이틀 전 여인의 죽음을 통보받았을 때 그는 차가운 어조로 답했다. 그의 눈에서 눈물이 흘러내렸다. 왕의 자리에서 할 수 있는 일은 고작 그것뿐이었다. 19년이나 루이 15세의 애첩이자 친구로서 프랑스를 쥐락펴락한 요부 퐁파두르 후작부인은 이렇게 외로이 역사에서 퇴장했다.

천한 출신의 유부녀가 당당한 후궁으로

후에 마담 퐁파두르가 되는 잔 앙투아네트 푸아송Jeanne Antoinette Poisson은 군수 물자를 공급하던 프랑수아 푸아송François Poisson과 온갖 연애 스캔들을 몰고 다녔던 마들렌 드 라모트Madeleine de La Motte 사이에서 첫째 딸로 태어났다.

그녀의 어린 시절에 대해서는 알려진 바가 거의 없다. 출생 증명서 외에 남아 있는 공식 기록은 혼인 기록이다. 그녀는 스무 살이 된 1741년 3월 9일 샤를-기욤 르노르망 데티올Charles-Guillaume Lenormant d'Étioles과 혼인했다. 그는 삼촌 투르넴 Charles-François-Paul Lenormant de Tournehem과 함께 왕에게 미리 돈을 대주고 징세권을 인계받아 세금을 걷는 금융업에 종사했다. 결혼 후 여러 번 유산의 아픔을 겪은 잔은 1744년 간신히 알렉상드린이라는 딸을 낳았다. 그리고 이듬해인 1745년 루이 15세의 첩으로 간택되어 퐁파두르 후작부인이라는 작위를 받고 베르사유 궁

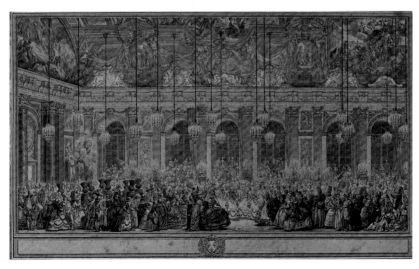

2 샤를-니콜라 코생, 〈1745년 2월 25일 베르사유 궁 갤러리에서 열린 가면무도회〉.

에 입성한다.

퐁파두르와 루이 15세의 첫 만남이 언제 어떻게 이루어졌는지에 대해서는 여러 이야기가 분분하다. 남편 데티올의 시골집 근처에 있던 왕의 사냥터에서 루이 15세를 처음 만났다는 이야기가 있는가 하면 1745년 2월 25일 왕세자의 결혼 축하 가면무도회[2]에서 나무로 변장한 루이 15세가 목동으로 분장한 그녀를 유혹했다는 일화까지 다양하다.

왕과 부르주아 유부녀의 사랑을 흥미로운 이야깃거리로 각색한 여러 이야기 중에 어떤 것이 진짜인지는 알 수 없다. 다만 확실한 것은 그녀가 2월 25일에 열린 가면무도회에 참석해달라는 루이 15세의 공식 초대장을 받았다는 사실이다.

그때만 해도 잔 앙투아네트의 존재를 아는 궁정인은 많지 않았다. 루이 15세의 공식 후궁이던 마이-네슬Mailly-Nesle 가문의 네 자매인 마이 백작부인comtesse de Mailly, 뱅티미유 후작부인marquise de Vintimille, 로라게 공작부인duchesse de Lauraguais, 샤토루 공작부인duchesse de Châteauroux은 귀족 출신인데다 네 자매의 어머니는 쥘 마자랭의 조카 손녀였다. 반면 잔은 일개 부르주아에 불과했다. 그때까지 부르주아 신분의 여성이 공식적으로 후궁으로 인정받아 베르사유 궁에 입성한 전례는 없었고, 또 있을 수도 없는 일이었다.

사실 잔의 어머니는 난잡한 사생활로 소문이 좋지 않았고, 아버지 푸아송은 세금을 떼먹고 국외로 도망간 전력까지 있었다. 게다가 유부녀라는 사실 외에 진짜 아버지가 누구인지 알 수 없는 복잡한 관계에서 태어났다는 점도 결격 사유였다. 역사가들은 그녀의 생부가 어머니의 연인이자 그녀의 남편에게는 삼촌이 되는 투르넴이었을 것으로 짐작한다. 그가 어린 잔을 교육하는 데 많은 돈을 댔다는 사실이 이런 추측을 뒷받침한다.

여러 흠결이 있었지만, 잔은 루이 15세를 만난 뒤 퐁파두르 지방의 영지와 작위를 하사받아 퐁파두르 후작부인으로 다시 태어났다. 남편과의 이혼도 일사천리로 진행됐다. 공식적인 후궁의 자리에 오르려면 왕족 중 누군가가 대모代母가 되어 그녀를 궁에 소개하는 까다로운 절차를 거쳐야 한다. 이러한 난관도 루이 15세가 직접 콩티 왕자의 미망인 루이즈 엘리자베트에게 빚을 대신 갚아주며 부탁한 덕분에 어렵지 않게 해결할 수 있었다. 그녀는 한마디로 개천에서 승천한 용이었다.

단지 미모 때문일까?

그렇다면 도대체 루이 15세는 마담 퐁파두르의 어떤 점에 그토록 매혹되었을까? 첫손에 꼽히는 것은 탁월한 미모다. 그러나 그녀의 실제 얼굴이 어떠했는지는 정확하게 알 길이 없다. 물론 장-마르크 나티에Jean-Marc Nattier나 프랑수아 부셰François Boucher[3·4], 샤를-아메데 반 루Charles-Amédée Van Loo[5], 모리스-캉탱 드 라 투르Maurice-Quentin de La Tour, 샤를-니콜라 코생Charles-Nicolas Cochin, 프랑수아-위베르 드루에François-Hubert Drouais, 장-바티스트 르무안Jean-Baptiste Lemoyne[6],

3·4 프랑수아 부셰가 그린 퐁파두르.

장-바티스트 피갈Jean-Baptiste Pigalle 등 당대의 유명 화가와 조각가들이 그녀를 모델로 작품을 남겼다. 하지만 이 작품들은 그녀의 동생 마리뉘 후작marquis de Marigny이 "그중에서 누이의 얼굴을 정확하게 그린 것은 하나도 없다"고 일갈했을 만큼 미화된 것들이다.

다행히 남아 있는 몇몇 기록들 덕분에 그녀의 실제 얼굴을 어렴풋이 상상해 볼 수는 있다. 루이 15세의 사냥 보좌관이자 '동물의 행동'에 관한 책을 쓰기도 한 샤를-조르주 르루아Charles-Georges Le Roy는 그녀의 외모에 대해 다음과 같은 기록을 남겼다.

퐁파두르 후작부인은 키가 크고 날씬하며 유연하고 우아하다. 키와 잘 어울리는 얼굴은 완벽한 달걀형에 금발이라기보다는 밝은 갈색 머리, 큰 눈, 머리와 같은 색의 아름다운 눈썹, 완벽하게 생긴 코, 매혹적인 입, 아름다운 이에 최고로 감미로운

5 샤를-아메데 반 루가 그린 퐁파두르. 　　6 장-바티스트 르무안이 조각한 루이 15세와 퐁파두르.

미소를 가졌다. 세상에서 가장 아름다운 피부가 이 모든 것에 환한 빛을 부여한다.

　　이 증언과 함께 지금까지 남아 있는 초상화들을 비교해보면 마담 퐁파두르는 달걀형의 얼굴, 하얀 피부, 밝은 갈색 머리 그리고 여리여리하고 비율이 좋은 몸매의 소유자였음이 분명하다. 그리고 이러한 특성들은 당대인들이 미인을 이야기할 때 손꼽는 조건이기도 했다. 하지만 이성에 대한 취향은 제 눈에 안경인 법이다. 루이 15세 역시 그녀의 미모에 혹해서 그녀를 좋아하게 된 것일까?

　　세상에 미인을 싫어하는 남자는 없다지만 루이 15세가 정말 예쁜 여자를 밝혔는지에 대해서는 의문의 여지가 많다. 마담 퐁파두르 이전에 가장 총애해 슬하에 아이까지 낳은 뱅티미유 후작부인은 예쁘다고 말하기는 힘든 외모였다. 그녀는 루이 15세보다 키가 훨씬 큰 거구에다 머리카락은 뻣뻣하고 피부는 생기 없이 누런데다 목소리는 걸걸한 대장부 스타일의 여인이었다.

　　사실 마담 퐁파두르가 공식적인 후궁의 자리에 머문 시기는 1745년부터 1750년까지 5년에 불과하다. 그 뒤로는 왕족만 거주하는 베르사유 궁의 2층, 왕의 침실 위층에 머물면서 루이 15세의 친구이자 조언자로서 후궁 시절보다 더한 권세를 누렸다. 마담 퐁파두르가 공식적인 후궁 자리에서 물러난 이후 루이 15세는 후궁을 두지 않고 그 대신 베르사유 궁 근처에 '사슴 정원'이라고 알려진 작은 집에 출신이 미천한 처녀들을 데려와서 향락을 즐겼다.

이 같은 루이 15세의 행적은 프랑스 야사野史에서 유명한 화젯거리였다. 사슴 정원은 거대한 '왕의 하렘'이라고 부풀려지기도 했으나 사실 그 정도는 아니었다. 이곳을 거쳐간 여자들은 모두 일곱 명 정도로, 이들은 이곳에 한동안 머물다가 루이 15세의 아이를 낳고 수도원으로 들어가거나 지참금을 받고 시집을 갔다. 그녀들이 누구였는지에 대해서는 이름 외에 상세히 알려진 바가 없으며, 다만 부셰의 그림 모델인 마리-루이즈 오뮈르피Marie-Louise O'Murphy[7]의 모습이 그림으로 전해질 뿐이다.

사실 마담 퐁파두르는 성적인 면에서는 후궁으로서 자격 미달이었다. 그녀의

7 오뮈르피를 모델로 그린 부셰의 〈금발의 오달리스크〉.

불감증은 궁정인들이 다 알 정도로 유명했고 몸이 허약한 탓에 정력이 넘치는 루이 15세의 성욕을 만족시켜줄 수 없었다. 늘 궁전이 춥다고 불평하며 감기에 시달린 마담 퐁파두르는 불감증과 허약한 체질을 고쳐보려고 당시의 온갖 치료법을 다 써보고, 최음제로 알려진 셀러리와 초콜릿, 계피를 매일 먹었지만 효과를 보지 못했다.

그러나 루이 15세는 마담 퐁파두르의 이 같은 결점을 그리 개의치 않았던 듯하다. 사슴 정원을 만들어 스캔들의 위험을 무릅쓸지언정 그녀가 죽기 전까지 공식적인 후궁을 한 명도 두지 않았던 것이 그 반증이다. 이러한 정황으로 보면, 마담 퐁파두르가 오로지 미모와 육체적인 매력만으로 오랜 세월을 루이 15세 곁에서 버텼다고 보기는 어렵다.

계몽 정신을 후원한 지성의 소유자

두 번째로 손꼽히는 마담 퐁파두르의 매력은 교양이다. 그녀는 어린 시절, 부르주아 집안의 딸들이 교육을 받는 우르술라회 수녀원에서 기숙하며 읽기와 쓰기, 자수와 댄스 등 당시 여자가 지녀야 할 기본 소양을 익혔다. 수녀원을 졸업한 뒤에는 생부로 알려진 투르넴의 지원을 받아 유명한 선생들에게서 연극과 성악, 하프시코드 연주를 사사했다.

나아가 자유주의적인 분위기로 유명한 마담 탕생의 살롱에 드나들며 당대 최고의 지식인인 몽테스키외, 볼테르와 친분을 맺었다. 흥미롭게도 퐁파두르가 루이 15세에게 연애편지를 쓸 때 옆에서 코치해준 이가 바로 볼테르였다고 한다. 마담 퐁파두르와 볼테르의 관계는 악어와 악어새를 떠올리게 한다. 마담 퐁파두르의 후원 덕분에 볼테르는 '아카데미 프랑세즈'에 자리를 얻어 연금을 받고 안정적인 생활을 누릴 수 있었다. 그 보답으로 볼테르는 마담 퐁파두르와 루이 15세를 주인공으로 한 여러 작품을 헌정했다. 이를테면 1745년 작품인 발레 희곡 『영광의 신전 Le Temple de la Gloire』에서 루이 15세는 주인공 트라야누스 황제로 등장한다. 트라야누스를 영광의 신전으로 이끄는 황비 플로티나는 당연히 마담 퐁파두르다. 정말 낯이 뜨거울 정도의 아첨이지만 마담 퐁파두르가 세상을 떠날 때까지 이들은 후원자와 작가라는 관계를 이어갔다.

캉탱 드 라투르가 그린 [그림 1]에서도 그녀의 미모뿐 아니라 재능을 은근히 강조하는 장치가 여럿 있다. 파스텔로 섬세하게 그린 이 그림에서 그녀는 크림색 다마스크 직물의 드레스를 입고 어딘가를 바라보는 듯 살짝 고개를 돌리고 있다. 앞서 소개한 르루아의 예찬처럼 갸름한 달걀형 얼굴에 도자기 같은 피부를 가진 그림 속 퐁파두르는 무척 아름답다.

그녀는 막 악보를 넘기는 중이다. 악보를 볼 줄 알고 직접 좋은 곡을 고를 수 있는 안목이 있다는 것을 슬쩍 드러낸 연출이다. 음악에 대한 사랑을 확인시켜주려는 듯 뒤쪽 의자에는 바이올린을 닮은 악기가 어렴풋이 보인다.

그녀의 책상 위에 꽂혀 있는 책들도 지성미를 더하는 소품이다. 워낙 세밀하게 그린 덕에 몽테스키외의 『법의 정신 De l'Esprit des Lois』, 박물학자 르클레르 뷔퐁

8 루이-미셸 반 루가 그린 드니 디드로.　　**9** 디드로의 『백과전서』에 수록된 '메뉴지에' 삽화.

의 『박물지Histoire Naturelle, générale et particulière, avec la description du Cabinet du Roi』, 디드로[8]의 『백과전서Encyclopédie』 같은 제목이 보인다. 막 책을 훑어보던 중인지 책상 위에도 책이 펼쳐져 있다. 과학에 대해서도 관심이 있는 듯 지구본도 얼핏 등장한다.

『백과전서』나 『법의 정신』은 당시에 무척 획기적인 책이었다. '빛의 세기'라고 부를 만큼 이성을 바탕으로 한 진지한 철학이 자라기 시작한 18세기를 대표하는 저작으로 손색이 없다. 그러나 정작 루이 15세는 이런 자유정신을 바탕으로 한 저서에는 관심이 없었고, 볼테르나 디드로 같은 사상가들을 은연중에 위험인물로 여기고 있었다. 마담 퐁파두르가 이런 책들을 읽고, 심지어 초상화에도 등장시켰다는 사실은 그녀의 자유로운 정신과 높은 지성을 단적으로 드러낸다. 우연인 듯 책상 가장자리로 삐져나온 종이쪽은 가구 장인인 메뉘지에의 작업 과정을 담은 『백과전서』의 낱장 편집본[9]이다. 그녀의 발치에도 이런 낱장 편집본과 판화, 그림을 보관하는 가죽 서류철이 놓여 있다. 가죽 장정에 찍힌 세 개의 성은 퐁파두르를 상징하는 문양이다.

18세기에 제작된 어떤 여자의 초상화에도 이렇게 많은 책이 등장하는 경우

는 없다. 여자가 주인공인 초상화에 흔히 등장하는 꽃도 보이지 않는다. 그녀는 동시대의 다른 귀부인들과는 달리 보석 하나 걸치지 않고 큰 가발도 쓰지 않은데다 고급스럽지만 요란하지 않은 드레스를 입고 있다. 그야말로 마담 퐁파두르의 세련되고 지성적인 이미지를 떠올리기에 부족함이 없다.

하지만 당시 일반인들에 비해 그녀의 교양 수준은 분명 높았지만 그렇다고 아주 뛰어났다고 말하기는 어렵다. 마담 퐁파두르의 그늘에 가려 궁전의 여왕 침소에서 평생을 보낸 폴란드 출신의 왕비 마리 레슈친스카Marie Leszczynska[10]는 모국어인 슬

10 알렉시-시몽 벨이 그린 왕비 마리 레슈친스카와 왕세자.

라브어를 비롯해 다섯 개 국어를 완벽하게 구사했으며 라틴어로 된 중세 종교서와 철학서를 읽고 탐구하기를 좋아했다. 게다가 아마추어 성악가에다 직접 그림을 그린 화가이기도 했다.

이러한 사실에 비춰보건대 루이 15세가 단지 똑똑하다는 이유만으로 마담 퐁파두르를 곁에 오래 둔 것은 아닌 듯하다.

왕을 사로잡은 그녀의 진짜 매력

그렇다면 도대체 그토록 오랫동안 왕을 매혹시킨 그녀의 진짜 매력은 무엇이었을까?

힌트는 루이 15세의 인간적인 면모에 있다. 선왕 루이 14세는 과시하기 좋아한 성격 탓인지 시시콜콜한 것까지 많이 알려져 있다. 반면 루이 15세는 단순하지 않은 캐릭터 때문에 역사가들을 혼란에 빠트리는 인물이다.

흔히 루이 15세의 성격은 한마디로 정의하기 어렵다고 한다. 그는 유모 마담 방타두르와 삼촌 오를레앙 공을 제외하면 고아나 다름없는 유년기를 보냈다. 두 살 때 양친을 홍역으로 잃고, 자신에게 왕위를 물려준 까마득한 증조부 루이 14세 역시 다섯 살 때 세상을 떠났다. 이 때문인지 루이 15세는 어릴 때부터 수줍음이 도를 지나쳐 자폐증이 아닐까 의심할 정도로 내성적이었다.[11·12]

특히 루이 15세는 새로운 사람을 만나는 일을 어려워했다. 왕이란 모름지기 알현을 청하는 각국의 대사를 끊임없이 만나고, 수많은 낯선 이들에 둘러싸여 지내야 하니, 그의 성격은 분명 왕의 직무를 수행하는 데 적합하지 않았을 것이다. 그는 처음 보는 얼굴과 마주치면 가벼운 인사도 건네지 않았고, 구면이라도 격식을 차린 의례적인 말조차 건네기를 꺼렸다. 그러다보니 본심이야 어떻든 무관심하고 이기적이며 냉정한 사람으로 보이기 십상이었다.

11 어린 시절의 루이 15세.   **12** 중년의 루이 15세.

더구나 불과 몇 시간 전까지 친절하게 대한 장관에게 편지를 보내 경질을 통고하는 등 종잡을 수 없는 태도 때문에 당대인들은 그를 매우 위선적인 인물로 생각했다. 하지만 실제로는 수줍은 성격 탓에 차마 면전에서 장관을 내치지 못했을 뿐이었다. 매일 장관들을 불러 모아 회의를 주재한 증조부와는 달리 그는 장관들을 직접 대면하는 일을 꺼렸고 지시를 내릴 때도 편지를 애용했다. 다른 사람의 면전에서 쉽게 "아니오"란 소리를 못하는 사람이라면 그의 행동을 십분 이해할 수 있을 것이다.

하지만 아이러니하게도 루이 15세는 가까운 측근들 사이에서는 활발하고 수다스러운 남자로 통했다. 남들 앞에 모든 생활을 내보인 선왕 루이 14세와 달리 그는 공식적인 침실 뒤에 작은 개인용 침실뿐만 아니라 살롱을 만들어 가까운 친구들을 불러 어울리기를 즐겼다. 살롱에서 손수 커피를 만들어 내놓으며 쉴 새 없이 농담을 늘어놓을 만큼 격식 없는 모임을 자주 열었다.

기록을 보면, 루이 15세가 형식이나 권위에 구애되지 않는 따스하고 인간적인 면모의 소유자임을 보여주는 일화를 쉽게 찾을 수 있다. 침실에서도 잠든 시종들이 깨지 않도록 조심스럽게 일어나 손수 촛불을 켜기도 했고, 유모인 마담 방타두르에게는 어린아이가 할머니를 대하듯 사랑스러운 말투로 어리광을 피우기도 했다.

그는 자식들에게 한없이 마음 약한 아버지이기도 했다. 한번은 유일한 적자인 왕세자가 아홉 살 때 턱에 큰 종기가 난 적이 있었다. 비위생적인 환경 탓에 아이들은 말할 것도 없고 어른들도 쉽게 종기가 나던 시절인데도 그는 안절부절못하며 하루에도 몇 번씩 아들의 방을 오갔다. 종기를 쨀 때 내지른 아들의 비명 소리에 크게 충격을 받은 나머지 오히려 왕이 병상에 눕는 것은 아닐까 걱정해야 할 정도였다고 한다.

루이 15세는 너무 일찍 부모를 여읜 탓인지 죽음에 대해서 지나치게 두려워했다. 평소에 자주 장례식이나 해부, 각종 병에 관한 이야기를 화제에 올렸으며, 종종 "내가 죽으면……"으로 시작하는 유언 같은 말로 궁정인들을 당황하게 만들었다. "폐하는 영원히 건강하실 것입니다"라며 황급히 왕의 말을 제지하면 냉랭한 목소리로 "그대는 왜 내가 죽지 않을 것이라 생각하는가? 그럴 리가 있겠느냐"라고 반문해 분위기를 썰렁하게 만들었다.

성격으로만 짐작해보면 조용한 생활을 좋아했을 것 같지만 그와 반대로 루이 15세는 무척 정력적인 남자였다. 그가 제일 좋아한 취미는 야영과 사냥이었다. 시골의 공기를 마시며 들판을 헤매다가 눈앞에 계곡이 보이면 몸을 담그고 물놀이를 즐겼다. 종일 사냥을 나갔다가 저녁에 왕궁으로 돌아와 식사를 하고 곧장 파리로 달려가 오페라를 구경한 후 새벽 6시에 잠들 때도 종종 있었다. 그래도 아침 8시에 거뜬히 일어나 왕의 업무를 수행할 정도로 에너지가 넘쳤다.

왕비 마리 레슈친스카는 남편의 까다로운 성격과 넘치는 정력을 감당하지 못했다. 신실하고 차분한 성격인 그녀는 루이 15세의 불안이나 자폐 증세를 이해할 수 없었다. 종종 침대 커튼을 내리고 혼자 틀어박혀 눈물을 흘리다가도 다음 날이면 언제 그랬냐는 듯 차가운 표정으로 사람들을 대하는 복잡다단한 남편의 비위를 맞추기에 그녀의 성격은 너무나 단순했다. 결혼 후 열두 번이나 출산한 뒤로는 임파선염을 핑계로 잠자리마저 거절했다.

루이 15세의 이런 성격을 가장 잘 받아준 이가 바로 마담 퐁파두르였다. 이를 가장 잘 보여주는 예가 1757년 1월 5일에 일어난 테러 사건이다. 트리아농 궁 앞에서 마차를 타려고 기다리던 루이 15세는 베르사유 성의 방문객으로 가장한 다미앵Robert François Damiens이란 남자의 습격을 받아 칼에 찔렸다. 다행히 칼날이 8센티미터밖에 안 되는 단도였고, 겨울이라 두터운 모피를 입은 덕에 상처는 가벼웠다. 그렇지만 루이 15세의 문제는 육신이 아니라 마음의 상처였다. 원래부터 죽음에 대한 공포심이 컸는데 여기에 백성들이 자신을 사랑하지 않는다는 자책과 의심이 더해져 천성적으로 심약한 루이 15세는 자폐의 동굴로 빠져들었다.

그가 열흘 넘게 자리에서 일어나지 않자, 왕이 사경을 헤매고 있다는 소문이 퍼졌다. 당시에는 마음에 상처를 입은 왕이 신에게 참회하고, 마담 퐁파두르를 궁정에서 쫓아내리라는 소문이 궁정인들 사이에서 파다하게 퍼져 있었다. 마담 퐁파두르 역시 궁을 나가기 위해 짐까지 싸놓은 상태였다. 그러나 17일 만에 침소에서 일어나자마자 퐁파두르를 찾은 루이 15세는 몇 시간 만에 전혀 다른 사람처럼 생기발랄한 얼굴을 되찾았다. 이 사건 이후 마담 퐁파두르의 입지는 더욱 공고해졌다.

오직 왕의 기쁨을 위해

사실 마담 퐁파두르는 자신의 모든 것을 오직 루이 15세 한 사람을 위해 바쳤다고 해도 과언이 아니다. 그녀는 루이 15세에게 활력을 불어넣기 위해 가능한 모든 수단을 동원해 열정을 쏟았다. 예컨대 궁정 안에 조립식 무대를 만들어 왕의 측근들이 출연하는 몰리에르의 희극과 륄리의 오페라를 무대에 올리기도 했다. 가까운 소수의 사람들과 깊은 인간관계를 맺는 스타일인 루이 15세에게 측근들이 직접 출연하는 공연만큼 흥미로운 이벤트는 없었을 것이다.

사냥을 하며 끊임없이 돌아다니는 것을 좋아하는 왕을 위해 파리 근교의 성을 사들여 새롭게 장식해 선보이기도 했다. 직접 대공사를 벌일 뱃심은 없었지만 설계 도면 보는 것을 좋아하는 왕이니, 도면을 보며 이런저런 대화를 나누는 것만으로도 즐거운 소일거리였을 것이다.

애초 취지는 루이 15세를 기쁘게 할 요량이었으나, 끊임없이 성을 개축하는 공사를 벌인 덕분에 마담 퐁파두르는 프랑스 장식미술사에 이름을 남기게 되었다. 그녀가 자신의 집이라고 부를 만큼 애착을 가지고 장식한 벨뷔 성Château de Bellevue¹³이 대표적인 예다. 벽화는 당대 최고의 화가인 부셰가, 식당 벽은 사냥 그

13 정원 쪽에서 본 벨뷔 성의 전경.

림으로 유명한 장-바티스트 우드리Jean-Baptiste Oudry가 장식했다. 전체 리모델링의 감독을 맡은 이는 루이 15세의 초상화를 그린 왕실 화가 샤를 반 루였다. 정원은 18세기의 대표적인 조각가 피갈과 에티엔 팔코네Etienne Maurice Falconet의 조각들로 장식했다(이 조각들은 현재 루브르 박물관에 소장되어 있다). 그야말로 당대 최고의 예술가들을 총동원한 공사였던 것이다. 하지만 애석하게도 벨뷔 성은 프랑스 혁명 때 구왕조의 악습을 상징한다는 이유로 철거되어 지상에서 사라졌다.

마담 퐁파두르는 특히 색채 감각이 뛰어났다. 그녀가 가꾼 성들은 파스텔 색조의 랑브리로 유명했다. 여기에 어울리는 여성적인 가구들을 직접 스케치할 만큼 인테리어에 열성을 보이기도 했다. 아쉽게도 지금은 마담 퐁파두르가 공들여 장식한 방들을 찾아보기 힘들다. 일반인에게 공개되지 않는 베르사유 궁내 '퐁파두르의 방'[14]에서만 간신히 그 자취를 찾아볼 수 있을 뿐이다. 하지만 엷은 파스텔톤의 핑크색과 민트색을 주조색으로 선택한 감각만으로도 그녀의 뛰어난 안목을 엿보기에 충분하다.

루이 15세를 즐겁게 하기 위한 헌신적인 시도는 새로운 발명을 낳기도 했다. 마담 퐁파두르는 루이 15세를 놀라게 해줄 생각으로 한 무더기의 꽃다발[15]을 선물했다. 너무 생생해서 진짜처럼 보이는 이 꽃다발은 뱅센 왕실도자기 제조창에서 만든 도자기 꽃이다. 왕실도자기 제조창을 후원하던 그녀는 아예 도자기 제조창을 자신의 벨뷔 성 근처로 옮겨 세브르 왕실도자기 제조창을 세웠다. 영국이나 독일, 중국이나 일본에서 수입한 도자기가 대세이던 시절, 마담 퐁파두르의 후원 덕분에 세브르 왕실도자기 제조창은 유럽에서

▲ 14 베르사유 성내 '퐁파두르의 방'.

▼ 15 뱅센 왕실도자기 제조창에서 만든 '도자기 꽃'.

명성을 떨치는 도자기 제조창으로 거듭났다.

이 시대 세브르 도자기의 대표적인 스타일은 '퐁파두르 색'이라는 이름까지 붙은 핑크색이나 초록색 같은 생생한 컬러를 바탕으로 우아한 꽃 문양과 섬세한 장식 문양이 돋보이는 여성스러운 도자기[16]다. 그야말로 퐁파두르에 의한, 퐁파두르를 위한 도자기라 할 수 있다. 그녀는 특히 자기를 무척이나 좋아해서 세브르 도자기 이외에도 중국이나 일본에서 들여온 자기를 수집하기도 했다.

16 '퐁파두르 색'이 돋보이는 배 모양의 단지.

20년 사랑의 끝은 쓸쓸한 죽음

왕을 위한 축제와 연극, 오페라를 조직하고, 값비싼 도자기와 미술품을 사들인 마담 퐁파두르는 사치스럽다는 세간의 비난을 피할 수 없었다. 사실 이 모든 비난의 가장 근본적인 원인은 사치라기보다 그녀의 출신 때문이었을 것이다. 역대 그 어떤 후궁도 부르주아 출신은 없었다. 신분제가 공고한 시대에 일개 부르주아가 후궁이 되었다는 사실은 왕족과 귀족뿐 아니라 일반 부르주아들에게도 충격이었다. 왕족들의 사치는 태어날 때부터 신에게 선택받았기 때문에 당연했지만, 미천한 출신인 주제에 오로지 왕의 총애를 받아 왕궁에 입성한 여인의 사치는 죄악이었다.

게다가 마담 퐁파두르는 20년 동안 왕의 곁을 지키며 정치, 사회, 예술 분야에서 영향력을 발휘했다. 루이 14세의 말년을 지킨 마담 맹트농 역시 막대한 영향력을 행사하며 실질적인 여왕 노릇을 했지만, 당시 여왕의 자리는 공석이었다. 하지만 마담 퐁파두르가 궁에 입성해 세상을 떠날 때까지 루이 15세의 부인이자 여왕인 마리 레슈친스카는 엄연히 살아 있었다. 당연히 여론은 왕세자의 모후이며, 신실하고 조용한 여왕에게 동정적이었다.

마담 퐁파두르의 측근들 또한 세간의 입에 오르내렸다. 그녀의 동생인 마리뉘 후작 역시 일개 부르주아에서 후작으로, 후작에서 왕의 건축 담당 책임자로 출세를 거듭했다. 파리 시민들은 당시 왕실해양 서기관인 모르파 백작comte de Maurepas의 실각 뒤에 그녀의 음모가 있다고 믿었으며, 공공연히 그녀의 처녀 시절 성인 '푸아송'에서 딴 노래 '푸아소나드Les Poissonnades'를 지어 부르며 조롱했다.

하지만 왕국을 좌지우지한다는 왕의 첩은 항상 돈 문제에 시달렸다. 국가 차원에서 후궁에게 지급하는 5만 리브르의 연봉 외에 여타의 수입은 전무했다. 그러다 보니 자주 빚을 지고, 빚을 갚기 위해 선물로 받은 보석이나 그림 등을 되팔아야 했다. 평생 자선사업을 워낙 많이 하기도 했다. 결국 그녀가 사망하고 난 뒤 남긴 돈이라고는 책상 서랍에 들어 있던 금화 37루이, 즉 370리브르가 전부였다고 한다. 당시 파리 오페라의 6개월치 좌석을 예매하는 비용이 6백 리브르였으니 호사스럽다고 소문난 여자의 유산이라고는 믿기지 않는 액수다.

마담 퐁파두르가 베르사유에서 보낸 20년은 한마디로 루이 15세에게 헌정한 삶이었다. 왕을 위해 끊임없이 성을 리모델링하고 정원 공사를 벌였으며, 왕이 가는 곳이면 어디든지 동행했고 모든 왕실 행사에 열성적으로 매달렸다. 뿐만 아니라 정치 일선에서 벌어지는 모든 일을 꿰뚫어 왕에게 조언해야 하는 일상이 계속되자 그녀는 점점 지쳐갔다. 1749년 그녀의 편지에는 내색하지 못했던 극도의 피로감이 절절히 묻어난다.

내 인생은 끔찍해요. 단 일 분조차 나만의 시간을 가질 수 없어요. 끝없는 접견과 반복되는 의무적인 행사들, 일주일에 두 번 넘게 뮈에트 성 같은 작은 성들 사이를 끊임없이 떠돌아다녀야 하는 여행의 연속. 언제나 사려 깊게 행동해야 하는 여왕이나 왕세자, 왕세자비에 대한 의무……

항상 루이 15세 곁에 매여 있어야 했던 마담 퐁파두르는 1753년 외동딸 알렉상드린이 폐렴으로 세상을 떠났을 때조차 병상을 지키지 못했다. 궁정에서는 늘 밝은 모습만 보여야 했고, 루이 15세가 죽음에 대한 그 어떤 이야기도 견디지 못했던 탓에 그녀는 하나밖에 없는 핏줄을 잃은 괴로움마저 남몰래 삭여야 했다. 딸이 세상을 떠나고 이틀 뒤 화려한 예복을 차려입고 공식 접견에 나선 그녀를 보고 궁정인들은 냉정한 여자라고 쑥덕일 뿐 어느 누구도 그녀의 웃음 뒤에 가려진 회한과 슬픔을 보지 못했다.

게다가 '푸아소나드'가 유행한 1756년부터는 끊임없는 살해 위협에 시달렸다. 언제 독살당할지 모른다는 불안감 때문에 반드시 거처에서 직접 하녀를 시켜 만든 음식만 먹었다. 실제로 그녀는 베르사유에 들어간 지 5년 만에 [그림 1]에서 보이는 미모를 잃어버렸다고 전해진다. 궁정 생활은 일시에 그녀를 말라비틀어진 쇠약한 노인으로 만들었다.[17] 결국 그녀는 편두통과 신경증에 시달리다가 결핵으로 죽음을 맞이했다.

20년이나 권력의 심장부에 있었던 여인의 죽음은 너무나 초라했다. 궁정인들은 곧 그녀의 죽음을 잊었고 어떤 왕족도 장례식에 참석하지 않았다. 그녀가 모은 도자기와 가구, 아름답게 장식한 성들은 사후 경매를 통해 처분되었다. 프랑스 국립도서관에 남아 있는 사후 경매 카탈로그는 그래서 애틋하다. 당대 최고로 아름다운 예술품들이 망라되어 애호가들의 눈을 즐겁게 해주지만 그 화려함 뒤에 숨겨진 마담 퐁파두르의 한숨을 기억하는 이들은 적기 때문이다.

때로는 지상의 모든 죄를 대표하는 악녀로, 때로는 발톱을 숨긴 고양이처럼 맹목적인 권력의 화신으로 그려졌던 마담 퐁파두르는 그렇게 쉽게 잊혀버렸다. 자신의 모든 삶을 다 바쳤던 루이 15세 역시 그녀가 죽고 5년 뒤에 마담 뒤바리를 새로운 후궁으로 들였다.

훗날 루이 15세는 아들인 왕세자와 증세손인 부르고뉴 공작, 부인인 마리 레슈친스카마저 모두 앞세우고 난 뒤 여러 후궁을 두고 육신의 향락을 즐긴 죄를 자

17 보기 드문 말년의 마담 퐁파두르 초상화.

책하며 자신의 여성 편력을 신 앞에 참회한다. 그렇게 그녀의 삶은 푸아소나드 노래의 한 구절처럼 '왕의 부끄러움'으로 끝났다.

그러나 루이 15세가 진정으로 참회해야 했던 것은 후궁과 육신의 쾌락을 추구한 죄가 아니라 자신을 위해 일생을 바친 한 여인의 사랑을 죄악으로 여긴 그의 마음이 아니었을까? 그를 대신해 여론의 뭇매를 맞고 그의 짐을 덜어주기 위해 평생 온 힘을 쏟은 한 여인을 지상의 가장 큰 죄로 남게 한 그의 어두운 마음, 그녀를 영원히 왕의 부끄러움으로 남겨둔 그의 오만함 말이다.

호기심의 가구, 책상

흥미로운 분야에 관한 책을 읽고, 수많은 편지를 주고 받으며 생각을 나누고, 관심사를 연구해 책으로 내는 것이 유행한 시절. 이 '빛의 세기'를 대표하는 가구는 책상이다.

특히 루이 15세와 루이 16세 시대를 거치면서 책상은 괄목할 만한 발전을 거듭했다. 요즘에도 앤티크 가게에서 쉽게 볼 수 있는 뚜껑 달린 책상이나 기계 장치를 작동하면 숨겨진 책상과 서랍장이 나오는 신기한 가구가 등장한 것도 이때다.

[그림 1]에서 마담 퐁파두르가 쓰고 있는 책상은 '뷔로 플라bureau plat'(평책상)다. 상판을 가죽으로 마감하고 둘레에는 구리 또는 금칠한 청동을 둘렀다. 상판 아래에는 두 개나세 개의 작은 서랍이 달려 있다. 모든 것이 물결치는 모양이어야만 직성이 풀린 듯 로코코 시대에는 책상 서랍조차 물결 모양이다. 보통 가운데 서랍이 안으로 움푹 들어가 있어서 옆에서 보면 영락없이 물결치는 모습으로 보인다.

곡선이 강조되는 바람에 중요해진 건 바로 청동 장식이다. 곡선형 가구의 가장자리를 따라 붙인 청동 장식은 가구의 모서리를 보호하는 역할도 하지만 중요한 단어 밑에 밑줄을 그은 것처럼 형태를 더욱 강조한다. 플라카주나 마케트리로만 장식된 가구들이 평면적인 것에 비해 매우 입체적이다.

[그림 1] 속 마담 퐁파두르의 책상은 다리에 붙은 큰 조가비 장식과 바람에 흔들리는 듯한 아칸서스 잎 장식이 돋보인다. 근본적으로 책상은 책상에 앉아 시간을 보낼 수 있는 여유로운 계층을 위한 가구였다. 루이 15세 시대의 책상은 청동으로 만든 섬세한 장식과 만지면 손가락에 스며들 듯한 부드러운 가죽을 붙여놓아서 한눈에 봐도 범상치 않은 가구임을 알아챌 수 있다.

▲ 루이 마르토의 '뷔로 플라'. 퐁파두르의 초상화에 등장하는 책상.

■ 장-프랑수아 를뢰의 '접이식 뚜껑이 달린 책상'.

▼ 장-피에르 라츠의 '부르고뉴 테이블'. 기계 장치를 작동하면 책상과 서랍장이 나온다.

『백과전서Encyclopédie』

작가이자 철학자인 드니 디드로가 펴낸 『백과전서』는 18세기 정신의 결정체. 세상의 모든 지식을 책에 담아보자는 야심 찬 포부로 시작한 『백과전서』는 18세기의 지식과 기술 수준을 총망라한 방대한 저작이다. 볼테르, 몽테스키외, 루소 등의 계몽 사상가들이 집필에 참여해 1751년 제1권이 출판되었고, 21년이 지난 1772년에 본문 17권, 도판 11권의 전서를 완성했다.

일부는 알파벳 순서로 편집된 텍스트로 남아 있지만, 사실 『백과전서』의 많은 부분은 당시 작업장 풍경이나 작업 도구, 작업 과정과 방법 등을 세밀하게 묘사한 판화들로 이루어져 있다. 말하자면 그림으로 보는 '백과사전'인 것이다.

[그림 1]에서 마담 퐁파두르의 책상 위에 놓여 있는 종이가 바로 디드로의 『백과전서』 중에서 메뉴지에의 작업 장면을 묘사해놓은 도판이다. 그녀의 초상화에 하필 이 책이 등장한 것은 우연이 아니다. 그녀는 『백과전서』의 제작을 지원했으며 위험을 감수하고 사전 제작의 유용성을 루이 15세에게 거듭 주장하기도 했다. 당시 루이 15세는 계몽주의 철학을 불온시하며 『백과전서』 출판에 거부감을 가지고 있던 터였다.

하지만 그녀가 예상하지 못했던 것은, 새로운 지성을 바탕으로 한 『백과전서』 등의 출판으로 꽃피운 계몽 정신이 훗날 인권에 대한 철학으로 발전하면서 왕정을 무너뜨리는 강력한 동력이 되었다는 사실이다. 실제로 『백과전서』는 교회에 대한 비판, 중세적 편견의 타파, 전제 정치에 대한 날카로운 시각이 담겨 있어서 발행 정지를 당하는 등 고초를 겪었다.

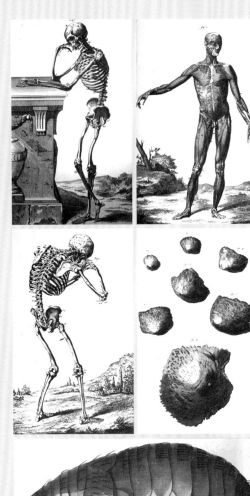
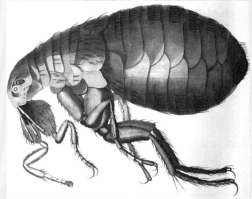

디드로의 『백과전서』에 수록된 다양한 판화들.

현대인에게 『백과전서』가 흥미로운 것은 이 책이 유독 실용 기술을 상세하게 조명하고 있다는 점이다. 18세기의 거울 만드는 법이라든가 빵 굽는 법, 깃털 장식 제작법, 시계 만드는 법 등 분야를 가리지 않고 당대의 기술을 촘촘하게 설명하고 있다. 즉 책상머리에서 쓴 것이 아니라 직접 작업장에 찾아가 사진을 찍듯 하나하나 그림으로 묘사해 곁들이고 기술의 이름이나 유래 등을 찾아 꼼꼼히 적어놓았다. 그렇게 발로 뛰어 쓴 책인 만큼 당대의 목소리가 생생하게 살아 있다. 장인들의 표정이며 손동작을 정밀하게 스케치해 마치 눈앞에서 보듯 풀어냈다. 또한 자연과학, 수리학, 미학, 역사학, 천문학 등 당대의 학문적 성취도 낱낱이 기록되어 있어 과연 『백과전서』 하나로 18세기 전반을 훑어볼 수 있다고 해도 과장이 아니다.

요즘에는 『백과전서』의 도판만 분야별로 따로 모아 편집한 책을 쉽게 구할 수 있다. 당시에 사용한 각종 도구나 작업 공정 등이 세밀하게 묘사된 판화들은 18세기로 가는 타임머신이나 다름없는 귀중한 자료다.

디드로의 『백과전서』에 수록된 다양한 판화들.

퐁파두르 스타일의 랑브리로 치장한 성의 내부.

퐁파두르 스타일

가구 감정사나 장식미술사학자들에게 초상화는 무척 중요한 자료이다. 보통 초상화에는 초상화의 주인공이 좋아한 실제 오브제들이 등장하기 때문이다.

[그림 1]에서 마담 퐁파두르가 앉아 있는 포테유는 루이 15세 시대의 왕실 메뉴지에 중 한 명인 장-바티스트 2세 틸랴르Jean-Baptiste II Tilliard의 작품이다. 현재는 행방불명되어 실물이 전해지지 않는다.

마담 퐁파두르는 당대의 유행을 좌지우지한 인물이다. 퐁파두르 스타일은 여성적이고 섬세하며 전원적인 느낌을 준다. 대표적인 것이 흔히 '프렌치 스타일'이라 부르는 파스텔 색조의 랑브리. 민트색에 가까운 초록색, 병아리색 같은 따스한 노란색 등 흰색이 섞인 파스텔톤의 랑브리는 공간에

여성스러운 스타일의 베르사유 궁내 퐁파두르의 방.

온기와 생기를 불어넣는다. 하지만 아쉽게도 당시의 퐁파두르의 랑브리는 현재 거의 남아 있지 않다. 페인트 기술이 지금만큼 발달하지 않아서 보존력이 떨어졌기 때문이다. 지금

마담 빅투아르의 도서관. 이 도서관의 의자는 원래 퐁파두르가 주문한 것이다.

은 파리의 카르나발레 미술관에 노란색 랑브리를 두른 당시
귀족의 거처 일부분이 남아 있어서 원형을 짐작해볼 수 있
을 뿐이다.

마담 퐁파두르는 랑브리에 대한 취향과 마찬가지로 가구
역시 하얀색이나 파스텔 색조를 선호했다. 금칠한 의자는 위
압감을 주지만 이른바 '퐁파두르 색'을 칠한 의자는 소박하
고 사랑스러운 느낌을 주는데, 이런 취향은 이후 마리 앙투
아네트의 취향으로 이어진다.

나무 위에 색을 칠하는 기술을 '레샹피rechampi'라고 하
는데 이는 원래 돼지 털로 만든 둥근 붓을 일컫는 단어였다.
이 붓은 가구의 표면처럼 조각과 곡선이 많은 부분을 섬세
하게 칠할 수 있어서 점차 가구에 색을 칠하는 기술로 알려
졌다. 레샹피 기법으로 색칠한 가구들은 파스텔톤의 랑브리
처럼 오래 보존하기가 어려워 쉽게 볼 수 없다.

레샹피 기술이 사용된 18세기 의자.
▲장-바티스트 불라르가 제작한 마리
앙투아네트의 의자.
▶조르주 자코브가 제작한
마리 앙투아네트의 침실 의자.

12장

잊혀진 로코코의 기억,
부셰

루브르 박물관의 한 컷
지금은 아무도 주목하지 않는 작은 그림.

아침볕이 화창한 거실에서
단란하게 아침 식사를 즐기는
가족들의 웃음소리가
그림에서 퍼져 나온다.

화폭 속에 박제된 한 가족의 평범한 일상 속에
18세기의 새로운 생활 풍속도가 숨겨져 있다.

레모네이드 소년
p. 316

찻주전자
p. 317

부모와 식사하는 아이들
p. 318

부르주아의 중국 동경
p. 325

초콜릿 주전자
p. 327

1 프랑수아 부셰, 〈아침 식사〉,
캔버스에 유채, 1739년, 루브르 박물관, 파리.

이 총애받는 예술가는 그의 작품으로 나라를 살찌우고
그의 재능으로 나라를 영광스럽게 했다.
—『르 메르퀴르』, 1740년

우리는 오랫동안 자연의 색채를 감춰버리는 분칠을 보아왔다.
부세, 그는 시대에 굴복해 모든 것을 망쳐버렸다.
—에티엔 모리스 팔코네, 1770년

　오로지 왕명을 받은 최고의 예술가들만 머무는 루브르 궁 작업장의 갤러리는 언제나 방문객들로 넘친다. 긴 갤러리를 따라 나무 다듬는 소리가 요란한 에베니스트의 작업장, 하얀 석고 가루로 뒤덮인 조각가의 작업장, 은은한 오일 냄새가 풍기는 화가의 작업장이 나란히 자리하고 있다. 그중에서 특히 루이 15세의 전속 작가로 최고의 영예를 한 몸에 받고 있는 어느 노화가의 작업장은 함부로 범접하기 힘든 영묘한 분위기가 감돈다.[2]

　소란스러운 방문객들도 뜸해진 이른 저녁, 노화가는 하나둘씩 짐을 챙겨 집으로 돌아가는 도제들의 멀어져가는 발소리를 들으며 펜을 들었다. 몸에 밴 우아한 자세와 기품 있는 얼굴에는 로코코 시대를 온몸으로 관통하며 살아온 18세기인다운 세심함과 오랜 명성에 걸맞은 근엄함이 묻어난다. 입김이 피어오르는 적막한 작업장에서 그는 부지런히 펜을 놀렸다.

2 루브르 궁내 아틀리에에서 작업하는 프랑수아 부세.

무슈, 대사 각하

　러시아 여왕 폐하께서 상트페테르부르크에 세우신 아카데미의 영광스런 한 자리를 저에게 수여하신 것은 무한한 영광입니다. 무척이나 영예로운 이 자리를 위해 당연히 아카데미에 출석해 감사함을 표해야 마땅하겠으나, 유감스럽게도 건강 때문에 참석하지 못함을 무척 죄송하고 안타깝게 생각합니다.

　아울러 각하께 존경을 바치며, 저의 송구함을 전합니다.

—1769년 12월 1일 파리에서, 부셰

　쇠약해진 몸과 떨리는 손 때문에 짧은 편지를 쓰는 일조차 힘에 겨운 노화가는 재빨리 편지를 끝냈다. 그는 프랑스를 넘어 러시아에서까지 아카데미 회원으로 추대되는 명성과 영광을 누리고 있지만 기뻐하기에는 남은 시간이 많지 않았다. 말년의 그는 떨리는 손 때문에 자신의 특기인 가벼운 붓터치도 제대로 구사하지 못하는 처지였다.

　이 편지가 노화가의 작업장을 떠나고 6개월이 지난 뒤인 1770년 5월 30일, 당대를 풍미한 화가 프랑수아 부셰François Boucher[3]는 세상을 떠났다. 그의 삶은 생전에 인정받지 못하다가 죽어서야 대가로 등극하는 여느 화가

들과는 정반대였다. 살아 있을 때 그는 최고의 영광을 누렸지만 죽고 나서 현대에 이르러 재평가되기까지 철저하게 잊혀졌다. 후배 화가들조차 그를 조롱했다. 생전에 그와 같은 명예를 누린 화가 중에서 그만큼 사후에 추락한 경우는 찾아보기 힘들 정도다. 과연 어느 쪽이 더 행복한 삶일까?

　부셰가 세상을 뜬 지 몇백 년이 지난 지금, 그의 이름은 여전히 미술사에 남아 있지만 명성은 살아 있을 때만 못하다. 비록 그의 작품이 유명 박물관에 걸려 있어도 18세기 회화를 대표하는 화가로 선뜻 부셰를 꼽는 이는 드물다.

3 중년의 프랑수아 부셰.

18세기의 아이

부셰는 1703년 9월 25일, 그러니까 18세기 초입에 아버지 니콜라 부셰Nicolas Boucher와 어머니 엘리자베트 르므슬Élisabeth Lemesle 사이에서 장남으로 태어났다. 무명 화가였던 아버지는 아들이 태어나자 돈벌이가 전혀 안 되는 화가를 집어치우고, 집 근처 루브르 광장에 판화 가게를 냈다. 인쇄술의 발전으로 한 번에 수백 장의 그림을 찍어낼 수 있게 되면서 판화 가게들이 우후죽순처럼 생기던 시절이었다. 요즘으로 치면 신문 가판대나 잡지 가게쯤 되는 이 판화 가게들은 가구 설계도뿐 아니라 실내장식 그림, 건축 도면, 패션 스케치 같은 온갖 주제를 망라한 판화는 물론이고, 최초의 주간지로 유명한 신문『라 가제트La Gazette』나 정치, 사회 문제에 관한 팸플릿 등 새로운 소식을 담은 갖가지 인쇄물을 취급했다.[4·5]

자연히 어린 프랑수아는 아버지 곁에서 고사리손에 펜을 쥐고 장식 그림을 베껴 그리고 수많은 종류의 판화를 보면서 유년기를 보냈다. 자연물의 형태에서 영감을 받은 섬세한 자수 도안이나 실내장식물을 세밀하게 그린 판화들은 프랑수아에게 무한한 상상력과 즐거움의 보고였다. 이러한 경험은 후에 부셰의 작업 스타일을 결정짓는 요소가 된다.

4·5 판화 가게에서 팔던 당시의 풍속화들.

변변찮은 화가였지만 좋은 그림과 나쁜 그림 정도는 분별할 줄 아는 안목을 가진 아버지는 일찍이 아들의 소질을 알아보고 현명한 결정을 내린다. 루이 15세의 수석화가로 이름 높은 프랑수아 르무안François Lemoyne의 작업실에 아들을 도제로 집어넣은 것이다. 집안일을 도와야 했기 때문에 여느 도제들처럼 르무안의 공방에서 숙식하며 일한 것은 아니지만, 어쨌거나 부셰는 스승의 가르침을 충실하

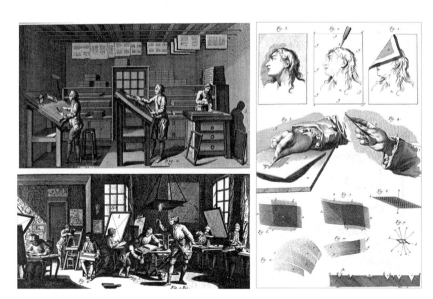

6 디드로의 『백과전서』에 묘사된 판화 공방의 모습.

게 따르며 성장했다.

청년이 된 부셰의 첫 직장은 장–프랑수아 카르Jean-François Cars의 판화 공방[6]이
었다. 어릴 때부터 판화 가게에서 시간을 보낸 그에게 판화 공방은 그리 새로울 게 없
는 익숙한 장소였다. 그는 연감이나 책에 들어갈 삽화, 장식 그림에 들어갈 작은 꽃
이미지들을 맡아서 그렸다. 이만하면 안정된 직장이었지만 부셰는 삽화가로 만족할
수 없었다. 생계를 위해 판화 공방에서 일하면서도 아카데미를 드나들며 그림 공
부를 계속했다.

그에게 인생을 바꿀 기회가 온 것은 스물네 살 때였다. 1727년 그는 아카데미
의 장학생으로 뽑혀 이탈리아 로마로 유학을 떠났다. 그와 동행한 동료 중에는 훗
날 나란히 일류 화가로 성공을 거둔 샤를 반 루도 있었다. 르네상스 시대부터 유럽
미술의 중심지였던 이탈리아로 유학을 간다는 것은 18세기 프랑스 화가들에게는
출세를 위한 필수 코스였다. 그리스·로마 시대부터 내려온 유럽 고전 작품을 직접

7 부셰가 스케치한 폐허 풍경.

보고 배울 수 있는 기회였기 때문이다.

하지만 부셰는 장엄하고 극적인 감정을 함축해놓은 이탈리아 고전 작품들에 별다른 감흥을 느끼지 못했다. 유일하게 그가 흥미를 느낀 것은 현대적인 도시 한복판에 무너진 채 쌓여 있는 고대의 폐허[7]였다. 그는 어딘가 공허하면서도 뭔가 그리움에 사무치는 상념을 불러일으키는 폐허의 아련한 기운을 좋아했다. 그래서 동료들과는 달리 용솟음치는 근육을 자랑하는 영웅의 조각 대신 폐허를 스케치하는 데 몰두했다.

사 년간의 이탈리아 생활을 마치고 파리로 돌아온 부셰는 이듬해인 1733년 4월에 부르주아 출신의 마리-잔 뷔조Marie-Jeanne Buzeau를 아내로 맞았다. 그리고 이탈리아 유학을 마친 장학생답게 1734년 아카데미 회원으로 입성하면서 그의 입지전적인 경력이 시작된다.

▲8 부셰가 밑그림을 그린 세브르 도자기.

▼9 부셰가 장식한 퐁텐블로 성의 자문위원실.

시대가 원하는 만능 아티스트

　부셰는 단지 그림만 그리는 화가가 아니었다. 한마디로 돈이 되는 일이면 뭐든 다 했다. 그는 수비즈 저택이나 크레시Crecy 성, 베르사유 궁과 퐁텐블로 성의 실내장식을 담당하고[8·9], 태피스트리를 만드는 보베 제조창Manufacture Beauvais에 밑그림[10]을 제공했으며, 몰리에르 같은 극작가의 책에 삽화를 그리기도 했다. 또한 당시 초연된 장-필리프 라모의 〈우아한 인도의 나라들Les Indes galantes〉(1736년)이라는 로코코풍 발레와 1682년에 초연된 후 지속적인 인기를 누린 륄리의 서정 비극 오페라 〈페르세우스〉의 무대 감독으로도 활약했다. 무대 감독으로서 부셰는 가수들이 타고 등장하는 커다란 조가비 장식부터 신비로운 분위기를 풍기는 조명까지 모든 것을 도맡아 디자인했다. 특히 독특한 분위기를 풍기는 가상 공간을 창조하는 데 일가견이 있었다. 그래서 장식미술사학자들은 장식가로서의 부셰를 더 높이 평가하기도 한다.

　이처럼 18세기 화가 중에는 팔방미인형 경력을 가진 이들이 많다. 회화는 가장 높은 예술의 경지였지만 오브제나 실내장식 역시 예술의 한 장르였다. 말투와 생활 습관까지 예술적인 우아함을 추구하는 로코코 시대로 접어들면서 역사화를 제일로 치던 관습은 서서히 사라졌다. 도자기나 가구, 실내 벽화를 비롯해 오페라나 연극의 무대 장식까지도 모두 예술가의 손을 거쳐야 하는 영역으로 떠올랐다. 게다가 액자 형태로 조각된 랑브리 위에 벽화를 그려 넣는 것이 유행하면서

10 부셰가 밑그림을 그린 태피스트리.

실내장식과 회화의 경계는 더욱 희미해졌다.

특히 장식 미술에 대한 부셰의 재능과 열정은 유년 시절에 판화 가게에서 터득한 꼼꼼하고 놀라운 관찰력의 소산이 아닌가 싶다. 그는 몰리에르의 희곡집이나 '파리의 외침Cris de Paris'● 같은 판화 시리즈를 제작하면서 당시 유행한 집 안 가구와 장식, 복장 등을 하나도 빼놓지 않고 완벽하게 그려 넣었다. 그러나 부셰가 당시 유럽인들에게 가장 환영받는 화가가 된 이유를 단지 뛰어난 묘사 실력 때문이라고 단정하기는 어렵다.

그는 사회에 떠도는 기운이나 유행을 자신만의 필터로 걸러서 대중이 좋아할 만한 새로운 세계를 창조하는 데 발군의 능력이 있었다. 현실을 바탕으로 작품

● 이른바 '크리cris' 시리즈는 16세기 후반에 형성된 일종의 르포르타주 장르화를 말한다. '리옹 크리', '마르세유 크리', '니스 크리', '런던 크리' 등 도시별로 시리즈가 제작되었는데, 길거리의 상인들이나 도시에 몰려 살던 이민 노동자들처럼 주로 익명의 인물과 풍속을 판화로 대량 제작했다.

11 목동이 등장하는 부셰의 그림.

을 만들기보다 자기 머릿속에서 창조한 가공의 아름다운 세계를 화폭으로 옮기는 스타일의 화가였다. 예를 들면 부셰의 그림에는 목동[11]이 자주 등장한다. 하지만 그의 화폭 속 목동은 실제 목동과는 전혀 다르다. 세상에 어느 가난한 목동이 저토록 도자기 같은 뽀얀 피부를 가질 수 있을까? 그 어느 배우보다 더 우아한 눈길은 또 어떤가? 흔히 목동의 맨발은 가난을 상징하지만 부셰의 목동은 맨발조차도 고아하다. 즉 부셰가 그린 목동은 그가 자신의 머릿속에서 창조한 가상의 세계에서 살아가는 인물인 것이다. 그리고 그 가상 세계는 아주 작은 부분마저도 진짜처럼 완벽하되 진짜보다 더 아름답다. 물 흐르는 소리가 귀에 들릴 듯한 분수, 우거진 넝쿨, 저 멀리 보이는 나무와 구름 낀 파란 하늘, 진줏빛 피부를 드러낸 소녀……. 부셰의 그림 속 세계는 전원생활을 낭만적으로 예찬한 로코코 문화 그 자체다. 게다가 반들반들 윤기를 머금고 있는 부셰 특유의 색채는 그림을 더욱 가볍

12 목가적인 풍경을 배경으로 사랑을 나누는 연인들을 묘사한 부셰의 그림.

고 활기차며 즐겁게 보이도록 하는 효과를 낸다.[12]

　그의 그림은 뭔가 애잔하면서도 그리운 것들, 바람에 날려 천천히 떨어지는 깃털처럼 가벼우면서도 우아한 것들, 봄에 막 피어난 꽃잎의 안쪽에 살포시 밴 분홍빛처럼 쓰러질 듯하면서도 생생한 아름다움을 추구한 로코코 시대가 아니고서는 나올 수 없는 작품들이다. 부셰가 이토록 18세기 프랑스에서만 나올 수 있는 독특한 그림을 그릴 수 있었던 것은 가슴속까지 시대의 조류를 흠뻑 흡수한 전형적인 로코코 시대의 인물이었기 때문일 것이다.[13]

　'빛의 세기'라고 부르는 18세기를 산 사람답게 부셰는 예술과 과학에 관심이 많았다. 비교적 일찍 성공해 많은 돈을 벌게 되자 루벤스와 렘브란트의 그림을 사

13 신화를 소재로 한 부셰의 그림.

고, 중국에서 가져온 칠기와 도자기를 수집했다. 장미목 책장을 마련해 오닉스, 오 팔, 크리스털 같은 귀한 광물과 조가비, 산호 같은 이국적인 자연물을 모아 진열했 다. 그뿐만 아니라 인도나 아마존에서 가져온 나비와 곤충의 표본, 새의 박제를 보 관하기 위해 유리로 된 진열창을 따로 제작하는 열성을 기울였다.

그의 단골 거래처는 앞서 본 제르생의 가게 '파고드'였다. 부셰는 파고드에서 본인의 그림을 팔기도 했지만, 중국이나 일본에서 가져온 진귀한 물건들을 잔뜩 사들이기도 했다.

중국이나 일본의 산물에 대한 열광은 당대 교양인들의 특징이기도 했지만 부셰는 단지 수집에 만족하지 않고 중국의 이국적인 인물과 장식에 영감을 받아

'시누아즈리chinoiserie'●풍 장식물을 직접 디자인했다.[14·15] 1740년에는 앞서 소개한 아브라함 보스의 유명한 판화 '오감' 시리즈에 나오는 음악가, 군인 등의 다양한 군상을 중국인으로 바꾸어 그린 동명의 '오감' 시리즈[16]를 출간하기도 했다.

1742년경 부셰가 보베 태피스트리 제조창을 위해 제작한 태피스트리 밑그림 시리즈에는 중국의 모티프와 로코코 장식이 환상적으로 어우러진 가운데 북 치는 원숭이들과 18세기 프랑스식 복장을 한 중국인들이 등장하는 가상 세계가 펼쳐진다. 부셰에게 중국은 실재하는 지구상의 한 나라가 아니라 저 멀리 떠 있는 이상향이자 그의 상상이 펼쳐지는 무대였다.

당대의 풍속을 포착한 화가

부셰는 가상의 세계를 창조하는 데 탁월한 솜씨를 보였지만, 예민하게 촉수를 곤두세우고 파리의 유행을 관찰한 '컨템퍼러리 아티스트'이기도 했다. 특히 '파리의 외침'[17·18]이라는 판화 시리즈를 통해 18세기 파리의 분주한 거리 풍경의 단면을 예리하게 포착해냈다. 큰 나무통을 굴리며 가게로 들어가는 식료품상, "순무 있어요, 양배추 사세요"를 외치는 채소 파는 소녀, 생폴 부두에서 나무를 나르는 날품팔이 일꾼, 따뜻한 먹거리를 진열해놓은 길거리 음식점, 크림이 가득 든 과자를 지고 다니며 파는 여인들과 그 뒤를 졸졸 쫓아가는 어린아이들, 개암나무 열매나 푸성귀 등 수확

▲14 부셰의 '네 원소' 시리즈 중 〈공기〉.
■15 부셰의 〈고양이와 놀고 있는 두 중국 여자와 세 아이〉.
▼16 부셰의 '오감' 시리즈 중 〈미각〉.

● 근세 유럽 미술에서 성행한 중국풍 혹은 그 영향을 받아 만들어진 공예품을 뜻한다.

17 부세의 그림을 바탕으로 제작한 '파리의 외침' 판화 시리즈.

▲낡은 풀무를 고치는 사람.　　　▲빗자루를 파는 사람.

▼나막신 만드는 기술자.　　　　▼식초 장수.

18 부세의 그림을 바탕으로 제작한 '파리의 외침' 판화 시리즈.

▲ 호두 까는 사람.   ▲ 보일러콩.

▼ 채소를 파는 소녀.   ▼ 과자 파는 여인.

물을 팔려고 시골에서 올라온 농부들……. 다양한 군상이 몇 세기가 지난 지금까지도 그의 판화 속에서 살아 숨 쉰다. 페이지를 넘길 때마다 제목 그대로 파리의 외침이 들려온다.

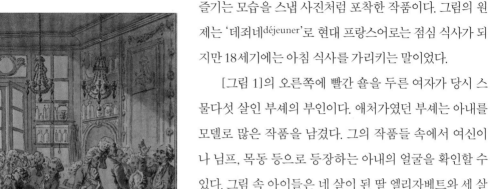

부셰의 대표작인 〈아침 식사〉([그림 1]) 역시 가족들이 단란하게 아침 식사를 즐기는 모습을 스냅 사진처럼 포착한 작품이다. 그림의 원제는 '데죄네déjeuner'로 현대 프랑스어로는 점심 식사가 되지만 18세기에는 아침 식사를 가리키는 말이었다.

[그림 1]의 오른쪽에 빨간 숄을 두른 여자가 당시 스물다섯 살인 부셰의 부인이다. 애처가였던 부셰는 아내를 모델로 많은 작품을 남겼다. 그의 작품들 속에서 여신이나 님프, 목동 등으로 등장하는 아내의 얼굴을 확인할 수 있다. 그림 속 아이들은 네 살이 된 딸 엘리자베트와 세 살배기 아들 쥐스트다. 아이들은 엄마와 함께 당시 대표적인 고급 음료인 초콜릿을 마시고 있다.

18세기 파리 거리에는 요즘과 마찬가지로 카페가 즐비했다.[19] 특히 팔레 루아얄 정원에는 밖에 의자를 내놓고 커피를 파는 노천 카페들이 많았다. 부셰 역시 이곳에 앉아 차를 마시며 행인들을 구경하고 지인들과 화젯거리를 나누며 한가한 시간을 즐겼을 것이다.

커피에 설탕을 듬뿍 넣고 우유를 탄 '카페오레'는 이 시대를 상징하는 음료였다.[20] 단맛이 지독한 커피 덕분에 하루의 피로를 잠시나마 잊을 수 있고 든든하기까지 해서 아침이면 커피 한 잔으로 아침을 때우는 이들도 많았다.

18세기인들에게 커피는 일종의 만병통치약이었다. 정신을 또렷하게 해주고 위와 간을 치료하며 피를 맑게 해준

▲19 새로운 철학에 관해 논쟁하던 당시 카페의 모습.

▼20 커피를 마시는 여인.

다고 믿어서 특히 독신자들과 임산부들이 보약처럼 즐겼다. 당시 커피가 얼마나 인기가 있었던지 주로 교회 음악을 작곡한 근엄한 바흐조차 1732년경에 커피에 대한 칸타타를 만들기도 했다. 커피를 즐기는 습관은 지금까지 전해져 프랑스인들의 아침 식사에는 대접처럼 커다란 볼에 담긴 카페오레가 빠지지 않는다.

커피 외에 18세기인들을 매혹시킨 또 다른 음료는 초콜릿이었다. 당시 초콜릿은 요즘처럼 딱딱한 고형이 아니라 죽처럼 걸쭉했다. 카카오를 빻은 가루에 설탕과 계피, 바닐라를 넣고 물을 첨가해서 만든 초콜릿은 커피보다 고급스러운 음료였다. 당시 사람들은 초콜릿이 몸을 데워 최음제의 효과를 낸다고 믿었다. 이 때문에 부셰처럼 성공한 부르주아를 비롯해 귀부인들이 애용했다.

[그림 1] 속 벽난로 옆에는 허리에 흰 천을 두르고 한 손에는 냅킨을, 다른 손에는 주전자를 쥔 남자가 서 있다. '레모네이드 소년'이라는 깜찍한 이름으로 불린 초콜릿 배달원이다. 다방에 전화해 커피를 배달시켜 마시는 것처럼 당시 중산층 이상의 부르주아나 귀족들은 외상 장부를 달아두고 매일 아침마다 초콜릿이나 커피 등의 음료를 배달시켜 마셨다. 커피는 볶은 커피콩이 아니라 초록색 커피콩을 사서 직접 볶아 가루를 내고 체에 걸러 마셔야 했기 때문에 집에서 만들어 먹기에는 아무래도 번거로웠다. 초콜릿 역시 안에 들어가는 설탕이나 바닐라의 비율에 따라 맛이 달라졌기 때문에 직접 만들어 먹는 음료가 아니라 사서 마시는 음료였다. 배달 주문을 받으면 레모네이드 소년은 음료를 담은 주전자를 들고 와 직접 서빙까지 했다. 아침마다 종종걸음을 치며 음료를 배달하는 소년들은 당시 파리의 아침 풍경 중 하나였다.

이국적이고 고급스러운 음료의 유행은 자연스럽게 다양한 주전자를 탄생시켰다. 쉽게 식지 않도록 은제 주전자가 많았다. 소년이 들고 있는 초콜릿을 담은 주전자는 뚜껑 가운데에 뚫려 있는 구멍으로 긴 나무 막대를 넣어 초콜릿을 쉽게 저을 수 있도록 고안된 것이 특징이다.

부셰의 가족은 차도 즐겨 마셨던 모양이다. [그림 1] 속 벽난로 옆 선반 맨 위

21 중국산 테이블에서 차를 마시는 상류층 여인.

쪽에 놓인 것이 바로 찻주전자다. 초콜릿 주전자에 비해 찻주전자는 차를 넣고 우릴 수 있도록 입구가 더 크고 넓적했으며 도기로 만든 것이 많았다.[21]

    부셰가 그린 자기 가족의 아침 식사 장면은 마치 그 방 안에 함께 있는 듯 모든 것이 자세하게 묘사되어 있어 구석구석 뜯어보는 재미가 쏠쏠하다. 이국적인 물건들을 사랑한 부셰의 취향을 보여주듯 벽난로 옆 장식장에는 '마고magot'라고 불린 중국산 도자기 인형이 보인다. 제르생의 가게에서 사 왔음 직한 붉은색과 검은색의 대비가 선명한 중국 칠기 테이블과 중국 찻잔도 눈여겨볼 만하다. 이국적인 물건들로 치장한 안락한 집 안에서 카페 배달원을 불러 은제 주전자에 담긴 초콜릿을 중국 찻잔에 따라 마시는 생활은 부셰와 동시대를 산 18세기 파리 부르주아들의 전형적인 아침 풍경이었다.

함께 식사하는 특별한 자식 사랑

[그림 1] 속에는 무심히 보아 넘기기 쉬운 18세기 부르주아의 또 다른 일면이 숨어 있다. 바로 어른과 함께 자리한 어린아이들의 모습이다. 17세기 작품 중에서 왕족의 초상화나 으레 어린아이의 얼굴로 등장하는 천사가 묘사된 그림을 제외하고, 실제 어린아이가 등장하는 그림은 백 점 중에 한두 점 정도에 불과하다.

18세기 이전, 아이란 그저 아직 인간이 되지 못한 '짐승' 같은 존재였다. 특히 아직 걷지 못해 기어 다니는 아이들은 애완동물이나 다를 바 없었다. 여유 있는 집안에서는 아이를 낳자마자 시골에 있는 유모에게 보냈고, 걸음마를 떼고 말할 수 있는 나이가 되어서야 집으로 데려왔다. 온갖 질병이 창궐하고 위생 시설이 갖춰지지 않아 영아 사망률이 매우 높은 탓에 부모들이 아이가 네댓 살이 되기 전에는 자기 자식으로 여기지 않았기 때문이다. 심지어 자식이 몇 명인지조차 모르는 부모들도 많았다. 신이 주신 생명이니 신이 알아서 아이의 운명을 결정할 것이라는 터무니없는 믿음 때문에 죄의식 없이 자식을 내다 버리는 일도 흔했다. 믿을 만한 통계는 매우 적지만 기록에 따르면 1780년 파리에서 태어난 총 2만 천 명의 아이들 중에서 3천3백 명이 태어나자마자 버려졌다. 태어나고 바로 유모집으로 보내진 아이도 만 천 명이나 된다. 이 숫자는 세례를 받은 아이들을 기준으로 잡은 통계치다. 세례를 받기 전에 생후 몇 개월을 넘기지 못하고 죽은 아이들이나 세례를 받지 못한 아이들의 수는 이보다 훨씬 많았다. 당시 파리에서는 수도원은 물론이거니와 거리 곳곳에서 버려진 아이들을 흔히 볼 수 있었다.

부모와 자식의 관계 역시 지금과는 달랐다. 부모들은 아이들이 절대로 동물처럼 기지 못하도록 '리지에르lisière'라는 긴 끈을 매서 억지로 세워두고 어른의 행동을 연습시켰다.[22] 네 살만 돼도 어른과 똑같은 옷을 입고 어른과 똑같이 행동해야 했다. 아이들은 부모의 사회적 지위에 따르는 예의범절, 행동, 말투를 앵무새처럼 따라하며 성장했다.[23] 어린이용 장검을 차고 모자를 쓴 채 거만하게 손을 내

22 아이에게 리지에르를 매어 손에 쥐고 있는 유모의 모습.　**23** 어른처럼 묘사된 어린아이들.

미는 일곱 살짜리 공작의 아들이나 가발을 쓰고 얼굴에 온통 분칠을 한 채 부채를 흔들며 다니는 다섯 살짜리 백작의 딸이 전혀 이상하지 않은 시대였다.

나이에 비해 일찍 어른 흉내를 내야 했던 아이들이 집을 떠나는 나이는 여덟 살이나 아홉 살이었다. 남자아이들은 수도원으로, 여자아이들은 수녀원으로 보내졌다. 어려서 집을 떠난 아이들은 열여섯 살 정도가 돼서야 다시 부모의 집으로 돌아올 수 있었다. 심지어 대부분의 여자아이들은 집으로 돌아오지 못하고 수녀원에서 바로 시집을 가야 했다. 어린 시절을 일생에서 가장 행복한 시기라고 생각하는 지금과는 달리 당시 아이들은 태어나자마자 요즘의 시각으로는 아동 학대에 가까운 혹독한 시련을 겪어야 했던 것이다.

역사가들은 흔히 18세기를 '가족사의 전환기'라고 부른다. 한편에서는 여전히 아이를 내다 버리는 부모들이 많았지만, 새로운 유형의 부모들이 등장한 시기이기도 했기 때문이다. 이들은 주로 전문적인 직업에 종사하는 부르주아들로 부세처럼 생활이 여유로웠고, 장-자크 루소의 새로운 교육론이 담긴 『에밀』(1762년)을 읽을 정도로 지적 소양을 갖추고 있었다. 신세대 부모들은 자식에 대한 애정을 숨기지 않았고 출세와 교육을 위해 남다른 정성을 쏟았다.

18세기 후반의 가정 생활을 묘사한 판화 〈살림의 행복〉[24]에는 부인 옆에 유모로 보이는 나이 든 여인이 앉아 있기는 하지만, 어머니는 가슴을 드러내고 아이에게 젖을 물리려고 하고 있다. 또한 〈정겨운 모정〉[25]에서는 아이를 품에 안은 젊은 어머니와 행복한 미소를 띠고 자식과 부인을 바라보는 아버지가 등장한다. 판화의 아래에 새긴 '엄마, 좋은 엄마, 행복한 모성La maman, La bonne mère, La bonté maternelle'이라는 문구는 18세기 중후반에 싹트기 시작한 엄마의 신모델을 보여준다. 판화 속 부부처럼 신세대 부모들은 수유를 통해 아이와 애착 관계를 형성하고, 가족 간 유대감을 키웠다.

이처럼 달라진 부모 자식 간의 애착 관계는 상속, 유산 분배에 관한 고문서에서도 생생하게 드러난다. 1747년 사망한 청동 제작 전문 장인인 앙투안 랑뱅 Antoine Lambin은 유언장에서 딸을 수녀원에 보내 교육하는 비용으로 575리브르를 명시했다. 재혼하는 경우에는 결혼 계약서를 작성해 이전 혼인 관계에서 얻은 자식을 먹이고 입히며 교육시킬 명목으로 돈을 따로 떼어놓는 관행이 생겼다. 신세대 부모들이 남긴 편지에서도 마찬가지다. 건강하게 지내고 있는지, 새로운 소식은 없는지, 교육은 잘 받고 있는지 등 현대인들이 부모로서 당연히 궁금해하는 것들을 그들 역

▲24 〈살림의 행복〉.
부르주아 가정의 단란한 모습이 드러나 있다.
▼25 〈정겨운 모정〉이라는 제목처럼 '모성'이 탄생한 18세기의 풍경.

시 궁금해했다. 아들이라도 '무슈'라는 3인칭 경어를 썼던 17세기와는 달리 18세기 중후반의 부모들은 '내 새끼들mes petites'이라는 애칭을 썼다.

　　그들은 아이들에게 인형과 장난감을 사주고 자식과 시간을 보내며 행복감을 느꼈다. 현대 가족의 모델이 된 이 신세대 부모 덕택에 부셰의 딸은 [그림 1]에서 보는 것처럼 인형과 말 같은 장난감을 가질 수 있었던 것이다. 유모의 무릎에 앉아 초콜릿을 받아 마시는 세 살배기 아이나 인형을 손에 쥔 여자아이, 자식을 자애로운 눈길로 내려다보는 어머니의 모습은 단란한 가족의 이미지 그대로다. 하지만 어린 자식과 한집에서 사는 것은 물론이고 같이 식사하는 것도, 장난감을 마련해주는 것도 새로운 문화인 시대가 있었다. 부셰의 〈아침 식사〉는 그래서 당대인들에게는 놀라운 풍경이었다.

살아서는 영광을, 죽어서는 조롱을

　　[그림 1]을 그린 1739년에 이미 루이 15세의 개인 서재를 위한 작품을 주문받은 부셰가 로코코의 대표적인 예술가로 등극한 데는 마담 퐁파두르와의 만남이 있었다. 첫 만남은 마담 퐁파두르가 루이 15세의 후궁이 되기 전 그녀의 후견인 역할을 한 투르넴의 소개로 이루어졌다. 부셰는 활기찬 성격에 우아한 기품이 흘렀고, 당시 출세하기 좋은 조건인 해박한 교양과 상냥한 말투까지 갖춘 완벽한 18세기 부르주아였으니 당연히 마담 퐁파두르의 호의를 샀다.

　　마담 퐁파두르는 후궁의 자리에 오르자 세간의 인기를 한 몸에 받고 있는 부셰를 호출했다. 이때부터 부셰는 퐁파두르의 화가가 된다. 부셰는 마담 퐁파두르의 초상을 여러 점 그렸지만 현실에 바탕을 두지 않은 특유의 화풍 때문에 늘 그림 속 그녀는 실제보다 아름답게 표현되었다. 마담 퐁파두르가 그의 그림에 대단히 만족했음은 물론이다.[26·27]

26·27 부셰가 그린 마담 퐁파두르 초상화.

　부셰가 세인들의 입방아에 오르내린 스캔들의 주인공이 된 것도 이때였다. 한동안 마담 퐁파두르를 주요 모델로 그리던 부셰는 새로운 영감을 주는 모델을 만나게 된다. 당시 아카데미에서 직업 모델을 하는 여자의 동생으로 마리-루이즈 오뮈르피라는 여덟 살 난 소녀였다. 후에 이 소녀는 루이 15세의 '사슴 정원'에 들어가 왕의 즐거움을 위해 봉사하게 된다. 왕이 총애하는 후궁의 전폭적인 후원을 받는 화가가 하필 사슴 정원의 여자를 모델로 삼아 작품을 그렸다는 아이러니한 사실은 세간의 흥밋거리가 되기에 충분했다. 하지만 부셰가 이 소녀를 만난 것은 사슴 정원에 들어가기 한참 전의 일이다. 종종 그림 속에서 소녀는 다 자란 여인의 모습을 하고 있지만 나중에 그려진 성숙한 모습은 부셰가 직접 스케치한 것이 아니라 기억과 상상력을 동원해 작업한 것이다. 아름다운 것을 보면 머릿속에 입력해놓았다가 적재적소에 활용하는 부셰의 작업 스타일을 잘 알고 있던 마담 퐁파

28 부셰가 오뮈르피를 모델로 그린 〈오달리스크〉.

두르는 오뮈르피가 등장하는 그림[28]에 대해서도 별달리 문제 삼지 않았다고 한다.

부셰는 마담 퐁파두르가 실내장식을 지휘한 여러 성의 벽화를 그리면서 점차 그녀의 미술 자문 위원 같은 역할을 맡게 되었다. 그녀가 유명한 마르샹 메르시에인 라자르 뒤보Lazare Duvaux나 제르생에게서 그림이나 오브제를 구입할 때마다 조언했고, 궁정 파티나 연회의 장식물을 감독했으며, 퐁파두르 스타일로 치장한 성들의 실내장식을 감수했다. 요즘으로 치면 영부인이자 손이 큰 컬렉터의 미술 컨설턴트 역할을 한 셈이다.

진정으로 로코코 문화를 즐긴 마담 퐁파두르와 부셰는 어느 모로 보나 어울리는 짝이었다. 둘 다 자신의 시대가 끝난 후 혹독한 비난을 받았다는 점까지 닮았다. 부셰는 고전주의 화가들로부터 조잡하고 유치한 작품을 그린 화가로 폄훼되어 맹공격을 받았고, 마담 퐁파두르는 사치와 부덕의 상징이 되었다.

또한 두 사람 모두 사후에 철저하게 사람들의 머릿속에서 지워졌다는 공통점도 있다. 프랑스 혁명 중에 마담 퐁파두르가 공들여 치장한 많은 성이 파괴되었고, 그 안을 장식한 부셰의 작품들 역시 모두 산산조각 났다. 역사의 우여곡절로 인해 장식미술과 관련된 수많은 부셰의 명작들을 현재로서는 기록으로만 확인할 수 있을 뿐이다.

루브르 박물관의 한구석에 조용히 걸려 있는 [그림 1]은 세로가 81센티미터밖에 안 되는 소품이지만 여러 대작들 속에서도 빛이 난다. 지난 과거의 어느 한 순간을 그림 속에 고스란히 고정시킨 화가의 솜씨가 너무나 뛰어나서 마치 그 순간의 공기와 빛이 지금도 느껴지는 듯하다.

특정한 시대에 태어나 당시 사회의 흐름을 온몸으로 감지하며 그 시대정신을 작품으로 표현한다는 것은 분명 아무에게나 가능한 일은 아니다. 하지만 역설적이게도 바로 그 이유 때문에, 한 시대가 저물자 부셰 역시 지나간 유행처럼 금세 잊혀지고 말았던 것이다.

18세기에 유럽에 들어온 중국 오브제들과 포대화상 조각상.

부르주아의 중국 동경

부셰의 [그림 1] 속에는 당대인들이 가진 중국에 대한 동경심이 여과 없이 드러나 있다. 그림 구석구석에 중국에서 가져온 물건들이 보인다. 우선 눈에 띄는 것이 콘솔 위에 올려놓은 청동이 붙은 중국 도자기다. 하얀 바탕에 특유의 파란색 문양이 생생하게 그려진 '크락 자기'이다. 크락 자기는 당시 유럽으로 수출된 중국의 청화백자로 아가리가 넓고 도자기 외벽을 여러 칸으로 구획해 식물이나 동물, 인물, 풍경 등을 그려 넣은 자기를 말한다. 그림 오른쪽 끝에 살짝 보이는 장식장 위에도 중국산으로 보이는 단지가 놓여 있다. 입구가 크고 너부죽한 모양새가 영락없는 중국 도자기다. 옆면이 빨갛고 앞면이 노란 장식장 역시 중국풍이다. 로코코 스타일이 유행한 프랑스에서는 볼 수 없는 직선 형태와 알록달록한 색깔, 서랍 부분에 그려진 산수 문양으로 보아 중국에서 직수입한 가구인 듯하다.

왼쪽 선반에는 우리 눈에도 친숙한 중국 인형이 놓여 있다. '마고'라고 불린 이 중국 인형은 상아나 나무로 만든 포대화상 조각상이다. 18세기 프랑스인들이 포대화상의 의미를 알고 이런 마고를 샀으리라고 보기는 어렵다. 단지 유럽에서는 볼 수 없는 특이한 형태와 얼굴 표정에 매혹되었으리라.

당시 유럽의 부르주아들은 당삼채 낙타 조각을 비롯한 여러 중국산 조각품으로 집 안을 장식했다. 부처 머리 조각으로 집을 장식하는 것을 젠zen 스타일로 여기는 현대인과 별다를 바 없었던 것이다.

이러한 중국풍에 대한 동경으로 태어난 것이 바로 시누아즈리, 즉 중국풍 모티프를 로코코 양식으로 변형시킨 장식이다. 시누아즈리는 벽면을 장식하는 랑브리 위에 그림 형태로 그리거나 태피스트리의 바탕 그림으로 썼다. 대개 부셰나 프라고나르를 비롯한 당대 유명 화가들의 작품이 많다.

중국 자개가 달린 장식장.

부셰가 그린 중국풍의 그림.

이들 작품은 중국 도자기나 화려한 중국 옷을 입은 중국인
들, 동양적인 산수가 로코코식 꽃이나 식물 문양과 어우러
져 신비로운 느낌을 준다.

　최근에 복원된 베르사유 성의 루이 16세 목욕실에는 중국
인 대신 중국 옷을 입은 원숭이 떼가 등장하는 시누아즈리가
남아 있다. 원숭이는 이국적인 세계를 동경한 18세기인들에
게 동양을 연상시키는 대표적인 동물이었다.

　이렇게 시누아즈리로 치장한 공간에는 주로 칠기 가구를
놓는다. 부셰의 [그림 1]에서 보듯 검은 윤기가 나는 칠에 빨
간색 상판이 얹힌 테이블 같은 가구들은 중국 칠기처럼 보
이지만 다리는 '피에 드 비슈pied de biche'(암사슴의 발)라는
전형적인 루이 15세 시대 스타일의 다리를 달고 있다.

중국 여인과 원숭이가 등장하는 샹티이 성의 랑브리 장식.

326

초콜릿 주전자.

찻주전자.

마리 레슈친스카의 초콜릿 주전자 세트.

초콜릿 주전자

주전자에는 커피와 차, 초콜릿 같은 고급 음료가 유행한 시대의 풍경이 담겨 있다. 뜨거운 음료의 온도를 유지하기 위해 당대인들은 은으로 된 주전자를 애용했다. 주전자를 통칭해 '따르는 도구'라는 뜻으로 '베르쇠즈verseuse'라고 하는데 찻주전자인 '테이에르théière', 초콜릿 주전자인 '쇼콜라티에chocolatier', 커피 주전자인 '카페티에르cafetière' 등으로 나눌 수 있다.

18세기 은주전자 중에서 가장 흔히 볼 수 있는 것은 쇼콜라티에와 카페티에르다. 둘 다 아래가 둥근 서양배 모양에 상아나 흑단으로 만든 일자형 긴 손잡이가 특징이다. 아래에는 달에 착륙하는 우주선처럼 다리가 세 개 달려 있다.

쇼콜라티에와 카페티에르의 가장 큰 차이점은 뚜껑 한가운데에 달린 단추형 장식물이 움직이는지의 여부다. 쇼콜라티에는 이 단추를 들어서 그 구멍으로 막대기를 넣어 초콜릿을 저을 수 있도록 단추가 위로 움직이게 되어 있다. 이 차이를 제외하면 둘은 모양이 똑같아서 종종 혼동하기 쉽다.

부셰의 [그림 1]에는 찻주전자인 테이에르도 나온다. 장식장 위에 올려놓은 테이에르는 옆으로 넓적하고 다리가 없어서 높이가 더 낮다. 흔히 앤티크 찻주전자라고 하면 도자기 주전자를 떠올리지만 사실 19세기 이전까지 프랑스에서는 도자기 주전자보다 은주전자가 더 많았다.

327

13장

욕망이 꽃피는
저녁 식사

여인을 바라보는 남자의 몽롱한 눈길
편지를 읽는 여인의 간드러진 손가락.

미감을 한껏 자극하는 음식을 사이에 두고
두 커플의 관능적인 애정 게임이 한창이다.

촛불이 다 타기 전
이 은밀한 향연은 어떻게 매듭지어질까?

테이블 장식 조각
p. 333

개인용 식기
p. 342

은밀한 공간
p. 345

로맨틱한 조각이 달린 랑브리
p. 347

조명등
p. 349

사이드 테이블
p. 350

네오클래식 스타일의 등장
p. 351

1 작자 미상, 〈은밀한 저녁 식사〉,
판화, 1781년, 빅토리아앤드앨버트 미술관, 런던.

새로운 음식의 발견은 새로운 행성의 발견보다
사람들을 더 행복하게 해준다.
―앙텔름 브리야–사바랭^{Anthelme Brillat-Savarin}

음식은 사람과 사람의 마음을 이어준다. 남녀가 나누는 음식은 사랑의 매개
체이며 헤어진 애인과 먹었던 음식은 옛사랑의 추억을 불러일으키는 촉매제다.
한 지붕 아래서 한솥밥을 먹는 가족을 뜻하는 '식구'라는 말처럼 음식은 서로 부
대끼며 살아가는 끈끈한 핏줄의 상징이기도 하다.

그렇다면 역사에 남을 만큼 많은 여자를 사랑한 열정적인 사나이 조반니 자
코모 카사노바에게 음식이란 어떤 의미였을까? 그의 회상록『내 생애의 역사
Histoire de ma vie』에는 음식과 관련된 그의 취향을 엿볼 수 있는 문구가 나온다.

나는 고급스러운 맛을 지닌 음식을 좋아한다. 실력 있는 나폴리의 요리사가 만든
마카로니나 스페인 요리사가 여러 종류의 고기를 넣고 끓인 스튜가 좋다. 뉴펀들랜
드 대구의 쫀쫀한 살, 연기로 살살 훈제한 야생 고기, 치즈가 들어간 음식처럼 막 모
양을 갖추기 시작한 작은 존재들이 내보이는 완벽함을 사랑한다. 마찬가지로 여자
들에게서도 내가 좋아하는 음식에서 풍기는 감미로운 향기를 발견할 수 있다.

이 무슨 퇴폐적인 취미인가! 어찌 낯을 붉히지 않고 감히 그것을 인식한다고 말할
수 있는가! 나는 이런 사람들의 비난을 웃어넘긴다. 왜냐하면 나는 남다른 감식력
덕택에 다른 이들보다 훨씬 행복한 사람이라고 믿기 때문이다. 내 감식력은 기쁨을
더 민감하게 느끼는 예민한 촉수를 나에게 선사했다.

낭만적이고 퇴폐적인 모험을 즐긴 카사노바는 생활에서 즉각적인 기쁨을 추

구한 전형적인 18세기 사람이었다. 그에게 음식을 먹으면서 느끼는 기쁨이란 여자에게서 느끼는 기쁨과 다를 것이 없었다. 음식에 대한 섬세한 감각 덕분에 뭇 여성들을 쉽게 매혹시킬 수 있다는 것이 바로 이 세기적인 바람둥이의 비결이었다.

카사노바가 아니더라도 18세기의 많은 사람들이 음식에서 느끼는 순수한 기쁨과 즐거움을 기록으로 남겼다. 그들은 미각이 성욕만큼이나 지고한 만족감을 준다는 사실을 이미 알고 있었다.

미각과 연애에 관한 18세기인들의 열렬한 관심은 〈은밀한 저녁 식사〉라는 작자 미상의 판화([그림 1])에 잘 나타나 있다. 둥근 테이블을 사이에 두고 남녀 두 쌍이 마주 앉았다. 등을 돌린 여자는 옆자리 남자에게 막 와인을 따라주려는 참이다. 맞은편에 앉은 여자는 곁에 앉은 남자가 준 연서를 읽고 있는 듯하다. 교태 어린 손짓과 표정에 넘어간 듯 남자는 은근슬쩍 그녀의 어깨를 감싸 안으려고 손을 뻗는다. 벽에 달린 촛불과 식탁 위의 등불에서 일렁이는 불빛으로 방 안은 아늑하면서도 은밀한 분위기가 감돈다. 바닥에는 이들의 애정 행각을 상징하는 꽃과 편지 다발이 흩어져 있고, 식탁 위에는 아름다움을 상징하는 파인애플을 머리에 인 세 여신이 은은한 빛을 낸다.[2] 향기로운 와인과 미각을 자극하는 음식을 나누면서 서로의 사랑도 이렇게 무르익어간다.

2 테이블 가운데를 장식하는 데 쓰인 은 조각품.

맛으로 먹고 눈으로 즐기는 음식

17세기의 제왕 루이 14세는 한 끼 식사에 네 접시를 가득 채운 수프, 꿩 한 마리, 공작새 한 마리, 접시에 가득 담긴 샐러드, 큰 햄 두 조각, 소스를 곁들인 양고기와 수북하게 쌓은 과자며 과일을 몇백 명이 보는 앞에서 게걸스럽게 먹어 치웠다. 그야말로 상다리가 부러지

3 맛을 즐기는 18세기 식사의 전형.

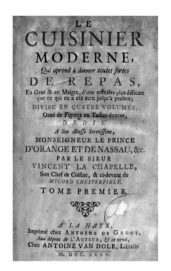

4 『모던한 요리사』 표지.

도록 차린 식사의 본질은 권력의 과시에 있을 뿐 섬세한 미각과 맛의 기쁨을 즐기는 수준까지 이르지는 못했다.

루이 14세의 압제에서 벗어나 자유의 공기를 불어넣은 섭정 오를레앙 공의 음식은 어땠을까? 그에게 음식이란 공기처럼 가벼운 맛의 결정체였다. 그는 '에상스essences'라고 불린 가벼운 소스를 즐겼다. 향기로운 장미, 바질, 바이올렛, 허브 등 향이 좋은 식물을 비롯해 버섯이나 햄까지도 에상스로 만들어 먹었다. 또한 그는 독일 음식이나 치즈를 넣은 수프처럼 서민들이 즐겨 먹는 소박한 음식도 좋아했다. 때로는 손수 음식을 만들어 먹는 등 17세기의 왕족으로서는 상상할 수 없는 파격적인 행동을 즐기기도 했다.

루이 14세와 오를레앙 공은 17세기와 18세기의 음식 문화가 얼마나 다른지를 단적으로 보여준다. 오를레앙 공에게 음식은 권력이나 부를 표현하기 위한 수단이 아니었다. 그는 맛을 느끼는 섬세한 감각과 먹는다는 행위 그 자체를 순수하게 즐겼다.[3] 18세기인들은 음식을 맛으로 느끼고 눈으로 즐기는 세련된 문화에 익숙한 이들이었다.

18세기에 들어 음식과 맛에 대한 관심이 높아지면서 부엌은 그야말로 새로운 요리법을 연구하는 실험실로 거듭났다. 1735년 요리사 뱅상 라 샤펠Vincent la Chapelle은 여태껏 보지 못한 새로운 요리법을 담은 『모던한 요리사Le Cuisinier moderne』[4]라는 책을 발표해 큰 인기를 끌었다. 요리라고는 기껏해야 푹 삶아서 덩어리째 식탁에 올리는 고기나 볶은 채소에 마늘로 양념하는 게 고작인 17세기 요리법에 비하면 새 시대의 요리법은 입이 쩍 벌어질 만큼 섬세했다.

막힌 물꼬가 터지듯 요리사들은 한 가지 재료를 가지고도 여러 가지 맛을 내는 새로운 방법을 앞다퉈 연구했다. 크림과 밀가루를 섞은 '베샤멜béchamel' 소스를 발명해 지금까지 그 소스에 이름을 남긴 뛰어난 미식가 루이 드 베샤메이, 누엥

▲5 디드로의 『백과전서』에 수록된 '푸줏간' 삽화.

▼6 디드로의 『백과전서』에 수록된 '빵집' 삽화.

텔 후작Louis de Béchameil, marquis de Nointel이 활약한 때가 이때였다.

　　당시 부엌은 진정한 맛의 연구소라 부를 만했다.[5·6] 어떻게 하면 기름기를 쫙 빼면서도 고소하고 촉촉하게 고기를 구울 수 있을까? 어떻게 하면 혀의 감각을 자극하는 신선한 맛을 창조할 수 있을까? 이들의 연구 과제는 끝이 없었다.

　　음식과 미각의 관계에 골몰한 나머지 기이한 발상이 등장하기도 했다. 굴은 남성의 생식력을 왕성하게 한다, 생선은 몸을 차갑게 해서 좋지 않다, 셀러리는 여성에게 놀랄 만한 최음 효과를 발휘한다 등 검증되지 않은 각종 식재료의 효능이 입에서 입으로 퍼져 나갔다. 건강에 좋다는 슈퍼푸드를 즐기는 현대인들처럼 몸을 데우는 효과가 있다고 알려진 후추와 사프란을 온갖 요리에 일부러 넣어 먹기도 했다.

예술과 철학으로 승화된 요리

18세기 중엽에 접어들면서 식품이 몸에 필요한 영양소를 넘어 정신적인 영양소가 된다는 믿음이 광범위하게 퍼졌다. "당신이 무엇을 먹는지 말해주면 나는 당신이 누군인지 알려주겠소"라는 브리야-사바랭[7]의 일갈은 당시의 통념을 대표한다. 식재료가 고매한 정신의 영양분이 된다는데 어느 누가 음식을 무시할 수 있겠는가. 귀족들의 거처에서는 부엌이 점점 넓어졌고 요리사들은 단순히 요리법을 넘어 프라이팬이나 특이한 용도를 위한 냄비 같은 각종 주방 기구들을 고안해 냈다.[8·9]

정신과 육체를 고양시켜준다고 알려진 식품 중에 당시 사람들을 가장 매혹시킨 것은 영혼마저 녹일 듯한 설탕이었다. 17세기 초반만 해도 설탕은 브라질을 오가는 포르투갈 상선을 통해 루앙이나 라로셸, 보르도 같은 항구로 수입되는 희귀한 감미료였다. 점차 앤틸리스 제도나 생도미니크 섬 같은 열대 섬을 비롯해 남미로 식민지가 확대되면서 설탕은 대중화되었다. 앞서 보았듯이 커피나 차, 초콜릿 같은 이국적인 음료가 유행하면서 이들 음료에 곁들여야 하는 설탕은 빠질 수 없는 재료로 자리 잡았다. 설탕은 하루의 힘든 노동을 견디게 해주는 구세주에 그치지 않았다. 과일을 졸여 사시사철 즐길 수

7 브리야-사바랭.

8 디드로의 『백과전서』에 수록된 당시의 요리 도구 관련 삽화.　　　**9** 18세기의 주방.

있는 잼을 만드는 등 보존료로서의 역할은 가히 혁신적이었다. 하층민이 애용하는 식당에서조차 잼과 설탕에 절인 과일을 내놓았다. 설탕을 잔뜩 넣어 만든 케이크나 과자 같은 디저트가 수프와 구이, 앙트르메로 이루어진 식단에서 당당히 한자리를 차지하기 시작했다.

　머리털이 쭈뼛 설 정도로 달았던 18세기 디저트들에는 로코코 시대의 로맨틱한 정서가 담겨 있었다. 모차르트의 생애를 그린 영화 〈아마데우스〉에서 궁정악장 살리에리가 자신의 거처를 방문한 모차르트 부인에게 권하는 '비너스의 젖꼭지Téton de vénus'[10]는 하얀 설탕을 뿌린 동그란 과자 위에 빨간 산딸기를 올린 섹시한 케이크다. '사랑의 우물Puits d'amour'이라는 닭살 돋는 이름의 과자는 바삭한 겉껍질을 깨물면 안에서 달콤한 잼이나 술이 쏟아져 나왔다. 『아라비안 나이트』를 연상시키는 '알리바바'라는 과자는 왕위를 포기하고 낭시에 머물고 있던 폴란드

338

10 비너스의 젖꼭지.

왕 스타니슬라스 1세가 유행시킨 것이다. 말라가산 와인 위에 사프란으로 향을 낸 부드러운 빵을 둥둥 띄운 알리 바바는 아름다운 동방 여인이나 화려한 술탄의 삶을 연상시키는 이국적인 과자다. 사람들은 머리가 아플 만큼 단 과자를 먹고 난 뒤, 구름처럼 거품을 쳐서 만든 머랭을 듬뿍 올린 코냑을 마셔 입안에 남은 단맛을 씻어냈다.

환상적인 디저트 덕택에 프랑스는 18세기 유럽 음식 문화의 중심지로 떠올랐다. 음식 문화의 중심지란 단지 요리만 맛있다고 되는 것이 아니다. 유럽에서 최고의 요리를 자랑하는 나라답게 당시 프랑스에서는 명망 있는 철학자들이나 대문호들도 음식에 대한 나름의 철학을 신문에 발표하곤 했다. 『자디그』와 『캉디드』를 저술한 대문호 볼테르는 투박한 17세기 음식과 가벼운 18세기식 요리를 모두 좋아했다. 그가 가장 좋아한 요리책은 르네상스 시대부터 18세기까지 3천5백 개의 요리법을 집대성한 므농Menon의 『요리사들의 메뉴얼Manuel des Officiers de Bouche』(1759년)이었다.

미각에 대한 당대인들의 태도를 열렬하게 지지한 볼테르에 반해 "자연으로 돌아가라"는 경구를 남긴 루소는 음식에 대한 과도한 집착에 대해 비판적인 목소리를 냈다. 그는 남다른 통찰력으로 음식에 대한 사치 풍조는 결국 하층민의 피와 땀을 짜내어 생긴 것이며, 그 손실은 전쟁이 아니고서는 채울 수 없을 정도로 크다고 비난했다. 고기가 빠진 식사는 상상도 못 할 시대를 살았으면서도 육식의 잔인함을 설파한 자연주의자답게 스스로도 자연의 섭리에 따라 제철 음식을 먹었으며 식민지에서 수입한 체리 같은 과일은 먹지 않았다고 한다.

당시 음식 문화에 반대한 루소나 열렬하게 찬동한 볼테르나 모두 요리를 예술의 한 분야라고 여겼다는 사실은 18세기 프랑스에서 발달한 수많은 요리법의

배경을 잘 설명해준다.[11·12]

요리법이 바뀌면 그에 걸맞은 술이 필요하다. 당시 사람들은 오늘날의 와인 애호가처럼 좋은 와인을 수소문하고, 수집에 열을 올렸다. 18세기의 미식 혁명은 와인 제조에서도 마찬가지였다. 포도를 발효시켜 불로 소독한 참나무 통에 넣고 황을 첨가하는 획기적인 신기술 덕분에 18세기인들은 17세기인들과는 전혀 다른 와인을 마실 수 있었다. 이 신기술이 도입되기 이전의 와인은 오늘날의 샴페인처럼 미세한 기포가 있는 발포 와인으로 최장기 보존 기간이 몇 달도 채 되지 않았다. 요즘 와인 산지의 대표격으로 손꼽히는 보르도 지역에서 본격적으로 와인이 생산되기 시작한 것도 이즈음이다.

또한 지금도 즐겨 마시는 가벼운 화이트와인인 '상세르sancerre'가 등장하고 18세기식 칵테일 베이스인 '로드비l'eau de vie', 즉 '인생의 물'이라는 감미로운 증류주가 유행했다. 디저트와 함께 서빙하기도 한 로드비 칵테일의 이름은 그야말로 걸작이다. '완벽한 사랑parfait amour', '천 개의 꽃 물l'eau des mille fleurs'이라니 로코코 시대가 아니고서는 생각해내지 못할 이름이다.

비단 와인만 그랬던 것은 아니다. 당시 음식 애호가들은 일상적으로 먹는 버터까지 모든 식재료를 될 수 있는 한 고급품으로 구하려고 애썼다. 귀족의 체통을 지키느라 부엌일에는 전혀 관심이 없던 17세기 귀족들에 비해 18세기 귀족들은 외국에 나가서도 고국의 와인과 식료품을 구하려고 가히 눈물겨운 노력을 다했다. 런던에서 대사로 근무했던 근엄한 수도원장 기욤 뒤부아Guillaume Dubois조차 1718년 조카에게 수

▲ 11 18세기의 요리사.
▼ 12 18세기의 제빵사.

십 장의 편지를 보내 퐁레베크산 치즈를 구해달라고 신신당부했을 정도였다.

어제 무엇을 먹었고, 내일은 무엇을 먹을 것인지, 그 재료는 어떻게 요리하는 것이 좋은지 등 음식에 대한 이야기만으로 편지를 가득 채운 일례는 수없이 많다. 스위스 용병 대장으로 루브르 궁을 지키는 대령급 군인이던 피에르 스토파Pierre Stoppa는 아일랜드산 소금을 넣은 버터와 브르타뉴산 버터, 방브 농가에서 만든 버터 중 어느 것을 먹을지 고민하느라 열 통이 넘는 편지를 썼다. 스토파가 사망한 뒤 공증인이 작성한 재산 목록을 보면 그가 와인에 얼마나 애착을 가졌는지 짐작할 수 있다. 그의 집 지하에 있던 거대한 와인 저장고 목록에는 부르고뉴, 보르도 같은 프랑스산 와인뿐 아니라 지중해 연안의 말라가나 키프로스 섬의 와인, 헤레스산 화이트와인 같은 고급 와인의 이름이 줄줄이 등장한다.

음식의 예술을 완성시키는 예술적인 식기

요리가 그림이나 조각과 어깨를 겨루며 예술의 반열에 오른 마당에 식사를 게걸스럽게 할 수는 없는 노릇이다. 좋은 그림을 고급 액자에 끼워

놓듯 훌륭한 요리에는 그에 걸맞은 그릇이 필요하다.

앞서 보았듯 17세기인들이 그릇의 재료 중에서 가장 최고로 친 것은 금과 은이었다.[13] 그러나 17세기 말엽에 스페인과 지리멸렬한 전쟁을 치르느라 국고가 바닥난 루이 14세는 베르사유의 모든 금식기와 은식기를 녹여 금화와 은화로 만들었다. 귀족들도 울며 겨자 먹기로 동참할 수밖에 없었다. 이 17세기판 '금 모으기 운동' 때문에 금속 세공 장인들의 주옥같은 작품들이 대부분 사라졌다. 이로써 이 사건은 프랑스 장식미술사에서 가장 비극적인 사건 중 하나로 남았다.

13 디드로의 『백과전서』에 수록된 은공예 판화.

14 1766년 파리 주재 영국 대사였던 리치먼드 공작의 티 세트.

　금이나 은 식기를 대체할 만한 것은 도자기뿐이었다. 17세기 말엽 중국에서 물밀듯이 들어온 도자기들은 금, 은 식기를 최고로 여긴 유럽인들의 고정관념을 일시에 바꾸어놓았다.[14] 그도 그럴 것이 중국 도자기는 '파이앙스' 일색인 유럽의 도기와는 비교할 수 없이 아름다웠다. 중국산 도자기의 우윳빛이 감도는 부드러운 하얀색과 손가락으로 튕길 때 나는 청아한 소리는 단번에 미식가들의 눈과 귀를 사로잡았다. [그림 1]을 자세히 보면 식탁 옆에 놓인 정리장 선반에 차곡차곡 쌓인 접시가 보인다.

　식탁 위에는 요리를 담은 큰 접시는 보이지 않고 대신 작은 개인용 접시와 포크, 칼이 놓여 있다. 음식을 덜어 먹는 데 사용한 포크는 날이 세 개인 거대한 포크가 아니라 날이 네 개인 개인용 포크다.[15] 현대인에게는 너무나 평범한 커트러리이지만 이 포크의 등장은 경천동지할 사건이었다. 네 갈래 포크가 사람들에게 알려지기 시작한 것은 루이 14세 시대 말엽부터다. 수프 안에 떠 있는 고기를 손가락으로 집어 먹던 루이 14세가 말년에 너무나 낯선 도구인 개인용 포크로 음식을

15 18세기의 개인용 은수저 세트.

먹는 장면은 당시 사람들에게 말할 수 없이 깊은 인상을 남겼고, 곧이어 포크는 고귀함의 상징으로 등극했다. 그리하여 18세기에 접어들면서 포크는 스스로 우아한 개화인으로 자부하는 부르주아들에게 필수적인 식기로 자리 잡았다.

식탁 옆에는 작은 사이드 테이블이 앙증맞게 놓여 있다. 접시를 수납할 수 있는 선반이 있고 살짝 굽은 다리 끝에는 바퀴가 달려 이동이 쉽다. [그림 1]에서는 보이지 않지만 몸체에는 냅킨이나 포크 같은 자잘한 용품을 보관할 수 있는 작은 서랍이 달려 있었을 것이다. 상판에는 조가비 모양의 그릇과 삐죽 나온 와인 병 주둥이가 보인다. 대리석 상판에 구멍을 내고 안쪽에 둥근 은그릇과 얼음을 넣어두도록 만들었다. 이 사이드 테이블의 이름은 용도 그대로 '라프레시수아르rafraîchissoir', 즉 '신선하게 해주는' 도구다. 17세기 와인에 비해 보존 기간이 길어졌지만 그래도 와인은 레드나 화이트를 가리지 않고 차갑게 마셔야 했다. 이 때문에 얼음에 담가둔 와인을 마실 때마다 서빙해줄 하인이 필요했지만, 이 테이블 하나만 있으면 들락날락하는 하인 없이도 식사 내내 차가운 와인을 마실 수 있었다. 재미있는 것은 당시 사람들이 이 테이블을 '벙어리 하인'이라는 애칭으로 불렀다는 점이다. 누구에게도 방해받지 않는 은밀한 만남을 위해서 더없이 중요한 심복이라는 의미다.

상판에 놓인 조가비 모양의 그릇은 '소 아 글라스seau à glace'(얼음통)라고 하는데 라프레시수아르와 한 쌍을 이루는 소품이다. 은으로 만들어 냉기가 쉽게 달아나지 않도록 고안한 '소 아 글라스'는 일종의 18세기판 아이스 버킷ice bucket이다. 로코코 시대의 '소'는 일반적으로 바다를 연상시키는 조가비 모양이 많은데 조가비에서 나오는 얼음이라니 과연 로맨틱한 시대다운 상상력이 아닌가.

16 메르빌 성의 식당.　　　　　　　　　　　　　**17** 메르빌 성 도면에 표시된 식당.

식탁에서 벌어지는 애정 게임

　친구나 손님을 불러 자신의 미식 취미를 과시하기 좋아한 18세기인들에게 식당은 사교의 장이자 주인의 취향을 선보일 수 있는 공간이었다.

　1771년에 지어진 메르빌 성Château de Merville의 1층 도면을 보면 식당은 위풍당당하게도 집의 핵심이라 할 수 있는 살롱 바로 옆에 붙어 있다.[16·17] 식당이라는 개념 자체가 없던 17세기 초엽에 비하면 엄청난 발전이다. 살롱과 더불어 바로 뒤편에 펼쳐진 정원을 한눈에 내려다볼 수 있는 가장 좋은 위치다. 게다가 살롱에서 모임을 가진 사람들이 바로 옆의 식당으로 옮겨 가서 음식을 먹으며 환담을 나누기에도 적격이다.

　로코코 스타일로 장식된 식당은 즐거움에 대한 남다른 감각을 추구한 시대

정신을 읽을 수 있는 공간이다. 긴 식탁 주위로 끈처럼 잘게 자른 등나무를 엮은 등받이가 달린 가벼운 의자를 놓고, 식탁 한가운데에는 크리스털이 빛을 화려하게 반사하는 샹들리에를 달았다. 벽에는 앞으로 먹게 될 음식을 엿보며 기대감을 가질 수 있도록 대리석으로 된 선반을 만들어 음식을 올려두었다. 선반 위에는 음식들이 잘 보이도록 촛불 서너 개를 한꺼번에 켤 수 있는 '아플리크applique'가 어김없이 달려 있었다.

뭐니 뭐니 해도 18세기식 식당에서 가장 로맨틱한 소품은 식당에 딸려 있는 대리석 분수다. 큰 조가비 모양의 분수를 벽에 붙여놓고 주변을 온통 바닷속 모티프로 장식했는데, 분수에 따라 물이 위에서 떨어지는 것도 있고, 바닥에서 솟아나는 것도 있다. 이 분수의 용도는 조가비 속으로 고이는 물속에 와인 병을 담가놓는 것이다. 술맛이 절로 날 수밖에 없다.

그러나 [그림 1]에서 묘사한 방 안에는 분수도 없고 의자 역시 둥근 등받이를 단 '카브리올레'다. 오른쪽 커플 뒤에 커튼이 달린 둥근 문이 보여 궁금증을 자아내지만 아쉽게도 남자에 가려 자세히 보이지 않는다.

이 연인들이 음식을 앞에 놓고 애정 행각을 벌인 곳은 식당이 아니다. 18세기 인들은 비밀스러운 연애와 소규모 모임, 무릎을 맞대고 앉을 수 있는 친밀한 만남을 위해 특별한 공간을 따로 마련해놓고 있었다. 바로 '부두아르boudoir'다. 부두아르는 아무나 접근할 수 없는 비밀스러운 밀실이었다. 천장이 4미터에 달하는 기존의 공간은 은밀한 느낌을 주지 못하기 때문에 새로 천장을 달아 복층처럼 한 층을 더 만들었다. 이렇게 만들어진 밀실은 나선형 계단으로 아래층과 연결된다.[18] 부두아르는 피에르 쇼데를로 드 라클로의 서간체 소설 『위험한 관계』(1782년)의 주인공들처럼 복잡하고 미묘한 연애와 비밀스러운 내연 관계를 동경한 이들에게 이상적인 공간이었다.[19·22]

부두아르와 관련해 당시 『세비야의 이발사』, 『피가로의 결혼』 등으로 주가를 올린 극작가 피에르 보마르셰Pierre-Augustin Caron de Beaumarchais는 『요즘 여자들에

18 부두아르로 연결된 계단.　　**19** 부두아르 내부.　　**20** 부두아르의 침대.

관한 비밀스러운 편지들*Sur les dames du jour, correspondance secrète*』이란 작품에서 다음과
같은 문구를 남겼다.

> 부두아르 아래에 만들었네
> 내 와인을 위한 작은 지하실을.
> 좋은 관계를 가지려면
> 바쿠스와 큐피드가 이웃이 되어야 하네.

　　보마르셰는 연애를 하려면 부두아르 아래에 와인 저장고를 만들어 술로 여
자를 유혹하라고 권유한다. 부두아르에 여자를 초대해 바로 아래의 와인 저장고
에서 가져온 감미로운 술로 그녀를 녹이려 한 남자의 깜찍한 발상이 과연 18세기
를 산 남자답다.

21 부두아르에서 밀회를 즐기는 연인.　　**22** 부두아르에서 몸단장을 하는 여인.

　　[그림 1]에서 커튼 달린 둥근 문 뒤쪽에는 몸을 밀착한 두 사람이 간신히 누울 수 있는 '리 드 르포', 즉 휴식용 침대가 놓여 있을 것이다. 연인들이 숙박업소에서 데이트를 즐기는 것을 '쉬어 간다'고 눙치듯 휴식용 침대는 정사를 연상시키는 섹시한 가구이다.

　　이처럼 방 안에 가벽을 만들고 커튼을 달아 가려놓은 뒤 그 안에 휴식용 침대를 들여놓은 공간을 '알코브alcôve'라고 한다. 알코브는 그림 속 연인처럼 얼근하게 취한 남녀가 이목을 피하고 싶을 때 살짝 들어가 쉴 수 있는 은밀한 공간이다. 감미로운 와인을 마시며 인생을 예찬하고 아름다운 여자들과 눈짓을 주고받으며 미식을 탐하는 것에서 삶의 즐거움을 찾던 18세기인들이 만들어낸 주택 구조의 걸작이라고나 할까.

　　부두아르와 알코브는 모두 로맨틱한 조각이 달린 랑브리로 장식되어 있었다. [그림 1]에서는 문 위에 통통한 큐피드를 조각해놓은 둥근 판과 여인의 아름다움과 시들지 않는 화려한 사랑을 상징하는 꽃줄 조각으로 장식했다.

이처럼 사랑스러운 공간에는 크리스털로 무겁게 장식한 샹들리에가 어울리지 않는다. 그림 속 식탁 가운데를 밝히고 있는 '랑테른lanterne'은 청동으로 만든 틀에 유리를 끼워 만든 것이다. 둥근 유리통 안에는 촛불 대여섯 개를 꽂을 수 있는 촛대가 있으며 위쪽으로는 디스크같이 둥근 거울을 끼워 빛을 은은하게 반사하도록 했다. 거울판에 반사된 빛은 식탁 주변 사람들의 얼굴에 요샛말로 '조명발'을 더해준다.

여인의 얼굴을 달처럼 환하게 밝혀주는 조명 아래 그녀의 머리에 달린 깃털이 당장이라도 날아갈 듯 흔들린다. 몇 겹으로 흘러내린 가발과 깊이 팬 드레스 위로 봉긋 솟은 하얀 가슴이 남자의 마음을 흔든다. 남자는 당장이라도 여인의 손을 잡고 문을 지나 부두아르로 들어가고 싶은 욕망을 억누르며 은근한 눈길을 보낸다. 연애시가 적힌 편지를 도도하게 읽으며 튕기는 듯한 그녀의 제스처에 남자는 더욱 안달한다.

이 그림의 주제는 바로 18세기 사람들이 추구한 로코코식 미각과 사랑이다. 랑테른의 촛불이 끝까지 타고 나면 이들의 감미로운 식사도 끝이 났을까? 세상의 어떤 여자가 저런 비밀스럽고 아름다운 공간에서 연인과 만나는 것을 마다할까? 아마 저 밤이 다 가도록 그림 속 여인은 잠들지 않고 영원히 그의 곁에 머물고 싶었을지도 모르겠다. 로코코 문화가 짧고 화려한 명을 다할 때까지 말이다.

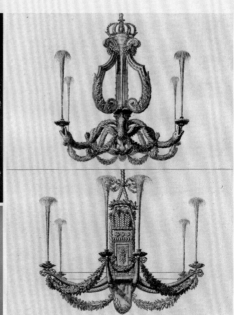

◀▲ 랑테른.
◀▼ 세 개의 촛대가 달린 아플리크 세트.
▶ 베르사유 테티스 동굴의 샹들리에 디자인.

조명등

[그림 1] 속에는 18세기의 주요한 조명 장치 두 개가 등장한다. 우선 테이블 위에 걸려 있는 랑테른은 금속으로 짠 틀에 유리를 끼우고 안에는 초를 여러 개 달 수 있는 촛대를 단 램프다. 랑테른의 위쪽 끝에는 안쪽에 거울이 달린 원반이 달려 있는데 촛불을 반사시켜 더 밝은 조명 효과를 내기 위한 깜찍한 장치다. 랑테른은 천장에 다는 램프이므로 긴 끈을 달아서 높이를 쉽게 조정할 수 있도록 했다. 초를 자주 갈아 끼워야 했기 때문이다.

랑테른과 비슷하지만 겉에 유리판이 달리지 않고 촛대만 나와 있는 것을 '샹들리에'라고 한다. 샹들리에에는 원래 초를 하나만 꽂을 수 있는 촛대를 가리켰는데, 이슬람 사원에서 쓰는 촛대를 모방해서 만들었다는 설이 있다. 19세기 초반까지도 요즘처럼 전체에 크리스털을 단 샹들리에는 극히 드물었다. 무거운 크리스털을 지지해줄 만한 몸체와 고리를 만들기가 어려웠기 때문이다. 대신 바닥이나 테이블 위에 놓는 촛대인 '뤼스트르lustre'에 크리스털 장식을 달았다.

[그림 1] 속의 벽면에는 '아플리크'가 달려 있다. 내벽에 고정시켜놓는 촛대인 아플리크는 방 안에 늘 고정돼 있는 붙박이 오브제이기 때문에 장식적인 역할도 컸다. 그림에서처럼 금칠한 청동으로 만든 아플리크는 식물 줄기를 모티프로 디자인한 로코코 시대의 전형적인 스타일이다. 그림에서 보면 문의 양쪽으로 아플리크 한 쌍을 대칭으로 걸었다.

사이드 테이블

[그림 1]에서 식탁 옆에 놓인 라프레시수아르는 18세기 중·후반부터 유행한 가구이다. 안락함이나 은밀한 사생활, 내면적인 기쁨을 중시하는 사회적인 흐름을 타고 작고 실용적이며 일상생활에서 쉽게 사용할 수 있는 가구가 출현했다. 화려한 금칠에 육중한 덩치, 현란한 조각이나 귀한 재료를 아낌없이 쓴 보여주기 위한 가구와는 달리 소박하지만 만든 이의 의도가 확연히 드러나는 똘똘한 가구이다.

이런 실용 가구를 대표하는 장인은 조제프 카나바Joseph Canabas이다. 그는 여타의 에베니스트들이 주력한 책상이나 서랍장 같은 장식성이 강한 가구보다 서재용 의자, 사이드 테이블 등 실용성이 강한 가구들을 제작했다.

전설적인 가구 장인인 장-프랑수아 외벤과 피에르 미종의 수하에서 기술을 배운 카나바는 왕실이나 귀족, 최상위의 부르주아 계층을 위한 실용적인 가구를 만든 유일무이한 실용 가구 전문 에베니스트다.

그의 대표작 중 하나가 [그림 1]에 나온 라프레시수아르라는 사이드 테이블이다. 와인을 서빙하기 위해 가구 상판에는 은그릇이 딸려 있고 아래에는 접시를 놓을 수 있는 선반이 달려 있다. 카나바의 라프레시수아르는 청동 장식이 붙어 있지 않고, 용도에만 충실한 간단한 디자인이라 일견 소박해 보이지만 실은 겉에 마호가니를 붙인 고급품이다.

카나바의 또 다른 대표작은 기계 장치가 숨어 있어서 접었다 폈다 할 수 있는 테이블이다. 당시 가구 장인으로서는 드물게 기계 장치와 열쇠에 관심이 많았던 카나바는 손잡이를 돌려 태엽을 감거나 단추를 누르면 가구 안에 숨어 있는 상판이나 서랍이 튀어나오는 기계 장치가 내장된 테이블을 많이 제작했다.

라프레시수아르.

화분 받침대.

라프레시수아르의 변형 형태.

타원형 살롱 테이블.

기계 장치가 내장된 테이블.

네오클래식 스타일의 등장

베수비오 화산의 폭발로 영원히 사라진 줄 알았던 도시 폼페이가 1748년에 본격적으로 발굴되면서 당시 유럽인들은 그리스·로마 시대의 유산에 다시금 눈을 돌리기 시작했다. 이때부터 유럽을 지배한 로코코의 유행은 사라지고 네오클래식, 즉 신고전주의 바람이 불어닥쳤다.

장식미술사에서 '네오클래식'이라 함은 '직선과 균형미의 부활'을 일컫는다. 로코코 양식을 대표하는 유연한 곡선이 간결한 직선으로, 전체 형태를 지배한 활기찬 리듬이 안정적인 균형미로 바뀐 것은 18세기 중반부터 나타난 가장 큰 변화다.

이는 한없이 가볍고 호사스러운 로코코 문화에서 혁명이나 인권, 철학, 과학 같은 진지한 주제를 가슴에 담기 시작한 문화적 흐름과도 맞아떨어진다.

아래의 도판을 보면 장중한 루이 14세 스타일을 거쳐 로코코, 네오클래식의 흐름 속에서 일어난 변화를 한눈에 알아볼 수 있다.

[그림 1]에서 등지고 있는 여자가 앉아 있는 의자는 로코코에서 네오클래식으로 변화하는 시기에 등장한 스타일이다. 등받이는 둥글고 가운데가 바이올린 모양처럼 약간 튀어나오긴 했으나 전반적으로 곡선이 단정하다. 네오클래식 스타일이 한껏 꽃핀 루이 16세 시대로 갈수록 의자 등받이에는 휘어지는 곡선이 사라진다.

다리는 끝이 뾰족한 원추형으로 그리스·로마 시대의 신전 기둥처럼 홈이 파여 있다. 앞서 본 로코코 스타일의 의자와 비교해보면 다리의 곡선이 사라지고 그 자리를 직선이 대신하고 있음을 알 수 있다. 이렇듯 뾰족한 의자 다리에 사선 혹은 직선으로 홈을 판 다리는 네오클래식 가구의 대표적인 특징이다.

앙드레-자코브 루보의 『메뉴지에의 예술』에 수록된 '테이블 다리 장식의 변화'.

네오클래식 스타일의 의자.

14장

마리 앙투아네트의
지독한 비극

자식을 품에 안은 왕비
고요하게 피어오르는 자애로운 기품.

그 누가
핏빛 혁명의 미래를 예견할 수 있었을까?

역사의 풍랑에 휩쓸려
자식마저 빼앗긴 여인의 비극적인 최후.

1 엘리자베트 비제 르브룅, 〈마리 앙투아네트와 그녀의 아이들〉,
캔버스에 유채, 1787년, 베르사유 궁.

복도를 가득 채운 곰팡이 냄새, 물기로 번들거리는 벽에 횃불이 일렁거렸다. 지척에 있는 센 강의 물결 소리만 들려오는 새벽이다. 센 강의 물은 벽을 타고 넘나들지만 한 번 들어온 사람은 살아서 나가지 못하는 콩시에르주리 감옥에서 그녀는 마지막 편지를 썼다.

아끼고 사랑하는 동생이여, 영원히 안녕.

이 편지가 그대 손에 들어갈 수 있기를.

언제나 나를 생각해주세요. 내 온 마음을 다해서 그대를 포옹합니다.

나의 불쌍한 아이들까지도……

안녕히 안녕히!

이틀 동안 열두 시간 넘게 법정에 출두하느라 제대로 먹지도 쉬지도 못한 그녀는 울음을 참았다. 그리고 결국 짧은 편지를 끝마치지 못하고 펜을 놓아버리고 만다.

샬롱쉬르마른Châlon-sur-Marne 시립도서관에는 루이 16세의 아내이자 프랑스의 왕비였던 마리 앙투아네트의 마지막 편지[2]가 보관되어 있다. 1793년 10월 16일 단두대의 이슬로 사라지기 바로 몇 시간 전에 시누이인 마담

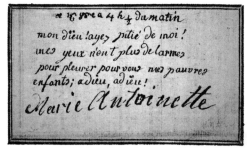

2 재판 출석부에 남아 있는 앙투아네트의 마지막 편지.

엘리자베트Madame Élisabeth에게 남긴 것이다.

이 편지는 공식적으로 남은 그녀의 마지막 흔적이지만, 많은 학자들은 이 편지의 진실성에 의문을 제기해왔다. 우선 마리 앙투아네트는 평생 프랑스어를 완벽하게 쓰지 못했다. 심신이 불안정한 상태에서 썼을 게 분명한 마지막 편지에서 단 한 개의 철자도 틀리지 않았다는 것부터가 너무나 이상한 일이다. 문체 역시 그녀가 직접 썼다고 보기에는 너무 간결하다. 게다가 편지 마지막 부분에는 사인이 없고, 중간에 쓰다 만 듯 글이 갑자기 끊겨 있다.

이케다 리요코의 『베르사유의 장미』 같은 베스트셀러 만화책을 비롯해 '다이아몬드 목걸이 사기 사건'을 다룬 각종 소설, 그녀의 화려한 생활을 다룬 영화 등으로 인해 '마리 앙투아네트'라는 이름은 우리에게 매우 친숙하다. 미모에다 모두가 선망하는 공주와 여왕이라는 타이틀, 드라마틱한 연애, 절망적인 추락 그리고 기요틴에서 목이 잘려 세상을 떠난 비극적인 최후 때문인지 그녀의 신산한 삶은 늘 사람들을 매혹한다.

하지만 대중적인 유명 인물답지 않게 그녀에 대한 기록은 거의 남아 있지 않다. 우선 1789년부터 시작된 '프랑스 혁명' 기간 동안 그녀를 포함한 '앙시앙 레짐ancien regime'(구체제)에 대한 많은 기록이 사라졌다. 혁명 정부는 네거티브 선전 작전의 일환으로 그녀에 대한 부정적인 이미지를 부각시킨 소문을 퍼트렸고, 그녀를 세기의 악녀로 묘사한 팸플릿을 만들었다. 왕정복고 이후에는 스웨덴 귀족 출신의 미남 무관 한스 악셀 폰 페르젠Hans Axel von Fersen과의 연애나 그녀의 비극적인 최후에다 상상력을 덧댄 수많은 문학작품들이 쏟아져 나왔다.

진실이야 어쨌든 혁명파와 왕정복고파 양쪽 모두가 각자 유리한 대로 그녀의 인생을 조작했다. 정치적으로 이용된 기간이 길다보니 앙투아네트를 다룬 작품들은 넘쳐나지만 그녀가 본래 어떤 여자였는지, 그녀의 삶이 진정 어떠했는지를 알 수 있는 방법은 아주 적다. 그녀는 전설 속의 미스터리한 인물로 남게 되었고, 아직도 많은 이들은 아름다운 외모와 사치스러운 드레스, 빵이 없어 시위를 벌이는 백성들에게 "그럼 브리오슈(단 과자 빵)를 먹지 그러냐"는 오만한 말을 남긴 개념 없는 여자로만 생각한다.

하지만 [그림 1]에서처럼 아이들에게 둘러싸여 포즈를 취한 앙투아네트의 모습 뒤에는 이런 통념과는 사뭇 다른 한 여인의 삶이 숨어 있다. 그녀가 남긴 몇 가지 풍경이 가려진 진실에 다가갈 수 있도록 도와줄지도 모르겠다.

적국의 왕자와 정략결혼한 공주

1770년 5월 16일, 베르사유 궁 왕가의 예배당은 왕족들로 가득했다. 오랫동안 오스트리아의 합스부르크 왕가와 화평을 추진해온 루이 15세와 총리 대신 에

티엔-프랑수아 드 슈아죌Étienne-François de Choiseul은 회심의 미소를 지으며 왕족들을 둘러보았다. 예배당으로 통하는 통로 앞은 먼발치에서라도 국가적인 행사를 구경하려는 궁정인들과 방문객들로 입추의 여지가 없었다. 문을 막아선 경비병들은 왕실의 직계 왕족에게만 길을 열어주었다.

봄을 알리는 5월의 햇살이 스테인드글라스를 통해 오색찬란한 빛으로 흘러내리는 가운데 주교의 집전으로 장엄한 결혼 미사가 시작되었다.[3] 주교의 축복을 받기 위해 무릎을 꿇은 앳된 소년과 소녀는 반지를 교환했다. 그리고 떨리는 손으로 결혼 계약서에 서명함으로써 공식적인 부부가 되었다. 오스

3 마리 앙투아네트와 왕세자의 결혼식.

358

트리아의 왕녀 마리 앙투아네트가 열네 살, 4년 뒤 루이 16세로 왕좌에 오르게 될 왕세자 루이의 나이 열다섯 살. 결혼식 미사를 끝으로 곳곳에서 축복의 환호가 터졌다. 그날 내내 베르사유에서는 밤늦도록 축제가 이어졌다.

하지만 오랜 앙숙인 부르봉 왕가와 합스부르크 왕가의 평화라는 중차대한 임무를 띠고 정략적으로 맺어진 두 사람의 결혼 생활은 시작부터 순탄하지 못했다. 둘의 성격이나 취향이 너무나 달랐기 때문이다.

훗날 혁명 기간에 유포된 온갖 악의적인 이미지 때문에 흔히 루이 16세를 뚱뚱하고 무능한 왕이며, 매사에 무관심하고 타인과 공감할 줄 모르는 남자로 생각한다. 그러나 실제 루이 16세는 부르봉 왕가에서는 보기 드물게 지적이고 차분한 인물이었다.[4] 과학에 관심이 많았던 그는 프랑스에서 최초로 전기를 일으키는 기계를 들여와 조작했고, 지리에 밝았으며, 일곱 살 때부터 라틴어를 완벽하게 읽

4 라페루즈 백작에게 가르침을 주는 루이 16세.

고 썼다. 또한 영어를 포함해 5개 국어를 자유자재로 구사했다. 자물쇠에 남다른 관심을 가져 카비네에 틀어박혀 자물쇠를 분해하는 것으로 여가를 보냈던 루이 16세는 왕보다는 과학자나 수학자가 더 어울릴 법한 인물이었다.

마리 앙투아네트는 기계를 다루느라 손이 온통 새까매져 나타나는 남편을 이해하지 못했다. 합스부르크 왕가의 호프부르크 왕궁에서 여덟 형제에 둘러싸여 고이고이 자란 그녀는 살롱에서 귀여운 공주 역할을 하는 것 외에는 뭐 하나 제대로 배운 것이 없다고 해도 과언이 아니었다.[5] 모국어인 독일어조차 제대로 읽고 쓰지 못한 그녀는 정략결혼이 결정되자마자 어머니 마리-테레즈 도트리슈Marie-Thérèse d'Autriche(마리아 테레지아) 여왕이 급히 초빙한 개인 교사에게 프랑스어를 배웠으나 간신히 의사소통이 가능한 수준이었다. 천성이 가볍고 천진난만하며 근심 걱정이 없는 그녀에게 문학이나 철학, 과학은 참을 수 없이 무거운 주제였다.

5 소녀 시절의 앙투아네트.

6 스물다섯 살 무렵의 앙투아네트.

이처럼 대충 프로필만 훑어봐도 루이 16세와 마리 앙투아네트는 어울리지 않는 한 쌍이었다. 그는 너무 진지한 반면 그녀는 너무 경박했고, 그는 매사에 신중한 반면 그녀는 모든 일에 즉흥적이었다. 그가 오랜 고심 끝에 말을 꺼내는 타입이라면, 그녀는 말이 떨어지기가 무섭게 대답하는 타입이었다. 그가 검소했다면 그녀는 화려했다.[6] 그는 고기와 와인을 좋아했지만 그녀는 닭 가슴살 같은 가벼운 요리에 빌다브레Ville d'Avray에서 공수해 온 생수만 마셨다. 규칙적인 일과를 따르는 그가 잠자리에 드는 밤 11시는 오페라와 무도회, 게임을 즐기던 그녀에게는 본격적인 하루의 시작이었다. 이런 두 사람이 처음부터 사랑에 빠졌다면 그게 오히려 이상한 노릇이다.

남편과의 냉랭한 관계 말고도 마리 앙투아네트를 더욱 숨 막히게 만든 것은 베르사유 궁의 엄격한 예절과 규범이었다. 그녀에게 베르사유는 버거운 의무로 가득 찬 감옥과도 같았다. 비교적 자유로운 가풍을 유지한 합스부르크 왕가와는 달리 베르사유는 루이 14세 이래 수많은 예법이 일거수일투족을 지배하는 궁정이었다.

현대인들의 눈에는 쓸데없는 허례허식처럼 보이는 예절과 예식은 왕가가 절대적인 권위를 유지하는 데 필수적인 장치였다. 일일이 기억할 수도 없는 복잡한 절차에는 늘 수많은 수행원이 필요했다. 루이 14세는 그 자리를 귀족들에게 나누어줌으로써 귀족들을 궁정 샐러리맨으로 길들이는 데 성공했다.

당시 베르사유 궁정의 모든 직책은 돈으로 사고팔 수 있는 재산이나 다름없었다. 파리 시내의 저택 한 채 값인 30만 리브르를 주고서라도 직책을 사려는 이들이 셀 수 없을 만큼 많았다. 이렇게 해서라도 베르사유 궁의 일원이 되려고 애쓴 것은 월급이나 왕의 총애 이외에도 눈에 보이지 않는 많은 이득이 뒤따랐기 때문이다. 이를테면 암거래에서 나오는 이득도 꽤 쏠쏠했다. 귀족들은 체면을 가리지 않고 궁정에서 쓰다 남은 초나 왕의 식탁에 올라갔으나 손대지 않은 음식들을 내다 팔았다. 연회가 벌어진 다음 날 암거래 시장에는 연회장에 올랐던 과일들이 고스란히 나오는 일도 비일비재했다. 즉 루이 14세 이후 베르사유에 공고하게 자리 잡은 각종 절차와 예절, 격식은 어찌 보면 귀족들에게는 스스로를 살찌울 수 있는 기반인 동시에 자리를 분배해준 왕에게는 저절로 권위를 유지해주는 정교한 장치이기도 했다.

궁정을 이해하지 못한 여왕

이런 프랑스 궁정의 메커니즘을 이해하지 못한 마리 앙투아네트는 시시콜콜한 격식을 싫어했다. 궁전 예절에 따르자면 아침마다 왕비가 옷을 입을 때만 최소한 네 명의 수행원이 필요했다. 이들의 역할은 직책과 지위에 따라 세세하게 구분되어 있었다. '담 다투르dame d'atour'가 치마를 건네주고 드레스를 보여주면, '담 도뇌르dame d'honneur'가 속옷을 골라준다. 만약 담 도뇌르보다 서열이 높은 귀족이 들어오면, 그가 속옷을 골라주는 역할을 맡는다 등등. 이렇듯 복잡한 절차 때문에 왕비는 삼십 분이 넘도록 추위에 떨며 수행원들이 옷을 입혀주기를 기다려야 했다.

앙투아네트는 이러한 절차를 확 줄여버렸다. 그녀는 귀족들의 눈엔 천박한 부르주아에 불과한 의상 전문 디자이너 로즈 베르탱Rose Bertin[7]을 아침마다 카비네에 불러들여 둘이서만 의상을 골랐다. 이 파격적인 행보 때문에 스무 명이 넘는 왕비의 수행원들이 졸지에 실직자가 됐다. 실직자들이 겪는 가장 큰 고통이란 자신이 쓸모없는 사람이 되었다는 자괴감일 것이다. 이는 훗날 혁명의 격동기에 많은 귀족들이 앙투아네트에게 등을 돌리는 이유 중 하나가 된다.

게다가 섬세한 취향을 가진 앙투아네트는 애당초 온갖

7 앙투아네트의 의상 전문 디자이너 로즈 베르탱.

사람들이 드나드는 베르사유 궁을 견디지 못했다. 앞서 보았듯 베르사유는 프랑스인뿐 아니라 프랑스의 왕을 경외하는 모든 외국인들까지 자유로이 드나들 수 있는 열린 궁전이었다. 베르사유 궁에서 가장 볼만한 구경거리는 왕의 저녁 식사 장면이었다. 왕이 밥을 먹고, 업무를 보고, 연회에 참석하는 장면을 보면서 프랑스인들은 하늘 같은 왕을 지척에서 느낄 수 있었다. 엄청난 세금을 쏟아부어 베르사유 궁을 만들고, 유럽의 군주들과 누가 더 사치스러운지 겨루기라도 하듯 국고를 탕진한 루이 14세를 위대한 왕으로 믿어 의심치 않은 것은 화려한 베르사유 궁이 곧 국가의 힘이라고 믿었기 때문이다. 베르사유 궁의 생활을 직접 보며 체감한 왕의 권위는 왕이라는 존재에 광휘를 더했다. 물론 호기심 어린 수백 명의 눈앞에서 태연히 식사하거나 일거수일투족이 남들의 구경거리가 되는 생활은 어렸을 때부터 철저하게 훈련 받은 왕족들에게도 불편했다. 루이 15세의 딸들도 대중에게

8 프티 트리아농 궁.

개방된 저녁 식사 자리에서는 음식에 거의 손을 대지 못했다. 그러나 비록 공적인 식사가 끝난 뒤에 방으로 돌아와 따로 상을 차려 식사를 할지라도 공개된 만찬 자리에 빠지는 법은 없었다. 왕족이 져야 할 의무는 싫었을지언정 그것이 개인적인 취향보다 앞서야 한다는 사실은 받아들인 것이다.

그러나 앙투아네트는 달랐다. 명색이 왕비인데도 루이 16세에게 '프티 트리아농 궁'[8]을 선물 받은 뒤로는 그곳에 칩거하며 공개 만찬은 물론이고 관례적인 행사에도 거의 모습을 보이지 않았다.

아직도 앙투아네트의 취향을 고스란히 간직하고 있는 프티 트리아농 궁은 그야말로 앙투아네트만의 작은 궁정이었다. 프랑스 역사상 어떤 왕비도 앙투아네트처럼 자기 취향대로 궁전을 꾸민 적도 가진 적도 없었다.

당시 유행한 전원생활에 환상을 가지고 있던 그녀는 프티 트리아농 근처에 농가 단지를 만들어 오리, 닭, 소를 키웠다. 그러나 공주로 태어나 손에 물 한 방울 묻혀보지 않은 앙투아네트가 농민들의 실제 생활을 알 리가 없었다. 그녀에게 전원생활이란 부셰나 프라고나르의 그림에 등장하는 아름다운 목동과 사랑스런 처녀로 상징되는 여유롭고 목가적인 생활일 뿐이었다.[9] 직접 우유를 짜기도 했지만 그녀의 우유 통은 농가의 아낙들이 쓰는 나무통이 아니라 세브르산 고급 도자기였다. 자신의 지위와 전혀 어울리지 않는 왕비의 얄팍한 신선놀음이 사람들의 거센 비난을 받은 것은 너무나 당연한 일이었다.

총 266개의 거처에 수천 개의 방이 있는 베르사유 궁전에 비해 프티 트리아농 궁은

9 프라고나르가 그린 전원 풍경.

방이 여덟 개밖에 되지 않아 둘러보는 데 몇 분이면 충분하다. 지금까지도 섬세한 장식과 전원풍의 아름다움을 고스란히 간직하고 있는 프티 트리아농 궁에 가보면 그 주인이 사치로 유명한 왕비였다는 것이 쉽게 믿기지 않는다.

사실 당대인들이 참을 수 없었던 것은 프티 트리아농 궁 공사에 들어간 돈이나 왕비의 화려한 드레스가 아니었다. 루이 16세의 동생인 프로방스 백작comte de Provence만 하더라도 뤽상부르 궁에 정착하면서 궁전을 뜯어고치고 가구를 사는 데만 무려 116만 4천 리브르를 썼다. 게다가 그는 그림을 사들이고 수시로 연회를 열면서 그야말로 돈을 물 쓰듯 썼다. 1783년에만 총 7백만 리브르가 넘는 돈이 궁전을 치장하는 데 들어갔다. 이에 비하면 프티 트리아농 궁의 공사비와 장식 비용은 검소하다고 할 정도였다. 프티 트리아농 궁은 증축 공사를 하지 않았고, 심지어 마담 뒤바리가 쓰던 가구들을 그대로 썼다. 실내장식에 거금을 들였다는 입소문이 돌았지만 실상은 프로방스 백작이 쓴 돈의 절반도 안 되는 20만 리브르 정도였다.

사람들이 정작 참을 수 없었던 것은 왕가의 위대함을 보여주기 위한 공사에 들인 돈이 아니라 프티 트리아농 궁에 틀어박혀 혼자만의 비밀스러운 생활을 고집하는 왕비의 이상한 행동이었다. 앙투아네트는 프티 트리아농 궁에 아주 친한 소수의 측근만 불러 연회를 열었다.[10·11] 심지어 이 궁에는 루이 16세를 위한 방이 없어서 왕조차도 앙투아네트의 허락이 있어야만 출입할 수 있었다. 왕비는 프티 트리아농 궁에 딸

▲10 프티 트리아농 궁 앞의 정원.
▼11 프티 트리아농 궁내 벨베데레 음악당에 밝혀진 조명.

12 프티 트리아농 궁내 '사랑의 신전'.

린 정원에 동굴과 작은 폭포, 사랑의 신전을 만들었고[12], 이는 그녀의 사생활이 궁금한 이들에게 스캔들로 비화되기 좋은 소재를 제공했다. 하지만 앙투아네트는 18세기판 디즈니랜드라 할 수 있는 가상의 공간에서 현실을 외면한 채 혼자 상상의 나라를 펴는 철없는 여인에 지나지 않았다.

대중에게 공개되지 않는 왕비의 사생활은 곧 '국민을 적대시하는 왕비'라는 부정적인 여론으로 이어졌다. 귀족이나 왕족들조차 발을 디디기 어려운 작은 궁전에서 왕비가 무엇을 하는지 도통 알 수 없는 국민들 사이에서는 그녀의 사생활에 대한 갖가지 억측이 난무했다. 프티 트리아농 궁에서 방탕한 생활을 즐기는 앙투아네트의 요염한 모습이 그려진 팸플릿이 파리 시내에 나돌기 시작했다.[13·14]

더군다나 대부분의 프랑스인들은 여전히 합스부르크 왕가에 대해 적대감을 가지고 있었다. 어느 집이나 오랫동안 계속된 전쟁통에 죽은 가장이나 사촌, 형제

가 있었다. 자기 가족에게 칼을 겨눴던 적국 출신의 왕비에 대해 부정적인 선입견을 가질 수밖에 없었다.

하지만 그녀를 둘러싼 온갖 루머와 선입견을 걷어내고 보면 사실 앙투아네트는 권위적이기보다 섬세하며, 사치스럽다기보다 우아한 취향을 가진 여인이었다. 베르사유 궁전의 위선적이고 딱딱한 인간관계와 냉랭한 궁정 생활보다는 프티 트리아농 궁 안에서처럼 가족적이고 따뜻하며 친밀한 궁정 생활을 바랐을 뿐이었다. 앙투아네트의 가장 큰 불행은 그녀가 자신의 바람을 절대로 이룰 수 없는 한 나라의 왕비라는 사실이었다.

비극적인 결말

1778년 12월 19일, 오싹한 냉기가 감도는 베르사유 궁에서는 아침부터 왕비의 처소로 몰려드는 궁정인들의 바쁜 구둣발 소리가 울려 퍼졌다. 두터운 다마스크 비단 커튼이 활짝 젖혀진 침대 주위에는 왕족들이 마치 무대 주위에 몰린 관객들처럼 촘촘히 앉았다. 그 뒤로는 자리에 앉을 신분이 되지 못하는 귀족들이 방이 미어터지도록 빼곡히 섰다. 침대가 잘 보이지 않는 뒤편에서는 까치발을 들거나 가구 위에 올라서라도 시야를 확보해보려는 사람들로 북새통이었다. 구경꾼들이 빽빽하게 들어차는 바람에 겨울인데도 방 안은 이마에 땀이 맺힐 만큼 후덥지근했고, 몸에서 풍기는 시큼한 체취 때문에 질

15 마리-테레즈 공주와 왕세자 루이 조제프와 함께 트리아농 궁 공원을 거니는 마리 앙투아네트.

식할 지경이었지만 누구 하나 아랑곳하지 않았다.

프랑스의 왕비는 예법상 반드시 만인이 보는 앞에서 아이를 낳아야 했다. 왕족들의 삶은 태어날 때부터 죽는 순간까지 반드시 관객이 있어야 하는 한 편의 연극 같은 것이었다. 이날 첫아이를 출산한 앙투아네트도 예외일 수는 없었다.

침대에서 비릿한 피 냄새가 끼쳐왔고 곧이어 아기의 울음소리가 들렸다. 오랫동안 남자 구실을 못한다는 스캔들에 시달린 루이 16세는 비로소 안도의 눈물을 흘렸고, 앙투아네트는 기쁨의 미소를 지었다. 비록 딸을 낳았지만 아무도 실망하지 않았다. 이날 태어난 아이가 바로 [그림 1]에서 어머니 마리 앙투아네트의 팔에 매달려 있는 소녀, 마리-테레즈 샤를로트Marie-Thérèse Charlotte de France, 일명 마

16 프랑스 왕세자 루이 조제프.

담 루아얄Madame Royale 공주[15]다. 4년 뒤인 1781년에 그림 오른쪽에 서 있는, 만인이 기다리던 왕세자 루이 조제프Louis Joseph de France[16]가, 그리고 다시 4년 뒤인 1785년에는 앙투아네트의 품에 안겨 있는 차남 루이 샤를Louis Charles de France(루이 17세)이 태어났다. 사실 앙투아네트는 그림에 묘사된 세 자녀 말고도 아이를 하나 더 낳았다. 1786년에 태어나 생후 11개월 만에 숨진 소피 엘렌 베아트릭스Sophie Hélène Beatrix de France다. 그림에 보이는 빈 요람은 일찍 세상을 떠난 공주를 위한 자리다.

화목한 가족사진이나 마찬가지인 이 그림에는 슬픈 이야기가 깔려 있다. 이 그림은 1787년에 그린 것으로 프랑스 혁명이 일어나 왕가가 몰락하고 혁명 정부가 들어서기 2년 전에 완성되었다. 그 후 그림 속 단란한 일가족에게 일어난 사건들은 비극이라고밖에 말할 수 없다.

우선 1789년 6월에는 그림 속에 등장한 왕세자 루이 조제프가 일곱 살의 나이로 세상을 떠났다. 그림에서는 건강한 모습이지만, 실은 결핵으로 인해 일 년 전부터 제대로 걷지도 못하는 상태였다. 원인 모를 고열에 시달리며 고통 속에서 죽어간 아들의 모습은 왕비보다 어머니로 남고 싶었던 앙투아네트에게 큰 상처를 남겼다.

그로부터 4개월 뒤인 10월 6일, 비가 오는데도 여섯 시간을 넘게 걸어 베르사유 궁으로 몰려온 군중의 항의로 궁정은 결국 무너졌다. 루이 16세는 가족들과 함께 베르사유 궁을 떠나 파리의 튀일리 궁으로 거처를 옮겼다. "제빵사와 제빵사 부인, 어린 빵집 일꾼이 나가신다"는 군중의 조롱을 받으며 일가는 파리로 향했다. 앙투아네트에게는 자신이 그토록 아끼던 프티 트리아농 궁을 다시 찾을 수 없게 됐음을 뜻하는 사건이었다. 하지만 그녀는 물론 루이 16세조차도 다시는 베르

17 탕플 탑.

사유 궁으로 돌아오지 못할 운명이란 것을 알지 못했다. 한때는 오페라와 무도회를 즐기러 드나들던 파리, 추운 겨울 모피 코트를 입고 들르던 정겨운 튀일리 궁이 이들 가족에게는 사실상 유배지가 되어버린 셈이다.

　　하지만 혁명은 이제 겨우 시작일 뿐이었다. 1792년 혁명 정부는 튀일리 궁에 머물던 루이 16세와 앙투아네트, 일곱 살 된 아들 루이 17세와 열다섯 살 된 딸 마리-테레즈, 루이 16세의 여동생인 마담 엘리자베트를 체포해 탕플 탑^Tour de Temple*에 가두기로 결정했다.[17] 앙투아네트는 물론 루이 16세 역시 탕플 탑에서의 유배 생활이 생의 마지막이 될 것이라 짐작했을 것이다. 그래도 아직 어린아이에 불과한 루이 17세에게 탕플 탑에서 보낸 몇 달은 가족들과 오붓하게 지낼 수 있는 가장 행복한 때였다. 공무에서 해방된 루이 16세는 따뜻한 아버지로 돌아와

● 탕플 탑은 현재 파리 3구에 있는 수도원으로, 큰 탑이 있었기 때문에 '탕플 탑'으로 불렸다.

18 탕플 탑에서 아들을 가르치고 있는 루이 16세.

아들에게 매일 몇 시간씩 역사와 지리를 가르쳤다.[18] 어머니 앙투아네트를 비롯해 온 가족이 저녁마다 트릭트락 같은 게임을 하며 모처럼 즐거운 시간을 함께 보내기도 했다.

파리 시내에 성난 군중의 함성이 끊이지 않던 시기, 한 치 앞도 알 수 없는 격변기에 루이 16세가 자식들에게 보인 부성애는 가슴이 아릴 만큼 감동적이다. 루이 16세는 직접 코뮌 대표 위원들에게 편지를 써서 아들에게 공이나 책이 필요하다며 도움을 간청했다. 사람들에게 모욕적인 조롱을 받으면서도 공놀이를 좋아하는 아들과 놀아주기 위해 매일 탕플 탑의 정원으로 산책을 나가기도 했다. 딸의 생일에는 쌈짓돈을 털어 몰래 수첩을 들여와 선물했다. 그는 비록 현명한 왕은 아니었을지언정 좋은 아버지임에는 분명했고, 나름의 방식으로 앙투아네트를 사랑한 남편이기도 했다.

피의 깃발은 올라갔나니

1793년 1월 21일, 루이 16세는 결국 단두대에서 생을 마감한다.[19] 처형 전 마지막으로 가족을 한 번 더 만날 수 있으리라 믿었지만 전날 밤 "내일 아침에 다시 보자"는 인사가 유언이 되고 말았다. 밤새워 초조하게 남편을 기다리던 앙투아네트는 멀리 콩코르드 광장에서 들려오는 북소리와 군중의 함성, 심상찮은 공기에 처형을 직감했을 것이다. 정치적인 불안 요소를 제거하기 위해서라도 왕은 처형

19 단두대로 향하는 루이 16세.　　　　　　　　　　　　**20** 어머니 앙투아네트와 격리되는 왕세자.

되어야 하는 공공의 적이었다.

　　루이 16세의 처형 이후 코뮌은 왕가의 법도에 따라 루이 17세가 된 왕자를 가족과 격리해[20] 앙투안 시몽Antoine Simon에게 맡긴다. 앙투안은 제화공으로 당시 마라, 에베르, 당통 등이 결성한 코르들리에 클럽의 일원이었다. 비록 같은 탕플 탑에 갇혀 있었지만 앙투아네트는 가끔 정원에 나와 노는 아들을 먼발치에서 지켜볼 수밖에 없었다. 그나마 정원에서 아들의 모습이 며칠씩 보이지 않으면 자식이 죽었는지 살았는지 몰라 애를 태웠다. 탕플 탑에서 불안에 떨며 보낸 마지막 일곱 달은 그녀의 빛나는 금발을 백발로 만들었다.[21]

　　1793년 8월 1일, 그녀의 최후는 예상보다 일찍 찾아왔다. 이날 앙투아네트는 죽음으로 가는 최종 기착지인 콩시에르주리 감옥으로 옮겨졌다. "생라자르나 카르멜 수도원, 바스티유 감옥에서는 살아 나올 수 있지만 콩시에르주리에서 살아 나온 사람은 아무도 없다"고 할 정도로 악명 높은 감옥인 콩시에르주리는 로베스피에르 같은 일급 정치범 수용소였다. 센 강의 차가운 습기가 고스란히 전해지는

21 탕플 감옥에 갇힌 앙투아네트.

감옥의 돌벽에 갇혀서 앙투아네트는 생의 마지막 74일을 보냈다. 이 시간은 아마도 그녀에게 죽음보다 더한 고통의 시간이었을 것이다. 역사의 풍랑에 휩쓸려 더 이상 어찌해볼 수 없는 막다른 골목에 몰린 처지, 탕플 탑에 남겨두고 온 두 자식의 운명에 대한 걱정과 불안 때문에 그녀는 세 달이 채 안 되는 짧은 시간 동안 완전히 노파가 되고 말았다.

혁명 정부의 주도하에 열린 재판은 형식적인 절차에 불과했다. 혁명 정부가 선정한 배심원 열네 명 중 두 사람은 혁명의 거두인 로베스피에르의 친구였고 나머지는 신발 수선공이나 카페 주인 등 열성적인 혁명 지지자였다. 친정인 합스부르크 왕가의 스파이 노릇을 하고 전쟁을 사주한 죄, 왕을 조종해 판단을 흐리게 한 죄 그리고 프티 트리아농 궁에서 온갖 사치를 부리며 세금을 탕진한 죄 등의 죄목이 열거되었다. 하지만 이에 대한 충분한 증거를 제시하지 못해 재판은 지지부진했다. 특히 일곱 살인 루이 17세를 증인석에 세워 자식에게 성적 유희를 가르쳤다는 죄목을 증명하려 한 부분에서는 절로 탄식이 나온다.

이 어이없는 사건의 발단은 탕플 탑에서 빗자루로 말타기를 하며 놀던 루이 17세가 고환에 상처를 입으면서 시작되었다. 앙투아네트와 마담 엘리자베트는 의사의 지시에 따라 매일 상처 부위를 소독했다. 그러다 루이 17세가 가족과 격리된 후 그를 돌보던 제화공 시몽은 아이가 침대에서 성기를 만지작거리는 것을 발견한다. 겁에 질린 아이는 엄마와 고모가 이것을 가르쳐주었다고 거짓말을 꾸며냈다. 그리하여 아들이 법정에 출석해 엄마의 죄를 증언하는 비극이 벌어지게 된 것이다. 국립고문서보관소에 남아 있는 이날 재판 기록에는 증인 출석부에 어린 루이 17세가 삐뚤삐뚤한 글씨로 쓴 사인이 선명히 남아 있다. 재판이 자신을 처단하기 위한 요식 행위에 불과하다는 것을 알면서도 앙투아네트는 굴하지 않고 당당

22 단두대로 가는 앙투아네트.

하고 솔직한 자세로 이틀 동안 계속된 재판에 맞섰다.

　'위대한 여제'로 칭송되는 마리아 테레지아의 딸로 태어나 프랑스의 왕비로 살았던 여인답게 죽음을 맞이하는 그녀는 무척 담담했다고 전해진다. 루이 16세는 단두대가 있는 콩코르드 광장까지 지붕이 달린 마차를 타고 갔지만 그녀에게는 작은 수레 하나가 전부였다.[22]

　1793년 10월 16일 낮 12시 30분, 유난히 날씨가 화창하던 그날 앙투아네트는 단두대의 계단을 오르며 무슨 생각을 했을까? 그날의 처형이 어떠했는지 아무리 많은 기록이 있다고 한들 삶을 비극적으로 마감하는 한 여인에게 어떤 생각이 스쳐갔는지는 아무도 알 수 없다. 아니, 어느 누구도 그런 것에는 관심이 없었다. 시민들은 소풍이라도 나온 듯 술을 마시고 시끄럽게 떠들어대며 혁명가를 불

23 앙투아네트의 처형.

렀다. 그들에게 8킬로그램짜리 단두대의 칼날에 회한 많은 인생을 마감한 여인의 죽음이란 두 번 다시 볼 수 없는 구경거리에 불과했다.[23] 앙투아네트의 피를 보며 "적의 더러운 피가 우리 들판을 흐를지니"라는 노랫말을 떠올린 그들은 그날 '군대와 시민의 승리'를 목도했을 뿐이다.

적이 다가오고 있다. 우리 아들, 우리 조국의 목을 치기 위해

앙투아네트의 불행은 죽어서도 끝나지 않았다. 모든 것이 역사로 남은 지금 우리는 [그림 1]에서 천진난만하게 어머니의 무릎 위에 앉아 있는 루이 17세와 딸 마리-테레즈의 운명을 이미 알고 있다. 루이 17세는 혁명 정부의 일원인 시몽의 손에 자라면서 자신의 출신을 잊고 혁명가를 소리 높여 부르는 '시민 루이 카페 Citizen Louis Capet'의 아들로 자랐다. 루이 16세가 단두대에서 처형되기 넉 달 전, 혁명 정부는 루이 16세를 부르봉 왕조가 아니라 그 선조인 카페 왕조의 성을 붙여 '시민 루이 카페'로 불렀다. 이로써 부르봉 왕조의 종말을 고함과 동시에 루이 16세 역시 자신들처럼 원래 선조의 성씨를 물려받은 평범한 시민에 지나지 않는다는 것을 보여주려 한 것이다.

앙투안 시몽은 '어쌔신 크리드 유니티' 같은 프랑스 혁명을 주제로 한 비디오 게임에서조차 루이 17세를 학대한 폭력적인 인물로 묘사되지만, 알려진 것과는 달리 무지하기는 했으나 천성이 악한 이는 아니었다. 시몽의 부인은 자주 아이를 목욕시키고 나름대로 좋은 옷을 입히려고 애썼다. 하지만 앙투아네트를 처형한 뒤 로베스피에르[24]는 이 어린 아이에게 뇌 청소를 시행하기로 결정한다. 잔혹한 일이지

24 막시밀리앵 드 로베스피에르.

25 탕플 탑의 왕세자 루이 17세.　　**26** 장 바티스트 그뢰즈가 그린 왕세자.　　**27** 모리가 그린 왕세자.

만 당시 기록에는 말 그대로 '뇌를 청소한다cerveau lavage'는 문구가 명확히 기재되어 있다. 이러한 명목으로 어떤 학대를 했는지는 정확히 알 수 없지만 시몽 부부는 1795년 1월 19일 갑자기 탕플 탑을 떠난다.

이후 루이 17세의 행적에 관한 기록은 남아 있지 않다. 그리고 그해 6월 8일 루이 17세[25]가 탕플 탑에서 세상을 떠났으며 다음 날 바로 시체를 부검한 뒤 생마르그리트 묘지에 공동 매장했다는 기록만 전해질 뿐이다. 십 년이란 짧은 인생에서 이 어린아이가 행복했던 시간은 그야말로 몇 년 되지 않는다. 그는 단지 루이 16세와 마리 앙투아네트의 아들로 태어난 죄로 비참하게 죽어야 했다.

하지만 혁명의 소용돌이 속에서 많은 기록이 유실되었기 때문에 루이 17세의 죽음은 무엇 하나 명확하지 않다. 기록과 일치하지 않는 자료들도 많다. 이를테면 1794년 7월 '로랑'이라 불린 탕플 탑의 관리인이 루이 17세의 머리를 완전히 밀었다는 기록이 있지만 7개월 뒤 장 바티스트 그뢰즈Jean Baptiste Greuze가 그린 초상화[26]에는 머리가 어깨까지 길게 자란 모습이다. 거의 비슷한 시기에 자크-루이 다비드의 제자로 알려진 모리Mories가 감옥 안에 있는 루이 17세를 그린 습작 데생 초상화[27] 역시 마찬가지다. 그리고 왜 갑자기 시몽 부부는 탕플 탑을 떠난 것일까? 탕플 탑을 떠난 뒤의 시몽 부부에 관해서도 기록이 전혀 없다. 이들은 어디로 간 것일까?

루이 17세의 미스터리한 죽음은 많은 의문을 불러일으켰다. 후에 왕정이 복고되고 난 후 생마르그리트 묘지를 샅샅이 파헤쳐 나무 상자에 담긴 루이 17세의 유골을 찾으려고 난리를 쳤지만 기껏 찾아낸 것이라고는 루이 17세라고 보기 어려운 크고 굵은 뼈 무더기뿐이었다. 이 때문에 루이 17세가 죽은 것이 아니라 실은 몰래 도망쳤다는 둥, 어디에 나타난 것을 보았다는 둥 하는 미심쩍은 소문이 그치지 않았다. 실제로 자신이 루이 17세라고 주장한 사람도 여럿이었다.

루이 17세의 누나 마리-테레즈는 마지막 남은 가족인 고모 마담 엘리자베트마저 단두대로 끌려간 1794년 5월 10일부터 홀로 지냈다. 그녀는 나무판자로 창을 막아버려 바깥조차 내다볼 수 없는 탕플 탑에서 기약 없는 감금 생활을 보냈다.[28]

나중에 마리-테레즈는 합스부르크 왕가에 잡혀 있는 혁명군 포로와 맞교환하는 조건으로 오스트리아에 보내졌다. 다행히 외조모인 마리아 테레지아 여제를 따라 지은 이름 그대로, 극심한 공포가 지배하는 생활 속에서도 정신을 온전히 유지하고 있었다. 훗날 마리-테레즈는 삼촌인 아르투아 백작comte d'Artois의 아들과 결혼해 1814년 다시 프랑스로 돌아온다. 결국 앙투아네트의 자식 중에서 유일하게 살아남은 사람은 마리-테레즈뿐이었다.

이 모든 역사를 아는 이에게 [그림 1]은 단순한 왕족의 초상화가 아니다. 이제는 사실처럼 굳어진, 앙투아네트라는 이름에 덧씌워진 온갖 이미지를 지우고 나면 그림 속에 남는 것은 한 여인과 그녀가 사랑한 네 아이들뿐이다. 보통 사람들처럼 가족을 사랑한 여인과 어머니와 함께 늘 행복하게 살기를 바란

28 탕플 탑의 왕녀 마리-테레즈.

아이들 말이다. 그럼에도 불구하고 후세 사람들은 그림 속의 한 가족을 각자 자기식대로 이해하고 해석한다. 그래서 이들은 죽어서까지 비운의 왕비와 비운의 왕자라는 이름을 벗지 못했다. 이것이 이 그림에 담긴 가장 큰 비극이 아닐까?

앙투아네트의 취향

프티 트리아농 궁에는 앙투아네트의 취향이 담긴 가구들이 아직도 남아 있다. 그중에서도 걸출한 장인인 조르주 자코브Georges Jacob가 만든 의자들은 앙투아네트의 스타일을 고스란히 보여준다.

간결한 네오클래식 형태이지만 밀짚을 모아놓은 듯 노란색으로 칠한 다리에는 담쟁이와 꽃들이 피어오른다. 나무로 만들었다는 것이 믿기지 않을 만큼 섬세하고 아름답다. 직접 오리나 닭을 키웠을 정도로 목가적인 전원생활을 동경했던 앙투아네트를 위한 의자다.

그녀는 역대 프랑스 왕비 중에서 유일하게 확실한 자신만의 취향을 고수한 여성이다. 나아가 취향을 바탕으로 베르사유 궁의 모습을 바꾼 유일무이한 여왕이기도 하다.

18세기 프랑스 왕실의 직물 공급처는 주로 리옹이었다. 국산품 장려운동처럼 왕족들은 대개 리옹산 직물을 애용했지만 앙투아네트는 더 섬세한 브뤼셀산 직물을 선호했다. 왕비가 공공연히 외국에서 수입한 천으로 드레스를 만들어 입고 궁을 장식한다는 사실은 비난을 사기에 충분했다. 중국자기를 수집하는 데 만족하지 않고 적극적으로 도자기 산업을 촉진하고 후원해 마침내 세브르 도자기 제조창을 유럽 최

앙투아네트의 침실.

고의 도자기 산업 공장으로 만든 마담 퐁파두르와는 전혀 다르다. 앙투아네트가 비록 자신만의 독특한 취향으로 새로운 스타일을 선보이긴 했지만 당대에도, 후대에도 아무런 찬사를 받지 못한 이유가 여기에 있다.

조르주 자코브가 만든 앙투아네트의 침실 의자와 발받침.

앙투아네트의 패션

루이 16세 시절 최고의 패션 리더는 바로 여왕 앙투아네트였다. 당시의 패션 파파라치라고 할 수 있는 잡지 『르 메르퀴르 갈랑』의 판화에는 새로운 스타일의 드레스를 입고 궁을 거니는 앙투아네트의 모습이 등장한다. 아침마다 두 시간 넘게 직물 샘플과 디자인을 검토해 옷을 주문한 그녀는 깃털과 섬세한 레이스를 특별히 좋아했다. 앙투아네트가 입은 옷은 곧 유럽의 모든 궁정으로 전파되어 새로운 유행으로 떠올랐다. 앙투아네트의 전속 디자이너이자 패션 컨설턴트였던 로즈 베르탱의 명성 역시 날로 높아졌다.

하지만 옷으로 사치를 부린 여왕이 비단 그녀만은 아니었을 텐데 왜 하필 앙투아네트의 패션이 유독 화젯거리가 되었을까? 비제 르브룅이 그린 또 다른 초상화에 그 해답이 숨어 있다. 이 초상화에서 앙투아네트는 하얀 모슬린으로 만든 슈미즈 드레스에 밀짚모자를 쓰고 등장한다. 손에 장미 한 송이를 들고 있을 뿐 흔히 왕족의 초상화에 등장하는 보석 하나도 걸치지 않았다.

오늘날에는 목가적이고 여성스러운 모습으로 보이지만, 이 초상화를 본 18세기 사람들은 경악을 금치 못했다. 그들은 여왕이 거의 속옷에 가까운 실내복을 입고 밀짚모자까지 쓴 채 초상화에 등장한 것을 이해하지 못했다. 그녀는 이 옷을 전원생활에 어울리는 편안하고 소박한 복장이라 생각했을지 모르지만, 왕비에게는 전혀 어울리지 않는 복장이었던 것이다. 즉 그녀의 패션이 입에 오르내린 이유 중 하나는 지위와 격식에 맞지 않는 파격성 때문이었다. 왕비답지 않은 모습과 처신 때문에 그녀는 늘 스캔들에 시달려야 했다. 대표적인 일화가 바로 '다이아몬드 목걸이 사기 사건'이다. 로안 추기경이 '라모트 백작부인'으로 자처하는 수상쩍은 여

▲당대의 패션 리더였던 앙투아네트의 드레스.
▼비제 르브룅이 그린 <슈미즈 드레스를 입은 마리 앙투아네트>.

인에게 사기를 당한 것이 사건의 핵심이다.

라모트 일당은 평소 앙투아네트에게 줄을 대지 못해 안달하는 야심가 로안 추기경을 노렸다. 로안 추기경에게 접근해 앙투아네트가 로안 추기경에게 은밀하게 부탁할 게 있다는 말을 흘린 것이다. 그 부탁은 다름 아닌 루이 15세가 마담 뒤바리를 위해 주문했던 것과 같은 다이아몬드 목걸이를 대신 구입해달라는 전언이었다.

앙투아네트로 변장한 하녀의 어슴푸레한 모습만 보고, 정말 앙투아네트가 자신에게 임무를 하달했다고 철석같이 믿은 로안 추기경은 네 번에 걸쳐 대금을 지불하겠다는 약속만 믿고 목걸이를 구해 왕비의 대리인에게 전했다. 그 왕비의 대리인이 라모트 일당 중 한 명이었음은 물론이다. 철저하게 사기를 당한 로안 추기경은 보석상에게 대금 지불을 독촉받고 나서야 모든 것이 잘못되었음을 깨달았다. 결국 이 사건은 앙투아네트와는 직접 관련이 없었지만, 당시 민심은 그녀가 배후에서 사주했다는 의심을 놓지 않았다. 로안 추기경도 다짜고짜 믿어버릴 만큼 여왕이 보석을 좋아했기 때문이다.

[그림 1]에서 보이는 앙투아네트의 귀고리는 그녀의 유명한 보석 중 하나이다. 1766년 루이 16세가 구입한 것으로, 불규칙한 모양의 자연산 진주로 만들어졌다. 구입가는 무려 46만 리브르. 당시 서민의 한 달 수입이 10리브르 정도임을 감안하면 실로 천문학적인 액수였다. 이런 귀고리를 선물 받은 여왕이 다이아몬드 목걸이를 욕심내지 않았을 리 없다는 것이 당시 사람들의 중론이었다.

게다가 앙투아네트는 사건을 공론화시켜서 좋을 게 없다는 루이 16세와 주변 사람들의 조언을 무시했다. 자신이 결백하다면 다른 이들도 자기를 믿어줄 것이라고 믿은 순진함은 결국 그녀에게 독화살이 되어 돌아왔다. 엄연히 진범은

비제 르브륑이 그린 마리 앙투아네트. 이 그림에서도 같은 진주 귀고리를 하고 있다.

따로 있는데다 오늘날이라면 오히려 명예 훼손으로 고소해도 시원찮을 사건임에도 스캔들은 가라앉지 않았다. 앙투아네트의 여왕답지 못한 처신으로 인해 그 누구도 왕비의 결백을 믿지 않았기 때문이다.

앙투아네트가 비운의 왕비로 남은 것은 누구보다 정치적이어야 할 자리에 있으면서도 일말의 정치력도 발휘하지 못했기 때문이다. 왕국의 누구보다 많은 혜택을 누리는 자리에 있으면서도 그 자리에 따른 책임을 깨닫지 못했기 때문이다. 앙투아네트는 오늘날까지 오명을 벗지 못한 것으로 그 대가를 치렀다.

앙투아네트의 보석함

왕가의 가구들 중 상당수는 혁명 기간 동안 사라졌다. 최소한 세 개로 추정되는 앙트아네트의 보석함 가구 중에서 남아 있는 것은 단 한 점이다. [그림 1]의 오른쪽 상단에는 사라진 것으로 알려진 보석함 중 하나가 어렴풋이 보인다.

현재 베르사유 궁에 소장되어 있는 앙투아네트의 보석함 가구는 독일 출신의 에베니스트로 파리에서 활동한 페르디난트 슈베르트페거Ferdinand Schwerdfeger의 작품으로 혁명이 발발하기 2년 전인 1787년에 제작되었다. 여왕을 위한 가구임에도 왕가의 에베니스트인 장-앙리 리즈네가 아니라 그다지 알려지지 않은 슈베르트페거에게 주문이 돌아간 이유는 아마도 궁핍한 재정 상태 때문이었을 것이다. 앙투아네트는 리즈네의 작품을 좋아했지만 그는 이미 거장의 반열에 올라 작품 값이 매우 비쌌다. 리즈네에게 이런 사이즈의 보석함 가구를 주문한다면 작품 가격은 상상할 수 없을 정도로 높았을 것이다. 왕실의 위대함을 상징하는 보석함을 구입하는 것조차 예산을 신경 써야 할 정도로 왕가의 운명은 이미 기울고 있었던 것이다.

이 보석함은 사계절의 여신을 상징하는 청동 장식과 세브르 도자기 제조창에서 만든 자기판, 가운데 부분의 자개 마케트리까지 모든 것이 더없이 화려하다. 보석을 보관하기 위한 가구라고 하지만 보석보다 더 가치 있는 게 아닐까 싶을 정도다.

이 때문에 혁명기에 루브르 박물관에 전시되는 행운을 누렸고, 나폴레옹 시대에는 마리 앙투아네트의 언니 마리아 카롤리나의 손녀이자 나폴레옹의 두 번째 부인이 된 마리 루이즈Marie Louis가 각별히 아끼며 사용했다.

슈베르트페거가 제작한 앙투아네트의 보석함.

383

15장

위대한 혁명의
그늘 아래

가자 조국의 아들들이여
영광의 날은 왔나니.

압제가 앞에 있지만
피의 깃발은 올려졌나니.

혁명 아래 청산된 것은
왕정과 압제뿐만이 아니었다.

장인들의 혼이 담긴 예술품과
찬란한 문화마저 창밖으로 내쳐졌다.

자유와 평등, 박애를 외치던 광장 뒷골목에서는
도대체 무슨 일이 벌어진 것일까?

귀족의 저택
p. 391

약탈에 나선 시민
p. 392

1 장-루이 프리외르, 〈카스트리 저택의 약탈〉,
판화, 1790년.

혁명 만세! 프랑스 만세!
—프랑스 혁명의 구호

일찍 해가 뜨는 7월의 파리, 강한 햇살에 아침 이슬이 말라갈 무렵 파리 서쪽 관문인 생탕투안Saint-Antoine과 시내로 이어지는 생탕투안 거리는 수천 명의 인파로 가득 찼다. 소리 높여 대중을 선동하는 웅변가들의 열변을 듣는 시민들의 얼굴에는 긴장감이 감돌았다. 작은 바늘 하나에도 터져버릴 듯 팽팽한 공기가 거리를 뒤덮었다. 생탕투안 문 바로 앞에는 중세의 음울한 성채, 바스티유 감옥이 서 있었다.[2·3]

어디서부터 시작됐는지 무엇이든 무기가 될 만한 것을 손에 쥔 군중이 함성을 지르며 바스티유 감옥의 문으로 뛰어들었다. 바스티유는 왕실 감옥이지만 실제로는 많아야 쉰 명 남짓 수감할 수 있을 정도로 작고 낡은 성채였다. 14세기에 지어진 성벽은 성난 군중 앞에서 순식간에 허물어졌다. 함성과 노랫소리, 승리의 외침과 함께 바스티유 감옥의 정문이 산산조각 났다.[4·5]

2 생탕투안과 바스티유 전경. 왼쪽에 불룩 솟은 성채가 바스티유 감옥이다.　　**3** 생튀르고의 지도에 나타난 18세기 후반의 바스티유 일대.

4·5 바스티유 감옥의 함락.

　사람들은 환호성을 올리며 앞다퉈 감옥 안으로 밀고 들어갔다. 곧이어 바스티유 성의 작은 창문에서 각종 집기들이 떨어지기 시작했다. 서류 다발이 공중에 뿌려지고 왕가의 상징물은 무엇이건 불길에 던져졌다. 후끈한 열기에 달아올라 성을 샅샅이 뒤지던 군중은 수비대장을 끌고 나와 때려죽였다. 피를 본 군중에게 한계란 없었다. 전쟁이라도 난 듯 연기가 피어오르고 여기저기서 몸싸움이 벌어졌다. 한편으로는 죄수용 쇠사슬을 비롯해 주방에서 쓰는 구리 냄비며 철 기구 등 무엇이든 돈이 될 만한 것을 챙겨 잽싸게 빠져나오는 사람들로 아비규환이었다.

　바스티유 감옥을 초토화시킨 군중은 포부르 거리의 유명한 카페 상테르에 모여 왕정을 무너뜨린 시민들의 승리를 자축했다. 그 누구도 꿈꾸지 못했던 순간이 현실로 다가왔다. 언제부터인지 알 수 없을 만큼 오랫동안 왕정의 지배하에 있던 사람들이 스스로 왕정을 타파하는 순간이었다. 그 어떤 전사보다 용감한 그들의 손에는 바스티유의 성벽이 부서지면서 굴러떨어진 돌이 들려 있었다. 이 돌은 혁명 기간 내내 민중 승리의 전리품으로 고기보다 비싼 가격에 거래됐다. 파리 시내의 가게에는 바스티유의 돌로 만든 사탕 통이나 잉크병 같은 기념품과 함께 시민의 승리를 묘사한 판화가 진열되었다. 바스티유 감옥이 함락된 이날, 1789년 7월

6 바스티유 감옥 습격과 바스티유 감옥 총책임자 로네 체포, 1789년 7월 14일.

14일은 프랑스 혁명 기념일로 역사에 남았다.[6]

대공포로 촉발된 약탈과 파괴

프랑스 혁명은 어느 역사책이건 한 페이지를 장식할 만큼 유명한 사건이다. 왕정이 폐지되고 「인권 선언문」이 발표되었으며, '자유·평등·박애'라는 현대 프랑스 공화국의 이념이 탄생했다. 나아가 법 앞의 평등, 사상의 자유, 과세의 평등 등 이전에는 미처 상상할 수 없었던 새로운 민주주의 질서의 탄생을 알린 기념비적인 사건이다.

이 혁명의 첫 신호탄은 잘 알려진 것처럼 1789년 7월 14일에 벌어진 바스티유 감옥의 함락이다. 하지만 장식미술사에서 혁명의 시작은 같은 해 4월 27일로 봐야 할 것이다. '왕실 벽지 제조창'이 털린 이날은 이어지는 무자비한 약탈의 서막이었다.

1789년부터 1794년까지 6년 동안 파리 시민들의 일상생활은 '대공포大恐怖'라고 불린 정체불명의 공포심을 빼고는 이야기할 수 없다. 외국에서 군대가 쳐들어온다거나 비적 떼가 곧 파리를 공격할 것이라는 등 근거 없는 유언비어가 돌자 민중은 정신적 공황에 빠졌다. 시민들은 1789년 9월부터 거리 곳곳에 바리케이드를 치고, 집 안에서 덧문을 꼭 닫아건 채 어찌 될지 모르는 공포에 숨죽이고 엎드렸다.

이때 어디로도 갈 곳이 없는 시민들 몰래 조용히 파리를 떠나는 무리가 있었다. 바로 구체제에서 유복한 삶을 누린 귀족들이었다. 혁명이 발발하고 2주 만에 무려 2천여 개의 여권이 발급됐고 국경 일대의 마을들은 혁명의 깃발을 피해 망명하려는 귀족들로 때아닌 호황을 누리기까지 한 '엑소더스'였다. 루이 16세의 동생으로 사치스러운 생활로 유명했기에 그 누구보다 혁명을 두려워한 아르투아 백작은 시민 혁명의 깃발을 보자마자 제일 먼저 줄행랑을 쳤다. 뒤이어 콩데 왕자와 부르봉 공작, 폴리냐크 왕자, 뤽상부르 공작 등 구체제에서 손꼽힌 대귀족들이 줄줄이 짐을 쌌다. 당시 파리에서 귀족들이 모여 살던 생도미니크 거리나 위니베르시테 거리 같은 부유한 지역은 집을 판다는 팻말만 덩그러니 달려 있는 유령 거리로 전락했다.

파리 시민들의 공포심은 전염병처럼 지방까지 퍼져 나갔다. 공황 상태에 빠진 농민들이 밀을 창고에 숨겨두면서 빵값은 끝 간 데 없이 치솟았다. 먹을 것도 없는데다 비적 떼와 외국 군대에 포위되어 있다는 공포심에 사로잡힌 사람들이 할 수 있는 일이란 귀족들이 떠난 빈집을 약탈하는 일뿐이었다.[7]

7 생라자르 저택 약탈.

　당시의 무정부적인 상황을 생생하게 묘사한 [그림 1]은 파리의 생제르맹 거리
에 있는 카스트리 저택을 약탈하는 장면을 담고 있다. 군중은 버려진 귀족들의 저
택으로 몰려가 남아 있는 가구며 그림, 책 등을 바깥으로 끌어냈다. 섬세하고 아
름다운 랑브리들이 분노의 망치질에 산산조각 났고, 한때 귀부인의 얼굴을 비춘
거울은 요란한 소리를 내며 바닥에 내동댕이쳐졌다. 옷가지와 침구, 책은 모조리
불탔다. 그 와중에 어쩌다 보석 같은 귀중품이라도 나오면 서로 차지하려고 싸움
판이 벌어지기 일쑤였다.

　이렇게 약탈한 사치품들은 길거리에서 즉석 경매를 통해 팔렸다. 바스티유
함락 후 파리 국민군 사령관이 된 라파예트Gilbert du Motier de La Fayette 후작은 이

광경을 지켜본 뒤 1790년 9월 13일 일기에서 이렇게 쓰고 있다.

군중이 저택으로 몰려갔다. 그들은 창문으로 가구, 거울, 침대, 은그릇, 청동, 서류와 대리석, 그림 등을 닥치는 대로 던지고 모든 것을 부숴버렸다. 이 모든 일이 삼십분 만에 일어났다. 폭동이야말로 오늘날의 가장 성스러운 의무이다.

당시 파리 시민들이 제 잇속만 챙기려고 약탈을 일삼은 것은 아니었다. 어차피 고급 사치품은 살 사람이 있을 때만 그 가치를 인정받을 수 있다. 아무리 좋은 가구나 훌륭한 그림이라도 배고픔을 달래주지는 못한다. 그들에겐 빵 한 조각보다 못한 오브제들은 본래 가치와는 상관없이 마구 파괴되는 수난을 당했다. 약탈은 오랜 시간 삶을 옥죈 수탈을 자행한 구체제에 대한 분노의 표출이자 공포심에 사로잡힌 이들의 절박한 몸짓이었다.

약탈당한 곳은 귀족이나 왕족의 저택뿐만이 아니었다. 왕가와 결탁해 공고하게 지위를 유지해온 교회도 예외가 될 수 없었다. 성직자들이 은닉하고 있는 비자금

8 교회를 약탈하는 군중.

과 교회 재산에 정신이 팔린 사람들은 성당마저 털기 시작했다.[8] 얼마나 많은 성당의 조각품과 장식품이 사라졌는지는 알 길이 없으나 노트르담, 생로슈, 생테티엔, 생쉴피스 등 대표적인 성당이 텅텅 비는 데는 단 며칠이면 족했다. 특히 노트르담 성당은 혁명기에 철저하게 파괴된 교회 중 하나였다. 원래 노트르담 성당의 문 앞에는 네 명의 유대 왕을 묘사한 조각품이 달려 있었다. 하지만 지금은 머리 조각한 개만 남아 클뤼니 중세박물관에 보관되어 있다.[9] 이마저도 코가 망가져 우아한 원래 모

습을 알아보기 힘들 정도로 훼손된 상태다.

현재 루브르 박물관에 전시되어 있는 미켈란젤로의 〈죽어가
는 노예〉[10]와 〈반항하는 노예〉는 운 좋게 혁명기를 무사히 넘겼지
만 그렇지 못한 작품들은 모두 사라졌다. 현재 루브르 박물관 소
장품 중에 왕가 컬렉션에서 비롯된 작품들 대부분이 알렉상드르
르누아르Alexandre Lenoir 덕분에 보존될 수 있었다. 그는 혁명 당시
최초로 역사박물관Musée des Monuments Français[11]을 만들고 구체제
의 유물이라 할지라도 예술적, 역사적 가치가 있는 작품들은 보존
해야 한다고 주장했다.

하지만 약탈은 계속되었고, 구체제를 상징하는 건물이나 조
각품이 파괴되면서 파리의 풍경이 바뀌기 시작했다.

1792년 6월 19일

국민의회의 명령에 따라 오늘 귀족들이 쓴 엄청난 수의 책들이
방돔 광장의 루이 14세 동상 앞에서 타올랐다. 재가 사방으로 날
리는 광경을 보려고 서둘러 방돔으로 달려갔다. 광장에는 많은 사
람들이 둘러앉아 손과 발을 불에 쬐고 있었다. 북쪽에서 불어오는
바람이 너무나 차가워서 나도 그들과 같이 불가에서 몸을 덥혀야
만 했다.

왕실 판각사인 장-조르주 윌르Jean-Georges Wille란 인물이 남
긴 일기 속에 언급된 루이 14세의 동상은 그로부터 한 달도 지나
지 않은 8월 11일에 사라졌다. 비단 방돔 광장의 루이 14세 동상
만 수난을 당한 것은 아니었다. 승리 광장에 있던 루이 14세의 동
상 역시 부서졌다.[12]

▲9 살아남은 노트르담의 석상 조각.
▼10 미켈란젤로의 〈죽어가는 노예〉.

▲ 11 프랑스 역사박물관의 전경.

▼ 12 승리 광장의 루이 14세 기마상 철거.

1792년 8월 11일

나는 아들과 함께 승리 광장으로 갔다. 거기서 루이 14세의 동상이 땅 위에 거꾸로 놓여 있는 것을 보았다. 오늘은 이 동상을 세운 지 정확히 백 년이 되는 날이다. 방돔 광장의 루이 14세 동상뿐 아니라 역시 같은 청동으로 된 튀일리의 투르낭 다리 앞 루이 15세 광장에 있던 루이 15세의 동상도 사라졌다.

사람들은 청동으로 된 동상을 녹여 외국 군대에 대항할 대포를 만들 것이라고 떠들어댔지만 이 동상이 정말 대포가 되었는지는 확인할 길이 없다.

하루아침에 쑥대밭이 된 왕궁

왕실 재산에 대한 약탈이 본격적으로 시작된 것은 1792년 루이 16세가 탕플 탑에 감금된 이후부터였다. 군중은 왕이 없는 튀일리 궁 안으로 몰려들어가 왕가의 물건을 닥치는 대로 노략질하기 시작했다.[13] 제일 먼저 아름다운 랑브리들이 벽에서 떨어져 나갔다. 고급 실크로 정교하게 장식된 의자들은 사람들의 발길에 무참히 나동그라졌고, 왕실의 상징인 세 송이 백합을 수놓은 리옹산 태피스트리는 그 자리에서 불탔다. 궁전에 단 한 번도 발을 들인 적이 없는, 호기심 넘치는 군중의 무지막지한 발길에 튀일리 궁의 모든 방들이 낱낱이 민낯을 드러냈다. 루이 16세 일가족이 옷가지도 제대로 챙길 틈도 없이 황급히 떠나는 바람에 방에는 아직도 온기가 남아 있었다. 이들이 남긴 금붙이와 보석, 고급 옷들은 이름 없는 사람들의 수중으로 떨어졌다. 튀일리 궁은 몰려든 사람들로 발 디딜 틈이 없었다. 방마다 망치질 소리가 요란하고 사방에서 대리석 파편들이 날아다녔다. 보석을 차지하려고 머리채를 잡고 싸우는 여자들의 비명 소리가 도처에서 들렸다.

13 1792년 8월 10일에 일어난 튀일리 궁 탈취.

깨지기 쉬운 유리와 도자기로 가득 찬 궁전의 부엌이야말로 약탈의 하이라이트였다. 남아 있는 술을 마구 퍼마신 남자들은 깨진 식기들이 잔뜩 쌓여 있는 바닥에 널브러졌다. 튀일리 궁 앞에서는 빼내 온 물건을 파는 즉석 경매가 열렸지만 거래 가격은 형편없었다. 금실로 수놓은 천5백 리브르에 달하는 루이 16세의 르댕고트(긴 외투)가 고작 110리브르에 팔렸다.

이날의 약탈이 정확히 어떤 모습이었는지에 대한 기록은 그리 많지 않다. 혼란한 와중에 어떤 사람인들 제정신으로 이 광경을 묘사할 수 있었을까? 혁명을 경험하지 못한 몇몇 호기심 많은 영국인들의 기록으로 당시 상황을 어느 정도 상상해볼 수 있는 것이 그나마 다행이다.

1792년 12월 튀일리 궁전을 복구하고 가구 목록을 작성하는 작업에 고용된 병참 부대에는 영국의 귀족 가문 출신으로 단지 베드퍼드 경Lord Bedford이라고만 알려진 영국인이 있었다. 그는 튀일리 궁 약탈 사건이 벌어지고 나서 이 궁을 방문한 영국인 중 한 명이었다. 그의 눈앞에 나타난 튀일리 궁은 아무것도 남아 있지 않은 처참한 폐허였다. 온갖 쓰레기로 가득한 궁전의 복도를 지나 그는 앙투아네트의 측근인 랑발 공주의 아파트에 발을 디뎠다. 일곱 개의 방이 이어져 있는 아파트는 폭탄이라도 맞은 듯 사방이 온통 부서진 오브제로 가득했다. 조심성 많은 쥐처럼 가만가만히 아파트를 둘러보던 그는 용케 멀쩡히 남아 있는 침대를 발견했다. 이제 막 사람이 자고 나온 듯 아무것도 손상되지 않은 상태였다. 겨울용 실크로 만든 침대보가 부드럽게 그의 손을 스쳐갔다.

2층에는 루이 16세의 동생인 마담 엘리자베트의 침실이 있었다. 그는 부서진 랑브리 아래에서 마담 엘리자베트의 칠기 책상을 발견했다. 먼지를 털어내고 책상에 달린 손잡이를 돌리니 상판이 열리면서 안에 있는 작은 서랍들이 나타났다. 책상은 탕플 탑에 갇힌 주인이 아름다운 공주로 지낸 시절과 다를 바 없이 아직도 작동하고 있었다. 먼지가 수북하게 쌓인 바닥에는 상아와 금으로 장식된 컴퍼스, 금으로 된 줄자가 나뒹굴고 있었다. 귀한 것이 너무나 많은 튀일리 성에서 소소한 수학 도구 따위에 관심을 가진 이는 베드퍼드 경뿐이었다.

뿔뿔이 흩어진 왕가의 명품들

혼란의 와중에 한몫을 단단히 챙기려는 약삭빠른 이들이 실제로 눈독을 들인 곳은 튀일리 궁이 아니었다. 그들이 노린 곳은 몇 달 뒤 루이 16세가 단칼에 죽게 될 루이 15세 광장, 즉 지금의 콩코르드 광장의 한 건물이었다. 프티 트리아농 궁을 짓기도 한 건축가 앙주-자크 가브리엘Ange-Jacques Gabriel이 1757년에 세운 '오텔 뒤 가르드-뫼블Hôtel du Garde-Meuble', 이곳은 왕실 재산을 관리하는 궁내부의 건물이었다.[14] 지금은 혁명 후 이곳을 차지했던 해군성의 이름을 따서 '오텔 드 라 마린'이라고 불리는 이 건물에는 당시 왕실 가구뿐 아니라 그림, 조각 등의 예

14 콩코르드 광장의 18세기 모습. 뒤로 '오텔 뒤 가르드-뫼블'이 보인다.

술품 컬렉션과 태피스트리, 금은 세공품, 왕실 보석 컬렉션 등 왕가의 귀중품이 모여 있었다. 혁명 이전부터 왕실 재산을 보관해온 창고인데다 한 달에 한 번 화요일마다 일반인에게 전시실을 개방했기 때문에 당시 파리 시민들치고 이곳에 엄청난 보물이 있다는 사실을 모르는 이는 없었다.

왕실 가구들이 가득한 방, 조각품과 그림을 모아놓은 전시실 등 오텔 뒤 가르드-뫼블의 수많은 방 중에서 가장 은밀한 곳에 왕실의 보석 창고가 숨어 있었다. 오로지 눈속임용 거울을 통해서만 들어갈 수 있는 이 비밀스러운 공간에는 사면이 모두 호두나무 서랍장으로 들어차 있었다. 왕실의 상징인 백합과 왕관이 새겨진 서랍을 열면 루이 14세의 대관식 왕관을 장식한 담황색의 상시Sancy 다이아몬드나 루이 15세의 대관식 왕관을 장식한 레장Regent 다이아몬드, 루이 14세가 사들인 푸른색의 다이아몬드 '블루 드 프랑스Bleu de France' 같은 전설의 보석들이 빛을 발했다. 더구나 루이 16세는 베르사유궁을 떠나면서 궁전에 보관되어 있는 보석 일체를 이 보석 창고로 옮겼기 때문에 당시 창고에는 프랑스 왕실이 소유한 모든 보석이 망라되어 있었다.

이미 수많은 귀족 저택과 튀일리 성을 털어서 푼돈이나마 쥐어본 사람들에게 오텔 뒤 가르드-뫼블은 주인 없는 보물 창고나 마찬가지였다. 길거리마다 도둑과 강도, 사기꾼과 약탈자가 넘치는데다 혁명 정부가 안정되지 못한 탓에 공권력이 무너진 무정부 상태가 오랫동안 이어졌다. 누가 도둑이고 누가 평범한 시민인지도 구분하기 어려울 지경이었다. 더구나 먹을 것이 부족해 하루하루를 겨우 연명하던 시민들은 왕족의 재산을 마음대로 취하는 행위를 범죄로 여기지 않았다. 밤마다 주인이 버리고 간 임자 없는 물건을 주우러 마실을 나가는 이들이 부지기수였다. 튀일리 사건 이후 약탈이나 도둑질은 일종의 취미 생활로 여겨질 정도였다.

왕실 창고의 마지막 관리인이자 마지막 궁내부 수장인 빌다브레의 남작, 마르크-앙투안 티에리Marc-Antoine Thierry, baron de Ville-d'Avray는 왕실 재산의 주인인 루이 16세가 처형된 뒤에도 혼신을 다해 창고를 지키려고 애썼다. 그는 혁명 정부에 눈물 어린 편지 수십 통을 보내 왕실 재산을 지킬 수 있는 병사를 보내달라고 호소했다. 그러나 외적으로는 오스트리아와 전쟁을 치르느라, 내적으로는 끊임없이 엎치락뒤치락하는 정치적 내란을 수습하느라 바쁜 혁명 정부 인사들에게 구체제가 남긴 물건까지 보호할 여력은 없었다. 앳된 소년마저 전쟁터에 내보내는 마당에 도둑을 막기 위해 병사를 동원할 수는 없는 노릇이었다.

도둑들이 떼로 몰려들어 보물을 약탈할지도 모른다는 걱정으로 밤잠을 설치던 빌다브레 남작의 예감은 곧 현실이 되었다.[15] 자잘한 절도 사건이 끊이지 않았던 것이다. 당시 혁명 인사들은 이 도둑들이 콩시에르주리 감옥에 갇힌 앙투아네트의 사주를 받은 왕당파의 일원이라고 생각했다. 루이 16세를 처단했지만 아직

15 왕실 가구 창고 약탈.

숨어 있는 왕당파들이 많았고, 정국이 불안했기 때문에 구체제에 대해서는 늘 피해망상증 같은 위협을 느낄 수밖에 없었던 것이다.

무시로 벌어진 절도 사건에 시달리다 못한 의회는 1791년 6월 22일 왕실 창고, 그중에서도 당장 현금화가 가능한 보석 창고를 조사해 소장 목록을 만들고 일부를 경매에 부쳐 재정 적자를 메우기로 결정했다. 혁명 정부의 꼼꼼한 감시 아래 작성된 왕실 소장 보석 목록은 그야말로 어마어마했다. 2백만 리브르의 가격이 매겨진 레장 다이아몬드, 백만 리브르짜리 상시 다이아몬드를 비롯한 다이아몬드 9,547개, 진주 506개, 루비 230개와 에메랄드 150개 등 개수도 개수이지만, 하나만 팔아도 너끈히 군대 하나쯤은 지원할 수 있는 희귀한 보석들이었다.

하지만 혁명 정부가 야심차게 기획한 경매는 어이없는 사건으로 무산되고 만다. 그해 9월 11일부터 17일 사이, 열여섯 명의 도둑들이 몰래 지붕을 타고 넘어와 보석 창고를 통째로 털어간 것이다. 도둑들은 왕세자의 탄생을 맞아 파리 시가 루이 15세에게 선물한 금제 꽃병, 12개의 루비와 30개의 다양한 보석으로 장식한 은제 식탁 장식인 네프, 다이아몬드가 박힌 가위 같은 진귀품이 가득한 보석 창고에서 황홀경에 빠진 듯 밤새 술을 퍼마시고 온통 분탕질을 친 다음 새벽녘에 최고급품만 챙겨서 유유히 도망쳤다.

도둑들 중 몇몇은 재수 없게 경찰에 덜미가 잡혀 아직까지 그 이름이 전해진다. 그중 한 명인 '도비니Daubigny'라는 직공의 주머니에서는 루이 15세가 러시아의 예카테리나 2세 여제에게 선물 받은 다이아몬드와 산호로 장식된 딸랑이가 나왔다. 그는 리슐리외가 죽으면서 루이 14세에게 남긴 은 조각품을 모두 녹여 팔아버렸다고 자백했다. 또 다른 도둑인 '샴봉Chambon'은 에메랄드와 토파즈가 박힌 목걸이를 훔쳐 팔다가 붙잡혔다.

현재 루브르 박물관에 전시되어 있는 140캐럿짜리 레장 다이아몬드[16]도 이때 도난당했다. 하지만 이 다이아몬드는 워낙 유명한 보석인 만큼 팔기가 쉽지 않았기 때문에 이듬해 다시 발견되었고, 나폴레옹이 황제가 된 후 자신의 칼을 장식

하기 위해 도로 사들였다.[17]

레장 다이아몬드와 함께 도난당한 '블루 드 프랑스'[18], 깊은 바다 같은 푸른 광채를 내는 69캐럿짜리 이 다이아몬드에 얽힌 사연은 한 편의 소설 못지않게 흥미롭다. 루이 14세가 인도를 오가는 탐험가이자 보석상인 장-바티스트 타베르니에Jean-Baptiste Tavernier에게 사들인 '블루 드 프랑스'는 원래 115캐럿이었다. 오묘한 파란색을 살리기 위해 재가공한 뒤 69캐럿짜리 다이아몬드로 탄생한 블루 드 프랑스는 루이 15세 시절에는 '황금양털 훈장'의 한가운데에 달려 있었다.[19] 황금양털 훈장은 블루 드 프랑스 외에도 안 드 브르타뉴Anne de Bretagne가 소장하고 있던 107캐럿짜리 루비와 282개의 다이아몬드가 달린 프랑스 왕가의 전설적인 보석이다.[20]

블루 드 프랑스가 다시 수면 위로 떠오른 것은 절도 사건이 벌어진 지 이십 년 후인 1812년이다. 너무나 유명한데다 눈에 띄는 이 훈장을 훔친 도둑은 훈장에서 블루 드 프랑스를 따로 떼어내 재가공했던 모양이다. 45.52캐럿으로 변신해 런던의 보석상에 불현듯 나타난 이 블루 드 프랑스가 바로 소장자에게 재앙을 가져온다고 해서 유명해진 '호프 다이아몬드Hope diamond'이다. 여러 차례 연마한 탓에 호프 다이아몬드는 원래의 푸른색이 짙어지다 못해 각도에 따라서는 피처럼 붉은 보라색으로 보이는 섬뜩한 아름다움을 지니고 있다. 이 다이아몬드는 1839년 영국의 은행가 집안인 호프 가家에서 사들인 뒤로 이를 소유한 사람들이 너 나 할 것이 없이 줄줄이 파산하면서 '악마의 다이아몬드'라는 악명을 날렸다. 결국 1958년 뉴욕의 보석상 해리 윈스턴Harry Winston이 워싱턴의 국립자연사박물관에 기증하면서 비로소 블루 드 프랑스는 길고 긴 여정을 끝냈다.

한편 황금양털 훈장에 박혀 있던 안 드 브르타뉴의 루비는 1796년 함부르크에서 발견되었다. 이 루비는 다니캉Danican 장군이 사들였다가 후에 루이 18세에게 넘어갔고 지금은 루브르 박물관의 아폴론 갤러리에 보관되어 있다. 이 루비가 함부르크에서 발견되기 전까지 어디에 있었는지, 다니캉 장군의 손에는 어떻게

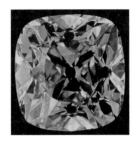

16 레장 다이아몬드.

17 프랑수아 제라르가 그린 〈대관식 복장을 입은 나폴레옹 1세〉. 왼쪽에 찬 칼에 레장 다이아몬드가 장식되어 있다.

18 블루드 프랑스, 일명 '호프 다이아몬드'.

19 모리스-캉탱 드 라투르가 그린 〈루이 15세의 초상화〉. 루이 15세의 가슴에 '황금양털 훈장'이 달려 있다.

20 루이 15세가 앙드레 자크맹에게 주문한 황금양털 훈장 디자인.

들어가게 되었는지에 대해서는 아무도 알지 못한다.

사실 1791년에 보석 컬렉션을 털어간 도둑들이 16명인지 30명인지, 정확히 11일과 17일 사이 언제 어떻게 털어 갔는지에 대해서도 아직까지 의견이 분분하다. 도둑들이 급히 숨겨놓은 보석들이 몇십 년이 지나서야 우연히 발견되는 일도 왕왕 벌어졌다. 1795년에는 도둑들 중 한 명이 도주하며 급히 묻어놓은 듯한 보석 꾸러미가 파리의 한 건물 벽에서 발견된 일도 있었다. 상황이 이러하니 현재도 '프랑스의 숨겨진 보물'이라고 부르는 분실 문화재를 찾는 아마추어 역사가들이 많은 것도 전혀 이상한 일이 아니다.

위대한 혁명이 예술사에 남긴 오명

이 대혼란의 와중에 왕실 창고를 채운 최상급 오브제를 만든 장인들은 어디서 무엇을 하고 있었을까? 18세기 후반의 가구 장인들 대부분은 혁명기에 파산의 길을 걸었다. 혁명 이후 오랜 규제로 장인들을 옭아매던 동업조합이 철폐되긴 했지만, 이때부터 장인 문화는 스러져갔다. 동업조합의 폐지는 자유로운 상행위를 보장해주었지만 동시에 '메트르maître', 즉 명장이라 불린 장인들의 위상이 사회에서 영영 사라지는 것을 의미하기도 했다. 많은 장인들이 혁명을 지지해 생탕투안 거리에서 바스티유 감옥의 함락을 기쁘게 지켜보았지만 그들을 기다리고 있는 것은 불안한 미래였다. 누구나 가구를 만들어 팔 수 있고 자기 가게를 열 수 있는 새로운 시대가 열렸지만 가구를 비롯한 오브제는 생활이 안정된 부유한 사회에서나 팔리는 물건이다. 그러니 당장 먹을 것도 없고 나라 자체가 불안한 혁명기에는 무용지물에 불과했다.

몇몇 행운아를 제외하고 왕실 장인들에게 혁명기는 악몽과도 같았다. 그들은 자신들이 심혈을 기울인 자식 같은 작품들이 무지한 이들의 발에 짓밟히고 닥치는 대로 부서지는 광경을 그저 바라볼 수밖에 없었다. 그나마 온전하게 남은 것마저 1793년 8월 25일부터 열린 역사상 가장 어이없는 경매를 통해 말도 안 되는 헐값에 처분되는 것을 가슴 아프게 지켜보아야 했다.

하지만 혁명기를 기억하는 19세기 예술 애호가들에게 당시의 경매는 그야말로 꿈같은 축제였다. 19세기의 작가 에드몽 드 공쿠르Edmond Huot de Goncourt의 일기에는 어느 날 미술평론가 폴 드 생빅토르Paul de Saint-Victor와 저녁 식사를 하며 프랑스 혁명을 화제에 올리는 대목이 나온다.

생빅토르: 단 사흘만이라도 혁명기에 살 수 있다면 말이야…….
공쿠르: 맞아 맞아, 그때 그 광경을 구경이라도 할 수 있다면…….
생빅토르: 아니지, 아니지! 발견하는 모든 것을 사고 또 사야지! 그런 축제가 또 어디 있겠어!

이들이 말하는 축제란 바로 1793년부터 시작된 구왕실 컬렉션 경매다. 마리 앙투아네트의 재판을 주도하고 루이 17세의 죽음을 사주했으며, 극단적인 폭력을 옹호한 『르 페르 뒤셴Le Père Duchesne』이라는 신문을 창간해서 아직까지 '공포의 아버지'라는 무시무시한 별칭을 가진 혁명의 거두 자크-르네 에베르Jacques-René Hébert는 다음과 같은 논설을 지상에 발표했다.

모든 왕실과 관련된 유적을 없애야 한다. 오스트리아 출신의 창녀가 프랑스의 패배를 사주한 성은 당연히 싹 무너뜨려야 마땅하다. 베르사유, 마를리, 샹티이, 트리아농, 랑부예, 생클루, 퐁텐블로 같은 성들은 돌 조각 하나도 남겨두어서는 안 된다.

구왕가의 유물을 팔아 과거를 청산하고 정치 자금을 대려는 의도에서 시작된 왕실 컬렉션 경매는 1793년 8월 25일 베르사유 경매를 시작으로 마를리, 퐁텐블로, 콩피에뉴, 생클루 등 여타의 성들로 확대되었다. 성안에 있던 그림과 조각은 물론 가구, 장식품, 랑브리까지 한꺼번에 파는 대✭바겐세일이었다.

특히 루이 14세 이후 왕가가 거주했던 베르사유 궁 경매는 실로 어마어마했다.[21] 이듬해인 1794년 8월 11일까지 일 년 가까이 지속된 경매에서 무려 2만 점에 이르는 왕실 물품들이 헐값에 팔렸다. 루이 16세는 베르사유 궁을 버리고 파리로 향하면서 몇몇 귀중품을 챙겨 손수레에 싣고 갔지만, 그럼에도 거대한 베르사유 궁에 남겨진 물품의 양은 엄청났다.

사실 성의 규모를 생각해보면 2만 점이라는 개수가 너무 적어서 의아하게 느껴지는데, 그 이유는 간단하다. 이 경매에서는 종종 한 공간에서 나온 모든 물건들을 한 개의 품목으로 취급해 통째로 경매에 올렸기 때문이다. 그래서 총 35개의 섹션으로 구성된 경매 도록을 보면 황당한 대목이 많다. 이를테면 '초록색 가구들, 랑부예 동굴'이라는 한 품목 안에는 카나페 4개, 의자 8개, 벽난로 가리개 1개, 병풍 3개, 세브르 도자기 55점이 들어 있다. 한 품목에만 70점에 이르는 오브제가 딸려 있는 셈이다.

반면 낙찰 가격은 헐값 중에 헐값이었다. 혁명 전에는 10만 리브르에 달한 세브르 도자기가 10분의 1 가격에 낙찰되었고 왕실 에베니스트 장-앙리 리즈네가 앙투아네트를 위해 만든 마호가니 책상은 고작 326리브르에 팔렸다. 프티 트리아농 궁에 보관되어 있던 앙투아네트의 가구들은 한 묶음으로 겨우 2천 리브르에 넘어갔다. 그중에는 2003년 크리스티 경매에서 47만 유로, 한화로 5억 원이 넘는 금액에 낙찰된 마르탱 카를랭의 중국 칠기 테이블도 포함돼 있었다. 당시 1리브르의 가치가 요즘 1유로의 4분의 1 정도에도 미치지 못했다는 것을 고려하면 정말 거저나 다름없는 액수였다. 게다가 혁명 정부가 주도한 경매이다보니 왕실의 상징이 붙어 있는 가구들은 더 쌌다. 왕실의 상징이 붙어 있으면 가격이 두 배로 뛰

21 베르사유 궁 경매 카탈로그 표지.

는 요즘과는 정반대의 상황이었던 것이다. 낙찰자들은 빠른 시일 내에 왕실의 상징을 지우겠다는 서류에 서명을 하고서야 물건을 인수할 수 있었다. 물론 베르사유 궁의 모든 오브제들이 이 경매에 나온 것은 아니었다. 금은 세공품이나 청동처럼 녹여서 현금화가 가능한 것들은 모두 녹여버렸고, 왕실 가족의 초상화들은 경매가 열리기 전에 불태워졌다. 청동 장식이 많이 붙은 로코코 양식의 가구는 청동 장식이 모두 벗겨진 채 경매에 올랐다.

'박물관급'에 해당하는 작품들이 아무리 싸다 한들 곤궁함이 극치에 이른 혁명기 프랑스에서 이 물건들을 살 사람은 많지 않았다. 대신 영국과 독일의 많은 컬렉터들이 심부름꾼을 내세워 경매에 참가했다. 이 때문에 호가는 높을 수 없었고, 대부분 가격 경합 없이 한 번에 낙찰되었다.

베르사유 궁에 도대체 무엇이 있는지 궁금한 이들, 진귀한 미술품을 사 모으려는 외국 컬렉터가 보낸 심부름꾼 상인들, 아마추어 수집가들 그리고 자신의 작품을 다시 사들이려는 장인이나 예술가들이 한데 섞여 경매장은 저잣거리 장터를 방불케 했다. 발 빠른 상인들은 경매에 나온 예술품들이 머지않아 큰돈이 될 것을 예견하고 일생일대의 기회를 놓치지 않았다. 실제로 훗날 나폴레옹이 집권한 후 영국과 '아미앵 평화 조약'이 체결되자마자 영국인들은 구왕조의 예술품을 사기 위해 프랑스로 몰려왔다. 현재 영국이나 미국의 박물관에 소장되어 있는 프랑스 왕실 가구들은 대부분 이 시기에 유출된 것들이다.

영국 왕실 컬렉션의 대표작 중 하나로 현재 윈저 궁에 소장되어 있는 루이 16세의 카비네 서랍장[22]은 베르사유 경매에서 트뤼세C. Trusset라는 인물에게 5천 리브르에 낙찰된 작품이다. 하지만 트뤼세가 제때 낙찰가를 지불하지 않자 두 차례나 다시 경매에 올랐다. 그 이후 종적이 묘연하다가 1883년 윈저 궁에서 발견되었다. 그러니까 언제 어떻게 영국 왕실 컬렉션으로 편입되었는지는 알 수 없다.

혁명기에 유럽 전역으로 뿔뿔이 흩어진 작품들 중에는 윈저 궁의 서랍장처럼 도대체 어떤 경로로 마지막 소유자의 손에 이르렀는지 추적이 불가능한 작품이 많

22 장-앙리 리즈네가 제작한 루이 16세의 서랍장.　　**23** 장-앙리 리즈네가 제작한 '뷔로 아 실랭드르'.

다. 유명한 컬렉터 가문인 로스차일드Rothschild 가家가 소유하고 있는 루이 16세의 동생 프로방스 백작의 '뷔로 아 실랭드르bureau à cylindre'(개폐식 뚜껑이 달린 책상)**23**도 그중 하나다. 이 책상은 한때 베르사유 궁에 있는 왕의 내실 카비네에 윈저 궁 서랍장과 한 세트로 함께 놓여 있었다. 유명한 왕실 장인 리즈네가 만든 이 책상은 안에 기계 장치가 내장되어 있어 저절로 뚜껑이 열리는 신묘한 가구다. 1792년 마지막으로 작성된 왕실 가구 목록을 끝으로 이 가구는 종적을 감췄다. 베르사유 경매에서 팔린 것인지, 혁명 정부가 뒷거래로 넘긴 것인지는 불분명하다. 간신히 찾을 수 있는 힌트라고는 1794년 네덜란드에서 발행한 경매 카탈로그에 이 가구와 비슷해 보이는 책상에 대한 언급이 등장한다는 것 정도다. 하지만 몇 줄의 설명만 가지고는 이 책상이 프로방스 백작의 책상이라고 단정할 수 없다.

　역시 로스차일드 집안이 소유하다가 지금은 일반에 공개된 워데스던 저택 Waddesdon Manor에 전시되어 있는 기욤 벤느망의 책상**24** 또한 마찬가지다. 로스차일드 가의 프랑스 왕실 가구 컬렉션 중에서도 단연 최고로 꼽히는 이 책상은 1792년까지 베르사유 궁내 왕의 집무실에 놓여 있었다. 경매 호가는 3만 5천 리브르로 제작 가격의 절반 이하에 팔렸다. 하지만 낙찰 이후 어떻게 로스차일드 가

24 기욤 벤느망이 제작한 평책상.

의 컬렉션으로 편입되었었는지는 여전히 미스터리로 남아 있다.

문화재 파괴에 이른 혁명의 광풍

1793년은 여러모로 인상적인 연도였다. 베르사유 궁에서 한창 경매가 열리고 있을 때 파리 외곽의 생드니 성당 역시 혁명의 풍파를 겪고 있었다. 성당 내부에 안치되어 있는 역대 프랑스 왕들의 묘소 때문이었다. '모든 인간이 평등해야 한다'는 혁명 정부의 교시에 따라 왕들도 여느 사람들처럼 공동묘지에 묻혀야 했다. 찌는 듯한 더위가 기승을 부린 8월 6일, 드디어 왕의 석관들이 모두 지상으로 끌려 나왔다.[25]

이 사건에 대해서는 제법 으스스한 이야기도 전해 내려온다. 당시 사후 180년이나 지난 앙리 4세의 시신[26]은 턱수염마저 생생할 정도로 완벽하게 보존되어 있었다고 한다. 혁명 정부는 이를 "죽어서까지도 집요하게 영광을 간직하려는 탐욕스러운 왕족들의 대표적인 사례"라고 발표했다. 반면 앙리 4세에 비해 덜 탐욕스러웠던지 프랑수아 1세의 시신은 뼈밖에 남지 않았고 뭔지 모를 검은 액체가 관을 반쯤 채우고 있었다. 당시 제일 부덕한 왕이자 저주의 대상이던 루이 14세의 시신은 그때까지도 완전히 건조되지 않은 상태여서 금방이라도 살아날 듯 피부 주름마저 생생했다. 우리로 치면 부관참시剖棺斬屍의 형벌처럼 혁명 의회는 루이 14세를 비롯한 왕들의 미라를 '파리 식물원Jardin des Plantes'에 전시해놓았다. 희귀한 미라를 구경하려고 사람들이 벌 떼처럼 몰려들어 장사진을 이루었다. 사람들 주위로는 쥐와 들개까지 모여들어 난리법석이었다.

왕의 시신이 이 지경이었으니 당대의 조각가들이 만든 석관과 조각은 말할 필요가 없었다. 대리석으로 만든 석관과 조각 중에는 너무 두꺼워서 파괴되지 않고 남아 있는 것이 제법 되었지만 왕실 문장이나 문양은 모두 지워졌다. 왕들의 미라를 수습하고 석관과 함께 앵발리드 교회 지하에 안치한 때는 6년 뒤인 1799년

25 생드니 성당의 왕묘 약탈.

26 앙리 4세의 미라.

통령 정부가 들어서고 난 뒤였다.

　문화재 파괴는 혁명이 발발한 지 십 년이 지난 1799년이 돼서야 일단락되었다. 베르사유 성을 비롯해 모든 왕실의 성이 텅 비어버렸다. 그 누구도 부인할 수 없는 위대한 혁명이지만 예술사로 보면 지나치게 잔인한 혁명이었다.

　예술 애호가들에게 프랑스 혁명은 바로 이런 이유로 아련한 비애감을 안겨준다. 1796년 한밤중에 아무도 없는 베르사유 성을 산책했던 독일인 여의사 마이어 Meyer도 그중 한 명이었다.

　폭풍우가 곧 몰아칠 듯 유난히 구름이 많은 밤이었다. 아름다운 꽃들은 이미 다 사라지고 폐허만 남은 정원을 천천히 걸으며 그녀는 화려했던 왕조의 과거를 떠올렸다. 프티 트리아농 궁에 다다랐을 때는 밤 9시가 거의 다 된 시간이었다. 궁 주변에는 잡초만 무성했고 성은 문짝까지 다 부서져 기괴했다. 비감에 젖어 폐허를 돌아보던 그녀의 귀에 어디선가 희미한 플루트와 하프 소리가 들렸다. 텅 빈 프티 트리아농 궁에서 흘러나오는 신비한 소리에 그녀는 소스라치게 놀랐다. 어디선가 들어본 적이 있는 소리다……. 그것은 마이어가 12년 전 오스트리아 궁정의

추천으로 앙투아네트의 거처를 방문했을 때 본 아름다운 탁상시계의 소리였다. 소리를 따라 궁으로 들어선 마이어는 거기에서 반쯤 부서진 앙투아네트의 시계[27]를 발견했다. 음악이 사라진 뒤로 다시 적막이 찾아오고 주인을 잃은 성은 다시는 깨어나지 못할 긴 잠을 자는 듯했다. 마치 그 주인 역시 그러했던 것처럼 말이다.

　이렇게 프랑스 왕조는 무너졌고 오랜 영광은 지상에서 사라졌다.

27　프티 트리아농 궁에 있던 앙트아네트의 탁상시계.

16장

나폴레옹,
냉정과 열정 사이

전쟁으로 불구가 된 군인들을 위해
지어진 병원, 앵발리드.
이곳에 그는 지금 영원히 잠들어 있다.

살아서도 죽어서도 군인인,
그리하여 살아서도 죽어서도
나폴레옹이라는 이름만으로 남은 남자.

영광스러운 신화의 장막을 젖히고
그의 맨얼굴을 똑바로 응시해줄
그 누군가를 기다리면서.

1 자크-루이 다비드, 〈튀일리 궁 집무실의 나폴레옹〉,
캔버스에 유채, 1812년, 국립미술관, 워싱턴.

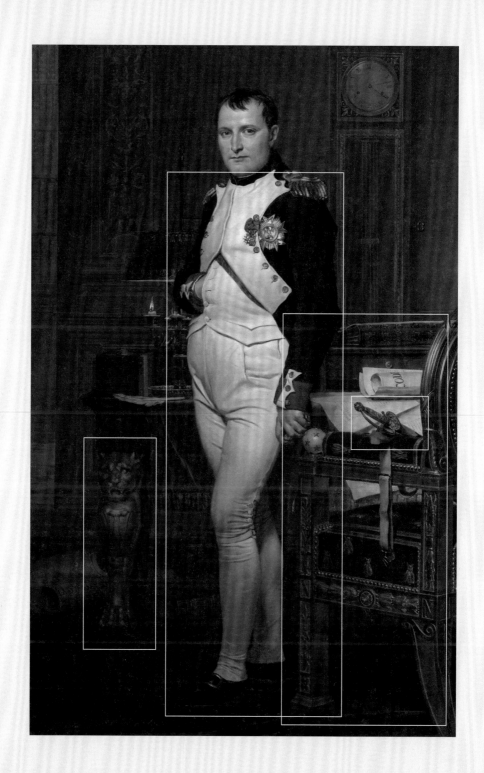

어쨌든 간에 나는 한 남자에 지나지 않는다.
—나폴레옹 보나파르트

보이는 것은 오로지 자욱한 안개와 거미줄처럼 소리 없이 내리는 비뿐이었다. 1821년 4월 14일, 오늘로 세인트헬레나 섬에 도착한 지도 어언 6년이다.

오직 날카로운 바위로만 이루어진 적막한 화산섬, 콘스탄티누스 대제의 모친 세인트 헬레나의 축일에 발견되었다고 해서 세인트헬레나라는 예쁜 이름이 붙었지만 정작 이 섬에 발을 디딘 선원들은 치를 떨며 '피라미드 요새'라고 입을 모았다. 그도 그럴 것이 이 섬은 서쪽으로도 동쪽으로도, 그 어느 쪽으로도 육지와는 닿지 않는 외떨어진 섬이었다. 아프리카 앙골라에서 서쪽으로 1,950킬로미터, 브라질 해변에서 동쪽으로 3,500킬로미터나 떨어진 남대서양의 작은 섬은 세상에서 가장 멀리 떨어진, 어디로도 도망갈 수 없는 천연 감옥이었다. 거주민이라고 해봐야 열 명 남짓, 오로지 대서양을 오가는 배들이 식수를 보급하려고 잠시 머물 뿐 하늘을 제 집 삼아 국경 따위에 구애받지 않는 새조차 남동풍이 휘몰아치는 이 불길한 섬까지는 날아오지 않았다.

"컥" 하고 잘 벼린 칼이 하복부를 가르는 것처럼 고통이 몰려오자 그의 눈앞이 흐려졌다. 불쏘시개로 위를 찌르는 듯한 아픔은 온몸의 미세 혈관을 타고 전류처럼 퍼져 나갔다. 손이 떨리고 입가로 침이 흘렀다. 오로지 촛불만이 번들거리는 눈을 비출 뿐 그는 이미 산 자가 아니었다.

그러나 아직 삶은 끝나지 않았다. 평생을 전쟁터에서 보낸 터라 죽음은 그에게 낯설지 않았다. "나는 비굴하게 죽지 않으리라." 그는 어제 자신을 보필하기 위해 스스로 이곳까지 온 유언 집행자 몽톨롱 후작Charles Tristan, marquis de Montholon을 시켜 받아 적게 한 유서를 기도문처럼 한 구절씩 되뇌었다.

나는 내가 태어나 오십 년간 살아온 로마 교황의 종교 속에서 죽노라. 나는 내가 사랑해 마지않는 프랑스인들로 둘러싸인 가운데, 센 강에서 내 재를 쉬게 하기를 원하노라.

이렇게 시작되는 장엄한 유서는 장장 40페이지에 달했다. 죽음을 예감한 듯 그는 후대의 모든 역사가들을 놀라게 한 뛰어난 집중력으로 단 세 시간 만에 모든 내용을 구술했다.[2] 유럽 땅에서 축출된 순간부터 그의 머릿속에 맴돌던 말들이 홍수가 되어 쏟아졌다.

아우스터리츠 전투에서 착용했던 검, 베르사유에 보관되어 있는 두 쌍의 피스톨, 아우스터리츠, 예나, 프리틀란트, 모스크바에서 썼던 연장 상자……

2 세인트헬레나에서 함께 유배된 구르고 장군이 나폴레옹의 일기를 받아 적는 모습.

몇 안 되는 유품들은 이제 가족과 전장에서 피를 나눈 동료들의 것이다. 그들은 그 의미를 알아주리라. 그에게 아우스터리츠, 예나, 모스크바는 단지 지도상의 이름이 아니었다. 그것은 승리와 회한이 교차되는 뜨거운 전장이자 그의 삶 자체였다.[3] 이윽고 그는 고통이 하나둘 사라지는 것을 느꼈다. 점차 흐릿해지는 의식 가운데 무언가 뭉클한 것이 떠올랐다. 그가 밟아온 수많은 땅의 감촉과 냄새였다. 어디선가 매캐한 화약 냄새가 실려 오고, 죽음에 맞선 필사적인 함성이 들려왔다.

빗속에 웅크린 초라한 나무집, 촛불만 넘실거리는 작은 방이 서서히 대서사시의 한 장

▲3 생베르나르 협곡을 건너는 프랑스 군대.

▼4 로디 전투.

면으로 변했다. 로디 전투다![4] 1796년 5월 10일 이탈리아 포 강 유역의 롬바르디아 평야에서 오스트리아군을 몰아내는 데 성공하며 그는 자신에게 주어진 운명을 최초로 느꼈다. 그의 운명은 평범한 군인이 아니라 이 시대를 이끌어갈 황제임을. 그를 바라보는 병사들의 수많은 눈이 그렇게 말하고 있었다.

승리의 북소리와 함께 멀리서 단호한 목소리가 들려왔다. "더 이상 총재 정부는 없다." 이집트 원정에서 단신으로 귀국한 그는 혁명력 8년 브뤼메르 18일, 즉

5 뤽상부르 성에서 국가 자문위원회를 설립한 나폴레옹.

1799년 11월 9일 튀일리 성에서 총재 정부를 이 끈 루이-제롬 고이에르^{Louis-Jérôme Gohier}에게 이 렇게 외쳤다. "친구여, 우리는 내일 뤽상부르에서 밤을 맞거나 아니면 여기서 끝날 것이오." 권력이 냐 아니면 죽음이냐의 갈림길에서 그는 과감히 승부수를 던졌다. 그리고 다음 날인 11월 10일 '통령 정부'의 막이 올랐다.[5] 쿠데타의 주역인 스 물아홉 살의 나폴레옹은 그날 밤부터 제1통령 관저인 뤽상부르 성에서 잠을 청했다. 그는 그런 사람이었다. 자신의 손으로 프랑스 혁명을 끝내 고 새 시대를 연 전무후무한 자, 황제로 태어나 지 않았으나 황제가 된 자, 그는 바로 나폴레옹 1세였다.

울분이나 고통은 더이상 그를 옥죄지 못했다. 시대에 짓눌려 사그라질지언정 그의 정신은 세인트헬레나 섬을 떠나 이미 다른 곳을 향하고 있었다.

나는 영원히 프랑스인들의 가슴속에 남으리라. 그리고 모든 역사가들은 나의 이 야기를 기록하리라.

영웅 나폴레옹과 인간 나폴레옹의 두 얼굴

역사 속에서 교훈을 캐려는 사람들이 많아서인지 잊을 만하면 부활하는 인 물들이 있다. 그중에서도 나폴레옹은 '영웅' 하면 빠지지 않고 등장하는 인물이 다. 마리 앙투아네트가 프티 트리아농에서 사치를 부리는 모습으로 역사 속에 박

6 자크-루이 다비드, 〈생베르나르 협곡을 넘는 나폴레옹〉.

제된 것처럼 나폴레옹은 대군을 이끌고 스위스의 생베르나르 협곡을 건너는 장
엄한 모습으로 우리 곁에 남았다.[6]

　　실상 나폴레옹은 살아생전 이미 전설이었다. 자크-루이 다비드나 안-루이
지로데-트리오종Anne-Louis Girodet-Trioson, 앙투안-장 그로Antoine-Jean Gros 같은
당대의 화가들은 앞다퉈 그의 혁혁한 승리를 화폭에 담았다.[7] 오랜 숙적인 영국과
아미앵 평화 조약을 체결한 1802년에만 파리 살롱전에 그의 전적戰績을 주제로
한 대작이 19점이나 내걸릴 정도였다. 황제로 등극하기 전인데도 말이다.

　　화가들만 그를 칭송한 것은 아니었다. 제대로 된 그림을 사기 어려운 서민들
은 너도나도 판화로 복제된 그의 모습을 집 안에 걸어놓았다. 나폴레옹의 전투 장
면이나 초상화에 간단한 문구를 곁들인 판화는 당대의 베스트셀러 아이템이었다.

▲7 나폴레옹을 평화의 상징으로 찬양한 프뤼동의 그림.

▼8 나폴레옹의 일생을 그린 대중 판화.

19세기 초반 판화 산업의 중심지인 파리와 낭시, 에피날 지역에서 찍어낸 나폴레옹 판화만 백만 점에 달했다.[8]

호랑이는 죽어 가죽을 남기고 사람은 죽어 이름을 남긴다는 말처럼 1821년 나폴레옹이 사망한 뒤에도 그의 이름은 잊혀지지 않았다. 측근들이 줄줄이 나서서 나폴레옹에 대한 증언과 회고록을 출판하기 시작했다. 천성적으로 드라마에 굶주린 소설가들이 이런 재미난 이야깃거리를 놓칠 리 없었다. 빅토르 위고, 오노레 드 발자크, 알렉상드르 뒤마, 스탕달, 제라르 드 네르발 등이 나폴레옹을 주제로 글을 썼다. 학술 분야도 다르지 않아서 군사 전문가들은 나폴레옹의 전쟁 기술에 대한 논문을, 역사가들은 통치술에 대한 저서를 잇달아 냈다. 지금도 마찬가지다. 역사서나 위인전에서 그가 빠지는 법이 없고, 심지어 지구 반대편에 있는 우리나라에서조차 한때 초등학생의 참고서 표지나 학원 광고지에 그의 초상화가 등장했다. 그는 또한 세기를 뛰어넘어 '보나파르티스트'라 불리는 충성스러운 팬클럽을 확보하고 있는 몇 안 되는 역사적 인물 중 한 명이다.

사정이 이렇다보니 나폴레옹은 작은 키에 세상을 호령한 영웅이라는 식상한 이미지로만 알려져 있다. 사람들은 그를 브뤼셀, 암스테르담, 제네바, 로마 같은 쟁쟁한 도시를 모조리 대제국 프랑스의 부속 도시로 만들어버린 '황제' 나폴레옹 1세라는 모범 답안으로만 기억한다. 그런데 과연 실제의 나폴레옹은 어떤 사람이었을까? 그는 진정 영웅의 이미지와 일치하는 사람이었을까?

이미지가 아닌 인간 나폴레옹

나폴레옹 사후 부검을 진행한 영국의 군의관들을 대표해 그의 부검서를 기록한 의사 토머스 쇼트Thomas Shortt는 그의 신장을 대략 168센티미터로 기록해놓았다. 당시 유럽인의 평균 신장이 163센티미터인 것에 비추어보면 두고두고 입방아에 오를 만큼 왜소한 체격은 아니었다. 영웅적인 군인의 이미지와 간극이 커서 키가 작아 보일 뿐이다.

실제와 다른 나폴레옹의 이미지는 또 있다. 우리는 나폴레옹의 초상화를 통해 그가 이글이글 불타는 눈빛을 지녔거나 사람 속을 명징하게 꿰뚫어 보는 매서운 시선을 가진 인물일 것이라고 상상한다.[9] 그러나 사실 그는 근시였다. 안경을 낀 영웅이라니, 스스로도 근사하지 못하다고 생각했던지 공적인 자리에서는 안경 착용을 자제했다. 하지만 국정을 좌우하는 최고 의결 기관인 국가회의에서는 공연

관람용으로 쓰는 작은 망원경이나 돋보기를 꺼내 들고 정무를 보는 모습을 어렵지 않게 볼 수 있었다. 타인이 좀체 침범할 수 없는 개인 집무실에서는 늘 안경을 썼음은 물론이다.

게다가 그는 감초 사탕 중독자였다. 제복 주머니에 늘 감초 사탕을 챙겼다가 틈나는 대로 입에 넣고 오물오물 녹여 먹었다. 달리는 말 위에서 먼 곳을 응시하는 영웅의 모습 뒤에는 근시인데다 감초 사탕을 빨아 먹는 인간 나폴레옹이 있는 것이다.

위인전에서 너나없이 찬양하는 바람에 타고난 강철 체력의 소유자일 것이라고 지레짐작하게 되는 군인 나폴레옹의 모습은 또

9 당시 화가들이 즐겨 그린 나폴레옹의 형형한 눈빛.

10 나폴레옹의 위엄을 보여주는 아일라우 전투.

어떠한가.[10]

　　그는 그 시대의 기마병이라면 누구나 직업병처럼 달고 산 변비와 치질에 시달렸다. 또한 습진과 간장병까지 앓고 있어서 시원하게 소변도 보지 못하는 처지였다. 오랜 시간 욕조에 들어앉아 정무를 고민하던 나폴레옹의 우아한 습관은 바로 이런 배뇨 곤란에서 비롯되었을 것이라고 역사가들은 추측한다. 1809년 바그람Wagram 전투에서는 황달에 걸렸고, 1805년 러시아 · 오스트리아 연합군을 격파한 아우스터리츠 전투[11]에서는 볼일을 제대로 못 봐 앉지도 서지도 못하는 지경이었다. 추위와 습기에 유달리 약한 체질 탓에 모스크바로 진격할 때는 들것에 실려 이동해야 했다.

　　인간 나폴레옹은 아내 조제핀에게 쓴 편지에서 전투를 치를 때마다 날로 노쇠해지는 육체를 탄식했다. 실상이 이러하니 실제의 나폴레옹이 다비드의 그림에

11 아우스터리츠 전투.

서 보듯 늠름한 자세로 말을 타지 못했다고 해도 새삼 놀랄 일은 아니다. 게다가 선천적으로 유난히 상체가 길고 하체가 짧은 체형 탓에 말을 타고서도 제대로 박차를 가하지 못했다. 그러다보니 말이 달릴 때마다 발이 대롱대롱 흔들리는 우스꽝스러운 장면을 연출하곤 했다.

　말에서 내려온 나폴레옹의 모습도 월계관을 쓴 황제의 풍모와는 거리가 멀었다. 그는 군인치고는 자세가 좋지 못해 어깨를 앞으로 구부정하게 수그리고, 손은 주머니에 찔러 넣은 채로 종종걸음을 쳤다. 머릿속으로는 위대한 전투의 밑그림을 그리고 있었을지 모르지만, 생각에 잠길 때마다 손톱을 잘근잘근 물어뜯고 입을 삐죽거리는 습관도 있었다.

　그를 다비드의 〈생베르나르 협곡을 넘는 나폴레옹〉 같은 그림 속에 박제된 영웅으로 생각한다면 그를 온전히 이해했다고 할 수 없다. 그는 역사의 어느 순간에 진짜 살아 숨 쉬고 있던 우리 같은 사람이었다. 우리가 나폴레옹이라는 인간에 대해 연민과 애정을 느끼는 순간은 어쩌면 그에게 덧씌워진 수많은 영웅의 훈장을 떼어낼 때인지도 모른다. 당대인들과 그의 측근들이 남긴 기록을 자세히 들여다보면 그 속에는 황제이면서 동시에 보통 사람인 나폴레옹의 두 얼굴이 공존하고 있다.

19세기판 태양왕

황제로서 나폴레옹은 프랑스 역사상 가장 강력한 군주로 군림한 태양왕 루이 14세와 여러모로 닮았다. 루이 14세가 '프롱드의 난'으로 실전 정치를 배웠다면, 나폴레옹에게는 프랑스 혁명이 있었다. 코르시카 섬의 아작시오라는 항구도시에서 태어난 나폴레옹이 군인으로서의 경력을 시작한 때는 시민들이 거리로 뛰쳐나오고 귀족들의 집이 불타며 왕이 단두대에서 목이 잘리는 혁명의 격동기였다.[12] 나폴레옹의 초기 경력은 그야말로 혁명과 함께였다. 나폴레옹의 입지전적인 경력의

도화선이 된 사건은 '툴롱Toulon 전투'였다. 프랑스 남부의 작은 어촌 마을 툴롱에서 왕당파와 영국 연합군을 축출하고 찰스 오하라Charles O'hara 장군을 체포하는 데 성공함으로써 차세대 장군감으로 중앙 정치 무대에 데뷔할 수 있었다.

루이 14세가 프롱드의 난이 남긴 정치적 교훈을 잊고 귀족들을 멸시하며 군림한 것처럼 나폴레옹 역시 평생 군중을 믿지 않았다. 공화국과 혁명의 아이였음에도 불구하고 황제가 된 후 나폴레옹은 공공연히 파리 시민들을 겨냥해 '역사 위에 오줌을 싸는 무리들'이라고 비아냥거렸다. 선전과 선동에 휘둘리고, 내일이면 언제 어떻게 돌변할지 모르는 골치 아픈 무리

12 혁명기의 성난 군중의 모습.

들이 바로 나폴레옹이 생각한 파리 시
민들이었다. 이런 불온한 무리를 통치
하기 위해 루이 14세가 파리 곳곳에 '파
리 떼les mouches'라고 부른 수많은 첩자
를 심어놓았다면 나폴레옹은 직접 여
론 통제에 나섰다. 경찰국 내에 출판 담
당 부서를 따로 만들어 통치권 내에 있
는 모든 출판물을 검열했다. 1799년 나
폴레옹이 통령으로 군사 독재를 시작
한 이후 두 달 만에 60종의 정치신문
이 강제 폐간되었다. 파리 시민들의 정

13 『뷜탱』을 돌려 보는 파리 시민들.

치 토론장이던 카페 역시 경찰의 감시망을 피해 가지 못했다. 나아가 나폴레옹은
직접 인쇄소를 차려 자신의 정치적 행적을 찬양하는 『르 주르날 당피르 *Le Journal
d'Empire*』와 『뷜탱 *Bulletin*』 같은 선전지를 찍어냈다. 특히 나폴레옹의 이탈리아 원정
이후 발행된 『뷜탱』은 어찌나 천연덕스럽게 정권을 찬양했던지 후에 '뷜탱 같은
거짓말쟁이'라는 표현이 유행할 정도였다.[13]

두 사람 모두 유난스런 자의식의 소유자라는 점도 닮았다. 자신을 태양 같
은 존재로 믿어 의심치 않은 루이 14세에 뒤질세라 나폴레옹은 "나는 샤를마뉴
다"라는 말을 최면에 걸린 듯 입에 올렸다.[14] 스스로를 샤를마뉴 대제와 동일시하
게 된 데는 역사서와 위인전을 유별나게 좋아한 취향도 한몫했을 것이다. 알렉산
더 대왕, 율리우스 카이사르, 아우구스투스 황제 같은 이들이 그의 롤 모델이었다.
연구자들이 한목소리로 지적하는 나폴레옹의 완벽주의나 타인에 대한 멸시, 공
감 능력 부족은 근본적으로 이런 우월한 자의식에 도취된 결과가 아닐까?

잡설을 좋아하지 않는 카리스마적인 정치 스타일도 두 사람의 공통점이다.
나폴레옹은 토론을 즐겼지만 어떤 토론에서건 '찬성' 또는 '거부'라는 단 한마디

14 나폴레옹을 유럽의 평화를 관장하는 신처럼 묘사한 판화. 왼쪽에 월계관 투구를 쓴 여신이 나폴레옹이다.

로 좌중을 평정했다. 얼마나 간단한 답변을 선호했던지 당시 주요 현안에 대한 나폴레옹의 반응은 한때 유행한 '썰렁 개그' 같다. 아우스터리츠 전투가 끝난 후 포병대를 주력으로 한 전시 편성안 보고서를 받고는 "전쟁은 끝났다"고 일갈했고, 나폴레옹의 친인척이자 최측근 중 한 명인 조아킴 뮈라Joachim Murat 장군이 군인들에게 월급을 제때 주지 않았다는 탄원서에 대해서는 "기막힌 일이군"이란 한마디를 남겼다.

　나폴레옹은 루이 14세와 마찬가지로 매사를 찬찬히 설명하기보다 단호하게 명령하는 통치 스타일을 선호했다. 오로지 황제 나폴레옹 자신만이 최종 결정권을 손에 쥐고 있었다. 프랑스 혁명기에 청춘을 보내고 공화국의 이념 아래 자랐지만 그의 신념은 절대 왕정의 왕들과 다를 바 없었다. 이를 위해서는 거대한 제국의 복잡다단한 일들을 일목요연하게 파악하고 있어야 했다.

비결은 바로 '리브레livret'라고 불린 수첩이었다. 그는 '전쟁', '경제', '인물' 등 주제별로 여러 종류의 수첩을 마련해놓고 이를 열람하는 것으로 하루 일과를 시작하고 마감했다. 비서진들의 주요 임무는 새 소식이 전해질 때마다 해당 수첩의 내용을 업데이트하는 것이었다. 이를테면 '전쟁' 수첩에는 그날그날의 군대 이동 현황을 비롯해 식량 보급 상황, 각 군의 부상자 수까지 온갖 세세한 정보가 담겨 있었다. 정보 관리가 얼마나 치밀했는지 수첩을 펼쳐서 내용을 훑어보는 것만으로도 전쟁 전략을 구상하기에 충분할 정도였다.

1805년 다뉴브 강 유역에 머물던 군대가 영국군에 포위당하자 새벽 4시에 장군들을 소집해 단숨에 다뉴브 강부터 빈에 이르는 이동 경로를 빈틈없이 지시했다는 식의 전설 같은 일화 뒤에는 항상 이 수첩을 휴대하며 꼼꼼하게 챙겨 본 그의 성실함이 있었다.

황제의 취향, 제국 스타일

정치적 태도와 대외적인 면모 외에도 루이 14세와 나폴레옹의 공통점은 '취향'에서도 찾을 수 있다. 특히 둘 다 연극을 좋아했다는 사실은 이 두 사람을 이해하는 중요한 열쇠다. 다만 스스로 태양으로 분장해 발레 공연에서 춤을 추었던 루이 14세와는 달리 전쟁을 진두지휘하느라 한곳에 일주일 이상 머물지 못할 정도로 바빴던 나폴레옹은 직접 연극 무대에 오르지는 못했다. 하지만 그는 볼테르와 코르네유의 열렬한 애독자였고 "이런 비극이 어디 있단 말인가!", "이 무슨 공포스러운 말이냐!", "나는 절망을 부르짖노라!" 같은 연극 대사를 연상시키는 말을 일상적으로 썼다.

연극 무대와 다를 바 없는 베르사유 궁에서 스타 연예인 같은 삶을 살았던 루이 14세처럼 나폴레옹은 황제가 된 뒤로 '황제'라는 역할극에 골몰했다. 다비드

15 자크-루이 다비드의 그림으로 영원히 후세에 남은 나폴레옹의 대관식.

16 종이 모형을 만들어 대관식을 진두지휘하는 나폴레옹.

의 그림으로 생생하게 남아 있는 1804년 12월 2일의 나폴레옹 대관식이 좋은 예다.[15] 대관식은 당연히 자자손손 입에 오를 만큼 위대한 행사가 되어야 했다. 신을 대리해 황제에게 왕관을 수여할 이는 흔해 빠진 추기경으로는 무게가 떨어지니 당연히 교황이 직접 나서야 한다. 게다가 교황이 있는 로마가 아니라 반드시 황제가 있는 파리에서 대관식을 거행해야 마땅하다.

이러한 대원칙 외에도 나폴레옹은 여느 궁정이라면 의전 담당관이 맡아야 할 세부 사항까지 직접 챙겨야 직성이 풀렸던 모양이다. 심지어 그는 대관식 참석자 모두를 종이 모형으로 만들어 누가 어디에 어떤 자세로 서야 하는지, 무엇을 입고 어떤 행동을 취해야 하는지 등 모든 디테일까지 군사 작전을 짜듯 연구했다.[16] 그

17 자코브가 장식한 콩피에뉴 성.　　**18** 페르시에와 퐁텐이 실내장식을 담당한 말메종 성.

자신이 주인공이자 감독을 맡은 대관식 행사에서 가장 중요한 포인트는 화려한 무대의 주인공이 되어 황제에 오른 후 조제핀의 머리에 왕관을 씌워주는 장면이다. 이 순간을 사진처럼 남겨두기 위해 화가 다비드에게 생생한 그림을 그리도록 사전에 지시해두었음은 물론이다.

　루이 14세와 나폴레옹은 둘 다 자신의 이름을 붙인 고유한 스타일을 남긴 왕이기도 하다. 다만 왕조 시대를 살았던 루이 14세는 시대의 흐름에 따라 자연스레 스타일에 이름을 남겼지만 나폴레옹은 다르다. 그는 황제로 태어나지 않았음에도 스스로 황제가 된 인물이다. 자신을 아폴론으로 신격화하는 데 주저하지 않았던 루이 14세가 가구로는 앙드레-샤를 불, 그림으로는 샤를 르브룅을 거느렸다면 나폴레옹은 가구로는 자코브-데말테 집안을[17], 그림으로는 자크-루이 다비드, 건축가이자 실내장식가로는 샤를 페르시에Charles Percier와 피에르 퐁텐Pierre Fontaine 이인조[18]를 휘하에 두고 있었다.

건축과 고적이 대중에게 미치는 영향을 환하게 꿰고 있던 나폴레옹은 우선 파리 시내 곳곳에 기념물을 세우게 했다. 대부분 당시 이름깨나 날린 조각가와 건축가의 작품이지만 나폴레옹 기념물은 예술품이라 부르기가 민망할 정도로 노골적이었다. 대표적으로 파리 방돔 광장에 건축가 장-바티스트 르페르Jean-Baptiste Lepère와 자크 공두앙 Jacques Gondouin의 지휘로 세워진 방돔 탑은 우선 재료부터 색달랐다.[19] 이 탑은 아우스터리츠 전투에서 나폴레옹이 수거해 온 천2백여 문의 오스트리아군 대포를 녹인 180톤의 청동으로 제작했다. 탑 둘레에는 아우스터리츠 전투 장면을 새겨 넣었는데, 대포와 각종 무기, 투구를 비롯해 오스트리아군의 깃발과 병사들의 제복까지 한눈에 알아볼 수 있도록 자세하게 재현했다. 결정적으로 탑 꼭대기에는 화룡점정 격으로 오른팔에는 칼을, 왼팔에는 지구본을 들고 있는 나폴레옹 동상이 서 있다. 재료부터 형태와 세부 구상까지 너무나 노골적으로 전쟁 승리를 예찬하고 있어서 고대 철기문화를 전파한 히타이트의 유적과 비슷해 보이기까지 한다. 이쯤 되면 예술품이라기보다 예술적으로 연출한 선전탑이라고 해야 할 것이다.

당시 나폴레옹을 소재로 삼은 그림들 역시 예술적 경지에 오른 정치 선전의 예를 보여준다. 나폴레옹 하면 떠오르는 대표적인 그림인 〈생베르나르

▲ 19 거대한 나폴레옹 선전탑으로 만들어진 방돔 탑.
■ 20 오딘의 영접을 받는 나폴레옹.
▼ 21 로마 황제로 묘사된 나폴레옹.

432

협곡을 넘는 나폴레옹〉 정도는 애교다. 당시 유명한 화가였던 지로데-트리오종은 전쟁 중인 나폴레옹이 북유럽 신화의 주신主神이자 군신軍神인 오딘의 땅에 도착해 성인의 영접을 받는 그림을 그렸고,[20] 앙투안 프랑수아 칼레Antoine Francois Callet는 아우스터리츠 전투에서 승리한 나폴레옹을 고대 로마 황제처럼 묘사한 그림을 남겼다.[21]

황제로 태어나지 않았기에 나폴레옹에게는 '황제'라는 이름에 더욱 걸맞은 압도적이고 장엄한 스타일이 필요했다. 스타일 면에서 나폴레옹에게 가장 큰 영향을 끼친 사건은 1798년의 이집트 원정과 1800년의 이탈리아 원정이다.

특히 모래바람이 휘몰아치는 이집트 사막 한가운데서 본 절대 권력이 남긴 발자취는 나폴레옹에게 강렬한 인상을 남겼을 것이다.[22] 당시 나폴레옹이 이끄는 328척의 이집트 원정 함대에는 3만 8천 명의 군사 외에도 고고학자, 언어학자, 지리학자, 수학자 등 167명에 달하는 한림원 멤버들이 동행했다. 바로 이들이 이집트

22 상 이집트의 아스완에서 휴식을 취하는 프랑스 군대.

23·24 나폴레옹 시대에 유행한 이집트풍 가구.　　　　**25** 자코브-데말테가 제작한 게리동.

의 상형문자와 유적, 역사에 대한 상세한 연구 보고서를 발표해 19세기 초 전 유럽에 이집트 붐을 일으킨 주역이었다.

　날개와 가슴이 달린 스핑크스 장식을 붙인 의자, 사자 발톱 모양의 의자 다리,^{23·24} 작은 상판에 다리가 긴 테이블인 게리동gueridon²⁵ 등 당시 유행한 가구들은 이집트 유적에서 모티프를 딴 문양과 장식이 돋보인다. 언뜻 보면 이집트풍이라는 인상이 강하지만 파라오 시대의 가구는 분명 아니다. 이 가구들은 이집트, 그리스, 로마 시대의 가구를 조합해 재창조한 가구들이다. 정확히 어떤 문화에서 비롯되었다고 말하기는 어렵지만 한결같이 장엄하고 남성적이라는 공통점이 있다. 특히 나폴레옹의 궁정을 장식한 가구들은 나폴레옹 황제의 상징인 삼색기를 움켜쥔 독수리 문양이 찬란하게 박혀 있어 위엄을 더한다.

나폴레옹의 원대한 꿈

나폴레옹의 꿈은 프랑스의 황제가 아니라 유럽의 황제였다. 그런 만큼 예술품을 수집하는 배포 역시 역대 왕들과는 차원이 달랐다. 이집트에서부터 이탈리아까지 아우르는 그의 수집품은 방대한 미술 백과사전이나 다름없었다.

이집트 원정 길부터 나폴레옹과 동행한 루브르 박물관의 초대 관장 도미니크-비방 드농Dominique-Vivant Denon[26]은 소위 '보편주의universalisme'라는 이론으로 방대한 나폴레옹 컬렉션에 이론적 배경을 뒷받침했다. 황제가 세계의 중심인 유럽의 왕이라면 당연히 그의 컬렉션은 전 유럽은 물론 전 세계의 문화를 망라하는 컬렉션이어야 한다는 것이 요지였다. 보편주의가 나폴레옹의 전폭적인 지지를 얻으면서 루브르 박물관의 컬렉션은 폭발적으로 늘어났다.[27]

1797년 12월 10일 파리 시민들은 이탈리아 원정에서 돌아온 나폴레옹 군대의 개선 행렬에 넋을 잃었다. 전설의 로마 군인들처럼 당당하게 행진하는 나폴레옹 군대의 위엄도 놀라웠지만 만인에게 공개된 전리품은 로마 군대에 비할 바가

26 루브르 박물관에서 카탈로그 작업을 하고 있는 초대 관장 드농.

27 루브르의 그랑 갤러리 전경.

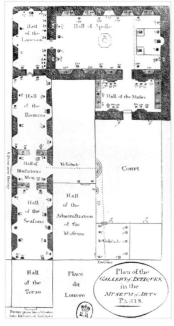

28 나폴레옹 박물관의 설계도.　　　29 건축가 페르시에와 퐁텐의 안내로 루브르를 방문한 나폴레옹.

아니었다. 바티칸에 소장되어 있던 〈벨베데레의 아폴론〉과 〈라오콘〉, 로마의 카피
톨리니 박물관에서 가져온 당시 가장 아름다운 미소년 조각상으로 유명했던 〈안
티누스〉, 라파엘로와 티치아노, 베로네세의 그림들이 수레에 실려 파리 거리를 행
진했다. 이제 유럽의 중심지는 이탈리아가 아니라 이 고대 유물들과 르네상스 예
술작품들이 있는 파리다! 파리 시민들은 흥분해서 고대의 작품들을 바라보았다.
예술품 뒤로는 곰을 비롯한 온갖 이탈리아 동물과 식물들이 끝없이 이어졌다. 나
폴레옹은 이탈리아 전리품을 따로 모아 루브르 박물관 내에 별도의 전시관을 세
우고 이름도 아예 '나폴레옹 박물관'으로 지었다.[28·29]

　　〈벨베데레의 아폴론〉, 〈메디치의 비너스〉, 〈벨레트리의 아테나〉, 〈라오콘〉, 〈안
티누스〉……. 나폴레옹의 말대로 당시 루브르는 이탈리아의 모든 아름다운 것

30 게랭과 엔느캥의 천장화.

들이 소장되어 있는 문명의 박물관이었다. 건축가 장-아르노 레이몽Jean-Arnaud Raymond이 설계를 맡은 나폴레옹 박물관은 그야말로 19세기 유럽 미술사가들에 겐 꿈의 공간이었다. 당대 화가 피에르-나르시스 게랭Pierre-Narcisse Guérin과 필리프-오귀스트 엔느캥Philippe-Auguste Hennequin이 그리스 신화를 주제로 그린 천장화[30]가 찬란하게 빛나는 박물관 구석구석에는 클로드 드주Claude Dejoux의 조각이 놓여 있었다. 벽감 안에 〈라오콘〉을 세워놓은 전시실 '라오콘의 방'에는 〈아도니스〉와 〈웅크린 비너스〉 상이 나란히 자리했다. 혁명의 화가 다비드가 내부 장식을 맡은 아폴론 전시실에는 거대한 〈벨베데레의 아폴론〉 상이 우뚝 서 있고 〈아를의 비너스〉가 아폴론 옆을 지켰다.[31] 자신의 이름이 붙은 박물관에 남다른 애

31 진귀한 고대 조각상이 가득한 나폴레옹 박물관의 내부.　　32 루브르의 살롱 카레에서 거행된 나폴레옹과 마리-
루이즈의 결혼식.

착과 자부심을 가졌던 나폴레옹은 1810년 오스트리아의 황녀인 마리-루이즈 도
트리슈Marie-Louise d'Autriche와의 결혼식을 박물관 내 살롱 카레에서 거행했다.[32]
오늘날 〈모나리자〉가 전시되어 있는 곳이다

　　게다가 고대 그리스·로마 조각으로 유명한 보르게세Borghese 컬렉션이 1808년
루브르 박물관으로 귀속되었다. 보르게세 가문은 16세기 로마에 자리 잡은 시에
나 출신의 귀족 집안이었다. 교황 바오로 5세의 사촌인 시피오네 보르게세Scipione
Borghese 추기경이 예술품을 수집하면서 시작된 보르게세 컬렉션은 특히 그리스
헬레니즘 시대의 조각품과 로마의 청동상 등 고대 조각으로는 유럽에서 가장 독
보적이었다. 돈이 궁해서도 아니요, 사회적 위치에서도 '술모나 왕자'라는 별칭으
로 불릴 만큼 위세가 대단했던 보르게세 가문의 상속자 카밀로 보르게세Camillo
Filippo Ludovico Borghese가 문중의 보물을 루브르에 넘긴 데는 나름의 속사정이 있
었다. 카밀로의 부인은 바로 나폴레옹의 여동생 폴린 보나파르트였다.[33] 가뜩이
나 보르게세 가문의 수집품을 자신의 이름이 붙은 박물관에 소장하고 싶어 했던
매형 나폴레옹은 카밀로를 압박했고, 결국 그는 울며 겨자 먹기로 523점에 이르

는 조각 컬렉션을 단돈 8백만 프랑에 루브르 박물관에 넘길 수밖에 없었다.

그러나 오늘날 루브르에서 나폴레옹 박물관의 흔적을 찾기는 어렵다. 1815년 나폴레옹이 워털루 전투에서 패배하기 직전에 조인된 '빈 의정서'에 따라 약탈했던 거의 모든 전리품들이 제 나라로 반환됐기 때문이다. 그 덕분에 우리는 한때 나폴레옹 박물관을 장식했던 〈라오콘〉이나 〈벨베데레의 아폴론〉을 여전히 바티칸에서 볼 수 있게 되었다.

33 폴린 보나파르트, 보르게세 공주.

스스로 왕이 된 사나이

지금까지 수많은 역사가들이 나폴레옹을 연구하면서 인간적인 매력에 빠져들고 때로는 연민을 감추지 못하는 이유는 바로 그가 스스로 왕이 된 사람이기 때문이다. 이 점에서 그는 태어날 때부터 왕이 될 수밖에 없었던 루이 14세와 결정적으로 다르다. 코르시카 섬의 몰락한 귀족 가문의 둘째로 태어난 나폴레옹은 왕의 아들로 태어난 루이 14세와는 태생부터 달랐다. 왕이 아니고서는 그 무엇도 될 수 없었기에 왕의 자리가 신이 주신 운명이라 믿었던 루이 14세와는 달리 나폴레옹에게 황제라는 자리는 하나의 직업이자 또 하나의 자아였다.

평범하게 태어난 남자로서 황제라는 타이틀을 달고 황제에 걸맞은 위대함을 창조하느라 나폴레옹은 비서들을 괴롭혔다. 메느발Claude-François de Méneval, 팽Agathon-Jean-François Fain, 무니에Édouard Mounier 같은 비서와의 일화는 황제의 책무에 집착했던 인간 나폴레옹의 안간힘을 단적으로 보여준다. 나폴레옹의 비서진은 인간 타자기이자 자동 글쓰기 기계였다. 아침에는 목욕탕에서 그날의 주요

담화문을 나폴레옹이 불러주는 대로 기록하는 일을 시작으로 극장, 식사, 연회, 심지어 전쟁터를 가리지 않고 그림자처럼 따라다니며 지시 사항을 한마디도 놓치지 않았다. 그의 입에서 "받아 적으시오"라는 말이 떨어지자마자 펜을 움직여야 했던 비서들은 새벽까지 황제 곁에 붙어 있어야 했다. 비서가 잠깐이라도 자리를 비우면 곁에 있는 사람이 백작이든 군인이든 누구라도 자기 말을 받아 적게 할 만큼 그는 정신없이 바빴다. 산적한 국가 현안을 동시다발적으로 처리하느라 그는 테이블에 걸터앉아 발을 건들거리고 침을 튀겨가면서 지시 사항을 구술했고, 안건에 따라서는 타자기 노릇을 하는 비서만 일곱이었다.

전장 시찰이 잦다보니 나폴레옹의 비서 노릇은 요즘 말로 극한 직업에 가까웠다. 나폴레옹의 이동식 집무실인 마차 안에서는 고르지 않은 노면 탓에 받아 적기가 여간 힘들지 않았고, 용변도 제때 보지 못한 채 전장에서 전장으로 쫓아다니기 바빴다. 게다가 비서들을 괴롭힌 또 다른 문제는 엘브Elbe를 에브르Ebre로, 오소포Osopo를 이소프Hysope로 말하는 나폴레옹의 지독한 혼동 증세였다. 나이든 어르신들이 종종 그렇듯 그는 지명이나 단어를 혼동해 아무렇게나 말했고, 이를 지적이라도 할라치면 매우 화를 냈다. 도대체 폴란드의 바르샤바를 스페인의 도시인 바다호스Badajoz와 어떻게 혼동할 수 있는지 도무지 이해할 수 없다고 불평하는 팽의 푸념에 이르면 실소가 절로 나온다.

나폴레옹은 스스로 가꾼 이미지와는 달리 위엄이 넘치는 황제가 아니었다. 집무실에는 당대 최고의 청동 조각가인 마르탱-기욤 비엔네Martin-Guillaume Biennais가 장식한 마호가니 책상에 네오클래식 가구의 명장 자코브 형제가 제작한 그리핀(사자 몸통에 독수리 머리를

34 집무실을 서성이는 나폴레옹. 비엔네의 책상과 자코브의 의자가 정밀하게 묘사되어 있다.

한 전설의 동물)의 발톱을 조각한 의자를 갖춰놓았지만 별 소용이 없었다.[34] 그는 의자보다는 책상에 걸터앉기를 좋아했고, 생각이 잘 풀리지 않을 때면 뒷짐을 지고 끊임없이 방 안을 서성거려 배석자들을 불안하게 만들었다.

황제와 범인, 두 얼굴의 남자

사실 나폴레옹에게 궁정을 채운 호사스런 가구는 단지 황제를 주인공으로 한 연극 무대의 소품일 뿐이었다. 인간 나폴레옹은 황제에 오른 뒤에도 일 년에 만 2천 프랑의 경비와 말 한 마리면 충분하다고 공언할 정도로 소박한 취향의 소유자였다. 그래서 남아 있는 나폴레옹의 집기 중에서 그의 체취가 가장 짙게 배어 있는 물품은 배 모양의 호화로운 침대나 그리스 스타일의 의자가 아니라 병원에서 흔히 볼 수 있는 간이 철제 침대이다.[35] 이 침대는 단돈 1천 프랑의 저렴한 이동식 침대로 추위를 막기 위해 깔개로 곰 가죽을 썼다. 나폴레옹은 파리 튀일리 궁에 머물 때조차 푹신한 침대를 마다하고 서재에 이 철제 침대를 펴고 토막잠

35 나폴레옹 시대에 상류층에서 유행한 철제 침대. 36 페르시에와 퐁텐이 장식한 말메종 성내 조제핀의 방.

을 잤으며, 훗날 유배지 세인트헬레나 섬까지 이 침대를 가져
갔다. 이런 황제의 취향을 간파한 페르시에와 퐁텐은 침대 위
쪽에 천을 늘어뜨려 군인들의 텐트처럼 침대를 장식해 황제
의 비위를 맞추기도 했다. 이런 텐트 스타일의 침대 장식은 나
폴레옹 시대 내내 유행했다.[36]

또 다른 나폴레옹의 애장품은 '필수품 상자'boîte nécessaire'
로 불린 소지품 상자다.[37] 마호가니로 만든 나폴레옹의 필수
품 상자는 여러 개가 남아 있는데, 간소한 식기 세트, 칫솔과 비
누 등 위생용품과 화장품 그리고 컴퍼스와 자, 펜과 잉크 같은
사무용품 등 일상의 필수품을 수납하는 용도로 쓰였다. 나
폴레옹은 어디를 가건 이 필수품 상자를 챙겨서 다녔다. 특

37 나폴레옹이 자신의 소지품 상자를 탐낸
러시아의 차르 알렉산드르 I세에게 선물한
필수품 상자.

히 야전에서 아주 요긴하게 쓰였음은 두말할 나위가 없다. 1812년 모스크바 원정
에 동행한 콜랭Colin이라는 나폴레옹의 하인은 전쟁 통에 황제의 거처라고는 차
마 말하기 힘든 더러운 여관에다 잠자리는 달랑 카펫 한 장뿐인 아찔한 상황에서
필수품 상자 안의 식기 덕분에 그나마 식사만큼은 제대로 할 수 있었다는 일화를
남기기도 했다.

나폴레옹의 필수품 상자 속 물건들은 대개 은제품으로 귀갑이나 상아 같은
귀한 재료를 더해 섬세하고 아름다웠다. 비록 상자 안의 소지품은 고급스럽지만
닳고 닳은 상자의 겉모습에서는 최소한의 소지품만 챙겨서 이집트부터 러시아에
이르는 넓은 대륙을 숨가쁘게 뛰어다녔던 나폴레옹의 고단한 삶이 엿보인다.

사실 '사치'라는 측면에서 나폴레옹은 철저히 이중적인 태도를 견지했다. 황
제로서 위엄을 보여야 할 곳에는 아끼지 않았지만 개인 나폴레옹을 위해서는 쪼
잔하다 싶을 정도로 검소했다. 황제로서 나폴레옹은 페르시에와 퐁텐의 데생을
바탕으로 제작한 호화로운 옥좌에 걸맞은 인물이었다.[38] 헤라클레스의 반신상이
팔걸이를 받치고 용맹한 사자의 발톱이 다리를 대신하고 있는 이 옥좌는 사실 나

폴레옹이 아니라 그 누가 앉아도 절로 황제의 광휘를 뿜어
낼 만큼 권력 지향적인 의자다.

역사상 가장 호화로운 가구 중 하나로 손꼽히는 나폴
레옹의 공작석 가구들은 또 어떤가.[39] 나폴레옹의 숙적이
자 동맹자였던 러시아의 차르 알렉산드르 1세 소유의 왕
실 광산에서 캐 온 공작석은 눈부시게 매혹적이다. 나폴레
옹은 이 귀한 초록색 보석으로 화병, 테이블, 촛대 등 집기
일체를 만들어 튀일리 궁을 장식했다. 현재 베르사유 궁에
보관되어 있는 몇몇 작품 중 특히 용맹을 상징하는 금빛 헤
라클레스가 떠받들고 있는 공작석 수반水盤은 나폴레옹의
빛나는 영화榮華를 단적으로 보여주는 대표작이다.

반면 한 남자로서 나폴레옹의 취향은 황제라는 지위
에 도통 어울리지 않았다. 1812년 나폴레옹이 모스크바의
대화재를 피해 한 달간 머문 모스크바의 페트롭스키 궁전
에서 벌어진 일화는 그의 개인적인 취향을 단적으로 보여
준다. 그는 이 성에서 겨울철 날씨가 혹독한 러시아의 현지
사정에 맞게 개량한 작은 테이블 하나를 요긴하게 사용했
다. 다리 사이에 작은 병풍이 달려 있어서 발이 시리지 않
게 집무를 볼 수 있는 신통한 물건이었다. 그 지방에서는 워
낙 흔한 가구라 딱히 어떤 장인이 만들었는지 알려진 바도
없는 평범한 생활용품이었다. 나폴레옹이 이 가구를 마음
에 들어 한다는 사실을 알아챈 비서관들은 야단법석을 떨
기 시작했다. 전장에서 잔뼈가 굵은 이들에게 황제의 취향

▲38 나폴레옹의 옥좌.

▼39 자코브-데말테가 제작한 공작석 수반.

은 곧 명령이나 다름없었기 때문이다. 나폴레옹과 동행한 뒤록 장군과 카도르 공
작은 이 테이블의 치수를 재고 모양새를 스케치한 뒤 파리로 보내 비슷한 가구를

제작하도록 했다. 절대로 멋을 부리거나 장식을 달지 말고 최대한 간소하고 검박하게 만들 것을 신신당부했음은 물론이다.

황제가 아닌 인간 나폴레옹의 취향을 엿볼 수 있는 일화는 이외에도 적지 않다. 몸을 옥죄는 사치스러운 패션을 싫어해 신발마저 일부러 닳게 해서 신을 정도였다. 황제가 된 후에도 사관생도 시절에 제복을 맞췄던 재단사를 불러 옷을 맞춰 입었는데 단돈 18프랑인 옷값이 비싸다고 늘 투덜댔다. 심지어 궁에서 소모되는 커피의 양을 계산해 커피를 덜 마시면 일 년에 3만 5천 프랑을 아낄 수 있다고 잔소리를 늘어놓아 궁정인들을 경악하게 만들었다. 루이 14세 시절부터 내려온 140캐럿짜리 레장 다이아몬드를 검에 달고 다닌 황제 나폴레옹과 18프랑짜리 제복 값을 아까워한 나폴레옹 중 어느 것이 진짜 그의 얼굴일까?

궁정이란 연극의 연출자

황제가 존재하려면 황제를 둘러싸고 있는 궁정이 필요한 법이다. 1808년 나폴레옹은 귀족 작위법을 발효해 프랑스 혁명으로 철폐된 백작, 공작, 남작 등의 칭호를 부활시켰다. 이 법에 의거해 나폴레옹의 부인은 황후로 봉해졌고,[40] 형제를 비롯한 일가족은 왕자의 칭호를 받았으며,[41] 장관들은 공작으로, 시장들은 남작으로 변신했다.[42·43] 나폴레옹은 1808년부터 세인트헬레나 섬에 유배된 1815년까지 34명의 왕자, 459명의 백작, 1,552명의 남작, 1,321명의 기사로 궁정을 채웠다. 이 중에서 구왕가 시절의 전통 귀족은 22퍼센트에 불과했고, 나머지 대부분은 관료나 법관, 군인 등 부르주아나 평민 출신이었다. 또한 궁정을 관리하는 이들은 모두 1804년에 설립된 행정학교 출신들로 4년간 궁정의 모든 예법과 격식을 비롯해 행정을 체계적으로 공부한 인텔리들이었다. 요즘으로 치면 장관, 검사, 기업가, 군인들을 모아놓고 작위를 내려 궁정을 꾸린 셈이다.

나폴레옹에 의해 귀족이나 왕족으로 등극한 신 상류층.

▲**40** 대관식 의상을 입고 있는 조제핀.　　　▲**42** 조아킴 뮈라(나폴레옹의 최측근 기병대장).

▼**41** 외젠 드 보아르네(조제핀의 아들이자 나폴레옹의 양자). ▼**43** 로비고(제정 당시 공안 장관).

44 외젠 드 보아르네 왕자와 아멜리 드 바비에르 공주의 결혼식.

　이렇다보니 귀족적인 우아함을 생명처럼 여긴 과거의 궁정과는 분위기가 사
뭇 달랐다.⁴⁴ 궁정은 마치 드라마 세트장처럼 일부러 꾸며놓은 듯 인위적이었다.
왕자들은 너 나 할 것 없이 일괄적으로 하얀 바탕에 금실로 수를 놓은 정복을 차
려입어야 했고, 여인들은 마리-루이즈 여왕과 똑같은 길이의 드레스를 입어야 했
다. 나폴레옹의 궁정에서 격식에 구애받지 않고 단출한 기마대장 복장을 할 수 있
는 이는 오로지 황제 나폴레옹 한 사람뿐이었다.

　이렇듯 궁정인들의 복장부터 장식의 종류까지 세세하게 지정했으니, 어디서
건 "황제 납시오"라는 소리가 들리면 모두 사색이 될 지경이었다. 화려함에서는 동
시대 어느 궁정에도 뒤지지 않은 나폴레옹의 궁정이 다른 유럽 군주들의 비웃음
을 산 것은 연극 무대처럼 가공된 궁정의 모습이 참으로 기이했기 때문이다.

45 1814년 엘바 섬으로 유배되기 전의 나폴레옹.

그러나 모든 것을 자로 잰 듯 짜맞춘 궁정에서 정작 이 모든 것을 연출한 황제는 끝없는 피로에 시달렸다.[45] 권력에 대한 집착은 날이 갈수록 끔찍한 스트레스를 안겨주었다. 제정 중엽부터 입을 삐죽거리고 왼쪽 눈을 깜빡이는 '틱' 증상을 보인 것이나 의자 보를 찢는 등 괴상한 정신병적인 징후가 나타난 것도 그런 연유 때문이다.

때로는 위엄의 무게를 이기지 못하고, 가식 없는 본모습을 거리낌 없이 노출하기도 했다. 유난히 나이 든 대신을 앞에 두고 "당신이 꽤 늙은 건 알고 있소?"라고 대놓고 면박을 주거나 여자의 면전에서 "어째 아무도 당신이 예쁘다고는 하지 않더군" 같은 식의 솔직하지만 황제에게는 어울리지 않는 언사도 자주 퍼부었다. 기분이 좋을 때면 비서들의 귀를 잡아당기거나 볼을 꼬집고, 격투기를 하듯 뒤에서 목을 조르며 매달리기도 했다. 또한 격식을 벗어던지고 마음껏 활보할 수 있는 가면무도회를 좋아해서 이례적으로 5백 프랑이라는 거금을 들여 가면을 사들이기도 했다.

아무리 그의 진면목을 발견하려고 해도 어쩐지 나폴레옹이라는 남자의 실체에 대해서는 아무것도 알 수 없을지 모른다는 절망감이 드는 지점이 바로 여기다. 냉철하고 용맹한 지략가였고 한 시대를 풍미한 황제였으나 동시에 시골뜨기 귀족 출신의 평범한 군인이기도 했던 나폴레옹의 갖가지 일화들은 어떤 하나의 이미지로 축약할 수 없는 복잡다단하고 다변적인 얼굴을 가진 한 남자에 관한 이야기이기 때문이다.

다만 기록을 통해 알 수 있는 것은 나폴레옹 역시 열정과 냉정, 명예와 치욕 사이에서 끊임없이 욕망하고 번민한 자연인이었다는 사실이다. 그는 그 어떤 소설가도 지어내지 못할 인생 극장의 주인공이었다. 과연 나는 무엇이 될 수 있을까를 고민하며 센 강에 뛰어들어 죽고자 했던 배고픈 하급 군인에서 자기 발아래 유럽을 굽어보던 황제로 신분 상승한 후 한낱 정치범으로 잊혀져간 파란만장한 삶은 역사상 보기 드문 인간 드라마다.

수많은 전장에서 전우의 시체를 밟고 넘으며 적들로부터 '인간 백정'이라는 별명으로 불린 세기의 장군 나폴레옹은 그 어떤 병사보다 초라한 죽음을 맞았다.[46] 권력이 스러진 뒤 그가 사랑했던 사람들은 그를 외면했다. 심지어 마지막까지 곁을 지킨 이들마저 그의 죽음을 애통해하지 않았다. 무덤에는 흔한 비석조차 세워지지 않았다. 그의 죽음은 오로지 정치적 프레임 안에서 해석되는 사건에 지나지 않았다.

46 나폴레옹의 죽음.

47 1840년 12월 15일, 나폴레옹의 유해가 마침내 파리로 돌아온 장례식 장면.

그리고 그로부터 한 세기 반이 넘은 지금 나폴레옹은 그의 공식적인 무덤이

된 앵발리드 안에 잠들어 있다.⁴⁷

마리 앙투아네트의 침실 의자.

앙투아네트의 부두아르 의자.

튀일리 궁의 사이드 의자.

자코브 가문의 가구

나폴레옹 스타일의 가구를 이야기할 때 빼놓을 수 없는 장인은 '자코브Jacob'이다. 자코브라는 이름은 한 사람이 아니라 삼대에 걸쳐 가구 장인으로 활동한 가문을 통칭하는 명칭이다.

자코브라는 이름이 장식미술사에 본격적으로 등장하기 시작한 것은 루이 15세 말엽부터이다. 말년의 루이 15세와 루이 16세, 마리 앙투아네트의 총애를 받은 가구 장인은 조르주 자코브Georges Jacob였다.

그의 대표작은 앞서 언급한 마리 앙투아네트의 살롱 의자 시리즈이다. 현재 프티 트리아농 궁에 전시되어 있는, 긴 꽃 줄기가 밀짚 다발을 감고 올라가는 장식으로 목가적인 아름다움을 표현한 의자 등이 이 시리즈에 해당한다. 조르주 자

◀조르주 자코브가 제작한 살롱 의자 시리즈.
▼자크-루이 다비드, <마담 레카미에>.

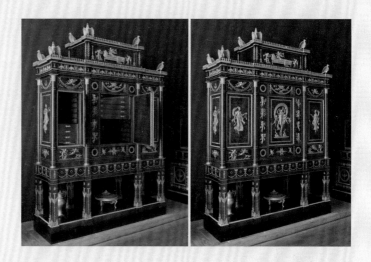

자코브-데말테에서 제작한
마리-루이즈의 보석 보관함.

코브는 베르사유 궁이나 메트로폴리탄 박물관이 소장하고 있는 루이 16세 시대 가구의 대다수를 차지할 만큼 많은 작품을 남겼다. 또한 조르주 자코브는 화가 자크-루이 다비드와 절친한 사이로 다비드가 그린 <마담 레카미에>에 등장하는 가구 역시 그의 작품이다.

조르주 자코브는 두 명의 아들을 두었는데 모두 가업을 이어받아 프랑스 혁명부터 제정 시대까지 궁정의 주문을 도맡았다. '자코브 형제'라는 뜻으로 '프레르 자코브Frères Jacob'라는 사인을 쓴 이들은 그리스 · 로마 시대의 영향을 직접적으로 보여주는 클래식 스타일의 가구를 다수 남겼다. 나폴레옹과 조제핀이 처음 장만한 아파트를 비롯해 부부가 오랜 시간을 보낸 말메종 성의 가구 대부분이 이들 형제의 작품이다. 자코브 형제가 남긴 주문서에 '나폴레옹'이라는 이름이 처음 언급된 때는 1796년으로 멋쟁이로 소문난 조제핀이 나폴레옹의 이름으로 신혼 가구를 주문한 것으로 짐작된다.

'자코브-데말테Jacob-Desmalter'는 자코브 형제 중 하나인 오노레-조르주 자코브Honoré-Georges Jacob가 세상을 떠나고 작업장과 가게를 아들 세대에게 물려주면서 쓴 브랜드로 자코브 집안이 토지를 갖고 있던 데말테 지방에서 유래한 이름이다.

자코브-데말테라는 이름이 왕실이나 귀족이 소유한 가구에 등장한 것은 1806년 나폴레옹의 대륙 봉쇄 이후이다. 전쟁으로 일약 거부가 된 군납업자를 비롯해 공적을 세워 귀족 작위를 받은 군인 등 고급 가구를 찾는 이들이 늘어나면서 자코브-데말테는 750명의 장인을 거느린 대형 가구 공방으로 급성장했다.

애당초 조제핀이 주문했으나 그녀와 이혼한 후 나폴레옹의 정비가 된 마리-루이즈에게 돌아간 보석함 가구는 자코브-데말테의 대표작이다. 사방에 내려앉은 독수리들이 왕가의 위엄을 상징하는 이 가구의 판매가는 5만 5천 프랑으로 당시 유럽에서 가장 비싼 가구 중 하나였다. 그 밖에도 자코브-데말테의 가구는 나폴레옹 황제의 주요 거주지 중 하나인 엘리제 궁과 콩피에뉴 궁을 장식했다. 또한 나폴레옹의 공작석 가구 역시 자코브-데말테의 작품이다.

'자코브 형제'의 가구들이 그리스와 로마, 폼페이 같은 고대의 장식과 형태에서 영감을 받은 클래식한 스타일이라면 자코브-데말테의 가구들은 좀 더 황제 나폴레옹의 스타일에 가깝다. 스핑크스 같은 이집트 모티프와 헤라클레스, 독수리, 사자 발톱, 깃발 등 황제와 전쟁의 승리를 상징하는 남성적인 장식들을 활용했다. 또한 나폴레옹 황제의 주문에 따라 제작된 가구들 중에는 중심 부분에 나폴레옹을 가리키는 'N'자를 새겨 넣은 것이 많다.

흥미로운 점은 나폴레옹과 함께 번창한 자코브 집안이 나폴레옹이 엘바 섬으로 유배되기 한 해 전인 1813년에 부도를 맞으면서 결국 나폴레옹과 운명을 함께했다는 사실이다. 부도의 원인은 대부분의 장인들이 그러하듯 가구를 납품하고 나서 대금을 제대로 받지 못했기 때문이다.

한 집안이 여러 세대에 걸쳐 왕실과 인연을 맺고 독점적으로 가구를 주문 받았기 때문에 자코브 가의 가구들은 역사가 있는 가구로 정평이 나 있다. 일례로 조르주 자코브가 루이 16세의 주문을 받아 퐁텐블로 성에 납품한 의자가 대표적이다. 이 의자에는 루이 16세 시대의 퐁텐블로 성을 상징하는 표식과 혁명 시대 구왕가의 유물임을 표시하기 위해 썼던 백합 도장, 나폴레옹 1세가 집권한 후 궁정 재산 목록표에 등재된 물건을 표시하기 위해 썼던 제정 시대의 도장과 왕정복고 시대의 도장, 마지막으로 두 개의 'F'가 교차되는 나폴레옹 3세의 도장이 모두 찍혀 있어 의자가 거쳐온 긴 세월을 한 몸에 보여준다.

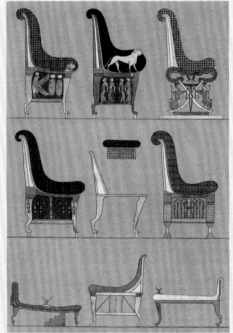

나폴레옹의 이집트 원정 때 발간된 『이집트의 묘사*Description de l'Égypte*』는 전 유럽에 이집트풍 유행을 불러일으켰다. 자코브-데말테 역시 이런 이집트풍 가구를 다수 제작했다.

로베르 르페브르가 그린 황후 마리-루이즈 초상. 그녀 뒤로 'N'자가 선명한 나폴레옹의 옥좌가 보인다.

참고문헌

여기서는 참고문헌 정보를 총망라해 밝히지는 않았다. 책 본문에서 다룬 정보의 상당 부분이 학술논문이나 고문서, 1940년대 이전에 발간된 서적, 절판된 전문서 등에서 찾은 것이 많기 때문이다.

따라서 보다 깊은 지식을 얻으려는 독자를 위해 프랑스 일반 서점이나 공공 도서관에서 쉽게 접할 수 있는 책을 중심으로 밝혔다. 출판 연도를 별도로 기재하지 않은 것은 쉽게 구할 수 있는 오브제 아트 관련서나 역사서가 1~2년 만에 증보판을 거듭해 출간되기 때문이다.

프랑스 역사, 미술사 일반

André Chastel, *L'Art français I, II*, Flammarion.

Jacques Proust, *Toutes les planches de l'Encyclopédie Diderot et D'Alembert*, Editions Chêne.

Laurent Gervereau, Claire Constans, Robert Laffont, *Le musée révélé*, Robert Laffont.

Mark Girouard, *La vie dans les châteaux français*, Nouvelles éditions Scala.

Perrin, *Dictionnaire de l'histoire de France*, Perrin.

Peter Thornton, *L'Époque et son style*, Flammarion.

Stafford Cliff, *Les Arts décoratifs Français*, Editions de La Martinière.

앤티크 가구 일반

Anne Forray-Carlier, *Mobilier du Musée Carnavalet*, Editions Faton.

Anne-Marie Quette, *Mobilier Louis XIII, Louis XVI*, Charles Massin.

Bill G. B. Pallot, *L'Art du siège au XVIIIe siècle en France*, Gismondi éditions.

Claude Bouzin, *Meuble et artisanat*, Les éditions de l'amateur.

Calin Demetrescu, *Le style Régence*, Les éditions de l'amateur.

Claude-Paule Wiuegandt, *Régence Louis XV*, Charles Massin.

Claude-Paule Wiuegandt, *Transition, Louis XVI*, Charles Massin.

Daniel Alcouffe, *Mobilier du musée du Louvre*, Editions Faton.

Daniel Meyer, *Le Mobilier de Versailles I, II*, Editions Faton.

Gérard Mabille, *Menuiserie ébénisterie*, Charles Massin.

Jean Bedel, *Le Grand guide des styles*, Hachette.

J. Justin Storck, *Le Dictionnaire Pratique de Menuiserie, Ebénisterie, Charpente*, J. Justin Storck.

Pierre Kjellberg, *Mobilier français du XVIIIe siècle*, Les éditions de l'amateur.

René Maubert, *Anatomie du meuble*, Editions Vial.

16~17세기 생활, 역사, 문화 일반

Alfred Franklin, *Paris et les Parisiens au XVIe siècle*, Emile-Paul frères.

Anthony Rowley, *A table! La fête gastronomique*, Gallimard.

Bibliothèque historique de la Ville de Paris, *Les Parisiens de La Bruyère*, Paris Musées.

Claude Launay, *Quand les rois de France étaient en Val de Loire*, Fayard.

Francine Thieffry de Witte, *Le mobilier des châteaux de la Renaissance à l'Empire*, Éditions Ouest-France.

François Trassard, *La vie des Français au temps de Jeanne d'Arc*, Larousse.

François Trassard, *La Vie des Francais au temps du Roi Soleil*, Larousse.

Georges Vigarello, *Le Propre et le Sale*, Seuil.

Guy Breton, *Histoires d'amour de l'histoire de France*, Editions Noir et Blanc.

Jacques Wilhelm, *La vie quotidienne des parisiens au temps du Roi-Soleil. 1660~ 1715*, Le Grand Livre du Mois.

Musée Carnavalet, *Les petits métiers à Paris au XVIIe siècle*, Paris

Musées.

Nathalie Mikaïloff, *Les manières de propreté*, Maloine.

Philippe Erlanger, *Diane de Poitiers*, Gallimard.

Pierre de Vaissière, *Scènes et tableaux du règne de Henri IV*, Editions Gautier-Languereau.

Robert Burnand, *La Cour des Valois*, Hachette.

Sabine Melchior-Bonnet, *L'Art de vivre au temps de Diane de Poitiers*, Nil.

Simone Bertière, *Les Reines de France au temps des Valois I, II*, Editions de Fallois.

18세기 프랑스 생활, 역사, 문화 일반

Alfred Fierro, *Le Paris des Lumières*, RMN.

Bibliothèque municipale, *Se réunir, se divertir au XVIIe siècle*, Somogy éditions d'art.

Comité d'honneur, *Louis XV*, Hotel de la monnaie paris.

Daniel Roche, *La Culture des apparences*, Fayard.

Georges Duby, *Histoire de la vie privée*, Seuil.

Georges Duby, *Histoire des femmes en Occident, tome III*, Tempus.

Guy Deleury, *Les fêtes de Dieu*, Editions du Félin.

Hélène Bénichou, *Fêtes et calendriers*, Mercure de France.

Jean-François Solnon, *La cour de France*, Le grand livre du mois.

Jean-Yves Patte, *Jacqueline Queneau, La France au temps des libertins*, Editions Chêne.

Louis-Sébastien Mercier, *Paris le jour, Paris la nuit*, Bouquins.

Louis-Sébastien Mercier, *Tableau de Paris*, Samuel Fauche.

Luc Bihl-Willette, *Des tavernes aux bistrots*, L'Age d'Homme.

Michel Peyramaure, *Les fêtes galantes*, Robert Laffont.

Philippe Perrot, *Le corps féminin*, Seuil.

Robert Mandrou, *De la culture populaire aux XVIIe et XVIIIe siècles*, Imago.

Roland Mousnier, *Ernest Labrousse, Quadrige, Le XVIIIe siècle*,

PUF.

루이 14세와 베르사유 궁

Alfred Marie, Jeanne Marie, *Versailles, son histoire*, Editions Vincent, Fréal et Co.

Claude Dulong, *Anne d'Autriche: Mère de Louis XIV*, Hachette.

François Bluche, *Louis XIV*, Fayard.

Henri Carré, *L'enfance et la première jeunesse de Louis XIV*, Albin Michel.

Jacques Dinfreville, *Louis XIV: les saisons d'un grand règne*, Editions Albatros.

Jean-François Félibien, *Description sommaire de versailles ancienne et nouvelle*, Antoine Chrétien.

Louis Bertrand, *Louis XIV Intime*, Ernest Flammarion.

Michel Antoine, *Louis XV*, Fayard.

Philippe Beaussant, *Louis XIV: Artiste*, Payot.

Pierre De Nolhac, *Versailles, résidence de Louis XIV*, Louis Conard,

Yves Bottineau, *Versailles, miroir des princes*, Arthaud.

마담 퐁파두르

Danielle Gallet, *Madame de Pompadour*, Fayard.

Edmond et Jules de Goncourt, *Madame de Pompadour*, G. Charpentier.

Massimo Grillandi, *Madame de Pompadour Le Vite*, Rusconi.

Tinayre Marcelle, *Madame de Pompadour*, Flammarion.

프랑수아 부셰

Catherine Mary Charlton Bearne, *A Court Painter And His Circle*, T. Fisher Unwin.

Gustave Kahn, *Boucher*, Henri Laurens.

상세 도판 리스트

노스캐롤라이나 미술관, 노스캐롤라이나.

7 피터르 아르트센, 〈채소 상인〉, 나무판에 유채, 110×110cm, 1567년, 베를린 국립회화관, 베를린.

8 주세페 아르침볼도, 사계절 연작 중 〈여름〉, 나무판에 유채, 67×50.8cm, 1563년, 빈미술사 박물관, 빈.

9 주세페 아르침볼도, 〈과일 바구니〉(뒤집어진 도상), 56×42cm, 1590년경, 프렌치앤드컴퍼니, 뉴욕.

18 카스파르 판 덴 후케, 〈나사로와 부자의 식탁〉, 캔버스에 유채, 17세기 전반.

4장

1 프랑수아 마로, 〈1693년 5월 10일, 첫 번째 생루이 기사단의 임명식〉, 캔버스에 유채, 51×76.5cm, 1710년, 베르사유 궁.

3 모리스 르루아, 〈태양왕의 기상〉, 판화, 1931년.

5 앙투안 트루방, 〈루이 14세〉, 판화, 1675~1708년, 베르사유 궁.

7 작자 미상, 〈1672년, 회의를 주재하고 있는 루이 14세〉, 캔버스에 유채, 143×152.2cm, 1672년경, 베르사유 궁.

8 작자 미상, 〈1715년 2월 19일, 페르시아의 대사를 맞이하는 루이 14세〉, 캔버스에 유채, 70×153cm, 1715년경, 베르사유 궁.

10 알렉상드르 프랑수아 데포르트, 〈루이 14세의 애완견 디안과 블롱드〉, 캔버스에 유채, 1702년, 루브르 박물관, 파리.

11 피에르 드니 마르탱, 〈마를리 성의 전경〉, 캔버스에 유채, 137×155cm, 1723년, 베르사유 궁.

12 앙투안 쿠아즈보, 〈앙피트리테의 승리〉, 1801년.

13 작자 미상, 〈파리 시청이 주관한 루이 14세의 연회〉, 판화, 1688년, 장식미술 도서관, 파리.

14 르네 앙투안 우아스, 〈루이 14세의 네프〉, 1683년, 프레스코, 베르사유 궁내 '풍요의 방salle d'abondance' 천장 벽화.

15 〈1674년 7월 4일, 장 바티스트 륄리의 오페라 '알체스테' 공연 첫날〉, 1676년, 프랑스 국립도서관, 파리.

5장

1 작자 미상, 〈루이 14세의 가족을 비롯해 왕실 직계손과 함께한 마담 방타두르〉, 캔버스에 유채, 127.6×161cm, 1715~1720년, 월리스 컬렉션, 런던.

2 작자 미상, 〈여왕의 죽음〉, 연대 미상, 판화, 프랑스 국립도서관, 파리.

3 작자 미상, 〈루이 14세의 죽음〉, 판화, 1715년경.

4 샤를 르브룅·앙리 르브룅, 〈유모 롱게 르 라 지로디에르 부인의 품에 안긴 루이 14세〉, 캔버스에 유채, 83.5×68cm, 1638~1700년, 베르사유 궁.

5 작자 미상, 〈십대 초반의 루이 14세 초상화〉, 캔버스에 유채, 48×39.2cm, 17세기, 베르사유 궁.

6 작자 미상, 〈삼십대 후반의 루이 14세〉, 캔버스에 유채, 97×97.5cm, 1662년경, 베르사유 궁.

7 작자 미상, 〈사십대 초반의 루이 14세〉, 캔버스에 유채, 121×81cm, 1665년 이후, 베르사유 궁.

8 이야생트 리고 아틀리에, 〈프랑스 왕 루이 14세〉, 캔버스에 유채, 276×194cm, 1701년, 베르사유 궁.

9 앙투안 쿠아펠, 〈베르사유 궁 왕실 예배당의 천장화〉, 1710년경.

10 앙드레-샤를 불, 〈바쿠스와 플로라가 세공된 낮은 장식장〉(계절 시리즈 중 '가을과 봄'), 1725~1729년, 베르사유 궁.

11 장-바티스트 드 샹파뉴, 〈두 마리의 수탉이 끄는 마차를 탄 메르쿠리우스〉, 캔버스에 유채, 54×53.2cm, 1672년경, 베르사유 궁.

12 〈아폴론으로 분장한 루이 14세〉, 1653년.

6장

1 장 바티스트 스코탱, 〈정오〉, 판화, 115×161cm, 1690년, 장식미술 도서관, 파리.

2 피에르 파텔, 〈베르사유의 전경〉, 캔버스에 유채, 115×161cm, 1668년, 베르사유 궁.

3 존 보레, 〈베르사유 성의 전경〉, 판화, 1726년, 베르사유 궁.

4 작자 미상, 〈베르사유 궁 파노라마〉, 캔버스에 유채, 18세기

내셔널갤러리, 워싱턴.

22 앙투안 뫼니에, 〈코메디 프랑세즈〉, 판화, 프랑스 국립도서관,
파리.

23 〈방돔 광장 안에서 열린 성 오비디우스 박람회〉, 판화,
1760년, 프랑스 국립도서관, 파리.

10장

1 장-프랑수아 드 트루아, 〈투알레트 테이블에서〉, 캔버스에
유채, 64.8×45.7cm, 1764년경, 넬슨-앳킨스 박물관,
캔자스시티.

2 장-미셸 모로 2세, 〈신사의 치장〉, 판화, 1774~1777년,
빅토리아앤드앨버트 미술관, 런던.

3 장 마사르(피에르-앙투안 보댕 원작), 〈기상〉, 판화, 1771년,
스코틀랜드 내셔널갤러리, 에든버러.

4 작자 미상, 〈투알레트〉, 캔버스에 유채, 19세기 초반, 개인
소장.

5 루이-마랭 보네(니콜라 르네 졸랭 원작), 〈투알레트〉, 판화,
내셔널갤러리, 워싱턴 DC.

6 장-바티스트-시메옹 샤르댕, 〈물 단지에서 물을 긷는 여인〉,
나무판에 유채, 39×44.2cm, 1732~1740년, 반스파운데이션,
필라델피아.

7 안 클로드 드 카일루스(에듬 부샤르동 원작), '파리의 외침'
연작 중 〈물장수〉, 판화, 1742년, 메트로폴리탄 미술관, 뉴욕.

9 루이-레오폴드 부알리, 〈비밀스러운 투알레트〉, 캔버스에
유채, 개인 소장.

10 장-바티스트-앙드레 고티에-다고티, 〈베르사유 궁에서 마리
앙투아네트의 초상화를 그리는 고티에-다고티〉, 종이에
구아슈, 67.5×54.5cm, 1775년경, 베르사유 궁.

11 질 에듬 프티(프랑수아 부셰 원작), 〈아침 치장을 하고 있는
귀부인〉, 판화, 1745~1760년, 영국박물관, 런던.

19 로베르 드 로네(장-미셸 모로 2세 원작), '의상의 금자탑Le
Monument du Costume' 중 〈작별〉, 판화, 장식미술 도서관, 파리.

11장

1 모리스-캉탱 드 라투르, 〈퐁파두르 후작부인의 초상〉,

종이에 파스텔과 구아슈, 177×130cm, 1748~1755년, 루브르
박물관, 파리.

2 샤를 니콜라 코섕, 〈1745년 2월 25일 베르사유 궁 갤러리에서
열린 가면무도회〉, 판화, 1745년, 루브르 박물관, 파리.

3 프랑수아 부셰, 〈퐁파두르 후작부인〉, 종이에 유채,
60×45.5cm, 1700~1750년, 루브르 박물관, 파리.

4 프랑수아 부셰, 〈루이 15세의 정부, 마담 퐁파두르〉,
캔버스에 유채, 1758년, 빅토리아앤드앨버트 미술관, 런던.

5 샤를 아메데 반 루, 〈'아름다운 정원사'로 분한 퐁파두르
후작부인〉, 캔버스에 유채, 81.2×64.8cm, 1754~1755년,
베르사유 궁.

6 장-바티스트 르무안, 〈베르툼누스와 포모나〉, 대리석,
1760년, 루브르 박물관, 파리.

7 프랑수아 부셰, 〈금발의 오달리스크〉, 캔버스에 유채,
59×73cm, 1752년, 알테피나코테크, 뮌헨.

8 루이-미셸 반 루, 〈드니 디드로의 초상〉, 캔버스에 유채,
81×65cm, 1767년, 루브르 박물관, 파리.

10 알렉시-시몽 벨, 〈프랑스의 왕비 마리 레슈친스카와 왕세자〉,
캔버스에 유채, 235×154cm, 1730년경, 베르사유 궁.

11 오귀스탱-우다르 쥐스티나, 〈프랑스의 왕 루이 15세〉,
캔버스에 유채, 85×75.5cm, 1717~1721년, 베르사유 궁.

12 작자 미상, 〈프랑스의 왕 루이 15세〉, 종이에 파스텔,
56×45cm, 1735~1740년, 베르사유 궁.

13 시몽 브루아르, 〈정원 쪽에서 본 벨뷔 성의 전경〉, 데생,
58.3×97.5cm, 1750년경, 베르사유 궁.

17 프랑수아 위베르 드루에, 〈자수틀을 앞에 앉아 있는 마담
퐁파두르〉, 캔버스에 유채, 217×156.8cm, 1763~1764년,
내셔널갤러리, 런던.

12장

1 프랑수아 부셰, 〈아침 식사〉, 캔버스에 유채, 81×65cm,
1739년, 루브르 박물관, 파리.

2 조제프 드 롱게이유(장-바티스트 르 프린스 원작), 〈모델들〉,
1780년경, 판화, 장식미술 박물관, 파리.

3 구스타프 룬드베르크, 〈프랑수아 부셰의 초상〉, 종이에
파스텔, 65×50cm, 루브르 박물관, 파리.

4 하인리히 구텐베르크(장 미셸 모로 2세 원작), '18세기 말의 의상과 풍속의 금자탑Monument du Costume Physique et Moral de la fin du Dix-huitième siècle' 시리즈 중 〈마를리 공원에 가기 위한 만남〉, 판화, 18세기 후반.

5 루이 비네, 〈놀이하는 장면〉, 판화, 1780년, 역사도서관, 파리.

7 프랑수아 부셰, 〈초라한 집〉, 파스텔, 40.5×20.9cm, 18세기, 루브르 박물관, 파리.

11 프랑수아 부셰, 〈분수대 옆에 연인이 있는 목가적인 풍경〉, 캔버스에 유채, 260×199cm, 1749년, 월리스 컬렉션, 런던.

12 프랑수아 부셰, 〈사랑의 우물〉, 캔버스에 유채, 295×338cm, 1748년, 게티 미술관, 로스앤젤레스.

13 프랑수아 부셰, 〈어린 바쿠스를 님프에게 맡기는 메르쿠리우스〉, 캔버스에 유채, 230×273cm, 1732~1734년, 월리스 컬렉션, 런던.

16 프랑수아 부셰, 가브리엘 위키에르가 발행한 판화집 '오감' 중 〈미각〉, 판화, 36×26.8cm, 1720~1770년, 메트로폴리탄 미술관, 뉴욕.

19 작자 미상, 〈새로운 철학의 정립, '우리들의 요람' 카페〉, 판화, 18세기 후반.

20 루이-마랭 보네, 〈커피를 마시는 여인〉, 종이에 파스텔, 1774년.

21 장-바티스트-시메옹 샤르댕, 〈차를 마시는 여인〉, 캔버스에 유채, 81×99cm, 1735년, 헌터리언 박물관, 글래스고.

22 피에르 알렉상드르 아블린, 〈유모와 산책하는 귀족 집안의 어린이〉, 판화.

23 샤를-앙투안 쿠아펠, 〈투알레트에서 장난치는 어린아이들〉, 캔버스에 유채, 64×80cm, 1728년, 개인 소장.

24 니콜라 드 로네(프라고나르 원작), 〈살림의 행복〉, 판화.

25 이시도르 스타니슬라스 헬만(장-미셸 모로 2세 원작), '18세기 말의 의상과 풍속의 금자탑' 시리즈 중 〈정겨운 모정〉, 판화, 18세기 후반.

26 프랑수아 부셰, 〈퐁파두르 후작부인〉, 캔버스에 유채, 81.2×64.9cm, 1750년, 하버드대학교 미술관, 매사추세츠.

27 프랑수아 부셰, 〈퐁파두르 부인의 초상〉, 캔버스에 유채, 212×164cm, 1756년, 알테피나코테크, 베를린.

28 프랑수아 부셰, 〈오달리스크〉, 캔버스에 유채, 53×64cm, 1743년, 루브르 박물관, 파리.

13장

1 작자 미상, 〈은밀한 저녁 식사〉, 판화, 1781년, 빅토리아앤드앨버트 미술관, 런던.

3 장 프랑수아 드 트로이, 〈굴이 있는 점심 식사〉, 캔버스에 유채, 180×126cm, 1735년, 콩데 박물관, 우아즈.

7 루이-장 알레, 〈브리야사바랭〉, 판화, 18세기, 베르사유 궁.

9 작자 미상, 〈부엌의 내부〉, 캔버스에 유채, 1786년, 카르나발레 미술관, 파리.

11 마르틴 엥겔브레히트, 〈요리사〉, 1735년, 판화, 장식미술 박물관, 파리.

12 장-바티스트 보나르, 〈제빵사〉, 판화, 17세기 후반.

21 샤를-도미니크 조제프 에생, 라퐁텐의 『콩트와 누벨Les Contes et Nouvelles en vers』을 위한 삽화 중 〈랭스의 연인들〉, 1761년, 판화.

22 프랑수아 부셰, 〈화장〉, 캔버스에 유채, 52.5×66.5cm, 1742년, 루브르 박물관, 파리.

14장

1 엘리자베트 비제 르브룅, 〈마리 앙투아네트와 그녀의 아이들〉, 캔버스에 유채, 275.2×216.5cm, 1787년, 베르사유 궁.

3 클로드-루이 데스레, 〈마리 앙투아네트와 왕세자의 결혼식〉, 판화, 1770년, 베르사유 궁.

4 니콜라-앙드레 몽시오, 〈1785년 6월 29일, 라페루즈 백작에게 가르침을 주는 루이 16세〉, 캔버스에 유채, 178×231cm, 1817년, 베르사유 궁.

5 마르틴 판 마이텐스, 〈마리 앙투아네트의 초상〉, 캔버스에 유채, 1767~1768년, 쇤부른 궁, 빈.

6 장-바티스트 앙드레 고티에-다고티, 〈프티 트리아농 궁 사랑의 신전 앞에 있는 마리 앙투아네트〉, 캔버스에 유채, 41×33cm, 1780년경, 베르사유 궁.

8 클로드-루이 샤틀레, 〈프티 트리아농 궁〉, 판화.

9 장-오노레 프라고나르, '사랑의 진화 연작' 중 〈만남〉, 캔버스에 유채, 317.5×243.8cm, 1771~1772년, 프릭 컬렉션, 뉴욕.

10 클로드-루이 샤틀레, 〈프티 트리아농 궁〉, 수채, 1771년, 모데나 대학 도서관, 모데나.

11 클로드-루이 샤틀레, 〈프티 트리아농의 벨베데레의 음악당에 밝혀진 조명〉, 캔버스에 유채, 58.3×80.4cm, 1781년, 베르사유 궁.

12 슈발리에 드 레스피나스, 〈궁 쪽에서 바라본 사랑의 신전〉, 판화, 1775년, 프랑스 국립도서관, 파리.

15 아돌프 울리크 베르트뮐러, 〈마리-테레즈 공주와 왕세자 루이 조제프와 함께 트리아농 궁 공원을 거니는 마리 앙투아네트〉, 캔버스에 유채, 276×194cm, 1785년, 스웨덴 국립미술관, 스톡홀름.

16 작자 미상, 〈프랑스 왕세자 루이 조제프〉, 종이에 파스텔, 44.9×37.8cm, 1785~1786년, 베르사유 궁.

17 작자 미상, 〈탕플 탑〉, 카드보드에 유채, 31×41cm, 1790~1800년, 카르나발레 미술관, 파리.

18 작자 미상, 〈탕플 탑에서 아들을 가르치고 있는 루이 16세〉, 프랑스 혁명박물관, 비지유.

19 찰스 베나제크, 〈1793년 1월 21일, 단두대로 향하는 루이 16세〉, 캔버스에 유채, 41.7×56.2cm, 1793년, 베르사유 궁.

20 작자 미상(장-자크 오에르 원본), 〈1793년 7월 3일, 어머니 마리 앙투아네트와 격리되는 왕세자〉, 캔버스에 유채, 32×24.5cm, 1824년, 개인 소장.

21 알렉산드르 쿠하르스키, 〈탕플 감옥의 마리 앙투아네트〉, 캔버스에 유채, 25×20cm, 1793년, 바르샤바 왕궁, 바르샤바.

22 프랑수아 플라망, 〈처형장으로 가는 마리 앙투아네트〉, 캔버스에 유채, 상리스 박물관, 우아즈.

23 작자 미상, 〈앙투아네트의 처형〉, 판화, 1793년경, 스탠퍼드 대학교, 캘리포니아.

24 피에르-로슈 비뉴롱, 〈막시밀리앵 드 로베스피에르〉, 캔버스에 유채, 73.7×57.5cm, 1847~1848년, 베르사유 궁.

25 작자 미상, 〈탕플 성의 왕세자 초상화〉, 종이에 파스텔, 카르나발레 미술관, 파리.

26 장-바티스트 그뢰즈, 〈왕세자〉, 『우생학과 성생활 *The Science of Eugenics and Sex Life: The Regeneration of the Human Race*』(Walter J. Hadden, Charles H Robinson, Mary Ries Melendy, 1914년 출간)에 게재된 이미지.

27 모리가 그린 어린 왕세자, 1794년.

28 작자 미상, 〈탕플 성의 왕녀 초상화〉, 판화, 카르나발레 미술관, 파리.

15장

1 장-루이 프리외르, 〈카스트리 저택의 약탈〉, 판화, 1790년.

2 니콜라-장-바티스트 푸알리, 〈생탕투안과 바스티유 전경〉, 판화, 프랑스 국립도서관, 파리.

4 작자 미상, 〈바스티유 함락〉, 1789년, 카르나발레 미술관, 파리.

5 작자 미상, 〈바스티유 감옥의 함락〉, 19세기 초반, 카르나발레 미술관, 파리.

6 작자 미상, 〈바스티유 감옥 습격과 바스티유 감옥 총책임자 로네 체포, 1789년 7월 14일〉, 캔버스에 유채, 57.5×72.5cm, 1789~1791년, 베르사유 궁.

7 장-루이 프리외르, 〈생라자르 저택 약탈〉, 판화, 1789년, 프랑스 국립도서관, 파리.

8 작자 미상, 〈성당 약탈〉, 판화, 1792년경, 프랑스 국립도서관, 파리.

9 〈네 명의 유다 왕 머리 중 하나〉, 1230년, 클뤼니 박물관, 클뤼니.

10 미켈란젤로, 〈죽어가는 노예〉, 루브르 박물관, 파리.

11 장 루뱅 보젤, 〈프랑스 역사박물관의 전경〉, 1816년경, 루브르 박물관, 파리.

12 피에르 가브리엘 베르토, 〈승리 광장의 무너진 루이 14세 기마상〉, 판화, 샌프란시스코 미술관, 샌프란시스코.

13 자크 베르토, 〈1792년 8월 10일에 일어난 튀일리 궁전 탈취〉, 캔버스에 유채, 129×194.5cm, 1793년, 베르사유 궁.

14 루이 구스타브 타라발, 〈루이 15세 광장의 모습〉, 판화, 18세기, 국립미술관, 생드니.

15 피에르-가브리엘 베르톨, 〈왕실 가구 창고에서 무기 약탈〉, 판화, 1804년.

17 프랑수아 제라르, 〈대관식 복장을 입은 나폴레옹 1세〉, 캔버스에 유채, 227×147cm, 1805~1815년, 레이크스 미술관, 암스테르담.

19 모리스-캉탱 드 라투르, 〈루이 15세의 초상화〉, 종이에 파스텔, 60×54cm, 1748년, 루브르 박물관, 파리.

25 위베르 로베르, 〈생드니 성당의 왕묘 약탈〉, 캔버스에 유채, 54×64cm, 1793년, 카르나발레 미술관, 파리.

26 〈앙리 4세의 미라〉, 판화, 카르나발레 미술관, 파리.

27 〈탁상시계〉, 1787년경, 베르사유 궁.

16장

1 자크-루이 다비드, 〈튀일리 궁 집무실의 나폴레옹〉, 캔버스에 유채, 203.9×125.1cm, 1812년, 국립미술관, 워싱턴.

2 샤를 드 스퇴방, 〈세인트헬레나에서 구르고 장군이 일기를 받아 적는 모습〉, 개인 소장.

3 샤를 테브냉, 〈생베르나르 협곡을 건너는 프랑스 군대〉, 캔버스에 유채, 465×794cm, 1806년, 베르사유 궁.

4 루이 프랑수아 르죈, 〈로디 전투〉, 캔버스에 유채, 186×241cm, 1800~1810년, 베르사유 궁.

5 루이-샤를-오귀스트 쿠데, 〈프티 뤽상부르 성, 국가 자문위원회 설립〉, 캔버스에 유채, 421×421cm, 1856년, 베르사유 트리아농 궁.

6 자크-루이 다비드, 〈생베르나르 협곡을 넘는 나폴레옹〉, 캔버스에 유채, 259×221cm, 1800년, 말메종 궁.

7 피에르 폴 프뤼동, 〈보나파르트의 승리〉, 캔버스에 유채, 90×118cm, 1801년, 리옹 미술관, 리옹.

9 장-바티스트 모제스, 〈민법을 서술하는 나폴레옹 1세에게 화관을 씌워주는 시간의 신〉(부분), 캔버스에 유채, 131×160cm, 19세기, 말메종 궁.

10 앙투안-장 그로, 〈아일라우 전투에서의 나폴레옹〉, 캔버스에 유채, 104.9×145.1cm, 1807년, 톨레도 미술관, 톨레도.

11 프랑수아 제라르, 〈1805년 12월 2일, 아우스터리츠 전투〉, 캔버스에 유채, 510×958cm, 1810년, 베르사유 궁.

12 작자 미상, 〈인권과 정의의 친구〉, 판화, 1790년경, 프랑스 국립도서관, 파리.

13 작자 미상, 〈언론의 자유〉, 판화, 1794년경, 프랑스 국립도서관, 파리.

14 프랑수아 안 다비드, 〈유럽의 평화를 관장하는 보나파르트〉, 판화, 1803년, 영국박물관, 런던.

15 자크-루이 다비드, 〈나폴레옹 대관식〉, 캔버스에 유채, 621×979cm, 1805~1807년, 루브르 박물관, 파리.

16 제한-조르주 비베르, 〈대관식을 준비 중인 나폴레옹〉, 나무판에 유채, 40×56.8cm, 개인 소장.

19 에티엔 부오, 〈방돔 광장과 카스틸리오네 거리〉, 캔버스에 유채, 1808년, 카르나발레 미술관, 파리.

20 안 루이 지로데-트리오종, 〈자유 항쟁 때 조국을 위해 죽은 프랑스 영웅들에 대한 예찬〉, 캔버스에 유채, 192.5×184cm, 1800년경, 말메종 궁.

21 앙투안 프랑수아 칼레, 〈1805년 12월 2일, 아우스터리츠 전투에 대한 알레고리〉, 캔버스에 유채, 104×116cm, 1801~1825년, 베르사유 궁.

22 장 샤를 타르디유, 〈1799년 2월 2일 상 이집트의 아스완에서 휴식을 취하는 프랑스 군대〉, 캔버스에 유채, 113×169cm, 1812년경, 베르사유 궁.

27 자크 알베르 세나브, 〈루브르 그랑 갤러리 전경〉, 나무판에 유채, 28×23cm, 1800년, 루브르 박물관, 파리.

29 루이-샤를-오귀스트 쿠데, 〈건축가 페르시에와 퐁텐의 안내로 루브르를 방문하는 나폴레옹〉, 캔버스에 유채, 177×135cm, 1833년, 루브르 박물관, 파리.

32 조르주 루제, 〈루브르 살롱 카레에서 거행된 나폴레옹과 마리-루이즈의 결혼식〉, 캔버스에 유채, 206×200cm, 1810년, 베르사유 궁.

33 로베르 르페브르, 〈폴린 보나파르트, 보르게세 공주〉, 캔버스에 유채, 237×173cm, 1806년, 베르사유 궁.

40 프랑수아 제라르, 〈대관식 의상을 입은 조제핀〉, 캔버스에 유채, 214×160cm, 1807~1808년, 퐁텐블로 성.

41 안드레아 아피아니, 〈외젠 드 보아르네〉, 캔버스에 유채, 59×44cm, 1810년, 말메종 궁전.

42 프랑수아 제라르, 〈조아킴 뮈라〉, 캔버스에 유채, 218×141cm, 1800~1810년, 산마르티노 국립박물관, 나폴리.

43 로베르 르페브르, 〈안-장-마리-르네 사바리, 로비고 공작〉,

제정 당시 공안 장관〉, 캔버스에 유채, 217×147cm, 1814년,
베르사유 궁.

44 프랑수아-기욤 메나조, 〈1806년 1월 13일, 외젠 드 보아르네
왕자와 아멜리 드 바비에르 공주의 결혼식〉, 캔버스에 유채,
181×223cm, 1808년, 베르사유 궁.

45 폴 들라로슈, 〈1814년 3월 31일, 퐁텐블로의 나폴레옹〉,
캔버스에 유채, 181×137cm, 1840년, 프랑스 군사박물관,
파리.

46 에밀 장-오라스 베르네, 〈나폴레옹의 죽음〉, 레지옹도뇌르
박물관, 파리.

47 자크 기오, 〈1840년 12월 15일, 나폴레옹 1세의 장례식〉,
캔버스에 유채, 96×187cm, 1841년, 베르사유 궁.

이지은의 오브제 문화사 1

귀족의 시대
탐미의 발견

ⓒ 이지은, 2019

초판 1쇄 발행 2019년 6월 10일
초판 6쇄 발행 2023년 10월 10일

지은이	이지은
펴낸이	김철식
펴낸곳	모요사
출판등록	2009년 3월 11일
	(제410-2008-000077호)
주소	10209 경기도 고양시 일산서구
	가좌3로 45, 203동 1801호
전화	031 915 6777
팩스	031 5171 3011
이메일	mojosa7@gmail.com
ISBN	978-89-97066-42-1
	978-89-97066-41-4 (세트)